宗教学讲义

任继愈 著

國家圖書館出版社

任继愈——中国马克思主义宗教学的开创者和奠基人(代序)

李　申

摆在读者面前的这本书,是任继愈先生20世纪80年代在北京大学给宗教专业本科生讲课的讲义的一部分。该讲义本来准备出版,由于种种原因,未能整理完毕。已经整理出来的这一部分,曾经先生本人修改和审定,其中个别章节,曾被先生编入《念旧企新》一书。其他部分,先生逝世后,曾被编入《任继愈宗教论集》,由中国社会科学出版社出版。由于这部讲义的独立价值,现予以单独出版,以飨读者。

任继愈先生研究宗教,起因于他要弄清中国哲学中的宗教哲学问题。而他之所以要选择中国哲学这个专业,起因于他认为哲学是追求真理的学问。当国家处于亡国灭种的最危险的时候,青年人心目中的真理,首先是救国救民的道理。也就是说,任继愈先生对于哲学和宗教的研究,是要自觉担负起历史的使命,这也是当时许多青年共有的理想和追求。

任继愈先生早年研究宗教的状况,见于他的学位论文《理学探源》和新中国成立前夕发表的几篇讨论佛学的文章。新中国成立初期,任继愈先生和北京大学、清华大学哲学系的教师们一起,开始学习马克思主义。过去只是在实践中看到，以马克思主义为指导的中国共产党领导中国人民获得了解放。现在又从理论上认识到，过去所信奉的儒学的“亲仁”、“爱民”之类，都是虚的，即使古人真的如此想，也救不了天下，救不了人民。在书本学习之外，他们还参加了土地改革等社会活动，与农民共同生活在一起，在感情上也发生了变化。从此以后，任继愈先生义无反顾地走上了以马克思主义为指导研究宗教问题的思想道路。

一、以自己的著作提供用马克思主义指导研究宗教问题的范例

任继愈先生的马克思主义宗教学研究，从佛教开始。第一篇论文，是1955年的《南朝晋宋间佛教“般若”、“涅槃”学说的政治作用》，这是他和自己的导师汤用彤先生合写的。此后，就是对于隋唐佛教四大宗派哲学思想的研究。1962年，在哲学讨论会上，发表关于佛教哲学在中国传播和发展的演讲，第二年，以《汉唐时期佛教哲学思想在中国的传播和发展》为题，发表于《光明日报》。伴随着这些文章，是对范缜《神灭论》和僧肇《物不迁论》和《不真空论》的今译，对胡适禅宗研究的批判，这些文章结集为《汉唐佛教思想论集》，于1963年出版。从1942年撰成《理学探源》到1963年《汉唐佛教思想论集》出版，任继愈先生对佛教的研究，已经有了二十年的积累。所谓“十年一剑”、“厚积薄发”，用于形容任继愈先生的佛教研究，可说是恰如其分。毛泽东主席说的“任继愈发表”的、“如凤毛麟角”的、“用历史唯物主义观点”写的“几篇谈佛学的

文章"①,指的主要就是这个文集里的几篇文章。

毛泽东主席关于加强宗教研究的批语,是中国共产党历史上第一次关注宗教研究的重要文献,也是中国马克思主义宗教学的开端。这个开端的奠基之作,就是任继愈先生的《汉唐佛教思想论集》。

《汉唐佛教思想论集》是用历史唯物主义观点撰写的研究佛教的文章,同时也是用历史唯物主义观点研究一般宗教问题的范例。所以,毛泽东主席在谈到任继愈先生的文章之后,接着就说"谈耶稣教、回教的没有见过"。这就是说,他期待着中国能有人像任继愈先生那样,用历史唯物主义的立场和观点,撰写出有关基督教、伊斯兰教的研究文章。

依任继愈先生的理解,马克思主义的历史唯物主义用于思想史研究,其基本观点可以归结为一句话,那就是"社会存在决定社会意识":"不是人们的意识决定人们的存在,相反,是人们的存在决定人们的意识。"(马克思《政治经济学批判导言》)社会存在的延续和发展,就是人类的历史。因此,如果是研究宗教发展的历史,则历史唯物主义的原理又可表述为"用历史说明宗教,而不是用宗教说明历史"。

依据用历史说明宗教的立场,任继愈先生指出,佛教从它的产生到派别的分化,从小乘发展为大乘,都不是佛教教义自身在发展,而是社会生活本身在推动着佛教教义的发展。大乘佛教特别是禅宗,在中国内地广泛传播,而南亚一带却主要是小乘佛教。至于藏传佛教,则又是一种面貌。这些演变,都不能从佛教教义本身找到答案,也不能从某些天才人物的活动中找到答案,而只能求助于当时当地

① 毛泽东《关于加强宗教研究问题的批语》,1963年12月30日。

的社会生活条件。因此,不是佛教观念改变了印度或中国的历史,而是印度和中国的历史推动了佛教观念的诞生和传播、演变和发展。载入佛教丛书《大藏经》的佛经连同它的注本近三千部,但真正流行的只是很少几部,这也只能用它适应社会需要的程度来解释。

在任继愈先生之前,不少佛教研究者都注意到,佛教传到中国,其教义发生了许多改变。不少人认为,这是中国僧人没有正确理解佛经,“误解”了佛教的本来面貌。任继愈先生指出,佛教在汉代被理解为道术的一种,在魏晋时代被理解为玄学的一派。隋唐时期,佛教经典已经大量翻译,应该不会被“误解”,但是广泛传播的,却是经由中国僧人发挥的天台宗、华严宗,特别是禅宗,而比较忠实于印度原貌的法相宗,却很快就失传了。这些现象,也只能归结为中国当时的社会存在影响了社会意识,而不能从人的主观愿望上去找原因。

毛泽东主席1959年接见任继愈先生时说过,许多梁启超没有讲清的佛学问题,任继愈先生讲清楚了。比如,佛法的重要标志之一是“诸法无我”,是所谓佛教“三法印”之一。梁启超信仰佛教的“无我”论,认为“无我”论可以给人以积极意志。然而,中国历史上早就有许多人批评“无我”论,认为这恰恰是使人消极的说法。在这个问题上,梁启超难以自圆其说。再比如,梁启超考证《楞严经》是伪经,然而,这部伪经流传甚广。此外还有《法华经》《维摩经》等,也在中国广泛流传。梁启超认为原因在于这些经的译文优美。可是,玄奘的译文几乎可以说是译文中最优美的,但法相宗却很快衰落。在这个问题上,梁启超也说不清楚,或者说,说不正确。如果要进一步追问,那些根本不在数次结集之内、释迦牟尼去世数百年以后才出现的大乘经典,其“非佛语”的性质非常明显,为什么在中国却能得到更加广泛的流传呢?

梁启超二十几岁时就和康有为一起鼓吹变法,"康梁"并称,不仅名动中国,而且名扬海外,是少有的不世之才。在佛教问题上,梁启超所缺乏的不是才能,而是正确的指导思想和方法。

社会存在决定社会意识,用历史说明宗教,是马克思主义宗教学的基本原则。任继愈先生自觉而准确地把这个原则应用于宗教学研究,用他自己的著作,给研究者提供了范例和榜样。

二、创建中国马克思主义宗教学机构,规划宗教学实施方案

依据毛泽东主席的指示,1964年,任继愈先生开始筹建世界宗教研究所。这是新中国建立的第一个用马克思主义立场、观点和方法研究宗教问题的学术机构。最初的成员,主要是北京大学哲学系东方教研室的教师和国务院宗教局的干部。同时从全国范围内选调对宗教问题有所研究的学者。经过两年多的努力,到"文化大革命"前夕,研究所发展到近三十人,任继愈先生担任所长。研究所最初设在北京大学,1965年,转归中国科学院哲学社会科学学部。依任继愈先生的设计,宗教研究所尽量减少行政人员,除一名专职会计外,其他行政事务都由研究人员兼任。任继愈先生当时给研究所规定的任务是"积累资料,培养人才",为宗教学的繁荣,准备条件。

宗教研究所刚刚成立,科研活动尚未开展,就赶上"文化大革命"。研究工作自然无法开展,任继愈先生也被作为"反动学术权威",失去了对宗教研究所的领导权。直到"文化大革命"结束,宗教研究工作才真正开始。

“文化大革命”结束以后，任继愈先生除自己的研究之外，对整个国家的宗教研究，主要是做了三项工作。一是聚集人才，发展宗教研究所规模，并协助和指导其他宗教研究机构的建立；二是制订宗教研究规划，并亲自领导和实施宗教研究项目；三是担任国家社会科学基金宗教学评审组组长二十余年，支持以马克思主义为指导的宗教研究项目，扶持新生力量和薄弱领域的研究。在这期间，究竟批准和支持过哪些宗教学项目，有案可查，此文不赘，这里只谈谈前两项工作。

宗教研究所在“文化大革命”刚刚结束以后聚集的人才之中，有曾为名牌大学校长办公室主任因被打成右派当时在做资料员的，有曾为著名佛学专家弟子当时担任着某大学系主任的，有曾为北京大学高材生因被打成右派在农村做牧羊人的，有曾为某大学西语系教师因反对下乡劳动被开除公职当时在做临时工的，有曾为某著名出版社总馆协理因被打成右派当时仅为普通编辑的，有解放战争中的老英雄，也有抗美援朝的老战士。只要该人确实有才，在做宗教学研究或者愿意从事宗教学研究，或者是宗教研究所需要的，任继愈先生都千方百计，把他们聚集在宗教研究所。鼎盛时期，宗教研究所曾经有一百零八人，被称为“一百单八将”。有的人才无法调进北京，任继愈先生就努力支持在当地创办宗教研究机构。比如四川大学宗教研究所的建立，就曾经得到世界宗教研究所和任继愈先生的大力支持。随着宗教研究的开展，现在几乎所有省份的社会科学院都有了自己的宗教研究机构。

现在的世界宗教研究所隶属于中国社会科学院，人数大体稳定在七八十人左右。即或如此，也是目前世界上门类最为齐全、规模最大的宗教学研究机构。

为了培养宗教学后继人才，任继愈先生和北京大学协商，在北京大学创办宗教研究专业。最初的教师,就是世界宗教研究所的研究人员,任继愈先生亲自授课。这里发表的部分"讲义",整理于1982年。直到1985年,先生仍然在讲授这门课程。而根据先生讲课的特点,是每一次讲完课后,他都要认真总结,找出缺点,以便下次改正。可惜的是,在这数年中间,他对于这个讲义又做了多少修改,未能记录下来。

如何开展宗教学研究,是"文化大革命"一结束,任继愈先生就认真考虑的问题。1979年2月,在昆明召开了全国宗教学规划会议。与会的有老一辈的学者,也有中青年学者,还有宗教界的领袖和学者,共一百三十余人。这次会议由宗教所牵头,也就是在任继愈先生的领导下,为新中国的马克思主义宗教学研究画出了第一张蓝图。就在这次会议上,成立了"中国宗教学学会",选举任继愈先生为会长,这是中国第一个以马克思主义为指导的宗教学学术团体。创办了《世界宗教研究》杂志,任继愈先生为杂志题写了刊名,这是中国第一本以马克思主义为指导的研究宗教问题的杂志。

数十年后,在世界宗教研究所庆祝建所四十周年大会上,中国社会科学院秘书长朱锦昌讲道:"正是由于四十年前世界宗教研究所的诞生,才有可能在当时聚集起一支精干而宝贵的宗教研究队伍,十年浩劫一过,便以高昂的士气、整齐的步伐,迅速投入了学科建设的热潮;正是由于四十年前世界宗教研究所牵头制订了全国宗教学研究的长期规划,才有可能出现后来国内宗教研究机构、研究课题的相继设置和分工合作。"而这一切,也都是和任继愈的名字联系在一起的。

为了培养宗教学后备人才,1978年,任继愈先生决定和中国社会科学院其他研究所一起招收研究生。当时在中国社会科学院,世界宗教研究所虽然成立已十多年,但和其他许多研究所相比,乃是一个新所，师资力量相距甚远。而宗教学又是一个新开辟的学科，急需培养人才。为了解决这个矛盾，当时几乎是唯一具有带研究生资格的任继愈先生，只能自己尽量多承担教学任务。

1978年，世界宗教研究所招收的研究生总共有二十三名，挂在任继愈先生名下的有十七名。从1979年开始，研究生数量多少不定。最少时二三名，最多时也有七八名，大都挂在任继愈先生名下。授课老师不足，任继愈先生自己担负三门课程。这对于一个既担任宗教所所长、又有繁重研究任务的学者来说，是非常沉重的负担。然而任继愈先生后来不无歉疚地谈起这种情况说："很对不起你们。这么多人，我只能'放羊'了。不像××，那时候就他一个，每周来我家里一次。他坐在这里，我坐在这里，手把手地教他……""可是如果我不这么做，许多青年就没有求学的机会。"实际上，不仅是不少青年将失去求学的机会，宗教学人才的培养，也难较快发展。而当时的研究生院领导几乎是一致认为，任继愈先生是研究生院最负责任的导师之一。1985年第二期《高教战线》刊登《任继愈教授是怎样指导研究生的》一文，就是对任继愈先生指导研究生工作的肯定。

世界宗教研究所第二任所长杜继文先生在《关于我国宗教学的马克思主义研究》①一文中说道："至于人才的培养，可以说是宗教研究所做得最为成功的一项事业。当前国内宗教研究领域的学术骨干，绝大多数出自世界宗教研究所系统，而且大都能各领一方，各有建树。"这项事业的开创者和奠基者，也是任继愈先生。

---

① 《国际儒学研究》第15辑，九州出版社2007年版。

三、具体指导宗教学研究,为宗教学的繁荣进行资料和理论准备

就在宗教学规划会议和成立宗教学学会的同时,任继愈先生在《哲学研究》发表文章:《为发展马克思主义的宗教学而奋斗》[①],并且身体力行,主持并具体指导了一系列宗教学研究项目。

首先是《中国佛教史》,这是他从做研究生时就认真钻研过的领域,并且三十多年来从未间断。在"文化大革命"中无事可做的日子里,他给自己规划的学术任务,就是编一部《佛教辞典》,并且收集资料,撰写条目,做了许多工作。"文化大革命"刚结束,作为他多年深入探讨的领域,首先组织了《中国佛教史》的写作。该书计划八卷,由于种种原因,仅仅出版了三卷。然而就是这三卷,也在国内外学术界造成了广泛的影响。

早在《中国佛教史》出版之前,任继愈先生的《汉唐佛教思想论集》就在国际学术界造成了广泛的影响。日本研究佛教的前辈学者冢本善隆在20世纪70年代,带着自己密密麻麻圈点过的《汉唐佛教思想论集》到中国,要专程拜访任继愈,探讨佛教研究问题。因为这样一种研究,不仅在中国是开创性的,在国际上,也是以前所没有的。此后不久,《汉唐佛教思想论集》译为日文,名《中国佛教思想论集》。由于这本书,任继愈先生和日本著名佛教学者中村元、镰田茂雄等建立了学术上的友谊,加上日本《中外日报》社长本间昭之助的促进,遂

① 《哲学研究》,1979年第4期。

建立了以“中日佛教学术会议”为名的、分别在两国定期举行的学术交流平台。中日佛教学术的这种交流方式，是国际学术交流的一个成功范例。

由于中日佛教学术交流平台的建立，任继愈主编的《中国佛教史》自然也引起了日方的关注，并被译为日文。译者评论说，这是一部有特色的佛教史著作。其特色，就是运用历史唯物主义，并且说明，不是机械论的运用。

为了给大学生们进行宗教知识的教育，国家教委曾委托任继愈先生主编一套宗教知识丛书。当时确定的书共有五本：《佛教史》《基督教史》《伊斯兰教史》《宗教学原理》和《道教史》。除《道教史》委托四川大学宗教研究所主编以外，其他四本分别由世界宗教研究所的杜继文、唐逸、金宜久和吕大吉担任主编，任继愈先生任总主编。任继愈先生不仅和各分册主编详细讨论书的撰写问题，而且几乎是一次不落地参加每个分册的学术讨论。这些著作的陆续出版，成为我国宗教学各主要领域的奠基性著作。其中的《佛教史》在出版后不久，台湾就出版了繁体字版。其出版说明中指出，该书作者共产主义的“历史唯物论”立场，和台湾现行意识形态是不同的，但该书在学术上是有价值的。其价值就在于“观察历史有其特殊的角度”。这就是说，马克思主义宗教学成果，也得到了“意识形态不同”的学者的承认。

在道教研究方面，任继愈先生在主编《中国佛教史》的同时，主编了《道藏提要》。目前该书已经出版第三版，成为研究道教的基础性著作；主编了《中国道教史》，目前也已经出版第二版。

为了给刚刚开始的中国马克思主义宗教学研究提供理论武器，任继愈先生组织世界宗教研究所研究人员集体编写了《马恩列斯论宗教》。为了给初涉宗教学的学者们提供有关宗教学的基本知识,任继愈先生组织当时所能找到的全国范围内的力量,主编《宗教辞典》,1981 年出版。这部辞典重印了多少次,已难以统计。但影响既大且广,则是事实。这部辞典后来向大的方向发展,扩大为《宗教大辞典》;向小的方向发展,又被按教门划分为数个"宗教小辞典"。出版不久,在台湾就出版了它的盗版。台湾某佛教团体编纂的《佛教大辞典》,则将《宗教辞典》中的佛教教义条目加以转录,不少几乎是原封不动地全部收入。这是社会各界,包括台湾的宗教学界对于由马克思主义者主持的宗教研究成果的承认。

继《宗教大辞典》之后,任继愈先生又主编了他在"文化大革命"中就计划编纂的《佛教大辞典》。这部《佛教大辞典》与其他佛教大辞典自然有许多不同。但其"持论之严谨,学术立场之公正",则是中外学术界的一致意见。

就在上述工作紧张进行的时候,任继愈先生又主持了大型的宗教学项目:整理并出版《中华大藏经(汉文部分)》,历时十余年。这部书的整理出版,为我国宗教资料的整理,树立了一个成功的范例。在这个基础上,任继愈先生又接受国务院的委托,编纂《中华大藏经(汉文部分)续编》。可惜的是,"续编"尚未完成,任继愈先生就永远离开了他终生奋斗的工作岗位。

由任继愈先生主编或指导的宗教学著作,都已经成为中国马克思主义宗教学的基础性著作。

四、正确认识中国传统文化性质，提出“儒教是教”说

儒教是不是宗教？是正确认识中国传统文化性质的基本问题。在梁启超于1902年发表《保教非所以尊孔论》之前，中国的儒者，没有一个否认儒教是宗教的。或者说，中国的儒者都认为，儒教，是和佛教、道教，还有基督教、伊斯兰教一样性质的社会现象。不同的仅仅是，在儒教看来，儒教是正教、大教，而其他宗教不是。外国学者，包括传教士，除了利玛窦及其追随者之外，也无人认为儒教不是宗教。只有利玛窦，在给梵蒂冈的汇报中说，儒教不是宗教，儒者们的祭孔、祭祖活动，仅仅具有纪念意义，因此可以允许中国基督教徒在信仰基督教的同时，进行祭孔祭祖活动。然而梵蒂冈教廷从来没有承认过利玛窦的意见，包括不承认利玛窦把deus(英文god)译为“天主”或“上帝”。利玛窦一死，其继任者龙华民即否定了所谓“利玛窦规矩”，不再允许中国信徒祭祖祭孔，从而引发了延续三百余年的、关于中国基督教信仰问题的所谓“礼仪之争”。

至于利玛窦本人，也很难认为他真的就认为中国儒者祭孔祭祖不具有宗教意义。因为在他并不准备发表的、具有临终遗言性质的《利玛窦中国札记》第一卷第十章《中国人的各种宗教派别》中，首先介绍的就是儒教。并且明确指出，被称为儒家的人的确承认有一位最高的神祇：天，或称上帝，只有皇帝才可祭祀这位最高神祇，只有大臣才能祭祀山川和宇宙四方的神灵。这可以说是对儒教最基本问题的正确描述。

因此,正式否认儒教是宗教的,仅仅开始于梁启超的《保教非所以尊孔论》。此后是蔡元培。蔡元培在出任中华民国教育部部长以前,曾不只一次地明确指出,儒教就是宗教。他否认儒教是教,是在做了教育部长之后。再后就是陈独秀,明确指出,儒教之教只是教化之教,不是宗教之教。由于这三位无论在政治上还是在学术上都非常强而有力的人物的推动,“儒教不是宗教”的判断几乎是未加讨论,就被中国学术界广泛接受,成为撰写中国各种历史问题的立足点和出发点。中国历史问题的研究者,几乎都以中国古代是“无宗教国”而感到自豪。

在这样的情况下,提出儒教是教说,其遭遇也就可想而知。在近十年的时间里,全是反对的声音;在近二十年的时间里,支持儒教是教说的,全国也只有屈指可数的三五人。在这三五人之外,对于儒教是教说,不仅仅是反对或不赞成,甚至是嘲笑和鄙视。然而任继愈先生坚持着。他指出,宗教、迷信和神权,是人类历史上不可避免的现象。迄今为止,还没有发现哪一个民族、国家对宗教有过免疫力,只不过在不同国家和不同地区宗教具有不同的表现形式罢了。

因此,儒教是宗教的结论,不仅是对于一个具体研究对象性质的认定问题,而是关系着历史唯物主义一般原理的问题,即一个历史悠久、幅员辽阔的大国,其思想发展能否脱离人类思想发展的普遍规律?同时,儒教是宗教的论断还提出了宗教学上一个重要问题,即是否只有像基督教那样的宗教才是宗教?在一般宗教学原理上,也具有重要的理论意义。因此,这个论断所表现出来的,不仅仅是任继愈先生深厚的宗教学素养,对中国传统文化性质的深刻理解,也表现了任继愈先生高度的马克思主义理论水平和马克思主义宗教学家所应有的学术严肃性。

时至今日,承认儒教是宗教的学者成倍地增多起来。这个判断得到中国学术界的全面承认,只是个时间问题。这也是任继愈先生对于中国马克思主义宗教学的重要贡献之一。

五、坚持科学无神论立场,把“批判神学”作为马克思主义宗教学重要任务之一

任继愈先生在《为发展马克思主义的宗教学而奋斗》一文中指出,“马克思主义宗教学本质上是一种科学无神论”。讲马克思主义宗教观而不讲无神论,从事马克思主义宗教学而不批判神学,那就是阉割了马克思主义宗教学最本质的东西,就不是马克思主义宗教学。

宗教学和其他学科不同。其他学科虽然也难以完全避免主观性,但是毕竟有达到客观的可能和条件。但是宗教学学科,在事实的认定方面,宗教信仰者和无神论者也可能达到一致,但是在神祇存在还是不存在这个问题上,无神论者和宗教信仰者之间,永远也不会有共同的语言。在这个问题上,即使要纯粹描述现象,也不可避免地会显露作者的倾向。因此,以马克思主义的世界观研究神学问题,本身就是对神学的批判。同样,站在宗教信仰者的立场上研究神学问题,同时也是对无神论的批判。这是无法回避的事实。问题仅仅在于,批判是严肃的学术争论,还是仅仅流于抨击。

从接受马克思主义开始,任继愈先生就把批判神学贯彻到自己的研究之中。1955 年,任继愈先生刚刚接受马克思主义不久,在《南朝晋宋间佛教“般若”、“涅槃”学说的政治作用》一文中说道:“宗教问题,不是别的,只是世间的力量采取了超世间的形态。‘成佛’是假

的,我们用不着回答可能,或不可能。但是摆脱苦难,向往幸福,这是人民的愿望,这个真切的愿望却不是假的。”因此,竺道生的“顿悟成佛”不要累世修行,“对于过着地狱般生活的被压迫阶级来说”,“他们是乐于接受的”。但是这样的学说,在政治上则被统治阶级利用来“从思想上销毁人们反抗压迫、不满现实的意志”。

1957 年,在《禅宗哲学思想略论》一文中,任继愈先生批评禅宗“否认正面语言的表述能够说明禅宗的基本原理”,批评禅宗“否认人类有通过逻辑思维认识客观真理的可能”;指出禅宗所相信的真理“是超现实的,在现实中是不存在的”。但同时也指出,禅宗“以主观吞没客观,以心代替了物”的哲学,“使中国哲学史上的认识论比过去更加深刻、丰富了”;禅宗“深刻地揭示了哲学上的根本问题”,“比过去的哲学学派更深刻、更集中地对待思维对存在的问题。在中国哲学史上,它引起了人们对认识论问题的重视”。

类似的研究和批判,贯彻于先生研究宗教问题的始终。这是马克思主义宗教学家对于神学的批判,也是严肃的学术论争。也正因为这种论争和批判是严肃的、真正学术的,因而也引起了宗教信仰者、非马克思主义者,甚至反对马克思主义的严肃学者的尊敬甚至认同。

六、提出“不仅要脱贫,而且要脱愚”的主张,坚持马克思主义宗教学的目标

20 世纪末,任继愈先生在《人民日报》发表《不仅要脱贫,而且要脱愚》一文,其内容是论述科学无神论宣传的必要性和意义。该文指

出，一个国家，不仅落后要挨打，愚昧也要挨打。在愚昧的基础上，也难以真正摆脱贫困和落后。要摆脱愚昧，重要举措之一，就是进行科学无神论世界观的宣传和教育。

该文所说的愚昧，主要是指上世纪末流行多年的所谓"特异功能"现象。而所谓的"特异功能"，按照其支持者的解释，就是超出人体正常功能的功能，实际上就是超自然力——神迹。这就可以明白为什么到了后来那些特异功能大师们都纷纷自称为神，直到李洪志，说自己是比耶稣、释迦牟尼都伟大的神。由于其支持者不具有相应的知识，反而把这种新的有神论形态，认为是最新的科学发现，其流毒之广、危害之深，更是超越了建国以后所有的封建迷信活动。

特异功能现象，是有神论形态之一种。这种现象提醒人们，愚昧，不仅是受教育水平不高的人群中存在的现象，那些受教育程度很高，甚至具有科学家头衔的人群之中，也存在着愚昧现象。随着知识量的增加，知识的分化日益细密。人们在一个领域里是智慧的，在另一个领域里则可能是愚昧的。而人类迄今为止最大的愚昧事件，莫过于自己造出一个神，然后拜倒在它的脚下，听从神的、实际上不过是神职人员的指示。如果这些神职人员当时是代表先进思想的，他的指示也可能是智慧的，尽管这种智慧也是有缺陷的。愈到近代，所谓神的指示对人头脑的束缚，也就愈加难以忍受，而科学冲破神学的束缚，也就成了近代社会诞生的第一缕阳光。而摆脱神祇观念，也就成为人类摆脱愚昧的最为重要的事业。

由于神祇观念中蕴含的阶级的、社会集团的利益，由于神祇观念存在的深厚的社会基础，决定了神祇观念存在的长期性，而人类要摆脱神祇观念，也就具有特殊的难度。所以马克思主义主张，首先不是去改变人们的有神论观念，而是改变有神论存在的社会基础。并且认为,信仰有神论的愚昧,和贫困一样,不是广大信仰者的过错,而是他们的不幸。因此,马克思主义者对待有神论的愚昧,如同对待贫困一样,不是简单地否定和反对,而是帮助不幸者"摆脱"。进行科学无神论的宣传和教育,就是帮助人们摆脱有神论观念的重要举措。

任继愈先生指出,无神论宣传不仅是必要的,而且是有效的。无神论宣传不可能消除有神论,就像医疗不可能消灭疾病一样。但是医疗可使许多患者恢复健康,科学无神论的宣传教育,也可以扩大无神论者的队伍,使越来越多的群众摆脱有神论观念的束缚。否认无神论宣传的必要和作用,是错误的。

马克思在《哥达纲领批判》中指出:"资产阶级的'信仰自由'不过是容忍各种各样的宗教信仰自由而已,而工人党却力求把信仰从宗教的妖术中解放出来。"①这里所谓"宗教的妖术",就是作为宗教问题核心的有神论观念。马克思的这段论述,不仅指出了"工人党"在宗教问题上的奋斗目标,也指明了马克思主义宗教学的目标。之所以要把信仰从"宗教的妖术"中解放出来,基本原因,就是因为有神论信仰是一种愚昧。而从古以来,追求知识,摆脱愚昧,就是志士哲人的奋斗目标。任继愈先生"不仅要脱贫,而且要脱愚"的主张,既是从古以来人类追求智慧的延续和发展,也是对马克思主义宗教学目标的坚持。

从《汉唐佛教思想论集》的出版到"不仅要脱贫,而且要脱愚"主张的提出,任继愈先生在宗教研究方面所做的工作,为中国的宗教学研究开辟了新的、马克思主义的方向,奠定了坚实而丰厚的学术基础。

---

① 《马克思恩格斯选集》第3卷,人民出版社1976年版,第24页。

这本讲义，是任继愈先生关于宗教一般理论的研究成果，它揭示了宗教的本质，说明了宗教产生和发展的规律，论述了宗教与哲学、道德、美学等社会生活和文化建树方面的关系，其“没有上帝的宗教”，使我们看到了作者对于佛教不同于其他宗教特征的准确把握；“关于上帝本体论的证明”，则显现出作者对于基督教本质的深刻了解和高度的西方哲学修养。全书表现了作者对于宗教问题的深刻理解和严肃的科学态度，又体现了作者坚定的无神论立场和对神学的严肃批判。唯一遗憾的是，这部书不是一个全本，对于宗教的许多问题，未能涉及。好在它开辟了一个新的方向：用马克思主义立场、观点和方法研究宗教理论问题的方向，并和先生的其他宗教学著作一起，构成了中国马克思主义宗教学的奠基石。

为发展马克思主义的宗教学而奋斗(代自序)[①]

任继愈

一

宗教学是社会上层建筑的一个重要部门,它渗透到人们社会生活的各个方面。

马克思主义诞生前,人类对社会历史领域的一切研究,其指导思想是唯心史观。过去关于宗教的研究,包括历史上的无神论,都不可能是真正科学的。马克思主义的奠基人用辩证唯物主义和历史唯物主义的科学世界观对宗教问题进行了大量的研究,总结了前人关于宗教研究的成果,批判地继承了历史上各种无神论的遗产,奠定了马克思主义宗教学的基础,从此宗教学成为一门科学。马克思主义宗教学是马克思主义整个科学体系的一个重要方面。

马克思主义宗教学是在辩证唯物主义与历史唯物主义指导下,研究各种宗教的产生、发展及其走向消亡的规律的科学;宗教学既要研究各种宗教的历史、现状、教派、教义、经典以及宗教在社会历史上

---

① 原载《哲学研究》1979 年第 4 期。

的作用，也要研究科学无神论、马克思主义宗教学原理、无产阶级对待宗教的政策等方面。

马克思主义诞生之前的旧唯物主义的无神论者，在自然观上是机械唯物论和形而上学，在社会历史观上则是唯心论，他们对宗教不可能作出真正科学的说明，他们的无神论总是不彻底的。人类进入资本主义社会，有了近代科学作为支柱的旧唯物主义无神论，其成就尚不过如此，由此上溯到封建社会、奴隶制社会，由于生产规模狭小和科学水平低下，那时的无神论当然更不足以降伏神通广大的宗教神学。只有马克思主义宗教学应用辩证唯物主义和历史唯物主义的科学世界观来分析和研究宗教问题，才是最彻底、最科学的无神论。

马克思主义宗教学在无神论问题上的彻底性，并不在于它主张科学无神论的坚决性，而是在于它科学地揭示了宗教的本质及其发生、发展和走向消亡的客观规律，论证了宗教这一社会现象历史地产生和消亡的必然性。与此相比较，其他一切宗教学说，或者由于阶级的偏见而拒绝承认这种客观规律的存在，或者由于世界观的局限而不能认识这种客观存在的规律，因而，它们都不是科学的宗教学，只有马克思主义的宗教学才是真正的科学。

马克思主义宗教学的内容是非常丰富的。它既要揭示宗教发生、发展和走向消亡的规律，就必须具体研究各种宗教产生的根源和发展的历史；它既要说明宗教的本质及其在社会历史中的作用，就必须具体研究各种宗教的历史、教义、教派、经典、理论及其社会意义，具体研究宗教与社会上的阶级斗争和其他意识形态（哲学、伦理、法律、文化、艺术、科学）的关系。就是说，马克思主义宗教学除了对一切宗教的共同本质和发展的共同规律进行一般的研究以外，还要对各种不同的宗教的特殊规律进行具体的研究。因此，原始宗教、佛教、道教、基督教、伊斯兰教、宗教心理、宗教艺术等方面,都应该是马克思主义宗教学研究的一个组成部分。

马克思主义宗教学的内容不仅包括各种具体宗教的研究,而且还包括与宗教神学相对立的无神论的研究。马克思主义宗教学本质上是一种科学无神论,它是在批判性地总结和继承历史上的无神论的优秀成果的基础上发展起来的。如果我们不研究中外无神论的理论和历史,就不能深入地把握马克思主义宗教学和科学无神论的内容。

除此以外,马克思主义宗教学的内容还应包括宗教与历史、宗教与民族、宗教与政治、宗教与哲学、宗教与道德伦理、宗教与文学艺术、宗教与科学等问题的研究,因为宗教在社会历史上的实际作用主要就体现在这些领域之中,而正是这些实际作用具体体现了宗教的本质与特性。

二

马克思主义宗教学在我国是一门发展较晚、基础较薄弱的学科。研究人员很少,大学里至今没有设立专门系科来培养这方面的人材,用马克思主义的科学世界观来研究宗教问题的著作和文章为数不多。这种落后的状况,就使得社会上有不少人对这门科学的性质和意义缺乏了解。有人问:“现在是搞四个现代化,研究宗教学干什么?”为了使宗教学得到应有的发展,就必须向社会作必要的宣传,说清楚研究宗教学的意义,在当前条件下,特别要说清楚它在我国实现新时期的总任务,实现四个现代化的伟大事业中的重要作用。

就我个人粗浅的认识,研究宗教学的意义和作用,似乎可以归纳为以下四个方面：

（一）批判信仰主义和蒙昧主义，为实现社会主义现代化扫除障碍

华国锋同志在五届人大的政府工作报告中，提出了新时期的总任务，规划了在20世纪内把我国建设成为现代化的社会主义强国的宏伟蓝图，对各项事业都提出了明确的奋斗目标，其中提到要“积极开展……宗教学”的研究。这表明以华国锋同志为首的党中央关怀、重视宗教在社会生活中的地位和作用。我们从事宗教学研究的同志，热切希望在实现四个现代化的伟大事业中贡献力量。我们可以通过批判神学、破除迷信，扫除新长征路上的某些障碍。

近代中外历史表明，任何一次推动现代化的社会革命和社会变革，总是高举“科学”与“民主”两大旗帜。而批判神学、破除迷信、打破各种形式的蒙昧主义、专制主义的束缚，则是它必不可少的重要内容。历史上批判宗教神学和信仰主义的思想斗争，常常是变革旧制度的政治革命的先导。在中国近代，不少先进的人们都曾进行过批判宗教迷信的启蒙宣传，为资产阶级民主革命作舆论准备。

从欧洲“文艺复兴”时期以来，新兴资产阶级在进行反对封建制度的革命时，他们的先进思想家长时期地进行了反对中世纪神学和信仰主义的启蒙宣传，并与基督教教会作了激烈的斗争。15至16世纪，西欧资本主义刚刚兴起，资产阶级为了论证追求资本主义利润的合理性，他们的思想家开展了以批判中世纪的宗教禁欲主义为中心的人文主义运动。这个思想运动从意大利波及全欧，为资本主义的发展起了开辟道路、扫除障碍的作用。17世纪尼德兰资产阶级在欧洲取得了第一次资产阶级革命的胜利。当时为争取革命的胜利和巩

固革命的成果,便出现了以斯宾诺莎为代表的唯物主义无神论思潮,对基督教和犹太教神学进行了批判。17 世纪英国资产阶级革命过程中,英国出现了自然神论思潮,这个思潮用理性和科学来改造和对抗传统的宗教神学,反对神学宣扬万能上帝凭其自由意志左右自然事物和社会生活,通过这种批判来反对君主专制制度,为英国资产阶级在 1688 年政变后建立的君主立宪制度,奠定了思想基础。18 世纪法国的唯物主义和无神论反对信仰主义、蒙昧主义的斗争,更是直接为法国资产阶级政治大革命鸣锣开道的一场深刻而广泛的思想革命。这场思想革命的中心内容则是宣扬科学反对神学,提倡理性反对迷信,主张人权反对神权,其政治目的则是用资产阶级民主制取代封建君主的专制主义和神权统治。19 世纪德国资产阶级也在反对封建专制制度的同时,掀起了具有德国特点的批判宗教神学的思想运动。康德哲学和黑格尔哲学与当时的德国资产阶级一样,都具有明显的两面性。在对待宗教神学的态度上,既有保守的一面,也有进步的一面。康德用不可知论的形式,从理性的王国中否定了上帝的地位和神学的权威;黑格尔则用"绝对观念"这种纯粹理性的实体来改造基督教神学中三位一体的上帝。最后,费尔巴哈彻底否定了康德的不可知论和黑格尔的绝对唯心论,干脆宣布上帝不过是人的本质的虚幻的映象,建立了人本主义的唯物主义。19 世纪的德国资产阶级思想家对宗教神学的批判为 1848 年的德国革命作了一定的思想准备。

总之,欧洲各国资产阶级革命的历史事实清楚地证明,各国的资产阶级革命几乎都是通过对传统的宗教神学的批判,通过无神论的宣传,通过提倡"科学"与"民主"的启蒙教育来清除前进路上的障碍,为革命的胜利创造条件的。西方资产阶级的先进思想家们为此进行了长期的、艰苦的斗争,不少人甚至为此付出了生命。西欧资产阶级反封建制度的民主革命进行得比较彻底，资产阶级民主制度得到了比较高度的发展，残留的封建专制主义和神权政治的影响比较少。今天，西方世界的科学技术之所以发展得比较快，当然有各种原因。但是，我们应该承认，资本主义上升时期的先进思想家们所进行的启蒙宣传，他们对传统的宗教神学和神权政治的批判，也是一个非常重要的因素。当然，我们也要看到，西方资产阶级在变成社会的统治阶级以后，转而利用宗教来维护自己的统治权。但是，人类历史总是向前进的，谁也不能使历史退回到中世纪封建神权的专制统治时代，谁也不可能重新把科学和哲学变成神学的婢女。

马克思主义的产生和发展，也是和反对宗教神学的斗争分不开的。马克思、恩格斯是在费尔巴哈批判宗教神学的影响下，从青年黑格尔左派转变为唯物主义者的。恩格斯是这样来说明费尔巴哈对他与马克思的影响的："这时，费尔巴哈的《基督教的本质》出版了。它一下子就消除了这个矛盾，它直截了当地使唯物主义重新登上王座。自然界是不依赖于任何哲学而存在的；它是我们人类即自然界的产物本身赖以生长的基础；在自然界和人以外不存在任何东西，我们的宗教幻想所创造出来的最高存在物只是我们所固有的本质的虚幻反映。魔法被解除了；'体系'被炸开了，而且被抛在一旁，矛盾既然仅仅是存在于想象之中，也就解决了。——这部书的解放作用，只有亲身体验过的人才能想象得到。那时大家都很兴奋：我们一时都成为费尔巴哈派了。马克思曾经怎样热烈地欢迎这种新观点，而这种新观点又是如何强烈地影响了他（尽管还有批判性的保留意见），这可以从《神圣家族》中看出来。"①

① 《马克思恩格斯选集》第4卷，第218页。

马克思、恩格斯从费尔巴哈那里继续前进,由对宗教的批判进一步发展到对政治的批判,由对神的批判进一步发展到对法的批判,得出了无产阶级革命的结论,对国际工人运动起了推动作用。

列宁在1905年俄国民主革命失败以后,针对当时革命队伍中出现的悲观失望情绪、寻神说、造神说等反动思潮以及其他形式的信仰主义和僧侣主义,写出了《唯物主义和经验批判主义》等著作,用辩证唯物主义的科学世界观武装了布尔什维克党。

毛泽东同志在我国新民主主义革命时期,十分重视对人民群众进行无神论的启蒙教育,启发人民群众打碎封建神权的政治枷锁和宗教迷信的精神束缚。

无产阶级的伟大导师们在领导无产阶级推翻资本主义的革命斗争中,写了一系列关于宗教问题的专门著述。他们用辩证唯物主义和历史唯物主义的科学世界观,阐述了宗教的本质及其在社会历史上的作用;揭示了宗教存在的根源及其发生、发展和走向消亡的客观规律;全面批判了宗教神学和各种形式的信仰主义,奠定了马克思主义宗教学和科学无神论的基础;制定了无产阶级政党对待宗教问题的路线和政策。

一百多年来,马克思主义对宗教神学的批判和对无神论的科学理论的宣传,教育了广大的无产阶级和人民群众,使许多人从宗教迷雾中清醒过来。他们在革命导师的指引下,摘去了"装饰在锁链上的那些虚幻的花朵",砸碎反动统治阶级套在自己脖子上的锁链,"伸手摘取真实的花朵。"①他们抛弃了对于虚幻天堂的幻想,为在现实人间建立真正的天堂——实现社会主义和共产主义而斗争。

---

① 马克思《黑格尔法哲学批判》导言,《马克思恩格斯选集》第1卷,第2页。

历史告诉人们，批判宗教神学和信仰主义以及尊重理性、提倡科学的启蒙教育，在革命斗争中，对进步的阶级和进步势力都是必不可少的课题。它不仅为新兴资产阶级的反对封建主义斗争以及其他进步势力反对保守势力的斗争作了必要的思想准备，而且对于在马克思主义指导下的无产阶级革命的胜利也是必不可少的思想条件。

现在的问题是：在我国当前实现社会主义现代化的进程中，我们宗教学研究应当起什么作用？

实现四个现代化，并不是一项单纯的经济建设任务，而是性质极为深刻、内容非常广泛的一次社会革命。它不仅要改变我国的整个经济面貌，而且也必然要改变我们的精神生活和上层建筑各个领域的面貌。

从我国三十年来进行社会主义革命的历史实践，特别是从 1974 年周总理在四届人大的报告中提出四个现代化以来的历史实践，我们看到，要在我国建成一个现代化的社会主义国家，不会是一帆风顺的。不仅会受到敌人反对，而且也还会遇到来自人民内部的各种各样的保守势力方面的阻力。其中，宗教神学思想，各种形式的信仰主义，严重地阻碍四个现代化的实现。

十多年来，林彪、“四人帮”疯狂反对实现四个现代化的伟大目标。他们不是宗教徒和神学家，也没有公开宣传宗教神学，但是，他们为了篡党夺权，却继承了天命论的传统宗教观念。林彪说他们一伙是“既受于天，且受于人”的“天才”；“四人帮”则在唐山大地震时，宣传什么“地转实为新地兆，天旋永立新天朝”，用封建帝王的“奉天承运”的天命论，为自己鼓劲，替帮派壮胆。

为了愚弄人民，把人民变成俯首听命、盲目顺从的工具，林彪、“四人帮”很长时期以来就有计划、有目的地歪曲和篡改马列主义、毛泽东思想的革命性质,妄图把其变成为一种僵死的宗教神学。他们别有用心地把领袖的一言一语,都说成是绝对真理;他们反对实事求是,宣传盲目迷信、“句句照办”;他们反对人民群众改善物质文化生活的一切合理要求,鼓吹苦行、苦修的禁欲主义;他们仇视科学和文化,贬低理性与知识,说什么“知识越多越反动”,贩卖蒙昧主义。不仅如此,他们还把这一套信仰主义货色,用新的宗教仪式装潢起来,强加给革命人民。他们在全国强制推行所谓“早请示、晚汇报”,一举一动都要念念有词,在像前请罪,对着语录检讨……所有这一切,和宗教的祈祷、祭祀、忏悔等仪式几乎没有区别。这是一种特殊形式的新宗教。

这种新宗教和现代迷信,给我们的事业带来了深重的灾难。一个好端端的社会主义国家几乎被他们拉回到中世纪去。人民本来是社会主义的主人,却变成靠忏悔过日子的罪人;迷信代替了科学实践,哲学社会科学变成了繁琐僵化的章句之学;研究科学有罪,发展生产有罪,实事求是、坚持真理更是有罪。国民经济濒临崩溃的边缘,科学文化日趋衰落。这些触目惊心的现实是全国人民有目共睹的。

现在,大家不禁要问:林彪、“四人帮”的新宗教为什么长期通行无阻,在许多人中煽起如醉如狂的宗教感情?这个问题值得我们理论工作者严肃对待。原因显然是多方面的,而其中一个重要的历史原因就是我们在民主革命时期对封建神权和宗教迷信的批判还不够深入彻底。“五四”运动时期,提出过“科学”与“民主”的口号,搞过一点启蒙宣传。但是,中国资产阶级的软弱性决定了这种宣传的深度和广度都不够,破的不深,立的不牢。几千年流传下来的封建宗法观念和信仰主义、蒙昧主义思想并未从人们的思想深处扫除干净,落后的小生产经济又为这些封建余孽提供了存在的社会土壤。正是由于中国的社会条件有不同于西方的特殊性，就决定了中国的修正主义必然有不同于西方的修正主义的特点。西方修正主义骨子里是资本主义，而中国的修正主义骨子里是封建主义。林彪、“四人帮”用小生产经济的封建宗法观念和信仰主义、蒙昧主义来冒充马克思主义，政治上变无产阶级专政为封建宗法的专制统治，经济上反对现代化，思想上把马克思主义修正成一种化了装的中世纪的经院哲学。

现在，林彪、“四人帮”虽然被打倒了，但他们这一套东西的流毒并没有完全肃清，现代宗教迷信赖以存在和发生作用的社会条件也还没有完全改变。从 1978 年理论界关于实践与真理问题的讨论中，我们看到，有些人就坚决反对实践是检验真理的唯一标准这一马克思主义的根本原理。他们一听到要从实际出发，实事求是，就高喊这是什么“砍旗”；他们继续主张：凡是领袖的话，“句句是真理”，字字要照办。这些同志并不是“四人帮”，甚至其中有些人还受过“四人帮”的打击迫害，但他们的思想与“四人帮”的封建主义、信仰主义，却有某些共同之处。

历史和现实都教训了我们，使我们进一步认识到深入批判宗教神学、批判封建主义和信仰主义的必要性和迫切性。

要实现四个现代化，我们必须用马列主义、毛泽东思想作为我们事业的指导思想。但是，要使马列主义、毛泽东思想的科学世界观在全国人民头脑中完整地、准确地扎下根来，我们必须深入批判一切形式的修正主义，特别是要批判以林彪、“四人帮”为代表的以“左”的革命词句装潢门面，实际具有封建主义、信仰主义、蒙昧主义特点的中国式的修正主义，教育我们的广大人民以科学的态度，而不是以宗教迷信来对待马列主义和毛泽东思想。这样，就能帮助我们防止将来再出现新的林彪、“四人帮”式的阴谋家和骗子手,防止宗教神学和信仰主义以新的形式再次出现。在实现四个现代化的过程中,必然要碰到许多新问题、新事物,这只有靠我们在马克思主义的科学世界观的指导下,用科学的态度和方法,从实际出发来解决。虽然马克思主义给我们指出了普遍原理,但是中国在实现四个现代化中所遇到的许许多多新情况却不可能从马列主义经典著作中找到现成的答案。为了发展马克思主义的宗教学,我们必须付出艰苦的劳动。那种宗教徒式的虔诚,死守字句和条文,不仅不能把社会主义事业推向前进,而且相反,将要断送我们的党和国家。

要实现四个现代化,科学技术的现代化是关键。科学文化是在和宗教迷信的斗争中发展起来的。不破除信仰主义和蒙昧主义,不清除人们头脑中的迷信思想,要提高整个民族的科学文化水平,实现四个现代化是不可能的。

实现四个现代化是全民族的事业,只能依靠亿万群众的积极性和革命首创精神。要做到这一点,就必须批判宗教神学的“救世主”思想,批判封建神权和家长制观念,充分发扬社会主义民主。人民只有生活在高度的民主空气之中,才能充分发挥其聪明才智,才会以主人翁的精神来致力于实现四个现代化的伟大事业。

我们在宗教学研究战线上从事理论工作和实际工作的同志们,在批判宗教神学和信仰主义方面,负有义不容辞的责任,我们应该行动起来,从各方面深入批判宗教神学和一切形式的信仰主义,宣传马克思主义,宣传科学与民主,破除迷信,解放思想,为实现四个现代化的伟大革命,做出我们应有的贡献。

(二)正确认识宗教发生、发展和走向消亡的客观规律,为党和国家制定宗教政策提供理论根据

马克思主义是彻底科学的无神论,根据历史发展的规律,我们说宗教必然消亡。但是,宗教怎样逐渐消亡?我们对宗教应采取什么样的政策和措施?这就必须认真研究宗教发生、发展和走向消亡的客观规律。不按照客观规律办事,必然要碰壁。

恩格斯早就指出,宗教存在的最深刻的根源在于异己的自然力量和社会力量对于人们的统治:"当社会通过占有和有计划地使用全部生产资料而使自己和一切社会成员摆脱奴役状态的时候(现在,人们正被这些由他们自己所生产的、但作为不可抗拒的异己力量而同自己相对立的生产资料所奴役),当谋事在人,成事也在人的时候,现在还在宗教中反映出来的最后的异己力量才会消失,因而宗教反映本身也就随着消失。原因很简单,这就是那时再没有什么东西可以反映了。"①

这就是说,宗教只能是在私有制和剥削制度的最后消灭和人们成为自然力量和社会力量的真正主人之后才能最后消亡。因此,马克思主义政党的根本任务是团结和教育包括信教群众在内的劳动群众为消灭资本主义、建设社会主义而斗争。我们党当然要对信教群众进行科学世界观和无神论的教育,但这是为了启发他们自觉地起来批判宗教,而不是对他们大声疾呼地向宗教宣战。列宁指出:"1874年,恩格斯谈到当时侨居伦敦的公社布朗基派流亡者发表的著名宣言时,认为他们大声疾呼向宗教宣战是一种愚蠢的举动,指出

① 《马克思恩格斯选集》第3卷,第356页。

这样宣战是提高人们对宗教的兴趣、妨碍宗教真正消亡的最好手段。恩格斯斥责布朗基派不了解,只有工人群众的阶级斗争从各方面吸引了最广大的无产阶级群众参加自觉的革命的社会实践,才能真正把被压迫的群众从宗教的压迫下解放出来,因此宣布工人政党的政治任务是同宗教作战,不过是无政府主义的空谈而已。"①

恩格斯、列宁的这些教导是在他们对宗教的根源及其发生、发展和消亡规律的科学认识的基础上提出来的。建国以来,我们的党和国家基本上就是根据这些教导来制定和执行一系列的宗教政策的。当然,由于我们对我国的各种宗教发展和起作用的具体规律认识还有一个过程,所以在具体的宗教工作中还有一些错误,但是总的说来,我们在宗教战线上的基本政策是遵循马克思主义宗教学所揭示的客观规律的。因此,我们在宗教战线上取得了很大的胜利。

林彪、"四人帮"在"文化大革命"中,为推行"乱中夺权"的阴谋,以极"左"的面目出现,全盘否定"文化大革命"前十七年宗教工作的成绩,破坏党的宗教政策,取消宗教工作的机构,迫害宗教工作的干部。他们不仅"大声疾呼地向宗教宣战",而且向普通的信教群众宣战,禁止一切正常的、合法的宗教活动,不分青红皂白,把宗教界爱国人士,甚至信教群众统统当作牛鬼蛇神予以"横扫",叫喊要在一个早晨彻底消灭宗教。林彪、"四人帮"这一套做法,伤害信教群众的感情,混淆两类不同性质的矛盾,给一小撮坏人利用宗教从事反动活动以可乘之机。因此,我们在宗教工作战线上必须拨乱反正,清算林彪、"四人帮"对宗教工作造成的流毒,贯彻我党行之有效的以马列主义、毛泽东思想为指导的宗教政策。为了正本清源,我们必须正确认

① 《列宁选集》第2卷,人民出版社1972年版,第376页。

识宗教发生、发展和走向消亡的规律。正确地认识这个规律并运用它去改造客观世界,是我们在宗教工作战线上的同志的共同任务,也是马克思主义宗教学所要研究的根本内容。当马克思主义的宗教学正确反映了这个客观规律时,它就能在实践中发生巨大的作用,为我们党和国家制定正确的宗教政策提供理论根据,武装宗教工作者和革命群众的头脑,在实际工作和理论工作中有更大的自觉性,避免盲目性,做好我们的工作。

(三)了解世界各国宗教的历史与现状,为增进国际交往、加强国际团结作出应有的贡献

当今世界上有四十二亿人口,其中有宗教信仰的约占二十五亿,各种宗教影响着广大人口。在许多国家的政治生活和精神生活中,宗教仍然发挥着强大的影响,其中还有一部分国家的宪法规定了某一宗教是他们的国教。宗教界的动向常常对这些国家的政治形势和国际政策起相当的作用。为加强我国与各国人民,包括宗教徒在内的友好往来,我们需要研究与各国历史、文化有密切联系的宗教,并把宗教研究活动作为文化思想交流的桥梁之一。如果我们对宗教的各种情况缺乏具体的深入的了解,就难以采取正确有效的方针,顺利地进行国际交往。

当前,国际上有些政治力量和政治思潮往往通过宗教形式表现出来,但它们的政治倾向和阶级特性并不完全一样,我们应该透过其宗教形式把握其不同的政治倾向,作具体的阶级分析。恩格斯在分析欧洲历史上多次革命运动与宗教的关系时为我们提供了光辉的范例。他指出:“中世纪把意识形态的其他一切形式——哲学、政治、法学,都合并到神学中,使它们成为神学中的科目。因此,当时任何社会运动和政治运动都不得不采取神学的形式;对于完全受宗教影响的群众的感情说来,要掀起巨大的风暴,就必须让群众的切身利益披上宗教的外衣出现。"①

欧洲中世纪的反封建的革命反对派大多是以宗教运动的形式出现的。近代欧洲资产阶级早期的几次大的革命运动(16 世纪德国资产阶级革命的序幕,17 世纪尼德兰、瑞士、苏格兰、英格兰等国的资产阶级革命)都是以马丁·路德派或加尔文派的宗教改革作为其意识形态的外衣。类似情况在中国历史上更是屡见不鲜。从东汉末年的黄巾起义到清朝末年的太平天国革命,多次农民革命运动也是利用宗教形式作为其动员群众、组织群众的一种手段。这些历史事实都表明起决定作用的因素是革命阶级的经济地位和政治要求,而采取宗教形式只是在当时条件下的一种外衣。在当今世界上,在那些宗教势力对社会政治生活和精神生活依然发生强大影响的地区和国家,各种政治力量和不同阶级之间的斗争往往仍在意识形态上表现为不同的宗教形式。至于不同的政治力量对他们宗教教义信仰虔诚的程度,那是无关重要的,对此不必过于认真。我们对具体情况必须进行具体分析。宗教从本质上说当然是保守的,以至是落后的,但隐藏在各种宗教形式背后的社会政治倾向并不完全相同,我们不能因为其具有宗教的形式而一概否定、一律反对。事实上,国际宗教人士中也的确有一些人怀有反殖、反帝、反霸的进步要求,而又有一些人甚至怀有利用某些教义来进行社会改革的善良愿望,还有一些人对我们社会主义中国有着友好的感情。我们和他们有不同的信仰和不同的世界观,但这并不妨碍我们之间在反殖、反帝、反霸事业中有着

① 《马克思恩格斯选集》第 4 卷,第 251 页。

共同的语言，更不妨碍我们国家与国家之间，人民和人民之间的正常交往、友谊与合作。我们应该对国际上这些复杂现象有清醒的认识和具体的分析，团结国际宗教界中一切友好进步人士，加强反殖、反帝、反霸的国际统一战线。

（四）不批判神学，就不能写好哲学史、世界史和文学史

1963年，毛泽东同志在一个批示中谈到研究宗教、批判神学的重要意义时，曾具体指出，不批判神学，就不能写好哲学史，也不能写好世界史和文学史。这个论断是很深刻的。宗教在历史上对社会生活各方面都有巨大的影响，所以各个社会阶级常常利用它来作为阶级斗争的武器。历史上的许多阶级斗争，常常离不开宗教，甚至直接表现为各种宗教或不同教派之间的斗争，有时则表现为宗教与各种无神论思潮的斗争。中外历史上多次农民起义、群众运动以及一些国家的民族解放运动，曾利用某些宗教教义和宗教组织形式作为动员群众、组织群众的一种手段。对于宗教在这些历史事件中所起的具体作用以及它和民族问题的关系，我们必须用历史唯物主义观点作出具体的历史分析，否则，要想写出一部科学的中国史和世界史是很困难的。

上层建筑、意识形态各个领域往往是互相影响，宗教与哲学、伦理、文学、艺术等意识形态更是经常相互渗透。哲学上的斗争常常与围绕宗教问题的斗争有密切的关系。拿中国哲学史来说，它与欧洲哲学史一样，也是唯物主义和唯心主义、辩证法和形而上学的斗争史。唯心主义和形而上学不过是宗教神学的哲学表现，所以，唯物主义和辩证法便经常在反对宗教神学的斗争中得到发展。我国的宗教神学溯源于商周以来的“天命”观，及至两汉则发展为董仲舒的神学

目的论。从魏晋到隋唐,是佛、道(特别是佛教)广泛传播的时期,佛教成为封建统治阶级的一种重要思想武器。宗教神学渗透到了人民生活的各个方面,影响着风俗习惯和文学艺术等各个领域。荀况反对"天命观"的斗争,王充反对谶纬迷信的斗争,范缜反对佛教灵魂不死说的斗争,一浪高过一浪地推动着朴素唯物主义向前发展。与此相对立,哲学唯心主义则从佛教中汲取营养,形成了以程朱陆王为代表的宋明理学唯心主义体系。宋明理学唯心主义这个佛儒的混血儿,在封建社会后半期,起着维护君主专制主义,"以理杀人"的极端反动作用。从宋代的陈亮、叶适到明清的王夫之、颜元、戴震,这些战斗的唯物主义者,对于这种儒佛合流的理学唯心主义进行了尖锐的斗争,也从不同的方面触动了封建主义的神圣教条,这为促进工商业的发展、保护市民的利益和支持资本主义的萌芽,起了积极的作用。

在西方,由于基督教的精神统治,宗教神学对于哲学的影响更为直接。在西方哲学史上,上帝存在、灵魂不灭、意志自由三大神学问题,一直是唯心主义和唯物主义论战的中心内容。如果我们不具体把握哲学与宗教的关系,就不能真正懂得哲学发展的规律,也就写不好哲学史。我们要善于理解毛泽东同志这一指示,它所包括的意义,应当不限于哲学史、文学史、世界史,而是指的要充分认识真正重视宗教与一切上层建筑之间的密切关系。要看到宗教这种意识形态已经成为过去遗留下来的全部文化中的一部分。

随着四个现代化的逐步实现,我国必将出现一个文化建设的高潮,哲学社会科学必然会有很大发展。哲学、历史学、伦理学、文学艺术的发展都面临着前所未有的深刻的变革,要求我们对宗教进行更深入的研究,对神学进行更彻底的批判。我们要估计到哲学社会科学的这种发展趋势，积极开展宗教学的研究。当然，研究宗教、批判神学并不单是我们宗教学工作者的任务，而是有关学科的共同任务。我们希望与广大哲学社会科学工作者一起来开展宗教学的研究，共同参加批判神学的战斗。

三

若干年来，林彪、“四人帮”的文化专制主义把我们的科学文化事业弄得到处是禁区，造成百花凋残、万马齐喑的局面。科学研究是老老实实的学问，是对客观真理的探索。从事科学研究的人，只有生活在能够独立思考、自由讨论的学术民主的空气之中，才有可能充分发挥自己的聪明才智和首创精神，攀登科学文化的高峰。为了发展马克思主义的宗教学，在这个领域内取得高水平的成果，写出高质量的学术著作，我们必须彻底清除林彪、“四人帮”文化专制主义的一切恶果，努力创造一种在学术上能够独立探索、自由讨论的民主空气和敢于坚持真理、勇于改正错误的革命学风。这就要求我们认真贯彻百家争鸣和百花齐放的方针，不折不扣地执行“三不”主义。要全面实行“双百”方针和“三不”主义，还可能遇到阻力。粉碎“四人帮”以后，党中央作了大量的工作来肃清文化专制主义的流毒，大力提倡社会主义民主。因此，我们应该理直气壮地阔步前进，解放思想，打破科学研究领域中的一切禁区，为真理而斗争。当然，对于真理的认识，不可能是一次完成的。在追求真理的过程中，犯这样那样的错误，对任何人说来都是难以避免的。毛泽东同志说：“谁不犯一点错误呢？无论是谁，总要犯一些错误的，有大有小。”①科学研究中犯错误是常见的事，并没有什么可怕。发现错误改了就是。科学研究的过程，也就是不断克服错误继续前进的过程。我们欢迎在百家争鸣的民主空气中认识和发现客观真理，不断攀登新的科学高峰。

我们按照三中全会的精神，要继续破除科学文化领域的一切禁区。这个问题对全面贯彻“双百”方针至关重要，大家都应该查一查，看看在我们宗教研究领域中还有没有禁区，还有哪些禁区。然后大家一起来彻底打破。我初步想了一下，觉得在我们这个领域内有形无形的禁区还是有的。例如关于原始基督教的评价问题，在我们许多同志中是有明显的分歧意见的，但始终没有充分展开讨论。主张原始基督教有进步性的人，怕别人给扣上为宗教辩护的帽子。反对这种看法的人，又怕别人说自己与恩格斯的主张唱对台戏。这种两难情况，就是双方都有禁区的明显表现。与此相关，对于宗教在社会历史上一般地有无进步作用问题，也因类似的原因而没有展开自由的讨论。还有我们宗教学领域的百家争鸣的参加者的范围究竟有多大，这也是一个值得讨论的问题。在马克思主义者和无神论者内部，各种不同观点的争鸣，这是不成问题的。但是是否应该允许有神论者来和我们无神论者争鸣呢？有些人有顾虑。我们是无神论者，不赞成宗教有神论的世界观，但我们不能用强制的手段去强迫人们放弃宗教信仰，只能用民主讨论的办法，说服教育的办法，使他们自觉地逐步树立科学世界观。为此，就必须让他们放心大胆地把自己的主张和道理讲出来，然后才能展开认真的讨论，用真理去说服别人，在宣传无神论的刊物上可以发表有神论者的文章，在民主的空气中

① 《毛泽东选集》第5卷，第207页。

进行理论上的辩论。这种辩论对于我们发展马克思主义宗教学的研究，只会有好处。我这个主张也许有人不同意，我这是一家之言，讲出来是为了以实际行动参加“百家争鸣”。总之，我们要解放思想，破除禁区，切实贯彻百家争鸣、百花齐放的方针，造成浓厚的学术民主的空气，使马克思主义的宗教学的学术研究繁荣起来，顺利地发展，不断地向新的水平前进。

宗教学讲义

一、宗教学原理

宗教是人类社会发展到一定阶段的一种社会现象,宗教学是研究宗教产生、发展及其消亡的规律的科学。宗教本身不是科学,它是站在科学的对立面,是反对科学的。但是用历史唯物主义的立场、观点、方法来研究宗教,这种研究就是科学。在现实生活中,这样的情况很多,比如人睡着了说梦话,喝醉了酒胡言乱语,梦话和胡言乱语不是科学,但是以它作为对象来研究,这就是科学,这是心理学研究的范围。这种研究是科学。又比如说谎不是科学,但是对说谎这种现象的研究,则是科学。我们提出宗教学是研究宗教有其产生、发展、消亡的规律的科学,这个定义,不是所有的人都能接受的,因为从宗教信仰者的立场来看,宗教是从来就有的,是天生的,受神的启示而存在的,宗教是永恒存在的。他们既不承认宗教有产生、发展,更难以设想宗教会消亡。只有马克思主义的研究者,站在历史唯物主义立场上才能提出这个观点。从这里可以看出,没有马克思主义的宗教,但有马克思主义的宗教学。宗教不是马克思主义的,宗教是一种唯心主义的世界观。也有些好心人提出,宗教经过社会主义、经过改造，加些新内容，可以形成一种马克思主义的宗教。这种提法本身是荒谬的、自相矛盾的，也是无法理解的。在几何学上没有法子让人画一个“方的圆”，方就是方，圆是曲线。“马克思主义的宗教”和“方的圆”，同样使人难以理解。马克思主义是主张无神论，是坚持唯物主义的世界观的，而宗教却正相反。

西方资产阶级也有宗教学这个名称，这是从中世纪神学沿袭下来的。神学是从宗教立场上来看这个问题，他们和马克思主义的宗教学名称一样，但不是一回事，有本质的不同。

宗教是人类社会发展到一定阶段的一种社会现象，其他的社会意识形态，如文学、艺术、道德、哲学也是人类社会发展到一定阶段出现的社会现象，不是先天就有的，它们是经历了漫长的人类社会实践逐渐地产生的。文学、艺术、道德，宗教也在内，是阶级社会出现以前早已存在的，只是进入阶级社会以后，被加上了阶级的内容。一旦产生以后，它们就成为人类不可缺少的精神生活要素，很难设想将来有一天，比如到了共产主义社会，人们不要文学、艺术、道德了。我们相信，这些社会意识形态将随着人类文化的进步、社会生活的充实、思想境界的提高，会变得更加繁荣、绚丽。

另外也有一些社会历史现象，如法律、国家组织出现较晚，是阶级出现后的产物，奴隶制以前不存在。法律是随着阶级出现产生，也随着阶级消亡而消亡。国家也一样。就宗教来说，宗教与哲学较接近，宗教产生比哲学早，在母系氏族公社时期就存在了。哲学产生于阶级社会出现以后，它作为世界观，为一定统治阶级辩护。阶级出现以前，只能说有一种哲学的萌芽，没有形成哲学体系。人类社会出现宗教、哲学后，这两种意识形态有许多地方经常被人们相提并论。从传统方面来看，有接近的地方。这两种意识形态，在阶级社会中都是属于远离它的经济基础的上层建筑。它们都是要解决人们在社会生活中最难解答的问题。比如人生的目的、归宿,人的价值、世界的本源,社会发展的动力是什么,灵魂是不是要消灭,诸如此类的问题,都是人类反复探索了几千年,到今天仍未得到完美的解答。这些老大难的问题,其他学科如史学、文学、艺术、自然科学,都无法解答,也没有任务来解答。但哲学与宗教主要是要解答这些问题[①]。解答这些问题有许多方案。哲学有许多流派,不同流派有不同的解决方案。宗教也有许多派别,也是提出种种不同的解决方案。再进一步看,宗教这种社会历史现象,与其他的历史现象有什么不一样?它不同于文学、艺术、道德、法律以及哲学的地方在哪里?文学、艺术、道德、法律都是对社会存在的反映,宗教又是怎么反映的?

文学、艺术是通过形象来反映社会存在。艺术的形象,广义的艺术包括音乐,音乐是声音的表达、声音的一种形象;建筑是固体的形象,通过形象来反映社会存在。

道德是用人类行为规范来反映社会存在。

哲学用思辨的方式、逻辑推理的方式来反映社会存在。

法律用行政强制的方式来反映社会存在,不同的统治阶级有不同的法律。

宗教是用虚幻的方式来反映社会存在,它的反映好像镜子,但照出的影子是歪曲的。哲学以思辨方式反映社会存在,唯心主义的世界观是颠倒地反映,马克思说过唯心主义者看世界是头向下,是颠倒的,它本末倒置。而宗教却是歪曲地反映。宗教具有以下三个特点:

---

① 20世纪30年代以后,哲学走到了一个非常狭窄的死胡同,对上述重大问题放弃钻研,只研究一些玩弄概念的形式。宗教学在西方世界又得到发展,特别在50年代以后各大学纷纷开设宗教课程。

一、以幻想的方式制造出一个或一批崇拜的对象。

二、在现实世界之外，以幻想的方式制造一个彼岸世界。这与第一个特点的区别是：第一个是用幻想制造崇拜对象，这是制造一个天国、极乐世界来逃避现实。

三、迎合人们求乐避苦的愿望，给人以精神的安慰，满足人们精神的需要。

这三个特点有一个共同的思想基础，那就是信仰。信仰包括迷信、幻想在内。因为它是建筑在信仰的基础上，就不需要加以论证，信就有，不信就没有，宗教家都主张“心诚则灵”。

宗教与其他社会意识形态不同的地方，还在于不仅仅停留在思想意识的活动上。比如哲学，是世界观，是思想意识的活动。宗教除了思想意识活动外，还与群众的社会生活密切联系着，它不光传播思想，还伴随着思想的传播形成一个团体，有组织的行动，并采取一定的宗教仪式，宗教仪式与民族习俗相结合。中国土生土长的宗教与外来的不同，这种宗教与那种宗教不同，这个民族地区的宗教与那个民族地区的宗教也不一样。有的与民族习俗相结合，有的超越了民族的界限，成为世界性的宗教，如天主教做弥撒，它的仪式全世界都一样。总之，宗教不仅是传播思想，它通过集体活动逐渐形成一种社会力量，这种社会力量培养人们产生宗教感情。这些特点，是哲学所不具备的。虽然宗教宣称与哲学有同样的任务，解答人生问题、社会价值问题，但它有自己的特点。一切的意识形态都是存在的反映，都是现实生活的反映，宗教的幻想也是现实生活的反映，也是受一定的经济基础所制约的。如果我们一定要给宗教的幻想找出直接的经济的原因，那就显得迂腐了。可是它确确实实是一定的社会经济的产物，关于灵魂、魔力这些观念，它只有它的否定性的经济基础。在史前时期，经济发展处在低级阶段的时候，人们的生产力发展十分低下，人在自然的威力下显得无能为力，对自然界很不理解，对自然界产生惊叹，对它膜拜。人类认识能力达不到的地方，就以虚幻的观念作为补充。这种虚幻的观念，有时也成为解释自然现象的条件，有时作为原因，其实都是虚幻的观念。中国古书《淮南子·天文训》，其中讲到开天辟地的传说：

> 昔者共工与颛顼争为帝，怒而触不周之山，天柱折，地维绝。天倾西北，故日月星辰移焉；地不满东南，故水潦尘埃归焉。

这显然是中原地带华夏民族共同的认识。当时人的眼界没那么宽，知识有限。最早哲学包涵在宗教里面，以后哲学逐渐从宗教中分化独立出来。

二、原始宗教的三个阶段

宗教最早产生约在母系氏族社会，旧石器时代的晚期。在我国历史上称为仰韶文化，它代表文化发展史上的一个层次、阶段。大体属于比较繁荣的母系氏族公社的阶段。从地下发掘来看，有固定的埋葬制度。仰韶文化遗址中，陕西临潼姜寨、西安半坡村、宝鸡北边、滑县、华阴县附近，都发现有公共的墓地，死者埋葬的地点很集中，有一定的埋葬方式。死者的头多半向着同一个方向。墓葬群有的都向南，有的都向西。随葬物品都是生活日用的陶器罐、盆，也有装饰品、食物。妇女的殉葬物品往往比男子的丰富。说明当时母系氏族时期的人,相信人死后会到别的地方去生活,否则不会把日用品、食品、装饰品放在身边。这种行动表明那时的人相信人死后的灵魂还过着生前一样的生活,所以给死者那样的安排。氏族公社时期生产很落后,得到生活用品、食物不容易,妇女的殉葬品比男子多,在物资极端缺少的条件下,妇女受到优厚待遇,说明妇女比男子尊贵,社会地位高于男子。死者的头向基本上一致,说明他们相信人死后,灵魂要回到传说中老家的地方去。我国的一些少数民族里还保存类似的埋葬仪式。云南、贵州在彝族经典中有《指阴路经》①。

人类从没宗教进化到有宗教,这是人类进步的标志。人有宗教,动物无宗教,灵长类的黑猩猩、猴子很聪明,都没有宗教意识。儿童没有宗教意识,儿童的宗教意识是大人灌输的。

进入母系氏族社会,开始有图腾崇拜,以某种动物或植物作为图徽、标志,当做这个氏族的保护神来崇拜。进入文明社会,图腾崇拜已经废止,也还有旧的残余的痕迹保留下来。比如有的民族给小孩佩戴护身符,为了免遭灾难。抗日战争时期,日本侵略军多佩戴护身符,认为这样做,战场上不会被打死②。佛教徒认为佛牙可以辟邪,保护国家的安全③。在西安半坡村彩陶中有鱼形纹的彩陶,马家窑发掘出绘有青蛙、鸟的彩陶,这都是那个时候不同氏族的图腾。中国古书中有许多关于图腾崇拜的记载。《说文解字》:南方蛮、闽,从虫;北方

① 云南省禄劝县巫师所念的《指阴路经》,指引死者从当地普渡河渡河北行,经会泽、昭通进入四川凉山一带。可以认为彝族祖先源出四川凉山一带(参阅马学良《彝文经典和彝族的原始宗教》,载《世界宗教研究》第二集,1980年)。

② 抗日战争时期,从打死的日军尸体上发现不少这样的护身符。

③ 北京房山云居寺于1983年发现埋藏的舍利三颗。北京西山上建有佛牙塔,里面贮藏佛牙一颗,佛教徒奉为国宝。

狄，从犬；东方貉，从豸；西方羌，从羊。这些不是虫，就是兽，从前认为是中原人称呼边远地区的人的贬义词，其实从考古人类学的角度看，这些称谓无所谓褒贬，它们是那时不同氏族的图腾。古代相传的姓，“姓”字从“女”、从“生”，就是起源于母系氏族时代。炎帝姓姜，活动于渭河流域到黄河中游、陕西这一带，姜姓以羊为图腾；生活在河北、河南一带的黄帝的部落，史称有熊氏，他们以熊为图腾；楚国的先人也姓熊，也是以熊为图腾的。古代传说记载，黄帝与蚩尤大战，黄帝打仗时曾驱使熊、罴、貔、貅、貙、虎六种野兽作战。今人的驯兽有许多科学方法，训练动物表演节目还可以，但不能驱使大批经过训练的熊、罴上战场作战。这种传说记载应当是指的黄帝带领熊、罴等六个图腾为标记的氏族共同作战，并取得胜利。

黄河下游，太皞氏以凤为图腾，姓风。甲骨文“风”与“凤”是一个写法。《说文》：凤“出于东方君子之国”。太皞氏在黄河下游，中国东部山东一带。少皞氏可能是太皞氏的分支，“以鸟名官”。都是以鸟类作为图腾。据《左传》记载，少皞氏下面以鸟为图腾的有二十四个氏族。

江汉流域，古书记载是属于三苗集团。三苗集团以蛇为图腾。神话传说伏羲、女娲都是人首蛇身。1972 年长沙马王堆出土的汉墓，棺材上用漆画的彩画，就是人首蛇身。可见江汉流域比较流行的图腾是蛇。

据《史记》记载：商朝人的祖先契，其母简狄吞玄鸟（燕）卵而生契。可见玄鸟是商朝祖先的图腾。母系氏族只知有母，不知其父，也可看出商朝人与东方氏族集团的关系密切。周的根据地是陕西岐山，周朝灭商以后，将政治中心搬到洛阳，周公封于鲁（山东曲阜），太公封于齐（山东临淄），说明周以最重要的力量镇服东方。从历史上看,前人讲得不大清楚,从宗教历史发展来看,可以帮助我们了解历史。

《淮南子·本经训》:尧除民害,天下大治,危害老百姓的有修蛇,尧"断修蛇于洞庭"。楚地正是以蛇为图腾的地方。"禽封豨于桑林"。"豨"是野猪;"封"是大的意思;"禽"即"擒",活捉。这可以看出尧平定了以蛇、以猪为图腾的那些部族。平定了部落间的战斗,人民拥戴他为首领。这就是后人以神话的方式来记录当时部落间战斗的情况。从此处可以想见汉朝初期的人,像《淮南子》的作者,对古代图腾代表的实质内容已不大清楚,图腾上画的是野兽,而它代表的是氏族。古人以神话说明历史,我们以历史来说明神话,这就是今人研究方法胜过古人之处。宗教学不光使人增长一些关于宗教的知识,还可以帮助我们了解古代的历史、文化、民族各方面的关系。

图腾崇拜是人类蒙昧时代的一种意识形态,人类处在原始的采集和渔猎经济的水平,没有力量改变自然。人们的活动要依靠群体,人的群体不可能太大,只能在不太大的集体中共同生活,十几个人、二十来人一起生活。再大了,行动不方便,食物分配也有困难。在这个集体中,很自然的以血缘关系为基础,即以女性为中心的小集体,带着她的子女,带着一部分人靠采集维持生活。这个时代的人们还不能自觉地把人和自然、动物、植物分开,有时候把它们当成与自己差不多的有生命的实体。这一点,我们从儿童心理学上来看,人在幼稚时期怎样看待外界,对外界的关系认不清楚。研究幼儿心理的人有这样的经验,两三岁的孩子被石头绊了一跤,摔疼了就哭。保育员哄他,把石头打几下,解了气,小孩就不哭了。从幼儿的水平看,石头跟他作对,打它几下,给自己出了气。孩子把外界和自己都看做有生命的东西,分不清楚。列宁在《哲学笔记》中,一再教导我们,研究哲学史，必须研究儿童的心理，要研究认识史，不然，哲学史、辩证法就搞不清楚。我们研究宗教的起源和发展，也是人类认识世界的一种反映，不过这种反映是歪曲的、不真实的、夹杂神话和其他的东西。出现这种社会现象不奇怪，必须经历这个过程。人类超过动物再往前进，要经历好多历程，一关关地过，才达到今天。当时的人认为他们崇拜的图腾比人类有更高的能力，人类要受它的保护，尽管蛇、野猪、熊、虎之类比人低下，但当时的人不那么理解。这类动物也就受保护，禁止杀害。这种图腾遗留下来的影响，今天文明社会中并没完全消失。比如有的宗教的教徒不吃黄牛肉，据人类学家研究，这个教的前身，以牛为他们的图腾。印度毒蛇很多，经常伤人，但群众不肯把蛇弄死。以捉蛇为职业的人很多，他们把捉到的蛇送到村外放走。这也是图腾的残余吧。某大国还保护猴子，不敢伤害，几年前有人估计该国猴子有五千万。也可以从中看出图腾崇拜在文明社会的残余。

母系氏族公社通过这种方式把本氏族的人团结在一起。以图腾作为标志，还可以起到区别于其他氏族的作用。放在当时的历史条件来看，图腾崇拜对氏族，对社会的存在、发展、繁荣，都曾起积极作用。我们也不能简单地或者不加分析地说，宗教是坏东西，一出现就是骗人的。宗教有幻想性、欺骗性①，但我们要具体分析，从没有图腾

① “事情很清楚，自发的宗教，如黑人对物神的膜拜或雅利安人共有的原始宗教，在它产生的时候，并没有欺骗的成分，但在以后的发展中，僧侣的欺诈很快就成为不可避免的了。至于人为的宗教，虽然充满着虔诚的狂热，但在其创立的时候，便少不了欺骗和伪造历史，而基督教，正如鲍威尔在考证《新约》时所指出的，也一开始就在这方面作出了可观的成绩。”

——恩格斯《布鲁诺·鲍威尔和原始基督教》(1882年)，
《马克思恩格斯全集》第25卷，第459－550页。

与有了图腾崇拜相比，标志着人类认识往前进了一步，而不是往后退。猴子、猩猩就没有图腾崇拜，始终是猴子。图腾崇拜这个社会现象，还说不上是后来那种人为的宗教，但它已经有了宗教意识、宗教的萌芽，这就是人类认识世界的水平向更高的发展必须经过的一个阶段。宗教的发展也是社会发展的反映。

三、宗教的发展

从社会发展的时期来看，是指从部落联盟到奴隶制，包括三皇五帝到夏、商、周。由于文献资料的限制，我们把重点放在夏、商、周进入阶级社会以后的情况。

部落联盟前没有形成上帝的观念，母系氏族社会的神是自然力的幻想，当时出现了天地、日月、山川之神。自然力的神，地位平等，不分高下，神只具有自然属性，还未具有社会属性，到父系氏族社会时期，神开始具有社会属性，有了祖先崇拜。像传说中的黄帝，既是神又是人。人和神体现在同一个崇拜的对象上。祖先崇拜阶段的神，它管辖的权限只限于本部落，还未形成统率众神的神。自夏朝开始，进入阶级社会，建立了国家，君主权力比部落联盟时期集中，相传禹集会诸侯，防风氏迟到，即将他杀掉。人类社会产生了政权集中的力量，天上也出现了最高的支配力量。君主自称是天神的代理人。《墨子·兼爱篇下》引《禹誓》中讲，告诉听众们，都要听我的话。为什么要伐有苗，因为有苗违反天意，我代天行罚。《墨子·明鬼篇》也引《禹誓》，讲到禹征有扈氏“天用剿绝其命”，“共行天之罚”，禹代天惩罚有扈氏。《墨子·非命下》引《总德》说禹代天执行命令，违背天命将带来灾难。儒家孔孟崇拜尧、舜、文王、周公，墨子则崇拜夏禹。《墨子》书中保存了不少关于禹的材料。历史上记载，很多地方提到夏王朝崇信天和命。夏征有苗、有扈，代天征伐，称“天伐”或“天讨”。①(命)字是象形字，表示在大屋顶下，一个人在发命令。②字没有口，就是“令”，两个字是一个意思。孔子《论语》③一再称赞禹，认为禹是一个最完善的人。禹有三条美德：一、“菲饮食而致孝乎鬼神”；二、“恶衣服而致美乎黻冕”；三、“卑宫室而尽力乎沟洫”。这三条中有两条都与鬼神有关。第一条很清楚，是尊重鬼神的，第二条是祭天的礼服。从这里可以看出夏朝统治者对天的崇拜。

进入阶级社会后，对天的崇拜不再是全社会普通成员的信奉。敬天地成了统治者的特权，只有君主才有资格代天说话，这是与以前氏族公社时期宗教信仰不同的地方。还有，这时的“天”已经可以惩罚人了。天命除管水旱风雨外，还管惩罚恶人，谁违抗君主命令，就是罪恶，就将受到惩罚、制裁。天神的这种特权，是阶级社会前所未有的。宗教虽然是讲的神、鬼，实际上是社会现实歪曲的反映。

有些宗教崇拜是从氏族公社时期遗留下来的，像祖先崇拜，只是崇拜的内容有了改变。社会现象比自然现象复杂。社会性质变了，宗教思想也跟着变化，但意识形态的变化不像刀切斧砍那样整齐。比如奴隶制已消灭很久，到清朝 18 世纪，还有家内奴隶，《红楼梦》中讲的小厮、丫头，都是家内奴隶，这是奴隶制的残余。祖先崇拜，也有类似的情况，祖先崇拜是父系氏族公社时期的宗教信仰，可是进入奴隶制社会、封建社会后还存在，只是内容有了变化。父系氏族社会的

① 见《金文编》，秦公簋。
② 见《金文编》，颂鼎。
③ 《论语·泰伯》。

祖先崇拜，崇拜的祖先是英雄，这个英雄为本氏族造福，所以本氏族成员纪念他、崇拜他。进入奴隶制社会，祖先崇拜除了保留祖先是英雄值得崇拜那些因素外，还因为他是君王的祖先，并非有德有功才去崇拜。《礼记·祭法》，讲到古代舜、禹、汤祭祀的情况：

> 有虞氏禘黄帝而郊喾，祖颛顼而宗尧。夏后氏亦禘黄帝而郊鲧，祖颛顼而宗禹。殷人禘喾而郊冥，祖契而宗汤。周人禘喾而郊稷，祖文王而宗武王。

有虞氏将黄帝放在太祖庙里祭祀，而“郊”祭天时以喾配祭。“宗”是直接祭的先辈，“祖颛顼而宗尧”。“殷人禘喾而郊冥，祖契而宗汤”。“周人禘喾而郊稷，祖文王而宗武王”。禘，是祭太祖庙，郑玄对此作注说，舜以下举了禹、商、周。有虞氏以上尚德（看重对本部落、本氏族的贡献），禘郊祖宗配用有德者而已。自夏以下，建立了国家政权，祭祀时只祭统治者的祖先，不问才德，也配远古有德的英雄。而舜祭的黄帝、喾、颛顼、尧，都不是直系亲属。夏以后的祭祀，祭禹、汤、文王、武王，所祭祀的都是自己的祖先。从祭祀的仪式中可以看到政治制度、社会制度在祖先祭祀上的反映，反映了当时的奴隶制、私有制。

再看殉葬的问题。古代殉葬品是用死者生前的生活用品、生产工具等。进入奴隶制后起了变化，奴隶像牲畜一样，本身就是一种生产工具，没有自己的人格。氏族公社时期殉葬物品有多有少，但未发现用人殉葬的。奴隶制社会开始用人殉葬，人同马、狗埋在一起，说明相信人死后还过生前的生活，所以配备一些生活用的东西，有马、有狗，还有奴隶。人殉这件事实，正好说明这个社会已进入奴隶制社会，如果不是进入奴隶制社会，不是殉奴隶，而是随便殉抓来的俘虏，很难设想，以俘虏殉葬，在地下不会去捣乱。人与狗、马放在一起，是被看成同等供使用的物品。如河南二里头考古发掘出夏朝的墓穴，墓主仰身直体，殉葬物有鼎、豆（，陶制用具）、觚、角（）、卣（均酒器），还发现被活埋的奴隶①。

据地下考古发现商朝文化一处遗址，房子下面埋葬有小孩骨架两副，狗的骨架一副。另一处在屋的基础下，有大人头、小人头各三个，头的方向与房子方向一致，说明盖房时人与狗是同时埋在房下的。郑州二里岗，有酒具、人骨、三副猪骨共埋一处，说明人与猪处于同一地位。到商朝后期，人殉、人祭的规模更扩大了，有时一次殉葬好几百人。以奴隶殉葬在奴隶制时代，没有人从道德、人道主义的立场责难这种制度，如果有的话，也说是太奢侈。到了春秋秦穆公时，《诗·秦风·黄鸟》三章，秦国民间诗歌，哀悼当时称为“三良”（名叫奄息、仲行、铖虎）的人殉葬，他们被活埋。这是奴隶制行将崩溃，封建制开始萌芽的时期，才有人提出责难，认为不合理。

夏、商、周三代都是奴隶制，它们的宗教信仰本身没有什么变化。夏、商、周有继承的关系，都继承了天神的崇拜，认为君主出兵讨伐反抗他的部落或国家，不是代表个人，而是代表天意。前面提到《禹誓》中伐三苗就说是代天行伐。后来商汤伐夏桀声言代天伐桀。到周朝武王伐纣也说是代天伐商。《尚书·泰誓》是武王伐纣的誓词：“商罪贯盈，天命诛之”②，“予弗顺天，厥罪惟均”，如果我不按天的意志办，我也和商犯了同样的罪。从这里可看出，殷人继承了夏人的上帝，当了上帝的代言人。上帝还是一个，夏朝的上帝到了殷人手里就

① 郭沫若《中国史稿》第一册有记载。

② 成语“恶贯满盈”这个话由来很久，出自《尚书》。

成为殷人的上帝。夏王朝建立后，也常以君主代天传话，夏的第二代君主启讨伐有扈氏，《尚书·甘誓》提到这件事。有扈氏与夏朝是同族，都是姒姓的后裔。既然都是同一个祖先的后裔，按情理，祖先都要保护，但是启宣布有扈氏违背天命，应受惩罚。还讲，如果战斗中不努力去打有扈，祖先就要惩罚；努力战斗，祖先就会奖赏。这个祖先的神、天神与君主的权力一致起来了，违背君主的意志，就要受天的惩罚，这只是假借祖先神的意志、天神的意志的一种说法。祖先的神与天神比较，天神比祖先神的权力更大、地位更高，祖先神崇拜与天神崇拜结合起来，祖先神可以传达天神的意志。从这里可以看出王权神授的观念，由来已久。自从有阶级后，夏朝开始，国君们懂得假借天神权威来实现他的统治和命令。天神崇拜实际上是为了加强地上王权。从夏到殷，从殷到周，这三个朝代，对天神崇拜有直接继承的关系。

在历史学界曾一度认为周人与殷人是两个不同的民族，差别很大，文化很不一样。从考古出土文物来看，商周两代的继承关系是主要的。旧说殷人用龟甲骨占卜，周人用筮（蓍草）占卜。陕西周人故居，发现周人用龟甲骨占卜，卜骨上刻有字，周人在灭殷以前祭殷朝的王，而不是祭自己的祖先，要求殷人祖先保护自己。有一片甲骨文记载，周人杀两个女奴隶、两只羊、三只猪祭祀商朝祖先成汤。还发现一片甲骨文记载，周文王祭殷纣王之父太甲。卜辞说周文王求太甲保佑、赐福。卜辞说太甲保佑你了，今年年成很好。周灭殷以后，地位就变了，殷人就不再占统治地位，天神也就不再保佑殷人而保佑周人了。《诗经·大雅·文王》歌颂“文王在上，于昭于天。周虽旧邦，其命维新”。这意思是周朝作为国家来说，早就有了，但是得到天命，是新得到的。“有周丕显，帝命不时，文王陟降，在帝左右”。殷在没有丧失天的信任时,可以配上帝,但在违背时就没有资格配享上帝,而周人的祖宗上升到天上,受到上帝的恩宠,在上帝左右,因此周人的祖先神配享上帝是理所当然的。

文王在时还祭纣父保佑,灭商后就立刻变了。《逸周书·作雒解》中谈到周人以上帝配享后稷(周人祖先)。《史记·封禅书》:周公"郊祀后稷以配天,宗祀文王于明堂以配上帝"。后稷配天,文王配上帝,我们不去分别天神与上帝谁大谁小,天和上帝有什么关系。我们的着眼点在于:祖宗神以配享天神,这是很清楚的。殷周对上帝、天神的信仰是相承下来的,不能说殷人光祭祖先不祭上帝,周人才开始又祭天又祭祖。实际上殷人与周人都是祭天也祭祖。地上有了统一的政权,天上才有统一的神。理论上是这样讲的,没有地上的王权,便没有天上的神权,从地上发现的实物、卜辞和文字记载也是这样,天上的神是地上政权的反映。

我们再追问,从殷到周,社会历史在发展,在变革,从宗教思想方面看,有没有变化呢?老一代思想家提出过这个问题。近人王国维提出,殷周之际是中国历史发生很大变革时期。这个变化,史学家像郭沫若、范文澜都有所论述。我们想通过宗教现象,从宗教信仰方面来考察它的变革同当时社会的关系,用我们的考察与历史相印证。

殷周之际的社会变革,不是氏族制向奴隶制的转变,因为夏代、商代已经是奴隶制了,也不能认为它是从奴隶制向封建制的转变①。从殷到周,是从不发达的奴隶制向发达的奴隶制的转变,也可以说是从早期阶段的奴隶制向发达阶段的奴隶制的转变。甲骨文有记载,

① 范文澜同志说过,殷到周的变革,是奴隶制向封建制的转变。这个看法我们不赞成。

五个奴隶的价值等于一匹马，杀人殉葬与马、牛、羊、狗一起埋葬，这说明商朝的奴隶制不发达，奴隶在生产中的作用没有充分发挥出来。周人也用人殉葬，但杀死的人数大大减少。《尚书·酒诰》也有这方面的记载，大意说，殷朝俘虏、奴隶喜喝酒，违背周的法令，也不要杀死，用来劳动。《尚书·多士》也说到参与叛乱的人，不要杀他们，说明周朝时奴隶制较发达，利用奴隶生产较充分。殷朝与周朝还有一个差别。殷人对国家的统治不太完整、周密，在盘庚以前，国都不固定，盘庚后期国都才固定下来，这时候很多贵族在殷朝统治下，关系较松散。从地下发掘的文物看，殷朝的版图很大，除黄河流域外，一直到江淮一带，过了长江，在湖南、江西，都发现殷文化遗址，可见殷王朝疆土辽阔。周朝接替殷王朝，孔子称文王之德，三分天下有其二，以服侍殷。从这称赞中，可以发现两个问题：一、殷王朝还有部落联盟统治的影响，政权较松散；二、文王也不像儒家所称赞的真正是个有德之君。文王称西伯，封地百里，地方很小，怎么就有三分之二的土地归了文王？不是蚕食，就是扩张得来的。唐时史学家刘知幾曾提出疑问。这说明殷王朝与周王朝比较起来，殷的统治较松散。地上王国的权力没做到十分集中、巩固，天上的神的权力也显得软弱。周人灭殷后有了很大改变。周人中心地区在陕西岐山很小的地方，人数不多，灭殷后要统治广大地区，必须想法避免殷人失败的教训。周朝建立了一套严密的天子—诸侯—卿大夫的统治秩序，有较精密的等级，像金字塔一样，天子高高在上，下面有诸侯、卿大夫。周人利用了氏族公社遗留下的宗法制度，以父系家长为核心，以血统世袭来维护财产承继权。国君的财产继承就是整个国家，国家是国君的私产。周人灭殷后，首都从西方迁到东方洛阳，军事力量向东方延伸到山东（齐、鲁）、山西（晋）、河北（燕）。前几年在北京南郊发现燕国故都。在这里派上长期驻军,收缩了防线,长江以南没有驻军了。

周以姬姓为主体,大规模分封诸侯,建立属国,天子定期巡视,称为巡(春季巡视)、狩(秋季巡视),春秋各一次。诸侯定期向周王朝贺。明确各国封地边界,军队数量也有规定,还定下诸侯勤王制度,天子有难,发令诸侯来保护。《封神演义》中有周幽王宠妃褒姒"烽火戏诸侯"的故事。这说明周朝有一套严格制度。还规定同姓不婚、长子继承。定庙制,天子有九庙,诸侯有七庙,这些制度颁布到天下,成为奴隶制国家的根本大法。庙的制度分大宗、小宗,宗法制从此健全起来。随父系家长制建立了一套宗法制度,定下了祖宗的神位和祭祀等级。周朝规定同姓不婚,与异姓贵族联婚,结成姻亲关系,用亲戚关系加强了统治者之间的联系。周人的奴隶制是发达的宗法奴隶制。

政治上的变革也决定了宗教思想的变革。周人继承了殷人的天神观念,又加以改造。比如殷人把天神看做统率自然力的最高主宰。日、月、风、云、雷、电,都是天神的辅助,阶级社会出现前,日、月、风、云、雷、电,都在同一层次,没有高下,但进入阶级社会后,众神的地位,分了高下,都受天神的管辖,把奴隶制的君臣关系搬到天上去了。天上的神有了统属的关系,有高下尊卑之分,具有了社会属性。在殷王朝时代,自然属性多于社会属性。从人类认识史上来看,反映了当时殷人的时代,自然界对人的威胁很大,自然界的威力不可抗拒,这表现在天神的性格也不可捉摸,权威很大,喜怒无常,人们要随时观其颜色,听其支配。从留下的甲骨卜辞看,殷人对风雨、祭祀、战争,都要占卜,几乎每事必卜,必先问问神的意思。这反映什么问题呢?是不是殷人特别迷信?从现象上看是特别迷信,从道理上看,殷人生产力较低下,战胜自然的能力有限,所以处处要向神请示,靠天吃饭,人们无法预知天神的意图。从甲骨文看，殷王与天神无血统关系，殷王不能直接向上帝祈祷，而是委托自己的祖宗神代为向天神转达他的请求。天神对殷人来说还是一个盲目的支配力量。作为一个宗教来说，奴隶制社会要求一种更好的维护奴隶制的上层建筑。在殷商时代，宗教的职能还没有有意识地发挥得那么完备。

周人也是天神崇拜，周的君主自称天子，“天子”的名称是从周开始的。西方基督教称耶稣基督是上帝的儿子，上帝关怀地上的有罪的群众，派遣他唯一的儿子基督来拯救世人。其实周人早已在公元前 11 世纪就提出了这个观点，上帝让他的儿子管理老百姓。周王就是天子，这是政权向神权挂钩。周人有宗法制度，又和诸侯、大夫、子民结合在一起。周王的祖宗神保护其子孙，周王与天神成为一家。周人眼中的上帝不再像殷人的亡帝那样喜怒无常，周人的上帝变得慈祥，关怀下民，与下民建立亲密无间的宗法关系。在政治上、道德上，周天子是神的代言人。周朝文字记载，殷的国君也曾是天神的儿子，但他未按天神的意志办事，道德败坏，天神抛弃了他，结果选定周王作为嫡长子。周王要认真执行天命，才能保持他的地位。周人改造后的上帝仍然是百神之长，但它带有更多的社会属性，维护周人建立的宗法奴隶制。周人讲：“天命靡常”，“天不可信”。有很多讲哲学史的人认为这是无神论思想，其实这是一种误解。这里不是说周人怀疑上帝的存在，怀疑“天命”。周人提出这个口号，用它来论证天要周代替殷，天命不是永恒站在殷一边，我代表天命，天就站在我这一边，“天命靡常”就是这个意思。殷人违背天意，胡作非为，天不信任它，不会永远保佑它。说周的统治者不信天命，这是不可能的。当时人的认识水平、认识的过程，不可能达到那样的高度。

再看周代宗法制度，也改变了祖先崇拜的内容。祖先崇拜在殷朝后期,殷代已有几百年,统治者的冥诞丧庆几乎天天有,天天都要祭祖。殷朝帝王的名号,不含道德的意义,比如:太乙、帝乙、祖甲、太甲,这都是用作人名的符号,可是周王名号有道德的含义,如文王、武王、穆王、昭王、宣王,都有道德的含义。武王之所以称“武”,有克定祸乱功劳的君王,死后称做“武”。“昭王”,“圣闻周达”叫做“昭”。天子尊号的道德含义,直接包含了天神属性的道德含义。周人崇拜上帝与殷人崇拜上帝形式上差不多,内容上有了区别。殷人的祖先崇拜血缘意义较多,也有社会属性;而周人则是道德意义较多,也有自然属性。天神崇拜的观念有了新发展,周人提出“以德配天”,配有配合、辅助之意。周王的权力不仅来自高贵血统,也来自高度的道德品格,所以周王得到上帝赐予的权力。天神委托君主以权力,统治民众。天神也管理君主,使他不要失去好的品德,并且要求他不要失去神的信任。《诗·大雅·皇矣》说:上帝很关心下民的疾苦,“求民之莫”。“莫”,黄昏,太阳被草挡住了,看不清楚,引申为“幕”,也引申为“膜”,有一层东西挡住,隔膜。人民的被掩盖住的疾苦,无法表达,上帝给予解决,上帝关怀人民。周人把宗教信仰、道德说教、政治统治三者结合在一起,变成完整的为奴隶制服务的意识形态。这种上帝的观念,与殷人的天神崇拜有高下精粗的区别。周人的天神崇拜被赋予更多的奴隶制社会的社会属性。殷人的天神崇拜发展为周人的天神崇拜,是从初期的奴隶制到发达的奴隶制之间在宗教上的、神的信仰上的反映。我们看到殷人物质生产力有很高的水平,铸造的青铜器令世界为之震惊,造酒、纺织都很好,但殷人在精神方面比较平凡,这点,周人比殷人有很大的进步。

四、宗教的产生和消亡

不像宗教家所说的,宗教与人类同在,有人类就有宗教。

以中华民族的宗教发展为例,它是从没有宗教发展为有宗教的,说明宗教有起源,而起源要具备一定条件。有了宗教以后,就有发展。发展包括从低级到高级,从简单到复杂的过程。从母系氏族社会开始,由图腾崇拜到祖先崇拜,到天神崇拜,这反映了母系氏族社会、父系氏族社会、部落联盟,一直到国家政权建立的发展过程。在发展过程中神的属性也随着有所改变。没阶级以前,部落联盟时期,有选举制度、让贤制度,反映到当时的神和人之间还没有血缘的关系。进入阶级社会,有了私有制,君王家天下,君王逐渐变成了天之子,这时神与人之间便建立了血缘关系,统治者提倡敬天法祖,神与祖先一致起来。从这里可以看出从自发的宗教到人为的宗教的变化过程。自发的宗教保存着较多的原始宗教的形式,没有成套的宗教典籍,没有专职人员,没有固定的宗教组织。宗教活动与氏族的社会活动、文娱活动、生产活动结合在一起,分不开来。到了人为的宗教时期,有了经典,有了专职人员,有固定组织。自发的宗教与人为的宗教不是刀切斧砍一步就跨越过来的,二者之间没有严格的界限,是逐渐发展的过程,是从粗糙到精致、从不完备到完备的过程。

宗教的变化,自发宗教到人为宗教漫长的变化过程中,形式上、内容上有些改变。形成人为宗教以后,还在不断变化,这个变化可分为以下四种形态、方式:(一)某种宗教信仰,在同一个民族内部,发生了变化。例如这个民族,过去信仰这种宗教,后来又信仰另外的宗教。这是一种变化方式。(二)吸收了其他不同宗教的内容,使它有所改变,民族还是这个民族,宗教还是这个宗教,只是内容有所变化。(三)宗教的观念、宗教的感情、宗教的思想逐渐地冲淡了。(四)这种宗教在发展过程中,逐渐地消亡。这不是说宗教现象消亡,只是某种宗教消亡了。

上面这四种情况,在中国历史上都存在,在世界的宗教史上也存在。

(一)一种宗教信仰在同一个民族内,被另一种宗教所代替。这也不是一朝一夕就能改变的。比如中国西北新疆地区,长期居住约有十个民族,有维吾尔族、哈萨克族、塔吉克族、乌孜别克族、锡伯族等,其中以维吾尔族人数最多。在这个广大的地区,十个民族祖祖辈辈生活在这里。佛教在这个地区有一千到一千五百年的历史。南北朝以来,新疆是"丝绸之路"的必经之地。通过这条路传播了佛教的教义、经典,中国最早的汉译佛经大部分是从新疆地区传入的,不是直接从佛教发源地印度传入的。古书记载从"胡本"(是对印度原文梵本说的),即新疆地区民族语言的译本。新疆吐鲁番一带以及塔里木盆地地下发掘的文物,很多是用当地民族语言译的佛经。其中有回鹘文、焉耆文、龟兹文(《汉书》有译作屈支)、佉卢文、于阗文、吐火罗文,其中有好多语言已无人使用,成为死文字,只有少数专家会这种文字。这一带石窟寺发现许多壁画,据历史记载,公元4世纪,名僧法显去印度取经,经过和阗,他记载中说当地国家安定,人民富足,都信佛教,僧众达到好几万人。法显住在瞿摩帝伽蓝,寺中有僧人三千。这里大寺七十,小寺无数。唐玄奘在7世纪(公元644年)也经过和阗,伽蓝一百多所,僧徒五千多人,比法显时有所下降,新疆喀什(古书称疏勒国)在法显经过时,僧众一千多,信小乘。7世纪中叶,玄奘经过时有一万余人，这都说明西域从4至8世纪都信佛教。到8世纪初，朝鲜僧人慧超也路过疏勒，据他的记载，当地有寺、僧，信小乘，还拜祆神（火、日、月、星辰），信祆教①。这个时期新疆地区信奉佛教，有的信大乘，有的信小乘。

到10世纪以后，伊斯兰教开始传入新疆，相当于宋朝以后。佛寺在新疆西部开始被摧毁，遗址保留下来的不多。宗教对其他宗教（异教）有强烈的排他性。我这次去印度开会，看了几个佛教遗址，佛教圣地鹿野苑是释迦牟尼第一次说法的地方和佛成道的地方，菩提树还在，庙宇没有了。还看到印度名寺那烂陀寺，兴盛时有僧人一万多，最多曾达几万人，现在那些地方都成了废墟。新疆东部还有一部分佛寺保留下来的痕迹，库车（龟兹）、吐鲁番（高昌）、交河（汉唐时的重镇），这些地方石窟寺还有一些。库车附近，克孜尔（拜城）千佛洞还保留二百三十六个石窟，内有壁画佛像。库车附近孔木吐拉也有千佛洞，还保留九十九个石窟。佛像好多都遭到破坏，头部、面部都用刀刻上“×”的痕迹。还有一部分遭到破坏，是在19世纪后，外国资本主义学者偷窃，把墙上的壁画切成方块偷运出境，运回国后再拼合上。石窟中还有一块切下不曾运走的壁画，作为样品，提请游人注意。伊斯兰教进入新疆后，不允许佛教继续传播，佛教画像遭到破坏。可以看出，一种宗教代替另一种宗教，它们代替的过程较缓慢，伊斯兰教在新疆地区是由西到东发展的，东部的佛教一直延续到元朝。元朝是开放的时期，佛教、伊斯兰教等都允许存在。大约到16世纪末，佛教在新疆地区才完全绝迹。前后经历了六七百年的时间，

① 《西游记》中提到玄奘取经前，唐太宗与之结为兄弟。结为兄弟一事是有的，但不是唐太宗，而是经过高昌国时与国王麹氏结为兄弟。

才从佛教盛传的地区完全改变为伊斯兰教占统治地位的地区。

有一种说法,宗教问题也就是民族问题。从历史上看,宗教问题与民族问题,不是一个问题,同一个民族的信仰是可以转变的。民族问题与宗教问题有密切关系,全民族都信一个宗教与不信同一个宗教的有区别,但不能混同起来,处理宗教问题与处理民族问题应该有所不同。因为民族问题不是意识形态的问题,它与血统、语言、风俗习惯有关系,而宗教是意识形态的问题,是思想、信仰、世界观的问题,它完全可以在不同民族中信仰同一种宗教,如佛教在日本、中国、朝鲜都有信的;也可以在一个民族中信仰不同的宗教,如汉族中就有信佛教、基督教、天主教的。民族与宗教可以一致,也可以不一致,可以合起来,也可以分开。宗教问题与民族问题应该分别开来处理。处理民族问题不能当做世界观的问题、意识形态的问题来处理,这完全是两回事。

新疆信伊斯兰教是从信佛教转化来的,伊斯兰教的活动中间还包含、保留着佛教的影响、痕迹。维吾尔族舞蹈很有名,手部、颈部动作比较灵活,熟悉佛教历史的人,发现维吾尔族舞中有一种两手合十的姿势,伊斯兰教就没有这个动作,而佛教的礼节中有合十的动作,说明维吾尔族舞保留一部分佛教遗留下来的动作。

(二)汲取不同宗教的内容,充实自己,改变自己。比如佛教传到中国后,遭到很多抵制。佛教能传到中国有好多客观原因,历史上明确记载西汉末年哀帝时,佛教已传入,到东汉初年已有文字翻译。真正流行中国内地,是在汉末黄巾起义的时候,即桓、灵时期。这个时期是中国最混乱、最腐朽的时期,外戚、宦官专政。历史上的偶然性在特定条件下有时会起决定作用。东汉皇室短命的皇帝较多,有活十岁、七八岁,甚至二三岁的,寿命很短。中国封建社会皇帝死了,儿子继承,一代一代的小皇帝,掌握不了天下大事,必须由太后临朝听政。皇帝短命,皇后很年轻就成了太后。东汉常有年轻太后临朝,因而外戚得以专政。到桓、灵时代,政治混乱,是非不分,赏罚不明,民不聊生,这种社会状态对宗教的传播流行提供了好的条件。

与佛教同时流行的不只一种宗教,还有道教的太平道。太平道是黄巾起义所利用的一种宗教,沿海一带山东、河北流行,也就是过去燕齐方士。四川汉中五斗米道流行,这也是黄巾起义前后出现的。特别在黄巾起义失败后,宗教更加发展。黄巾起义不是很成熟的农民起义,历史记载,农民携家带口,带着老小,牵着耕牛,武装起来占领城池,转移不如官军机动灵活,被官军打败了。可是刘氏政权统治基础动摇了,从此中国变成分裂的局面,统一不起来,一直到南北朝达三百多年陷于分裂,这与黄巾起义对中央集权的冲击有关系。

农民失败后,政治上、军事上失败了,但农民并没有放弃求生的愿望,总还希望有好日子过。在《斯大林全集》中曾提到:俄国农民起义失败后,“不得不退却,不得不把委屈和耻辱、愤怒和绝望埋在心里。他们仰望茫茫的苍天,希望在那里找到救星”。这是农民在起义失败后产生的绝望心理,但仍然不放弃改善悲惨命运的希望。在这种情况下,宗教就乘虚而入,中国的佛教与道教是在黄巾起义失败后大大流行起来的。

中国的道教宣传两种内容:对统治者讲长生不死,可以养生;对下层百姓,道教要求对人治病、赶鬼来进行传播。道教就是靠迎合上层社会要求长生以及下层人民缺医少药要求救治的心理,而在群众中传播开来的。佛教刚传入中国时也讲究看风水、治病。这两种宗教在当时中国的上层社会、下层社会宣传的内容差不多,因此中国的帝王也把这两种宗教看成差不多的东西。在桓帝宫内把黄老与佛的像供在一个庙里,建立“黄老浮屠之祠”。这就是把二教等同看待。大臣襄楷给桓帝上书:黄老浮屠,此道清虚。清心寡欲才能学得进去,得到好处。皇帝宫内宫女近万人,欲望太多,如何能得到它的保佑呢?可见当时中国人理解的佛、道都是差不多的。

后来佛教得到发展的机会,有一个原因:黄巾起义以道教、太平道作为组织群众的武器。太平道提出“苍天已死,黄天当立”的口号,引导人民起来革命。因此统治者对道教有所警惕。在这种特殊的情况下,中国的佛教在汉魏以后比道教发展得更快。佛教发展得快,这不是把印度佛教完全搬过来的。《四十二章经》是中国最早的佛经翻译,一般的译著都能找到原本,但查不出《四十二章经》原本是怎样来的,所以研究佛教史的学者,有人认为它是中国人编造的,不是来自印度。经过认真研究,我们发现《四十二章经》正是由于找不到它的原本的根据,才说明它翻译得比较早。它不是一句一句翻译的,是讲它的大意,它基本的意思却是早期佛经中有的。如讲的五戒,不杀生、不偷盗、不饮酒、不贪财、不好色等,都是佛教的基本教义。《四十二章经》结合汉朝道教方士、神仙的说法作出解释,正是说明《四十二章经》不是伪经,而是真正的、最早的佛经翻译。最早的翻译就是表达意思,不是一句一句的翻译。

佛教传入中国首先遇到的问题,就是如何适应中国的封建的宗法制度。中国宗法制度最根本的总原则是“三纲五常”。“纲”是永恒不变的,是带动一切的,维护封建的宗法制度,巩固君臣、父子、夫妻的关系。这种关系不是相对的,而是绝对的。君臣关系是绝对的服从,也就是忠孝。印度佛教很少讲三纲,而且还打破世俗的君臣、父子、夫妇的社会关系。道教不主张出家,最初道士都可娶妻生子,道教的正一派,江西龙虎山的张天师即父子世袭。后来有一部分道教主张出家。佛教徒必须出家,离开父母妻子,这当然也就摆脱了君臣的关系;衣着服饰不一样,并要剃发,中国古人不能剃发。这直接冲击了封建社会的忠孝,对三纲制度不利。佛教刚传入中国时遭到批评。批评这种宗教无君、无父、无家,不忠不孝是最大的错误。佛教最早的著作中,经常为此提出辩护,佛教的忠孝不是形式的,而是实质的,并引中国古书证明它自己是对的,引经据典举例说:太伯(周朝的一个王子)知道太公想把王位传给文王,便逃到楚地,断发文身。认为太伯是大孝,最讲仁义、谦让,把国家让出来。举此例说明服饰不一样,能说是不讲忠孝之道吗?又举佛经的一个例子,三国时翻译的《太子须大拿经》。太子须大拿相信佛道,认为财物对人有害,应施舍给人,不应自己保留。他把父亲的遗产完全送给别人,把国家很宝贵的大象(印度的交通工具)送给冤家。有人要买两个奴隶,他甚至把孩子施舍给他。这个太子靠布施得道成佛。成佛后,父母受到他的恩惠得到超脱,国家得到太平,仇敌对他的国家不敢侵犯。以此证明:一个人成了佛,国家得救,父母兄弟得到超脱,乃是大孝。这里说明中国封建社会、封建宗法势力特别强,就像佛教这种外来宗教如果不能适应中国封建社会的特殊要求,就不可能立足。所以佛教对中国反佛教的辩论时,没有一个佛教徒为自己辩护说,你们所讲的忠孝不是第一义、最高的原则,最高的原则应该讲出家、精神修养。没人敢这么讲,都说佛教完全符合中国社会的需要,完全符合三纲五常的要求。也不敢说封建宗法制度三纲的道理比佛教差,或不如佛教,一切佛教徒宣传时都说信了佛教后就可以更好地实现三纲的原则,甚至比儒家在家里实行得还要彻底,效果还要伟大,以此来辩护。佛教从开始传入中国就起了变化,改变了它的内容。有人说中国的佛教,不是真正的佛教,传入中国后就变了,与印度佛教不一样。这种说法我认为是从形式上看，提出这个问题是可以的，也是可以理解的。从历史唯物主义的立场上看，世界上没有一种学说、理论，离开了它的实际的社会基础、社会条件而能存在下去。

印度的佛教是不是真正的佛教呢？自从释迦牟尼逝世后，印度佛教不断分化。7世纪后，印度佛教分化为上座部、大众部。上座部指有资格的长老，讲经坐在高座上。大众部是多数信徒、僧侣。以后这两部又继续分化为十八个小部派。发展下去，又逐渐出现大乘、空宗、有宗。这些都是印度的佛教，我们怎么能说印度这么多流派哪一种哪一派代表释迦牟尼？释迦牟尼著作都没有文字记载，都是口头传授。什么样的叫做真正的佛教，不好这么提。这个提法违反历史唯物主义的原则。随着时代不同，宗教与上层建筑一样，随着它的基础发生变化。马克思说："理论在一个国家的实现程度，决定于理论满足这个国家的需要的程度。"①需要它就流行，不需要就不流行。这里讲的需要，不是主观的东西，个人的需要、社会的需要、历史的需要，要分开来。《圣经》上说上帝需要光，就有了光，那是臆造。如果是社会的需要、历史的需要，这种需要不是主观的，而是客观的。例如生产需要发展，人民生活需要改善，这不是哪个人的需要，不是张三、李四的主观愿望。违背了这个需要，就要出乱子，因为它是客观的需要。十一届三中全会比较得民心，是八亿农民的愿望。愿望是主观的，八亿农民的愿望，就是客观的反映。

以上以佛教为例子说明一种宗教会有变化，这种变化与当时的社会、历史、环境条件有关系，适应了它的要求就会存在，不适应要求就不能存在。这是宗教变化的第二种情形。第一种变化就像新疆地

---

① 《马克思恩格斯选集》第1卷，第10页。

区的宗教信仰，先信佛教，后信伊斯兰教，宗教信仰在一个民族中是可以改变的。一个民族可以改变宗教信仰，因此一个人的信仰也是可以改变的。一个人可以由信仰宗教转变为无神论者。

（三）宗教观念逐渐淡薄，不如从前虔诚。这种例子也有。福建泉州、广东广州在三国以后，特别在南朝（公元四五世纪），是海外贸易交通的港口。随着中西交通的发达、密切，“丝绸之路”有了两条，一条由玉门往西走新疆天山北道和天山南道，这是老的陆地的“丝绸之路”。到唐宋以后，特别是宋以后，开辟了海上的“丝绸之路”，进行海外贸易。中国远洋航船在唐朝很发达，中国航船载重量达到了当时的世界最高水平，而且中国造的航船还可以出口。泉州、广州是海外贸易港口，当时与波斯湾阿拉伯国家来往很多，伊斯兰教徒在此港口也有来往，定居的也很多，一直到今天，还保留了古老的清真寺。清真寺里刻的阿拉伯文就可证明。这说明伊斯兰教的信仰者在西北地区有一大片，在东南地区也很众多。但是对于伊斯兰教那些清规戒律，这两个地区的教徒就不一样。福建有些回民也养猪，只是不吃，是养来卖。那里阿訇宗教职业者比较少，由西北地区派去阿訇来管理清真寺。可见宗教这种社会现象，随着人类的社会生活在改变着自己。所以会有这种差别，都是由社会原因决定的。《古兰经》是伊斯兰教共同信奉的经典，西北和东南却有差别：有的严格，有的灵活。存在决定意识，这个原理是颠扑不破的，宗教的这个改变完全可以从科学上来解释，不能说成他的信仰虔诚，你的不虔诚。主要是人的社会生活决定的。

（四）宗教逐渐消亡。中国历史上就有这种实例，如中国的犹太教。犹太教传到中国也很早，有明文记载，犹太人住在开封，信奉犹太教。后来这部分人并未迁走，但犹太教却消失了。很多研究犹太教的人都不理解。犹太民族是很顽强的民族,犹太人走到哪里都抱成团。现在以色列人数不多,气魄很大。一直到现在,在各国只要有犹太人聚居的地方,他们都抱成团,有犹太教堂。他们的团体很牢固,掌握金融业,有银行家、企业家,科学家也很多。犹太民族很少被融化掉。可是偏偏在中国,犹太教就消融掉了。研究犹太教的人要到开封去找犹太教的根,可是去了也没有找到。这说明作为特定的一种宗教是可以消亡的。不是说宗教现象在历史上消亡,而是在特定的宗教,一部分人、一部分地区在某些情况下,特定的宗教是可以消亡的。不是行政命令,不是天灾人祸,而是自然而然地消亡了。开封的犹太教就是这样。

以上四种变化,我想可以包括世界上所有宗教变化的规律。这四种变化都说明宗教不是一成不变的,它有产生到消亡的过程。不是由于人的天性,生来就有宗教观念、宗教感情、宗教思想,或者生来就有宗教的需要。原始人没有宗教观念,后来有了图腾、信仰、祖先崇拜……这是一步步发展来的。人不是生来就有宗教观念、宗教感情的。这就是马克思主义者与非马克思主义者的宗教学的根本区别。有人说,只要有人类就有宗教。这个说法不对。没有这样的事。我们只尊重事实。我们根据事实来作出结论,我们的结论是:宗教是社会历史现象,有其产生、发展、变化、消亡的过程。从过去的例子来看,是局部的,有局限性,但是可以从局部的例子中反映出它的本质。宗教随着社会、历史条件,随着它的经济基础在起变化。我们不是说最后的宗教消亡在哪一天,我们不是算命的,但在历史上我们看得到,也有证明。一种宗教,在某一个地区的某个宗教在由强变弱,有的已消亡了。比如人类要消灭疾病,不能说世界上人类已完全消灭疾病,但有的疾病可以消灭。十亿人口的中国,天花、霍乱就消灭了。

宗教不像疾病，不能用强力去制止它、消灭它，但随着人们的社会生活的改变、人民生活的改善、科学的发达、人类对世界的认识、对自己命运的掌握，逐渐地从不自由到自由，从较少的自由到较多的自由，宗教的前途不是越来越兴旺、发达。要想用强力、用行政命令去干涉宗教，要打垮它、摧毁它，这是不了解宗教的本质，是无知、愚蠢的行为。宗教对多数人来说，是认识问题、思想问题，不能用行政命令来干预认识问题。个人怎么想、信什么，宪法明文规定要受到保护。宗教信仰是受宪法保护的。我们立国的根本，以四项基本原则为基础，有人不相信四项基本原则，怀疑它，这也不犯罪，如果他起破坏作用，这就要受到法律制裁。马克思主义是我们的指导原则，有人不相信马克思主义，相信唯心论，这也有他的自由，不能勉强他非相信不可，如果强制他相信，这也很愚蠢，没有道理。

可见，马克思主义的宗教学是研究宗教的产生、发展、变化、消亡的学说，这就是宗教研究的对象。

五、宗教的性质

国内宗教研究界流行有“宗教五性”说，这五性是长期性、群众性、民族性、国际性、复杂性。五性之中，除国际性应当出现于国家建立之后，其余诸性源远流长。人类社会进入阶级社会后，宗教具有阶级性。上述诸性，是专就宗教作为社会现象的社会群体来说的，作为意识形态，宗教还有幻想性、直观性、排他性、渗透性，这四种性质，有它思想运动的规律。前六种特性是宗教和其他上层建筑共有的，后四种是宗教独有的。后四种特性中，以幻想性为核心，有了幻想性才是宗教。恩格斯在《反杜林论》中指出："一切宗教都不过是支配着人们日常生活的外部力量在人们头脑中的幻想的反映，在这种反映中，人间的力量采取了超人间的力量的形式。"①这是从认识论角度来论述宗教世界观的本质。宗教既然是社会历史现象，它的出现和存在，在社会上不可能不发生作用。如不发生作用，这种意识形态就无存在的价值和必要。

宗教的社会作用。宗教的产生标志着人类认识世界的一种进步。人类从没有宗教到有宗教，从不知道信仰宗教到知道信仰宗教，这是认识上的进步，正如从原始公社发展到奴隶社会是进步的道理一样，不论它合理不合理，但从人类发展史看应当承认它是前进了。进入阶级社会中宗教帮了统治者的忙，对劳动者的苦难遭遇，进行安抚、劝慰，用它消灭人民反抗的意识。马克思、列宁一再指出宗教是"麻醉人民的鸦片烟"。《黑格尔法哲学批判》导言："宗教里的苦难既是现实的苦难的表现，又是对这种现实的苦难的抗议。"又说："宗教是被压迫生灵的叹息，是无情世界的感情，正像它是没有精神的制度的精神一样。宗教是人民的鸦片。"②列宁在这个基础上又进一步阐述："宗教是麻醉人民的鸦片——马克思的这一句名言是马克思主义在宗教问题上的全部世界观的基石。"③

这里提出了新的问题：马克思、列宁讲宗教是鸦片烟，指的是剥削阶级社会，宗教为剥削者所利用。社会主义社会的宗教是不是鸦片烟？这还要回到宗教的特点本身去看这个问题。因为宗教的产生、发展，是人类认识世界的过程，但是这种认识是被歪曲了的认识，

---

① 《马克思恩格斯选集》第 3 卷，第 354 页。

② 《马克思恩格斯选集》第 1 卷，第 2 页。

③ 《论工人政党对宗教的态度》，《列宁选集》第 2 卷，第 375 页。

也包含颠倒的认识。颠倒的认识与歪曲的认识都不是事物真实的反映,但两者还有区别。唯物主义者认为唯心主义者的世界观是颠倒的,只要把它再倒过来,还不失为一种对世界的外貌的观察,正如马克思对黑格尔的唯心主义的改造那样。至于歪曲了的世界观,就像凹凸镜,照出的是凹凸不平的影像。对宗教的研究不同于对其他科学的研究,要警惕宗教说教是不是真实。幻想性是宗教的特点,所以对宗教的说教不能根据字面的意义去理解,要放在具体的社会历史中去考察。不在于论证歪曲的说教有无道理,因为指出宗教如何歪曲真实的,这个任务可以通过科学实践不难做到,而且应该做到。我们研究的目的在于探求歪曲说教之所以产生的社会历史环境,也就是说,不是用宗教去说明历史,而是以历史说明宗教,这是研究宗教学的目的和方法。

历史唯物主义告诉我们,宗教的产生有两个根源:一是认识论的根源,一是社会的根源。人们习惯地把认识论的根源看做属于自然科学、心理学或其他方面的研究范围。把认识论根源仅仅看成与自然科学有关系,由于古代自然科学不发达,对自然现象不理解,因而产生宗教思想。这种说法无疑是对的。但也要看到产生宗教的认识论根源不只在古代存在,当代也存在,不能仅仅理解为对自然界现象不理解、自然科学知识的缺乏,才出现不正确的认识。应该看到认识论范围,既包括自然现象,也包括社会现象。对社会现象如果没有科学世界观作为指导,是无法看清的。经常有人问,许多科学家也信仰宗教,难道他们也缺乏科学知识?这个问题并不难理解。任何自然科学家,都是对自然界的某一个方面、某一小的范围内的专家。比如对生物学的某一部分、物理学的某一部分、化学的某一部分,等等。世界是复杂多样的,社会现象比自然现象复杂得多,一个卓越的自然科学家，只能在他研究的某领域内是权威，绝不可能在他研究的范围之外也精通。他对社会现象的知识可以很少、甚至无知。在他的研究范围内是个巨人，出了那个范围，对社会、对人生可能见解很肤浅，并不高明。所谓“专家”，只是对很小范围内的东西知道得很多的人，超出他研究的范围，他也是个普通人，也许还不及普通人。宗教产生的认识论的根源经常存在，认识永无穷尽，知识领域可以无限扩大，但做不到无所不知。不能说自然科学发达了，人对世界、对社会就有充分的认识。人对自己、对社会理解还很少。既然不能如实按世界的本来样子来认识、理解世界，就会受骗，会被歪曲的思想意识来影响和左右人们的认识。

社会根源与社会现象的复杂性有关系。人类对社会现象认识不准确，就会得出违反科学、违反常识的结论。所以出现歪曲了的世界观，并不奇怪。认识不是一次完成的，人类认识世界的过程必然要经历曲折的道路。再回到认识论的角度考察，宗教信仰的对象是虚幻的实体。宗教信仰认为这种实体最有价值，是人类追求的最高目标，所以它以虚幻的信仰作为根据，必然引申出它的行为——宗教实践。这种实践不同于科学实践，它没有科学根据。宗教的社会作用与认识论的错误是连在一起的、不可分的。从认识论方面看，是对现实世界的歪曲的反映，而从社会作用看，它起麻醉作用、鸦片烟的作用。

再从历史来看，宗教曾起过组织群众进行武装起义的作用，但这不是经常的，因为武装起义不是经常的，也不是每个朝代都有。而它的麻醉作用却是经常的，如果说宗教是对苦难的抗议，但这种抗议也是微弱的。古代农民起义真正的推动力量，是以政治的、经济的利益为纲领。世界上没有纯粹的宗教革命或纯粹的宗教战争。因为宗教的教义不会让人造反。宗教在阶级社会中起过组织群众进行革命的作用,是因为古代人民没有结社的自由,也缺乏组织群众的有效形式,所以曾经利用宗教作为形式,教主就是领袖,各层宗教机构分别领导教徒参加革命活动。这是在古代民主不发达的特定社会条件下,不得不利用的一种形式。从人民的经验看,也有古今的差别。在古代,人民愚昧落后,没有民主的组织,没有民主的习惯,所以农民起义时,宗教在历史上起过组织和鼓动作用。但在社会主义社会,情况不一样,社会主义革命时期有工人阶级领导、政党组织,不需要用宗教作为掩护来进行革命。取得政权以后,社会主义社会群众的民主权利就更多了,有党、团、工、青、妇、各级的人民代表、政协组织,宗教再也不是组织群众、武装群众来进行活动的形式了,宗教是落后的形式。社会主义社会中宗教是满足人民群众信仰的需要,是宗教信徒的群众组织,它的职能是宗教职能,与古代不一样。

那么,宗教是否已经不具有鸦片烟的作用了呢?从1840年以后,外国资本主义侵略势力打进中国,奴役中国人民,强迫我们接受资本主义的一些东西,包括宗教、洋货、鸦片烟。中国人民为了摆脱这种奴役现状,要改变这种殖民地、半殖民地、半封建的状况,1949年把外国资本主义赶走了。到十一届三中全会后,又有一个新的变化,我们有选择地把外国资本主义的东西引进来。当中国没有独立自主以前,外国侵略者打进来,强迫我们接受他们的一套制度,也包括宗教。我们独立自主以后,把侵略势力赶出去,只把对我们有用的东西引进来。这一百多年,经历了三个过程:外国侵略势力打进来;把外国侵略势力赶出去;把对我们有用的东西引进来,这是三部曲。我们为了发展生产,迅速改变贫穷落后的面貌,改变自然经济状态,学会管理现代企业经验,我们允许他们拿走一部分利润,允许他们剥削。我们不能认为外国资本家热心到中国来办厂、办企业,资本家的性质就改变了，不能说资本主义性质与社会主义性质没有区别，必须清醒地认识这个差别。社会主义与资本主义的界限不容混淆，这是个大是大非问题。我们过去在大是大非上犯错误很多，前十几年分不清封建主义和社会主义，把封建主义当成社会主义；把自力更生当成闭关自守，自我封闭起来；把自然经济的平均主义“大锅饭”，当成社会主义，等等。那些错误不应重犯。

现在回过头来看宗教问题，宗教信仰是虚构出来的，它的本质决定了它的欺骗性，由于它是虚构出来的精神世界（对象），由此引申出它的麻痹作用。今天为了建设“四化”，发展生产，有宗教信仰与没有宗教信仰的人，在政治上、经济上有共同的利益。我们“四化”实现了，国家富强了，教徒与非教徒都会从政治、经济上得到好处，这就是共同的基础。宗教信仰的差异，在人民中间不占重要地位，而是处于次要地位。这从理论上看，教徒与非教徒、有神论者与无神论者有共同的基础。这就是爱国主义、建设“四化”的共同基础。宗教的本质，欺骗性、麻醉性不会因为进入社会主义而改变，但今天没有必要过多地或随时随地地讲宗教是鸦片烟。不讲不等于说宗教的性质已经改变，也不等于说宗教不具有鸦片烟的本质。正如我们今天不讲外国资本家剥削中国工人，并不等于说外国资本家不是来赚钱，而是完全出于发善心、无私地帮助我们搞“四化”建设。这就要求我们用马克思主义的宗教学来武装我们的头脑，正确地执行宗教政策。我们一时一刻也不能忘了用马克思主义哲学、历史唯物主义的基本原理来分析宗教现象。为了团结各界人士，共同把社会主义祖国建设好，要争取、团结、教育各族人民、各界人士，包括宗教的职业人员。农村生产发展了，农民生活富裕了，要注意防止在农村滥修庙宇。信教群众自发筹款修建庙宇，要加以疏导，尽可能少建，不要大兴土木，以免大量耗费人力财力，妨害社会主义物质文明和精神文明的建设。我们建设“四化”最需要修建、扩建文化宫、科学宫，改善学校设备。不允许宗教干预国家行政、司法，决不允许强迫任何人，特别是十八岁以下青少年信教、出家，到寺院里学经。我们要让青少年身心健康地发展，就要限制宗教在十八岁以下青少年中传播。政策决不允许恢复已被废除的宗教特权和宗教的剥削制度。在宗教改革以前，在一些地区做了大量工作，宗教的封建特权、封建的剥削是很残酷的，它的残酷剥削和一般的不一样，由于宗教的麻醉性、欺骗性，使被剥削者心甘情愿地奉献。

我们要坚决奉行团结宗教人士的政策，还要明确马克思主义世界观与宗教世界观不一样，这就要求我们不是死记硬背宗教政策的条文，而要真正以历史唯物主义的观点、方法来观察社会现象、观察宗教，这样才能明确地大胆地去贯彻宗教政策。共产党人是无神论者，应该坚持不懈地宣传无神论，不是用简单的强制方法。用马克思主义立场、观点、方法对宗教问题进行科学研究，是党的理论工作的重要组成部分。用马克思主义哲学批判唯心论，包括有神论，在人民群众特别是青少年中进行辩证唯物论和历史唯物论的科学世界观的教育，也包括无神论，这是宣传战线上的重要任务之一。我们要建设一支用马克思主义武装起来的宗教理论队伍，努力办好用马克思主义研究宗教问题的研究机构、大学有关专业，这是党的理论队伍建设的一个不可缺少的重要方面。

我们要认识宗教的本质，同时要贯彻宗教政策，这二者，哪一方面都忽略不得。

六、宗教研究的基本问题

每种学科都有它所研究的基本问题，哲学的基本问题是思维与存在的关系问题。古往今来，任何哲学流派都必须对这个问题作出答复，由此引申出世界的可知性问题。有一个时期认为辩证法与形而上学也是哲学的基本问题。这是两个对子，一个是唯心、唯物，一个是辩证法与形而上学。现在这个说法不大为哲学界所接受，只承认思维与存在的关系是基本问题，而辩证法与形而上学这一对矛盾，也是思维与存在的关系问题，是基本问题的一个方面，不是另外平行的两个对子。

哲学上的问题延续了几千年没有陈旧，其他的上层建筑也各有其基本问题。

法学研究的基本问题是国家内部各个组成部分权利与义务的关系。权利与义务的关系，共有五个方面，包括：个人与个人，个人与集体，集体与集体，国家与个人，国家与集体。关于国家内部权利与义务的关系，人们可以接受，并且有强制性。国际法是研究国家之间的权利与义务的关系，国与国之间出现纠纷，由国际法裁决，如海牙国际法庭。但国家之上没有一个政权实体，没有一个更高的权力来强制执行，国际法是道义上的判决，联合国不是政权机构，它作出的判决，有关国家不执行，也毫无办法。联合国作出许多决定，基本上未能贯彻执行。因为法是国家内部的。

道德学研究的基本问题是公私关系问题，也就是人与人之间相处的准则。道德与法律不一样，法律以强力制裁，而道德只能用舆论制裁,道德的原则是建立在自觉的基础之上。原始社会,人与人之间的关系,靠民族习惯维持,没有理论,只有习俗。即使公私关系处理得很顺利,但不算有道德。因为当时未产生道德的自我意识。

文学艺术研究的基本问题是创作与欣赏的关系问题。美离了欣赏就不存在,没有自然的美,美的概念本身,包括人类的判断、欣赏在内,美的概念与大小长短的概念不一样,人们不加判断,大小长短的尺度,仍然存在。说它是美的,已参加了人的主观意识,干预了客观对象,欣赏的对象不是纯客观的。比如咸、苦,好看、好听,既有客观根据,也有主观判断。有了客观根据,而缺少主观选择,所谓"美"的印象就不存在。以声音为例,音乐欣赏不能脱离主观与客观。古书记载,唐太宗与大臣谈话,大臣说,坏的音乐影响人的感情。南朝陈后主宫廷演奏乐曲《玉树后庭花》,一派亡国之音,路人听后为之难过流泪。可见音乐对民俗有影响。唐太宗说,南朝政治混乱,人民生活很痛苦,群众听了难过,现在这曲牌还在,再演奏《玉树后庭花》,我们听了会不会伤感呢?不会的。唐太宗的说法,是不承认音乐的客观效果,把音乐看做只是主观感情,其见解是片面的。开追悼会演奏的哀乐不会使人愉快,曲调本身就是悲伤的,不会引起兴高采烈的感情。这说明美的感受,有客观的根据,也有欣赏者主观的因素在内。

宗教学的基本问题是研究天人关系的学问。西方说是神与人的关系。宗教学与其他学科有很大的不同。其他学科研究的关系双方都有其客观存在的实体,唯独宗教学研究的天人关系,一方是实体(人),一方是虚幻的实体(作为信仰的对象天)。宗教特有的幻想性决定了它不同于其他上层建筑。在天人关系中间,有人把天当做自然,这个天人关系便分化出哲学,即人与自然的关系,发展成为思维与存在的关系。哲学是从宗教中分化出来的。

西方哲学史、中国哲学史一开始便遇到世界是什么构成的问题，是水、火，还是空气，这中间就有天人关系的分化。有的认为“天”是神所造的，有的则认为是元素构成的，这就从宗教分化出了哲学。天人关系再细分，有种种学说流派：（一）由天或神产生了人，很多宗教都是这种说法。（二）人创造了神，这是近代的观点。这种思想最明确提出的是费尔巴哈，在古希腊也有类似的看法。有的哲学家说，一头牛也信仰上帝的话，它的上帝一定是长了两个犄角，会吃草的。这也说明上帝是人创造的。这种观点是从宗教中分化出来的无神论思想或唯物论思想。（三）神人相互感应说。这又可细分为：(1)神在人的心中；(2)神在人的本性中；(3)神超越于人之上；(4)人是神的翻版。（四）泛神论：到处是神、是天。泛神论以宗教的形式表达了世界观，带有唯物论的倾向、因素。（五）神创造世界：这是基督教、伊斯兰教的说法。（六）佛教不承认有造物主，世界是因缘（各种条件）凑成的，正统派认为因缘（条件）是精神性的，也有认为因缘（条件）是物质性的。

总之，各种天人关系的观点，都是在不同的角度，对宗教的解释。任何宗教，我们要看它对待天人关系的说法，来加以分析，看它是什么派，什么倾向，引导出什么结论来，与哲学的关系，和其他科学的关系。由神人关系推演下去，引出第二个问题，即神是否可知？天人关系是否可知？这与哲学基本问题第二个方面，世界是否可知相类似。宗教学在基本问题上也同样引出这个问题：一方面认为神是可知的，但不是唯物主义的认识、实践，而是神秘的体验、直观来获得的。有的学派认为神是不可知的。宗教学上的不可知论与哲学上的不可知论（引导到唯心主义），价值和作用刚好相反，哲学上的不可知论可能走向唯心论，给宗教保留地盘。而宗教的不可知论可能背离宗教，走向哲学,接近怀疑论。宗教的怀疑论,往往导出唯物论的结论来。

宗教学的基本问题——天人关系,是个宗教问题,同时与哲学也很密切。如果宗教学的规范——幻想性贯彻不好、不彻底,就会脱离原来的范围,走向它的反面,不再是宗教。宗教学问题,一方面要看到它是个信仰,更重要的要注意它与认识论有密切关系;另一方面要从信仰角度考察宗教;再一方面要从认识论角度考察宗教。人类接受宗教有两个途径,一个是从认识论的角度进入宗教信仰,一个是从信仰的角度直接进入宗教。前一种从认识论的角度引导人进入宗教信仰,如佛教,先通过哲学的分析、概念的分析、逻辑问题的分析,引导人走向信仰宗教,特别是佛教中的因明学,西方学者称为佛教逻辑。因明学与逻辑有区别,它也讲逻辑,从现象界的认识、概念、推理、判断都有,但因明学是为宗教服务的认识论,它不是引导人得到逻辑的结论,而是引导人脱离现实,走向信仰,是特殊的思维方法。这是从认识论的途径引导人否认认识,脱离认识,走向信仰。另一途径,直接从信仰开始,否认推理、判断、逻辑思维的作用。他们把理性思维看做认识天、神的障碍,必须超脱这些理性思维、科学的分析,只用直观体认天的存在。这两种途径在宗教学中都存在,而且互相补充,但归根结底,它建立一种虚幻的世界观,这是宗教的根本立场。如果只看到一些逻辑性的论证,就认为它是哲学,不是宗教,就会被现象所迷惑。

七、宗教的形态、发展与社会思潮的关系

宗教的存在与发展总是受到社会政治形势的制约和时代思潮的

影响,一切与宗教敌对的思想在宗教势力强大的情况下,有时也利用宗教为外衣,传播一些不利于宗教的思想,甚至于反对宗教的思想,如唯物论思想、无神论思想、泛神论思想、自然神论思想等。以中国宗教史、哲学史为例,可以帮助我们理解这样的历史事实。

中国原始宗教,从奴隶社会起,建立了以天神崇拜、祖先崇拜相结合的神学体系。从西周以后,“敬天法祖”成为中原文化中心的传统宗教观念,汉族地区流行更盛。崇拜天神就是为了加强地上王权的统治,国君称为天子,被统治的老百姓是天子的子民。百姓与国君的关系,既是民又是子,在理论上被说成是亲如家人。这种宗教神学思想到秦汉时期(公元前2世纪至公元2世纪),神学目的论成为最流行的、影响最大的一种宗教思想,这种宗教思想遭到当时自然科学的驳斥,认为天没有目的、没有意志,如王充(东汉时哲学家)《论衡·自然篇》驳斥汉朝流行的神学目的论。神学目的论主张,万物是按天的意志产生的。王充说:“如谓天地为之,为之宜用手,天地安得万万千千手,并为万万千千物乎!”可见,天地间万物的产生,不是有目的的,而是“天地合气,万物自生”。好像“夫妇合气,子自生”一样,是自然而然地产生的。当时科学家与唯物论者、无神论者又提出:天既爱人,以仁爱为目的,为何又生出毒蛇、猛兽来害人呢?天既爱人,为何又生出恶人、坏人、昏君、贪官来害人呢?在批判神学目的论中提出新的看法。“元气自然论”①就是针对神学目的论而建立的,以桓谭、王充为代表人物。神学目的论的意图,并不在于解释或说明万物的起因,不在于说明客观世界,其目的在于为汉朝统治者服

① “自然”二字的理解,现在的讲法不注意原意。“然”字就是“如此”,“自然”即本来就是如此的,不是有一个造物主有目的地使它如此。

务，论证天是有目的的，是仁慈可亲的。这个理论为地上王权作辩护，以神学理论缓和君主统治者与被统治者之间的矛盾。汉朝的现实，政治越来越黑暗，贪官污吏横行，加上东汉末年灾荒频仍，人民大量流离死亡①，朝廷卖官②，瘟疫流行③，生产上遭到的破坏也很严重④。

现实如此黑暗，再向群众宣传天是爱老百姓的、慈祥的、天生万物以养人，就失去了说服力。东汉出现了对神学目的论怀疑与批判的思潮⑤。仲长统提出："人事为本，天道为末。"这是当时进步思潮力图从宗教影响下摆脱出来的一种新观点。社会的黑暗，人民的疾苦，也给宗教造成孳生、发展的机会。宗教在三国以后得到很大发展，神学目的论那种比较粗糙的宗教，被比较精致的宗教所代替，佛教开始兴旺起来。

佛教本来在西汉末年哀帝时已传入中原，过去三百年左右，它的影响还不大，信徒不多，虽有不少经典译为汉文，但只在少数人中传播，没有更广泛的社会影响。汉末三国以后才得到大发展的机会。佛教不讲天命、鬼神，也不讲神学目的论，因而没有遭受到当时的"元气自然论"那种无神论者的批驳，佛教与"元气自然论"没有发生冲突。客观上，"元气自然论"打败了神学目的论，给佛教的传播造成方

---

① 王粲《七哀诗》："白骨蔽平原。"

② 崔烈花了五百万买了个司徒，皇帝召见他时，对左右的宦官说，价钱要的太少了，要一千万他也能出。

③ 名医张机（仲景）《伤寒论》就是在这样的瘟疫流行时期，总结实践经验写出的一本具有很高水平的中医理论著作。"伤寒"在当时是传染病的总称。

④ 曹操征集军粮，在山东一带搜刮粮食，粮食不够，发现军粮中掺杂人肉干。淮南、淮北一带，袁术军中吃蒲草根、河蚌、桑葚充饥。

⑤ 王符、荀悦、仲长统、崔寔等人都是代表人物。

便的机会。佛教讲的神学与中国固有的天命论不一样，它第一次向中国人传播三世轮回、因果报应。中国过去也有“善有善报，恶有恶报”、“积善之家必有余庆，积不善之家必有余殃”的说法。中国也有鬼神报仇、报恩的传说。比如《左传》记载伯有的故事①，还有彭生的故事②，“结草”的故事③。佛教的“因果报应”学说认为整个世界的生物共分为六大类，它们叫作“六道”，即：天、人、畜生、地狱、阿修罗、饿鬼。“天”是生活在天上的一种生物，相貌像人，生得端正。寿命很长，活两万岁，也有死亡；“人”是现世的人；“畜生”是牛、马、猫、狗等畜类；“地狱”是生活在地狱中的生物；“阿修罗”貌凶恶，常与“天”作战；“饿鬼”是经常处于饥饿之中的生物。佛教宣传说这六种生物在世界上相互轮回，按它的行为而定，若做好事多，生在天上，做坏事多，变成畜生、饿鬼。不论是哪一种，都是要死的，永世不得超出轮回的痛苦，世界充满了痛苦、烦恼。佛教这种宗教理论，对中国当时的神学目的论的影响减弱了，但是统治者又必须有一种思想统治的工具来代替它，维持一个国家的统治、政权。列宁说过，有两种工具，一个是刽子手的职能，一个是牧师的职能，这两个方面要相互配合。当中国旧的牧师不起作用了，来了新的牧师替补。神学目的论失灵时，佛教就补上来。当然，从宗教理论上说，佛教比神学目的论更严密、

① 伯有是郑国贵族，在内战中被杀，郑国人常自相惊扰，说伯有来了，全城人惊慌奔走。

② 《左传》庄公八年，彭生被人利用，被杀屈死。死后变野猪向仇人报仇，“豕人立而啼”。

③ 《左传》宣公十五年，晋大夫魏武子平时对儿子魏颗说，死后可遣嫁爱妾，但临终却嘱咐儿子将爱妾殉葬。魏武子死后，魏颗将父妾改嫁而未殉葬。后来魏颗与杜回打仗，见有人把草结在一起，使杜回马蹄被草绊倒而被活捉，才使魏颗免于失败，获得大胜。夜梦老人说，我是你所嫁妇人之父来报恩。

高明。

再看佛教在中国的影响的扩大,还有其他因素。佛教为了适应在中国社会的传播,要迎合中国社会的思潮。它刚到中国来时,与黄老之学相结合,与神仙方术相结合。中国人也以黄老思想来迎接佛教,当时汉桓帝宫中庙宇供奉的神像有黄老、释迦牟尼。当时佛教也没有强调它自己不同于黄老,而是甘愿依附于黄老。中国晋朝道士王浮著有《老子化胡经》,说老子西去,到了印度,收释迦牟尼为弟子,借以论证道教高于佛教。当时佛教势力还不强大,认为能攀上老子这样的亲戚未尝不是一件好事。佛教徒没有积极去反驳,也未否认佛与老子有师徒关系。等到佛教势力越来越壮大时,才开始反驳《老子化胡经》,后来又取得皇帝的支持,《老子化胡经》被禁止,不许流行。这说明社会思潮的影响对佛教的改变。佛教本身有些观点、教义,也不是百分之百地照着办,在不同时期、不同条件下有适应环境的一面。

另外一点,佛教在中国的发展、传播,有一个逐渐壮大的过程。中国封建统治阶级利用佛教也有一个从不自觉到自觉的过程。佛教有些教义,经过修正才得到中国上层统治者的承认、支持。也有一些理论、观点是佛教坚持的,比如,中国宗法势力很顽强,从氏族公社到奴隶制,都以宗法制血缘关系作为标志来分封诸侯、分封国家,到了封建制社会,一直到全国解放以后,我们在乡村中还可看到封建宗法制的影响。如果研究中国的历史、宗教、社会,对于中国的封建宗法势力认识不足,就不能掌握中国社会的特点。

印度出家人的地位最高,国王出行时见到僧人,还要向他致敬,隆重的下跪,一般的合掌。国王、贵族向和尚敬礼时,和尚则可不必还礼。高僧在高座上讲经,座位太高,大臣、首相跪在地上,高僧踩着他的背登上高座上去讲经。在佛教流行的国家,能当高僧的垫脚石视为荣幸。中国讲三纲,这是国家的支柱,在外国,父母见到做僧人的儿子也要施礼,儿子不须还礼,释迦牟尼的弟子高于世俗人。在中国三国魏晋南北朝时期,引起过争论,一派主张和尚不向国王、父母致敬,采取印度的办法。另一派则反对。争论的结果,外国的办法在中国行不通,最后还是僧人见到国王要行礼,出家的儿子见到父母要行礼。当时争论的文章题目:《沙门不敬王者论》,沙门没有胜利,还要向王者致敬。唐朝翻译家玄奘回国后,声望很高,受到皇帝的恩宠,皇帝出外,玄奘都陪同。他翻译了一千三百多部佛经,但他回国后,还要向皇帝请假回乡为父母扫墓。这都说明佛教所受中国封建宗法制度的影响,必须适应中国当时的社会条件。佛教传入中国后,维护封建纲常名教,宣传三世因果报应的宗教教义,用神学的枷锁把人牢牢固定住。佛教把行为分为三种,称为三业:身业(行为)、口业(言论)、意业(意识、思想活动)。佛教宣传任何的"业"都将引起相应的后果(果报)。这种宗教理论是"原罪说"的一种。"原罪说"是基督教教义之一,大意说人类祖先亚当、夏娃住在天国伊甸园,上帝告诫园中果子不能吃,蛇诱骗他们吃了果子,结果犯了罪,从第一代就犯了罪,即原罪。人类的一切灾难都是从原罪引起的,刚出生的婴儿,哪怕夭折了,也有罪,他的罪是与生俱来的。这种宗教学说,目的在于把苦难的根源归结于受苦难的当事者本人,根本的原因是与生俱来的,社会不负责任。照佛教的说法,一切的罪过都是身、口、意三业引起的后果,这一条很厉害,使人们无法推脱自己的责任,善恶标准也就是当时社会上所承认的标准。比如奴隶社会就是奴隶所有制的善恶标准;封建社会就是封建所有制的善恶标准;资本主义社会就是资本主义所有制的善恶标准。善恶标准是与社会存在相结合的。

在中国的封建社会中，忠君、孝父母就是最大的善，不忠不孝就是最大的罪恶。佛教讲的是另外的世界，但是判定惩罚的标准，完全是按照现实所处的那个社会的要求来衡量，就是要把一个人完全纳入封建宗法专制主义的规范之内。南北朝时，南朝宋文帝说，天下人要是都接受佛教的道理，就不必发愁天下不太平。佛教教导人们去做封建社会的驯服工具。

佛教自进入中国后，作了些改变，但它的基本教义并没有变，比如佛教在汉族地区与游牧地区的戒律规定不尽相同。在西藏、蒙古，佛教徒可以吃肉，而在汉族地区佛教徒只能吃素。为了适应当地情况，允许作一些改变。这些改变是为了它的存在、发展。

与佛教发生、发展几乎同时的，还有一支宗教势力很大的道教。道教是在旧宗教神仙方士信仰的基础上发展起来的。道教一方面照顾到上层贵族、统治者的需要，提出一些理论、宗教修养的办法；一方面又照顾到下层群众的需要提出一些理论、办法。上层贵族要求长生，如秦始皇、汉武帝，国家统一了，有了极大的权力，希望长生不死。他们一再受方士的骗，但还一再愿意上当受骗，求长生不死的药、求仙。一般下层群众生活困难，处于缺医少药的情况，有病不得治，没有兴趣企求长生，道教就宣传以符水治病、赶鬼。赶鬼还是以鬼赶鬼，也是有神论①。道教对上层贵族以及下层群众都能投其所好，所以得到群众的拥护与支持。道教也是为封建宗法制度服务的一种宗教，它与佛教服务的对象是一样的。隋唐时期，儒、释、道教鼎立，都受到重用。

---

① 有人问宗教产生以前，不知道什么是神，应当是无神论。不能这么看。有宗教以前不知道神存在，这不是无神论。无神论是批判有神论的理论。

宗教势力强大的时代，人们没力量摆脱宗教的束缚，什么学问都要包括在宗教里，欧洲中世纪一切学问都是神学的奴婢。有些反对宗教的思想，有时借宗教作为保护伞，从宗教内部掀起反宗教的暗流，对宗教起着破坏的作用。由于宗教的控制越加严密，一些进步思想不得不利用宗教，从宗教内部建立对宗教起破坏作用的学说。

再结合中国封建社会的实际情况来看，中国封建社会两千多年，大体分作两个阶段。根据史学界的看法：唐朝黄巢起义以前为一阶段，是封建社会前期；宋以后从 11 世纪到 19 世纪鸦片战争为一阶段，是封建社会后期，持续近一千年。前期封建社会的制度对生产、生产力起了相当积极的推动、保护作用，越往后发展，封建的生产关系越限制了生产力的发展。封建地主阶级作为一个统治阶级来说，越到后期，积累的统治经验越来越丰富，国家机器运用得越加成熟，封建体制越得到加强，封建等级君臣关系越来越绝对化。从汉唐前到宋以后有很大不一样，汉唐以前有宰相，宰相辅佐皇帝，君臣间可以坐而论道。皇帝不能执行职责，大臣可以将皇帝废掉。西汉宰相霍光废掉皇帝（昌邑王），立了新的皇帝（宣帝）。西汉末年，王莽也曾废掉皇帝，以宰相的地位来执行皇帝的任务。直到汉朝最后一代皇帝，曹操虽然没有废皇帝，但把皇帝控制起来。宰相权力很大，皇权不是绝对集中。到宋代，君臣不再坐而论道，皇帝坐着，宰相以下都站着。到南宋时，朱熹给皇帝讲书也站着讲，皇帝不喜欢他，下诏令说，天冷了，你岁数大，站着讲我也过意不去，不用再讲了。把他赶出宫廷。宋以后，财权、军权完全集中在中央。中央指挥军队，出征时发给大将布阵图，不按布阵图作战，打胜了也无功。宋与辽、金打仗，老打败仗。岳飞打金兀术，总打胜仗，是因皇帝逃跑了来不及发布阵图，岳飞自己做主，就打了胜仗。中国的中央集权太厉害，将帅不能发挥自己的长处。用人大权完全由中央掌管,县长以上都是中央任命。教育也由中央发布教材、考试题目。

以上说明国家统一,要求集中、集权。与政治形势相配合,为中央集权服务的上层建筑也有相应的反映。宋、元以后,佛教、道教、儒教三教合一,以前三教间的争论不见了,它们互相配合、协调行动,以对付造反的农民,确曾收到显著效果。通过长期宗教哲学思想的灌输,宋以后没有出现像曹操、司马懿那样用宫廷政变方式夺取政权的。看起来宗教讲的是天上的事情,另一个世界的事情,实际上要解决的问题,是人间最实际的问题。宗教在社会思潮中也是一种反映,不过宗教是幻想的反映,这种反映是凹凸不平的镜子照出来的歪曲了的影像。影像是歪曲了的,但是产生影像的原始的对象——社会,却是实实在在的,产生影像的原型,产生影像的根据不是虚幻的。这说明一个道理,宗教不可能脱离当时的社会、政治、历史、经济以及民族的特点而存在。

佛教、道教、基督教讲天上的东西,但不能离开人间。基督教传到中国从唐朝算起,也有一千多年了。为什么它生不下根呢?因为中国封建宗法制度的特点它不理解、不去适应。罗马教廷要求教徒信了基督,不能拜祖先、拜父母、敬天地。它虽然传来得很早,唐朝初年传入,却无法推行。而佛教原来的教义也反对敬天地、拜祖先,只是传到中国,适应了中国的特点,才生了根,慢慢与儒教、道教结合起来,就得到巩固。基督教来华三次,只有鸦片战争后,借外国的大炮、不平等条约,第三次打进来,才没有被赶走,但发展也不快。脱离了社会思潮就不能立足。

一种外来的理论要它生根、起作用,要有很长的适应过程。《共产党宣言》翻译得很早,1905 年开始有翻译,大家不太懂得共产主义，到了十月革命以后，有了党的领导，有了工人运动，慢慢懂得马列主义，有些地方也还不是真懂，搞了三十五年，我们才懂了马列主义结合中国经济建设的实际，找到了改革的道路。现在的模式可能是最好的，按这个步伐走下去，可能会走得又稳又快。宗教学、哲学看起来与基础离得相当遥远，实际上关系十分密切。社会科学难讲，也难懂，更难得运用，道理就在这里。讲的问题、概念很抽象，要落实到非常具体的土地上，才能见效。

八、宗教信仰与认识者的关系

（一）认识的阶级性

认识受阶级集团利益的制约，不同的阶级有不同的认识方法，制约是不可避免的。庄子在哲学史上第一个系统地、严肃地提出认识的主体与认识受认识者的观点、立场的制约问题。《齐物论》：

> 毛嫱丽姬，人之所美也，鱼见之深入，鸟见之高飞，麋鹿见之决骤。四者孰知天下之正色哉？

人与鱼、鸟、麋鹿的美的标准不一样。《秋水》：

> 以道观之，物无贵贱。以物观之，自贵而相贱。以俗观之，贵贱不在己。以差观之，因其所大而大之，则万物莫不大，因其所小而小之，则万物莫不小。

可以很大,宇宙也是具体,但宇宙不能说特殊,特殊的对立面是普遍。因此,抽象和具体,特殊和普遍还有区别。凡属于具体的以及特殊的,都与观察者个人的立场、观点有关系。凡属抽象的、普遍的、共相,超出了认识者个人的小范围,而具有更广泛的意义。比如具体的山水,修水库前这座山还在,修水库后,这座具体的山可能淹没了,或淹没了一部分,改变了形状、大小,甚至埋到水下,但抽象的山,即山的概念依然存在。抽象在人的认识上占有很重要的地位。随着认识的深化,逐步加深内容,扩大范围。举一个例子:"小黄牛"进行抽象为"黄牛"(一类),再抽象为"牛",进一步抽象为"偶蹄类反刍动物",再进一步抽象为"动物",往上推为"生物",再上推为"物"。哲学史上称"物"为"大共名",实际上没有这个"物"。正因为它高度抽象,有的哲学家把"物"的概念当做"存在"或"有";而它又不是具体的东西,因此,有的哲学家又称做"无",因为"无"与"有"是一个意思,它不具有任何个体的、特殊的东西的轻重、大小、颜色、声音、气味等属性。从高度抽象概念出发,有些哲学家将这些抽掉属性的"有"、"存在"、"无"叫做"上帝",最后就一步跨到上帝那里去了。抽象思维是人类唯一的认识手段,人类离开了抽象就无从获得认识。由于人类使用了抽象思维手段,才有可能把知识广为传播和继承,也包括翻译。计算机也是翻译的一种。有了抽象思维手段才能进行科学预测。这种活动属于人类社会生活的一个内容,这就不可避免要受到社会集团、民族、阶级、组织的影响、制约。宗教从自发宗教发展到人为宗教以后,有教团组织,有教派,有经典、有集体的宗教活动。把同一教派的信教群众组织起来,形成社团结构,这就不可避免受它的团体、社会结构的利害关系的影响。宗教也会产生它的偏见,比如,只相信自己信奉的宗教是真正值得信奉的对象。每个宗教都只相信自己的神是真神，其他宗教的神则是异端、是邪教，对无神论者就更不能容忍了。这都是宗教的偏见。这种偏见在阶级社会里，剥削阶级占统治势力的情况下，有时把某个宗教定为国教，别的宗教都不合法，产生压迫异教徒的行为。中世纪设立异教裁判所，是专为惩治与自己宗教观念不同的人的机构。以宗教为例，也可说明认识是受阶级的利害关系的制约。我们宪法规定，各种信仰一律平等，信教与不信教一律平等，这是从理论上阐明我们没有宗教偏见，这也是从认识论上看我们宪法的优越性。多少年来的宗教偏见，在我们国家内得到了纠正，并得到法律的保护。

（三）认识的意向

人们认识过程中不仅仅反映外界存在，而且在反映中还包含了阶级集团的以及个人的意向在内。阶级的、集团的与个人的利害关系，社会主义社会的人，根本利益基本上一致，但又有差别，不完全一致。有了利害关系，认识者的意向即发生影响，在改造世界的过程中起作用。个人的意向反映个人的主观愿望，作用不大。如果一个集团、一个阶级的意向，作用就大多了。这种意向与其说是精神作用，毋宁看做是物质力量。从个人来看，这种意向是主观的，但作为阶级意向来看，则是客观的。集团的意向是不容忽视的。为什么我们说宗教问题不能忽视，宗教政策要认真贯彻，我们党一再强调这一点，就是因为作为集体长期形成的固定的观念，不容易改变，这个集体对别的集体的利害关系、是非标准、价值观念，都不尽一致，甚至有分歧。比如有人批评北京居民有什么缺点，北京的居民不会火冒三丈，但如果涉及某一个小城镇的居民有什么缺点，这个小城镇的人听后就会很有反感。再比如有人批评中国的大学生有什么缺点，触及不大，但如果说北大学生有什么缺点，北大同学就会敏感了，就要辩论辩论。对于宗教徒来说，即所谓宗教感情，对于一个民族来说，即所谓民族感情。这个问题不光是个学术问题，这又是现实生活中的实际问题。民族感情、宗教感情是长期积累形成的，其中有好传统，也有糟粕和偏见。有时对长期形成的偏见，不惜拼命去维护，甚至造成流血事件，历史上不乏先例。这就说明在认识过程中，某些集团、阶级、小团体的利害关系，干扰正确认识，让人们不能如实地客观地反映世界。

现在再从认识者的是非标准来看，它起的作用，是发挥一种物质力量，有时这种力量推动历史进程。但由于集体或团体、阶级受的局限性，这种认识尽管推动了历史前进，但未必正确，往往出现一种盲目性，这在历史上屡见不鲜。古代中国与外国直到近代的农民起义，曾经推动了社会历史前进。起义规模有大有小，各式各样，但一切农民起义都带有历史盲目性。失败的起义，农民当然不能掌握自己的命运，推翻了旧王朝以后，农民仍然不能掌握自己的命运，而且农民起义中好多与宗教结合起来。这就是阶级的、历史的局限性造成的结果。从理论上说，农民不是先进的阶级，不能体现先进的生产关系。

有了先进的阶级，有了正确的立场、观点，在进行认识时，也未必能取得正确认识。马克思主义观点遭到反对，因为不同阶级有不同的世界观。资产阶级世界观占据了头脑，无产阶级世界观不能被接受；反过来，无产阶级世界观占统治地位，资产阶级世界观就不能被接受。宗教唯心主义世界观与唯物主义无神论世界观是对立的，是对抗性的。宗教唯心主义世界观已经建立，并成为各种宗教的神学体系。这些宗教神学的世界观形成的各种学说，也都有各自的信仰者。宗教徒有他们用宗教信仰主义的思想方法观察世界的方式，也带有宗教集团观察世界的意向，带有宗教感情的倾向性，他们以信仰为第一位，科学无神论被排除在外。因此宗教有神论与科学无神论成为长期对峙的局面。这个阵线也不是固定不变的，科学无神论的势力大，宗教有神论地盘就缩小；反过来，宗教神学、有神论势力大，科学无神论地盘就缩小。双方势力的消长，不仅仅是理论上的胜利，谁讲得更充分，谁就占上风。比如中国哲学史上范缜的《神灭论》，驳斥当时的宗教有神论，驳斥得很有力，有科学性，但当时的佛教没有由于有了范缜的光辉著作就销声匿迹，佛教不但未衰退，还有所增长。从梁以后，隋唐越来越发展，这说明理论的争辩仅仅是一个方面，不能决定阵地的扩大或缩小。双方势力的消长，涉及社会发展状况、经济状况、政治安定的状况。人与人之间关系合理状况，此外还有家庭、人口、就业等一系列问题都要曲折地反映到人们的世界观领域内，并有所表现。存在决定意识，以上所讲种种关系、问题，都叫做社会存在。社会存在可表现为哲学，也可表现为宗教，我们从这里也可看到宗教存在的长期性。宗教存在的认识论根源，涉及范围很广，它也受阶级的、集团的制约。每一个人在认识过程中都要受社会现实的利害关系的制约。宗教信仰也有其认识论问题，宗教立足于信仰，它有认识论的根源，这是一个方面，另一方面还要看到认识论的根源又是受宗教信仰的偏见影响，妨害它不能如实反映世界。宗教存在有现实基础，有历史渊源。因此，对待宗教信仰，不能仅仅把信仰者看做迷信、不开窍，而实际上宗教存在、宗教传播有很多方面。再加上人类认识论中意向的作用，有主观倾向性。这种倾向性与本身的利害关系密切相连。这种意向，有露骨的、明显的，也有不自觉的、潜在的。不能认为凡是一个阶级都是一种想法，过去说有多少阶级，就有多少主义，事实上不这么简单，一个阶级内部的想法也各式各样，各种主义也五花八门。宗教的认识论根源十分复杂，不能简单化。

九、宗教信仰与哲学思辨

宗教的基础是信仰，哲学的基础是理性思辨。"信仰"一词多半是指较严肃的、崇敬的对象。不属于崇敬的范围，用"相信"一词。与之类似的词是"信念"。对一般原理、原则、真理相信的，用"信念"，对日常生活中发生的事（如不怀疑火车到达时间）不用"信念"。不论信仰、信念都具相信的内在因素，相信这个状况在人们思想中的地位，十分重要，值得加以分析。相信的对象有高低各种层次的分别，迷信是最低的一级。信仰的对象可以是真的，也可以不真，但对信仰者来说，一定认为是真的。从反面考虑，我们说相信时，总包含不怀疑，不具有试一试的因素。关于相信或信仰有不同层次：坚信，表示不动摇（如信仰某种宗教，坚信某种主义）；确信，如地球是圆的；还有一种是迷信（祷告菩萨保佑）；还有一种相信，宁可信其有而不可信其无，就选择它是有，而去相信。层次不同，但有共同点，即有一种意向、倾向性，这就是"信"的倾向，或者叫偏向。根据以上情况看，信仰一定要排斥客观的分析，也不重视或不依靠理性的思辨。这种排斥有几种可能性：1. 不可能不信，把不信的方面排斥掉；2. 不希望、不情愿不信；3. 没有意识到不信，或由于习惯、传统，就跟着大家相信了。这三种情况都属于信仰的内容，都不借助于理性思辨。

哲学思辨指的是理性的思辨。辩证唯物主义者，首先要承认客观世界是存在的,人的认识反映客观存在。根据认识运动思辨的能力对客观世界进行分析,这是唯物主义认识论的常识,唯物论的认识论就是要如实地反映、客观地反映。“如实”就是依照事物的本来的样子,不增加,不减少。实际上很难完全做到。在反映客观存在的过程中,有多种因素对人们的认识进行干扰,让人们不能完全如实地反映客观世界。这有种种原因:第一,由于利害的原因。头一条就是阶级性。人是有阶级性的,同样的事在不同阶级、不同立场的人,得到的印象不一样。比如《湖南农民运动考察报告》中说,对农民运动,有的人认为好得很,有的人认为是痞子运动,糟得很。这显然是受阶级利益的影响,才对同一事物得出相反的结论。再如人类认识受宗派性的干扰,或叫小团体的干扰。在《慈恩法师传》中提到玄奘回国后受到政府重视,他为僧团利益,要求政府对犯法僧人用僧律制裁,不用世俗法律制裁,玄奘在唐朝颇受重视,但没有得到政府批准。这种要求,就是他站在僧众立场上,希望用僧律管理僧众事务。佛教不杀生,最重的处罚不过是责打一顿,开除僧籍,赶出寺院。从政府看,这将纵容违法乱纪、破坏社会秩序的坏和尚。玄奘的弟子辩机,不守清规,与公主乱搞男女关系,受到腰斩。按僧律处断就不会处以死刑。再如,我国宗法制度源远流长,宗族的利害也会使人从维护宗族的立场去判断是非,不能如实反映。又如,我国封建时代交通不便,人们的观念往往受乡土观念的影响,有局限性。管子《水地篇》中提到某地的水养某地的人,就会造成人的性格善恶、天资利钝的差别。齐地的水,使人贪粗而好勇;楚地的水,使人轻剽而贼(伤害、剽悍);越地的水,使人愚疾而媚;齐晋的水,使人巧佞而好利;宋地的水,使人简易而好正。有人说《水地篇》的作者可能出于宋人之手。唐朝李筌(军事学家)《太白阴经》中有“秦人劲,晋人刚,吴人怯,海岱之人壮,凉陇之人勇”,这都是受地区观念的偏见的局限,让人们在认识中看不清事实的真相,哪能一个地区所有的人都有一样的性格。海岱之人壮,指的是山东一带,其实这里既出孔子、孟子,也出江青、张春桥那样孱弱的人。再者,种族的原因,把另一种族的人看做劣等民族,如南非的种族歧视。还有国家的原因。这个问题比较复杂,爱国主义是好的传统,可是第一次世界大战,马克思主义者提出,真正觉悟的人不能帮助其侵略性的祖国去打仗。列宁反对保卫沙皇利益参加战争。日本侵华战争中有一部分人反对侵华,参加反战同盟。在爱国的口号上,容易使人在行为上发生差错。两伊战争都是以爱国口号号召打仗,我们站在超越出一国局限的地位看这场战争,早结束对两国人民都有利。以上是由于利害的原因的一些表现。

第二,感情的原因。在情感上让认识的主体不能如实地、客观地认识事物。例如:鲁迅的著作《祝福》,祥林嫂不相信她的孩子已死去了,总认为还活着。《蔡元培全集》中有“祭亡妻黄仲玉”一文,最后有“死者果有知耶?吾平日决不敢信。死者果无知耶?我今为汝而不敢信”。祭文当然不能看做严格的认识论。但这都说明人在认识过程中不能不受到感情倾向的影响。

第三种是偏见的原因。《列子·说符》中说,有个人丢了一把斧子,怀疑是邻人之子偷去。他开始留意观察邻人之子的言谈、举止,越看越像偷斧子的人。后来遗失的斧子找到了,再留意观察邻人之子的言谈举止,又完全不像偷斧子的人了。《韩非子·说难》:“宋有富人,天雨墙坏,其子曰:不筑,必将有盗;其邻人之父亦云。暮而果大亡其财。家人甚智其子,而疑邻人之父。”这也是偏见的例子。《韩非子》:“弥子瑕有宠于卫君。卫国之法,窃驾君车者罪刖。弥子瑕母病,人间往夜告弥子,弥子矫驾君车以出,君闻而贤之曰:‘孝哉,为母之故，忘其刖罪。'异日，与君游于果园，食桃而甘，不尽，以其半啖君，君曰：'爱我哉，忘其口味，以啖寡人。'及弥子……得罪于君，君曰：'是固尝娇驾吾车，又尝啖我以余桃。'"因而加罪于弥子瑕。这也是偏见。电影《黄山来的姑娘》中，毛衣丢了怀疑小保姆，也是生活中偏见的例子。

第四，认识的局限性。我国古人都认为天圆地方；古人不知传染病是由于病毒、细菌，《黄帝内经》说是由于四时不正之气的侵害。拉瓦锡以前不知道氧气的存在，对燃烧说不清，说是由于燃素。这种解释等于没解释。这些都是认识的局限性，使人不能如实客观地反映。

第五，习惯或经验的原因。经常看见某种现象，习以为常，不再追究。如鸡叫就天亮，认为这就是天亮的原因，从统计归纳的方法来看，这种方法不严密。

第六，认识者的机体、接受能力、分析能力的局限性。可分作五种可能：1. 接受机构的关系，如人色盲，红绿不分。2. 认识者的分析、处理问题的机构，即大脑思维运算能力的局限性。智力的差别，如幼儿开始认识到三，再多了就数不清了，经过训练才逐步提高。3. 逻辑思维训练不够，能力低下。比如电子计算机运算次数多少也有极大的差别。4. 抽象思维能力的差别。这也影响如实地认识事物。学哲学史的人都会发现，抽象思维水平高的古人，比有些现代人还要高明。5. 认识者意外的事故。如意外的病、意外的遭遇的影响。这都属于认识者的机体的能力的局限。

第七，客观对象的变化。如天气预报的出入。如世界事物的变化，若不理解就会发生认识上的错误。又如正常人与疾病间的关系，不能用昨天还是健康的人来说明今天不是患者。认识对象随时在起变化，必须考虑进去。

第八，主客观间都在变化。这就引起对事物认识的结果不一样，一夜之间都会有变化，我们不能把人看做机器。

以上八个方面都可能在不自觉中影响如实反映。严格地说，绝对的“如实”是不可能的。经常看到有的政府预算或计划报告，统计生产增加比值时，都要扣除物价上涨因素，这种统计方法是可取的。我们在认识中要不要扣除那些干扰的因素呢？过去没有扣除干扰因素，常常夹杂非唯物主义的东西。对简单的现象可以考虑到这些因素，予以扣除，如木棍放于水中，出现折光视觉印象，由于经验多，认识者主动修正这种视觉印象，排除干扰。但在更复杂的情况下，人们对于干扰因素没有想到要扣除，当然不能即时扣除。这就是说，我们对外部第一步就没有如实地反映，出现了偏差，那么以下许多步骤的认识过程，怎么能保证如实反映事物呢？因此要警惕这一点。我们是唯物主义者，但实际上由于夹杂了许多干扰因素，使人不能如实反映客观世界，随之而来，我们的判断不可能是正确的。这是仅仅从接收外界印象到表象，就发生了问题。还要看到人的认识功能的诸多干扰因素，世界上没有纯粹的认识。认识世界的过程经常包含改造世界。认识世界与改造世界不能截然分开。认识世界的过程就是改造世界的过程，在改造中加深了认识的广度。

这又回到宗教信仰与哲学思辨的关系。宗教信仰没有分析、思辨、考察的过程，但宗教信仰有意向，有倾向性，这是宗教的内核。这种意向在哲学的思辨中也有，我们认识、改造世界的过程中，不是都通过思辨的。认识是有机的整体，在社会实践中，有理性的思辨活动，也必然受意向的支配。生活实践中，意向作用占的比重相当大，人们真正平心静气的思考，推理作出结论的情况不是很多的，更多的情况下，是靠相信意向来支配我们的活动。比如，每天下午活动后，食堂准有晚饭吃，到时候就去，相信总会有饭吃，用不着去思考。生活中失去相信的意向，人们每走一步都要思考、分析，可能就活不下去了。食堂饭菜是否合乎卫生标准，如完全怀疑它就不敢去吃。否则，对一切事物，一切行动，甚至人们说一句话都推敲、怀疑，发展下去，要得精神病。对一切采取怀疑，将会没有朋友，没有社交，行动都困难。意向在人们生活中经常起作用，人们的认识没有纯认识，都伴随着意向的功能。

为什么宗教对哲学发生影响？为什么宗教的存在有长期性？因为支配人生活的那部分内容，宗教上有，哲学上也有，他们有交叉点。两者不是划得一清二楚。从世界观来看，是完全不同的两大类，但在实际生活中，具体到一个人的思维活动、社会活动，不是截然划得清楚的。这些方面宗教的要素的基础、意向，有交叉关系。宗教和哲学这两者有没有相互影响的关系？实际上有二律背反的矛盾。建立科学的唯物史观要如实反映世界，但实际上存在着种种限制，又不能如实地反映。认识领域没有真空地带，一个唯物主义者不可能百分之百的唯物。唯物主义做不到的部分，唯心主义必然占领。宗教信仰不需科学根据，理性思辨对信仰起破坏作用，这是从理论逻辑上说。实际生活中，离开了主观意向，处理日常生活都困难。按纯哲学的原则指导生活的人很少很少。相信意向对现实生活中的每个人来说，其不可缺少的程度绝不下于对理性思辨需要的程度。

相信意向与信仰有无区别，宗教与哲学有无分水岭，有无交界处，这方面问题如给以充分注意，将会对唯物主义世界观的认识论的完善有好处，对唯心世界观的批判有好处。如果简单从事，就不能真正抓住宗教世界观在认识论中的要害。我们就必须认真地区别二者的关系。

宗教世界观既然以信仰为基础，它也有认识论的根源。在人们认识世界的过程中。人们日常生活不可须臾离的“相信意向”，很容易把人们引向宗教信仰主义。通过正常的认识的途径，把人们引向邪路。宗教不是有限制地利用“相信意向”，正确处理，而是无限制地利用“相信意向”，走向根本不存在的精神彼岸世界。

十、宗教与哲学的融合与分化

宗教起源很早，母系氏族社会就有了宗教思想，相信有灵魂。哲学思想体系形成较晚，是进入阶级社会以后才有的。最早的宗教(原始宗教、自然宗教)包括当时人们对自然界的认识、生产活动、文娱活动、祭祀活动以及部落间的战斗行动，都纳入宗教活动。进入阶级社会后，有了为统治阶级服务的哲学。哲学是逐渐从宗教中分离出来的，只是分离得不是很彻底。以中国古代哲学发展情况为例，奴隶社会宗教讲天命、信天命；哲学也讲天命、信天命，只是两者解释不一样。进入封建社会，宗教又进一步发展。[①] 因为封建社会中，农民处在分散经营、个体劳动、一家一户为单位的制度下生产。封建社会的农民，不同于奴隶社会的奴隶，奴隶劳动基本上是集体劳动，规模很大。《诗经》上载有“十千为耦”，劳动大军多到万人。我国古代的井田制被古人美化为对劳动者最合理、最宽大的制度，实际上这是一种便于改为监督奴隶劳动的生产管理制度。将田划分为方块，规定奴

① 世界上三大宗教：基督教、伊斯兰教、佛教，最早都是从奴隶制社会开始，到封建社会才发展成为世界性宗教。

隶负责完成在方块内的生产任务。由于奴隶对田间劳动没有兴趣，必须严格督促管理，强迫劳动，奴隶主们才能有收益。封建制是分散的个体生产方式，要求农民老老实实地干活，就必须用教化的手段，加强思想统治。哲学、宗教都是维护统治的思想工具。宗教得到封建社会统治者的提倡，通过散布顺从、忠诚、不反抗、忍受苦难和屈辱的训练，使得老百姓易于统治。因而宗教比在奴隶社会得到更大的发展。

宗教与哲学涉及的问题、研究的对象有一致之处。特别在古代，一致之处更多。在古代，人们对宗教与哲学两门学问看不出有何区别。比如司马迁写给他的朋友任少卿的信中曾讲到，他写《史记》，为的是研究“天人之际”，即研究天与人的关系，在古代，“天”与“人”的关系，既是哲学探索的范围，也是宗教探索的范围。其他科学如天文、医学、数学都各有它们的特殊研究的对象，而宗教与哲学都在于研究宇宙、人生的总规律，它们都是关于世界观的学问。哲学有哲学的世界观，宗教有宗教的世界观。同样研究天人关系，如果把天看做是自然，所研究的是人与自然的关系，由此产生唯物论或唯心论，这就是哲学。如果把天解释为有人格的神，或上帝，这种天人关系所研究的主要是宗教问题。哲学中的神学目的论，也讲天人之际，这表明古代哲学与宗教不是划分得像现代人理解的那样清楚。哲学的基本问题与宗教两者的界限在古代很不明显，越往古代越难划分。哲学的中心课题是思维与存在的关系问题，这种关系，越是古代越不明显，越到近代越明显。这两个是一致的。

黑格尔《哲学史讲演录》：“哲学与宗教站在同一的基础上，有个共同的对象。”这话说得不错，可是宗教和哲学对象一样，方法不一样。哲学分析研究对象是通过思辨、推理，而宗教是通过直观、信仰。

宗教不是客观地、科学地研究对象。这在古代不是认识得很清楚，古代哲学的纯思辨的兴趣也不浓厚。在古代宗教中也有推理的，比如汉代董仲舒提出“神学目的论”，论证“天”是对人有恩惠、慈爱、有人格的，天生万物以养人。董仲舒用“天人感应”来论证其哲学，目的在于论证人是按照天的意志才生出来的，天有四时，人有四肢；天圆地方，人头圆，脚是方的；天有日月，人有耳目；天有雷霆，人有喜怒。天好生恶杀，四季中春夏秋三季植物都能生长，只有冬季不能生长。生长这个现象体现天对万物的慈爱，冬天体现天的威严、刑杀。董仲舒根据古代黄河流域的气候条件，用比附的手法建立他的神学目的论。他说，一年四季，有三个季度在生养万物，只有一个季度(冬)是杀，证明天是仁爱的。这种证明的方法，很不严格，没有普遍意义，经不起推敲。在地球上，热带和南北两极，一年之内没有四季的界限，董仲舒的推论就遇到困难。“天生万物以养人”，这种说法也同样没有根据。如果说天生了猪为给人吃，表示天对人的仁慈，那么，天生人是不是为了养活蚊子、跳蚤？[①] 恩格斯在《自然辩证法》中说，老鼠被创造出来是为了给猫吃，是浅薄的目的论思想。董仲舒的“神学目的论”是神学、经学。表明在古代，哲学与宗教混在一起，分不清楚。这种学说既是封建社会所需要的哲学，也是封建社会所需要的宗教。

经过唯物论的批判，神学目的论失去了它的影响，到魏晋南北朝时代，佛、道盛行，它们都不讲神学目的论，甚至以批判神学目的论的面目出现。于是有人说佛教是无神论的宗教。宗教总是有神论的，而佛本身就是神。以中国为例，魏晋时代，已有几种神学体系，一种

① 《列子·说符》已经提出过“天为蚊蚋生人，为虎狼生肉”，以反驳目的论的论辩。

是天命神学,受命于天,天命决定历史的进程。还有一种佛教的神学体系、道教的神学体系。天命神学讲一切是天命决定的,就是西周以来的传统。魏晋以来的改朝换代,是因为顺乎天命。皇帝下诏书一直到清朝,都是“奉天承运,皇帝诏曰”。承受天命,就是一种神学体系。

再一种是佛教的神学体系,不讲天命,但讲灵魂不死,三世因果。前世的行为结果,决定了今世的遭遇。今生的行为(业),将在来生得到报应,这中间埋藏一个没有明确说的前提,就是灵魂不灭。如果灵魂已死了,这辈子种下的因,下辈子谁来承受它的果呢?可见必须有灵魂不灭的前提,才能讲三世因果报应。灵魂不死、上帝存在、意志自由三大命题,在西方中世纪一直是宗教哲学界长期关注的三大问题。在中国南北朝时期也曾掀起过灵魂不死的大辩论。

道教神学讲长生,认为经过修炼的身体可以永世长存,即所谓神仙。淮南王刘安是个道家,著有《淮南子》,传说刘安得道后,全家升仙,“鸡鸣于天上,狗吠于云间”。鲁迅讽刺说:刘太太搬家“连鸡犬都带了上去”。“一人得道,鸡犬升天”的典故,就是从此来的。

佛教三世因果观点,道教身体永远不死的观念,不是神学目的论,而是因果报应论,这恰恰是汉朝的传统的无神论者没有接触过的有神论的另一个方面。汉朝的无神论者与唯物论者集中力量批判了神学目的论。王充的《论衡》反复阐述元气自然,无目的,天无意志。佛教神学提出新的三世因果问题,袁弘《后汉纪》:“王公大人……莫不矍然自失。”对待比较粗糙的神学目的论,王充等唯物论者提出了有力的批判,在理论上取得了成就。但是佛教宣扬的宗教神学、三世因果问题,比起神学目的论,在理论上更加深化了。当时的无神论者无力解决三世因果问题,佛教利用它的因果报应论趁机占领了宗教领地。

从中国与西方古代哲学来看,要完全摆脱宗教是不可能的,有些唯物主义的哲学家和开明君主也主张"以神道设教"。可见即使认识的问题解决了,在理论上驳倒了有神论,但政治上需要有神论,宗教仍然受到支持,得到发展。

再从理论上看,哲学要研究的对象,包括自然、社会、人类思维最一般的规律。对于自然的研究,古代没有现在科学的测试手段,常以想象填补科学认识不足之处。古代唯物论都是朴素的,都带臆测成分。只有到了近代,有了近代科学和测试手段,才有科学实验的证据,而不是以想象来补充不足。如化学家拉瓦锡提出"物质不灭"。他通过现代测试手段,得到了无可辩驳的科学结论。从而有力地说明物质形式虽转化了,但物质不灭。与拉瓦锡差不多同时的中国的王船山提出物质不灭的观念,他举例说,一车柴火,烧后有的变成烟,剩下的变成灰,实际上柴没有消失,只是变成别的物质了。二人的见解、思想方法差不多,时代也差不多,只是王船山没有用实验室测试手段来论证自己的观点,这只是设想,而拉瓦锡是以测试手段来证实。王船山唯物论是朴素唯物论的阶段,有臆测成分,他的见解可能很有价值,但受测试手段的局限性,与现代机械唯物论有了区别。比如近代有了显微镜才有细胞学,有原子裂变手段才有今天的核能物理。今天的高能物理学和古希腊的原子论是两回事。

从社会现象的解释来看,宗教和哲学更难以划清界限。古人也曾不断探索社会发展的规律,但成就很少。今天我们对自然界的物质结构了解得很多,而且能制造出前人想象不到的新产品来,但我们对社会的认识还是很不够,也有猜测的成分,甚至比古人高明不了多少。我国古人曾用元气说来解释自然现象,说明天地万物都由元气构成,用以反对神学目的论,在当时是先进的思想。但是,用元气说来解释人的产生和遭遇,就遇到困难。因人有两种属性:一是自然属性,生物学的属性,人具有一般的动物的特性;人的另一种属性是社会属性,人是社会关系中的人。社会属性的人,在古代的哲学家还不大理解。王充讲到人何以有富贵贫贱的差别时,还是力图用元气自然的观点来解释。他讲骨相长得好必然富贵,骨相长得不好,必然贫贱、短命。王充主观愿望是反对神学目的论,但以骨相、生来禀受的气的厚薄来解释人的贵贱、寿夭,其结果陷入宿命论,得出宗教命定论的结论。主观上用唯物论,客观上陷入命定论,本来是反对神学目的论的理论,结果却与神学一致起来。用元气解释自然现象,在当时的认识水平,应当承认它是科学的,而用元气来解释社会的治乱就错了。古代用气来解释社会治乱的不只王充,唐代刘禹锡《西塞山怀古》:"王濬楼船下益州,金陵王气黯然收。"刘禹锡是诗人,也是著名哲学家,他认为金陵王气尽了,再也不会成为帝王建都的地方了。宋朝哲学家陈亮劝孝宗收复失地恢复中原,主张迁都,提出的理由也是杭州气运(王气)已经衰竭了,气运西移,应迁都建康(今南京)。这都是以唯物论观点开始,结果陷入唯心论。在社会历史观方面,历史上多少唯物论哲学家,也不能真正与宗教划清界限。

这个现象,在西方哲学史家中也能看到。黑格尔在《哲学史讲演录》中说到,"波斯与印度的宗教中有很多深邃、崇高、思辨的思想。"还说:"我们甚至在宗教中遇到明显的哲学。""经院哲学基本上是神学,在这里我们发现神学与哲学的结合,或者说是混合。这种现象使我们很觉得烦然。"他举例:教父哲学与经院哲学中有神学,也有哲学。教父哲学如奥古斯丁(345—430,相当于晋朝),是基督教的神父。他提出上帝是最后的真理,是至上的善,信上帝是最高的享受。

他最早的著作《原罪》，指出人世上的灾难是随着人的罪恶而来的，只有依赖上帝，才能免除罪恶，才能得救。这是命定论的哲学，善人与恶人结果都是预定的。他的著作有《忏悔录》。他还提出皇权应受神权的支配。中世纪教会以它作为根据，代表教会神权与王权作斗争。奥古斯丁还说："理解为了信仰，信仰为了理解。"两个并提，里面讲的是如何与上帝来往，也有些哲学的想法，是教父哲学。

意大利人安瑟伦（约 1033—1109，约与我国南宋朱熹同时），是中世纪第一位经院哲学家，主张教权高于王权，一般高于个别，最真实的是一般，个别属于第二性，信仰是理解的基础，理解是为信仰提供理论根据。他为上帝的存在提供了一个有名的本体论的证明。这个证明分三个步骤：第一步，当思考着上帝时将上帝当做一切完美的根源，即当做完美的本身来思考；第二步，完美的本身必须是存在的，否则不能是完美的；第三步，既然上帝就是完美本身，因此上帝就一定存在。因为它是存在的，所以存在，这是兜圈子的论证，我们叫做循环论证，等于没有论证。这个论证，在西方对后世很有影响，得到笛卡尔、黑格尔的称赞。黑格尔很不了解东方的哲学，他看到东方的宗教内有深刻见解的哲学，有崇高的思想，这一点倒是说对了。但是，他认为宗教中不应有高深的哲学，黑格尔的原话："甚至有高深的哲学"，印度、波斯的宗教中"甚至"有高深的哲学，意思是说不应该有，它居然有了。他的第一个错误在于西方中心论的偏见，认为东方不应该有高深的哲学。他的第二个错误在于对宗教与哲学的混合，使他感到研究起来很"烦然"、不方便。总之，他认为宗教中不应有高深的哲学，宗教不应与哲学混在一起。黑格尔素以富有历史见解受到重视，但他对于宗教发展则缺乏历史观念，同时他也对东方的哲学和宗教知识十分贫乏。历史表明，宗教与哲学的混合，在中世纪以前，这是个普遍的正常现象，中国、印度等国都是如此。两者不混合倒是难以理解的。

一直到人类掌握了辩证唯物论与历史唯物论，才使得宗教、神学与哲学彻底决裂。马克思主义以前，宗教与哲学总是藕断丝连，不能彻底划清界限。18 世纪的唯物论者狄德罗，也没有彻底与神学决裂。中世纪唯物论是朴素的唯物论，没有现代科学测试的手段，它的结论不能达到现代科学的要求。进入资本主义以后，西方欧洲哲学家与中世纪时代的经院哲学家不一样，经历了文艺复兴后人本主义的冲击，讲到个人的权利、个性解放、追求幸福、向往自由。这些观念在近代有了人本主义以后，不再被看做是异端、罪恶，才使人的地位逐渐从神的权限中解放出来。当时生产技术也带动了自然科学的发展，促进了科学的进步。恩格斯说：一个工厂推动科学的效果比办多少学校的力量还大。人类社会生产活动是直接推动科学发展的动力。由于自然科学的发展，人类的愚昧落后状况有所改善，对自然界某些现象不再像古代那样无知，对风雨雷电、自然灾害有了科学解释。这是有了现代科学，开拓了人们的眼界，武装了人们的头脑。这些成就要充分肯定。但还要看到，进入近代社会，人们对社会现象的认识提高了多少呢？富贵、贫贱的差别，社会秩序的不合理，却找不到合理的解释。几千年来有头脑的哲学家都企图解释这个问题，如司马迁的《伯夷列传》提到世界上总是好人吃亏，坏人得势，天道是公平还是不公平？进入资本主义社会，对社会中的贫富贵贱的不平等、不合理，还是没有得到合理的解释。在自然规律的探索方面作出了伟大的贡献，在人类认识史上无愧为伟大的唯物主义者，伟大的无神论者，但是他们对社会现象、历史现象仍然是所知甚少，甚至是无知。有了近代科学，对自然界给人们带来的威慑力量、带来的灾难，由此产生的敬畏的虔诚减弱了，但对社会给人们带来的灾难、自己的命运无法掌握，由此产生的迷惘、畏惧并没有减少。原始人对自然无能为力，在自然力面前，感到个人的渺小，产生了对自然力崇拜、敬畏。进入文明社会，对自然力不像从前那样无知，但个人不能主宰自己的命运，好似冥冥中还有一种巨大的力量，一个看不见的造物主，掌握着人的吉凶祸福。这在中外文学作品中反映很多。如中国作家老舍的《骆驼祥子》的主人公祥子，从来不占别人的便宜，凭自己的劳动挣饭吃，为人忠厚朴实，只盼着能过个太平日子，结果却是每况愈下，走投无路，沉沦下去。再如《茶馆》中，王利发一辈子委曲求全，而他生活了几十年的那个社会，使他委曲也不得求全，生活不下去，最后上吊自杀，结束了悲惨的一生。现实生活表明人类改造自然方面取得很大成就，资本主义出现后短短一百年间取得了人类几千年没有取得的成就，自然灾害给人们的威胁不像古代那样严重。但是也要看到，即使在现代，人类支配自然的力量还是有限的，科学最发达的国家也无法避免天灾对人的危害。假如再来一次冰川时期，地球上覆盖了一公尺厚的冰雪，现在的科学水平也抵挡不了。连年的干旱缺雨，会造成农业歉收。毁灭性的地震，还无法准确预报。这说明哲学还不得不继续受宗教的干扰。因为社会本身充满危机，大的是国与国间的战争危机，小的如就业问题、疾病问题、家庭问题，使一些人产生一种不安全感。存在不安全感的社会生活里，希望安全；资本主义社会到处充满着竞争、不公正，希望公正；很完好的东西，怕它破坏，希望永恒；战争危机还存在，希望和平……像这些大大小小的问题，都是人们天天要遇到的。时代和社会要求哲学和宗教对这些问题给予解答。哲学用思维推理、论证，比较严肃认真的手段来达到论证的目的。哲学家虽然看到长期以来折磨人们的现实，但也提不出妥善的解决办法,越是实事求是的哲学家,越不敢说大话。“包医疑难杂症”,走江湖卖假药的医生才敢说大话。康德说过:“认识、理性有限度,限度以内我有发言权,限度以外,我就不敢说了。”态度较谨慎。黑格尔比较大胆一些,提出自己解决的方法,但他的大胆,也没有使他管辖的区域达到无限,他也不敢否认宗教的存在。当代的西方资产阶级哲学,对宗教表面上不关心,而是把宗教的神秘直观地以哲学的形式反映出来。以哲学的语言,把神秘直观地反映出来,也可以说哲学与宗教更进一步得到结合。这是马克思主义以外的当代活动着的哲学流派。在这种情况下,只有宗教全面地把问题承包下来,宣称:人生的一切苦难,宗教都能解决。它用的方法不是逻辑的推理,而是以感情的安慰,使人心理上得到满足。心理的因素在哲学上不占地位。哲学上的是非,不考虑心理因素,但宗教不一样。例如,一个小孩发烧,很难受,躺在母亲怀里,便安心入睡。但是如果将他放在床上,他就又哭又闹,不能安睡。心理因素对儿童很重要,他在母亲怀里感到安定。这不是医学所能解释的,这是心理学上的问题。成年人也需要精神上的安慰,在上帝、精神偶像的面前,甘心当无知的孩子。再加上长期的宗教的灌输,让信教的人,面对上帝,产生一种像一个孩子面对父母那样的倾心仰慕的感情。把自己比作迷途的羔羊,听候牧羊人(上帝)的指引。虔诚的信徒讲到“上帝”时,感情激动,声音都是颤抖的。宗教的存在有社会的根源,也包括心理因素。

有些西方哲学家不主张有神论,也不相信有一个赏善罚恶的上帝,但他也相信宗教。他说宗教代表最高的善,代表个人的良心。有一种说法:理性的宗教。康德就有这种说法。康德墓碑上写着:“在我上面的是星,在我心里的是道德的规范。”贺麟先生将它译为:“上有日月星辰，下有天理良心。”这造成科学与宗教并存。但我们要指出，宗教号召人们接受宗教的世界观，可以得到心理的安慰，精神的自由和解脱。但有一点，在辩证唯物主义者看来，宗教有一最大的致命的弱点，即它花了很大力量论证它的存在的必要性和好处，但没有花一点精力去追究人们苦难的根源。宗教解决苦难的办法是教人反省自己，改变精神状态。制造苦难的人、阶级没有罪，罪在每个受罪的人。“原罪说”就是这个主张。“原罪说”的危害性之大，也大在这里。人从生下来就带来了情欲，带来了罪恶，父母有情欲，产生了子女，子女再有情欲，一代一代传下去，罪恶是自己造成的，苦恼是自己酿造的。这个说法，显然没有说服力。再以《骆驼祥子》的祥子、《茶馆》的王掌柜为例，他们犯了什么罪？可是不公平的命运在等着他们，真正犯罪的人，反倒不受惩罚。马克思主义以前的哲学流派都认为宗教不解决社会问题，只能解决个人的精神痛苦。只有马克思主义哲学明确地提出要改造世界，不光是个人有共产主义觉悟，舍己为人，而且致力于改造不合理的阶级秩序、阶级关系。马克思主义以前的哲学在唯心、唯物方面的斗争较激烈，阵线较清楚。在马克思主义以前，一切哲学对社会、伦理、道德问题没有明显的唯物主义与唯心主义界限。在自然观、认识论方面，哲学与宗教有区别，而且两者都自觉地认识到它们中间的差异。一涉及社会现象、历史现象，马克思主义以前的哲学家几乎都是唯心史观，都是脱离实际的空谈家。

法国18世纪唯物论者反对基督教教会，指出教会的罪恶，指出宗教是骗子，宗教得到流行是傻子遇到骗子。对于揭露它的欺骗宣传，作了可贵的努力。但这些唯物论者也未认识到宗教的本质，也不理解宗教是历史的产物。宗教世界观的特点是虚幻性，但它却不是虚情假意地去骗人，而是严肃地引导人们上当受骗，去接受宗教的世界观。例如中国杰出的无神论者范缜提出光辉的战斗性的"神灭论",在形神关系上,达到当时认识的很高的水平。他指出人的身体与人的精神作用不可分的关系,好像刀子和它的锋利一样,形神关系是一件事物的两个方面。像范缜这样一位伟大的无神论者,对宗教产生的社会本质,对鬼神观念的流行原因,却显得无力冲破。南朝的佛教并不因为有了《神灭论》就偃旗息鼓。相反,经过了隋唐,佛教却大大发展了。

在西方,费尔巴哈的著作《宗教的本质》(1846 年出版),把人的依赖感作为宗教的基础。人类所依赖的自然的对象各不相同,所以自然宗教也有很多神。人先把依赖的对象人格化,看成有人格、有感情、有知觉、有意志的东西,把它人化,然后再崇拜它,宗教的本质是人的本质的异化。当人由物理实体变成政治实体的时候,君王统治人们的时候,自然宗教变成精神宗教。因为有一个统一的君主,才有统一的神。他的自然宗教的用法与马克思主义者的宗教学用法不一样,我们指的自然宗教是原始宗教。费尔巴哈继承黑格尔的异化观念,用异化解释宗教的存在和出现,意思是说人类自己创造了神,被创造出来的神,又反过来统治人类,人类拜倒在自己创造的神的面前,显得无能为力,用"异化"这个词,说明宗教现象的存在、产生。

马克思也用过"异化"这个词,但是马克思讲异化,意思是说,工人制造了产品,产品是工人创造出来的,工人反而成为他制造出来的产品的奴隶。马克思要探求异化现象产生的根源,并要消灭这种根源。马克思主义的异化观揭示了资本主义社会最典型的异化的本质。马克思主义以前的异化观,包括黑格尔、席勒、费希特、费尔巴哈在内,他们都是从社会的外部现象提出问题,并寻找答案。如德国诗人席勒也讲异化。他说劳动分工给工人带来危害,把工人永远束缚在整体的机器上，人变成为机器的部件，这就是异化。黑格尔讲异化，认为自我意识的外在化，即异化。世界就是自我意识的异化。还说：人在各种历史活动中，作为主体不断地分裂，不断地异化，变成自己的对立物。黑格尔看到，社会本来是人创造的，但社会又给人带来了灾难，这叫做异化。费尔巴哈的异化理论在于说明：不是上帝创造了人，而是人创造了上帝；人创造出的神，又成为超自然的力量来支配人。

马克思主义提出异化，最早说的是异化劳动，后来进一步发展了这个学说，认为资本主义社会和资本主义以前的阶级社会，是所有制的异化，劳动者创造了社会财富，社会财富折磨劳动者，自己造了一个折磨自己的对象，一切阶级社会就是这样。整个人类创造了世界，世界变成了异己的力量、与人对立的东西，阶级形成后，私有制给人造成灾难。马克思的异化，讲工人劳动本身，创造了社会财富，工人本来是社会的主人，在资本主义社会，工人变成为社会的奴隶，不是主人了；再者，工人操作机器，工人又变成机器的奴隶；第三，劳动产品是工人创造的，但产品变成商品以后，就不属于工人所有，与工人对立，工人反倒受商品的折磨。总归一句话，劳动创造了世界，但创造的财富越多，对工人折磨越大，财富集中在少数人手里，工人不免贫困，资本家得到的越多，工人得到的越少，压迫工人自己的力量是工人自己创造出来的，这就是异化。马克思还提出，异化不是永存的现象，要消灭这种异化现象，就要消灭资本主义制度，也就是要消灭异化。当代西方哲学流派，不但从经济、政治，而且从道德、心理到艺术、文学，都讲异化，是另外一回事，与宗教学说中的异化无关，这里不讲。

宗教与哲学本来是混在一起的，后来逐渐分开。古代分不清，也不肯分清，到了资本主义社会比较地能够分开，但马克思主义以前还不能彻底分开。因为马克思主义以前，对社会、历史的观察，还缺乏科学的理论武器，没有唯物史观。宗教世界观与唯心主义世界观经常结合在一起，互相补充，互相支持，再加上剥削阶级本身要求宗教帮忙，所以宗教在阶级社会里得到长期存在，而且不断发展，有其社会根源。

十一、宗教与道德

道德的概念包括两方面内容：一、道德实践：道德的行动；二、道德的意识：行为者自觉承担道德的责任，这不是法律责任。关于道德的含义，在学术界不同学派有不同理解，这里谈谈我的看法。

（一）道德范围

道德的出现有一个发展的过程。在原始公社，人们共同劳动，平均分配成果，凡是本氏族的成员都受本氏族的约束，遵守集体的决定，要为本氏族利益勇敢作战、复仇，在战斗中可以杀死俘虏。在公社中失去劳动力的老人有的地方要杀死，氏族中打仗受重伤不能治的情况下，也要由本氏族人杀掉。由于生产力低下，这种行为为大家所接受，当时人认为这是合理的。这种合理的行为可以称为原始道德[1]。进入阶级社会才有自觉的道德，这种情况原始宗教有类似之

① 原始道德的行为规范，由习惯决定，而不出于行为者的自觉。这种原始道德，也可以不算作道德。

处。氏族社会只有原始宗教或自发宗教，进入阶级社会后有人为宗教。自觉的道德是私有制产生后的新课题，因为氏族公社时期没有私有财产，公私关系在人们生活中没有发生很重要的矛盾。道德这门学科是关于公私关系的学问。只有到了私有制社会，公私关系才作为一个严肃对待的问题，提到一定的高度，促使人们重新认识它。原始社会的共同生活习惯，不像后人所了解的道德的含义，如庄子把原始社会描绘为"至德之世"。庄子理想的"至德之世"是最高的道德社会，这在我们看来，说不上道德或不道德，也许叫做"非道德"？叫它"非道德"也不太准确，因为它说不上是道德或不道德，它是一种集体生活中的习惯的方式。那时也有上下级的关系，但绝不是像有了阶级以后的那样的上下级关系。比如公社时期的平均分配，也不是绝对的平均。打死猛兽，兽皮分给最勇敢的人，大家不认为不平等。后来，虎皮交椅只有元帅才能坐，表示一种政治地位，有了等级的区别，意义也就变了。也有人说动物也有道德，蚂蚁、蜜蜂也有君臣之义，虎狼有父子之仁，这是人为的把人类的属性强加于动物。原始社会约定俗成的大家遵守的习惯，当时人的权利与义务结合在一起、统一不分，每个公社成员享受同等的权利和义务。意识形态在人类社会发展中几乎是同步进行的。宗教方面，氏族公社时期有图腾崇拜、祖先崇拜，到部落联盟又产生天神崇拜，这都是原始宗教或自发的宗教。这一阶段的道德也可叫做原始道德，它与民族的风俗习惯结合在一起，人们没有自觉的道德感。法律，严格地说，有了阶级、国家，才有法律，但是还有些规定，共同生活的准则，既是道德又是法律，混在一起。马王堆出土的帛书《十六经》《经法》提到黄帝战胜蚩尤，把蚩尤的胃割下填上草当球踢，把头发割下当旗的装饰，这带有原始宗教的意味，相信人死后有灵魂，把尸体分割，不使它产生危害。

贵州毕节三官寨社会调查,发现彝族崇拜近祖(父辈、祖父辈)而排斥远祖。祖父辈以上的认为是鬼怪,必须将它赶走。这与进入阶级社会时的祖先崇拜有很大差别。原始社会的宗教崇拜内容较粗糙,与当时的认识水平相一致。但也开始有惩罚出现。这里可看出,氏族社会制度下,原始宗教、道德、法律浑然一体,不可分割,不能认为它们是严格的道德、法律。这种意识形态共同维护社会的发展,保证社会生活正常。

(二)礼俗的民族性

这也与道德有关系,受民族、地区的影响制约。荀子说:“干越夷貉(貊)之子,生而同声,长而异俗,教使之然也。”(《劝学篇》)这个道理带有普遍性。礼俗总是受社会生活的制约,有民族性,有共同的心理状态、共同的文化传统。原始道德是礼俗的一部分,只限于它自己(个人)与群体发生关系的那一部分实践①。共同的风俗习惯形成礼俗。礼字本来与宗教有关联,“礼”字从“豊”(象形字),是祭神的礼物。古代风俗与宗教结合在一起,不易区分。最初的道德与习俗、生活条件分不开。中国农业社会以耕作为主,很早就有敬老的习惯,因为农业生产要有播种、气象等知识,老人的经验丰富,受到尊敬。采集、狩猎为主的时代,生产力低下,生活艰苦,流动性大,老年人往往给集体带来拖累,老人就不受尊重。达尔文写的《世界游记》中载有南美印第安族老年的妇女被本族年轻人捉来煮着吃,还说“味道不错”。以上两种情况,在当时当地的本民族都公认为是行为的准则,也就是道德的。氏族社会中血缘关系至上,集体利益高于个人利益,

① 有一些礼俗与道德无关,如纹身、婚礼等。

氏族部落的存在高于个人存在,个人要无条件地服从集体。氏族成员的行为对整体有害的要禁止,对整体有利的受到支持。恩格斯提到,部落时代人们的界限是很狭隘的,认为本部落的都是对的,外部落的都是不对的。那时评论善恶是非往往以本部落的利益为衡量的标准。这种标准影响到后来很长时期。比如墨家后来分成若干流派,“相谓别墨”。凡不属于自己一派的墨家被指斥为“别墨”,认为它属于非正统的。佛教称其他宗教为“外道”,中国学者称自己学派以外的为“外学”,学术著作中有“内篇”、“外篇”,认为重要的编入“内篇”,不重要的编入“外篇”。以“内”、“外”区别是非,渊源很久,这种狭隘性是从氏族部落风俗习惯遗传下来的。像爱劳动、扶助孤寡、注重互助,这是原始社会的道德,也是原始社会的宗教信念。

(三)道德变革与社会变革

古书中常说上古时人是不自私的,《礼运·大同篇》:“不独亲其亲,不独子其子。”这是氏族公社习惯做到“老有所终,壮有所用,幼有所长”,共同维护氏族的生存,古人称为“大同”社会。公社制度本来是无私的,无私的行为不会引起特别尊敬,大家都一样。随着社会的发展,进入私有制社会,有了公私的矛盾,如果有人为了群体的公利,放弃个人的私利,这种行为就受到尊重,称之为有道德。这时的公而忘私,不是由于习惯,而是出于行为者的自觉的选择,便受到尊重。社会不断发展,道德标准随时代变革而变革,有一部分要继承,有一部分要抛弃。不管什么社会,人都在集体中生活,社会制度尽管有不同,社会与社会之间有共同性,所以道德有继承性。凡足以促使人类社会群体得到维持、发展的行为,就是道德行为,将受到鼓励、尊重、赞扬,为群体所拥护。反过来,为了私而破坏了公,这是不道德的。

道德这门学问自始至终就是探讨公私的关系的学科。社会制度不同、历史发展的阶段不同，公私内容有变化，但如何正确合理处理好公私关系，始终是道德学探讨的基本内容。遇到社会变革、新旧交替的时代，两种社会的道德标准同时存在。封建制是从奴隶制内部滋长出来的，资本主义制度是从封建制内部滋长出来的，旧的未死，新的已在成长，这种情况，两种标准都会同时存在。例如，在春秋战国时期，即封建制从奴隶制产生的时期①，晋献公老年宠信骊姬，骊姬请求晋献公废太子申生，以己子为太子。晋献公允其所请，下令废太子申生并赐死。申生说："侍君以敬，侍父以孝。"如果不服从君命，就是不忠不孝，无以为人，准备就死。申生遵守的是传统道德准则。申生左右的人劝他侍君应把君所交付之事办好，这就是忠，不去死不算违抗君命。当时还有一种看法，侍君要服从正命，不从乱命。从乱命即不忠，故不应死。这就提出了不同的道德准则②。又如，晋灵公是昏君，大臣赵宣子常向晋灵公进谏。晋灵公怒，派钼麑刺杀赵宣子。钼麑夜至赵府，见赵宣子冠带整齐，挑灯夜坐，等待上朝。钼麑自忖刺杀勤于国事的大臣是不忠，没完成主人交给的使命是不信。不忠不信，难立人世，于是撞死在槐下。③ 这两个例子说明，新旧社会交替时期，社会变了，道德准则也随着改变。

一种社会制度走向另一种制度，有其规律，不能由人挑选。想进入什么社会就进入什么社会，这是空想社会主义的想法。社会结构

① 中国对封建制与奴隶制的分期，学术界有种种说法。春秋战国进入封建社会这是一种说法，这种说法之所以受到多数学者的承认，原因是春秋战国时期变化很大、很剧烈，比起主张其他分期的来看，变革表现得更充分。

② 事见《国语·晋语一》。

③ 事见《国语·晋语五》。

既不能选择,道德标准也不能选择。法律有强制性,道德也有强制性。不按法律办事要受法律的强制性的惩罚。而道德的强制性不同于来自外面的惩罚,而是来自社会舆论的压力下给人们以心灵的启迪。自觉地遵循这种心灵启迪,使人有自由、幸福感,不能做到自觉地遵循这种心灵的启迪,使人感到精神制裁的压力。一定的社会制度下产生的道德准则也是不能选择的。道德、法律、政治对社会经济基础都起着直接的作用,而哲学、宗教起间接的作用。道德的作用在于规范行为、维系人心、维系社会。法律惩治人们做过的事,但想做而未有行为,法律则不管。道德却要干预人们的行为动机,想做坏事,就被认为是不道德的。法律处罚已经做过的,道德预防要做的事。法律鼓励那些配合政府的行为(如坦白从宽),而道德则鼓励那些对社会有好处的行为和思想。这种意义下,道德与法律距离较远,道德与宗教的作用比较近。从这个角度看,它们有某些相近之处,具有正人心的社会职能。

封建社会出现的维护封建制度的道德行为和思想,不能认为都是保守的、要不得的,也不可以认为只有那些在封建社会里造反的思想、离经叛道的思想,才是应当肯定的。封建社会的作家,忠君思想与爱国思想分不清。文学史上讲到杜甫有爱国思想,爱那个腐朽的唐王朝,杜甫有忠君思想,忠于荒淫无能的昏君。忠君爱国思想是杜甫作品中的思想主流。又如,岳飞也有忠君、爱国的道德。宋高宗赵构很昏庸,岳飞忠于这个昏君,最后被冤死。很多人指出这是古人的局限性。我们不能脱离时代来看历史事件,不能要求资本主义萌芽之前,在封建社会中出现反封建思想。如果没有新的生产关系出现,没有资本主义萌芽,而希望有一种思想在封建社会内部来反对封建制度,就好像要求一个人提着自己的头发离开地面一样。不能说凡是封建社会的忠君思想都是保守的、不进步的，也不能说凡是造反的思想都是值得肯定的、进步的。像安禄山造反就不进步。可见，道德、哲学、宗教在阶级社会中起了互相配合的作用。配合得好，就使社会趋于安定、发展、巩固，这种思想应当肯定。因此，不能笼统地说，凡是不宣传造反的就是保守的。从社会作用角度看，不管是道德、哲学、宗教，当封建社会还未解体，还没有新的生产关系出现时，维护封建制度，不是历史上的错误，而是社会的需要。所以对宗教在封建社会中，与道德、政治、法律起了配合作用这一点来说，不能武断地说它是反动的。

但还要看到，宗教与道德、哲学不同的地方。哲学通过理性思辨、逻辑推论，引导人们深入认识世界、分析世界。唯物主义哲学按照世界的本来面貌来认识世界，唯心主义往往不能，而宗教也是对世界提出自己的看法，即宗教世界观，但它没有唯物主义，只有唯心主义，没有思辨、逻辑的方法，只有信仰主义、蒙昧主义、直观的方法。哲学、道德对当前世界的看法，有时是对的，有时是错的，而宗教世界观对当前世界的看法，永远是错的，没有对过。哲学，在马克思主义以前，不是全对，但有一部分正确。道德、哲学、法律也企图把当时社会秩序安排妥当，纳入理想的轨道来认识它、改造它，古人对世界的改造作用是极有限的。宗教也提出改变不合理的现实世界，观察社会，但它只是要改造人的内心世界，不改造外在的社会结构。它用天堂、地狱、因果报应来吓唬群众。在宗教世界观的指引下，不能使信仰者以理性的态度正确地认识社会，而是用麻醉的手法，使群众接受不合理的社会待遇。社会的不合理，给人们造成的苦难，宗教界不是从社会上找原因，而是从受害者的心理上找原因，不是社会对不起受苦难者，而是受苦难者自食苦果。让群众心安理得地承受苦难的命运。这就是宗教与哲学、道德及其他上层建筑极大不同的地方。上述几种上层建筑任务是一样的,都是对当前社会有所认识、有所改造,但宗教指引人们走向一条歧路。

在没有出现资本主义萌芽,没有出现破坏封建制度的因素的情况下,要求人们反抗封建制度,是不现实的,也是不科学的。斯大林说,农民反对贪官,要求好皇帝,这个要求是现实的。宗教叫人信仰一个最公平的皇帝,就是上帝,它不要求在现实世界中有一个好皇帝。这个上帝在另一个精神世界里接待宗教信徒。佛教有接引佛接引信徒到西方极乐世界。宗教起到麻醉作用就在这里。我们不苛求于宗教,责怪它不反封建,我们所要指出的,是从世界观上来看,它无时无刻不在麻醉群众,欺骗群众。就是它曾经有个时期鼓动农民革命的时候,包括洪秀全利用宗教领导太平天国进行战争的时候,它也包含了欺骗性。列宁的"宗教起了麻醉作用"这句话,是符合历史事实的。我们对宗教的本质要有清醒的估计,一定要看到宗教世界观的欺骗性,同时也要注意宗教政策。在认识世界这条道路上,宗教引导人们走的是一条邪路,引导人们接受宗教唯心主义世界观,这是宗教毒害人的地方。还要指出,道德与宗教不是纯粹的理论,同时是实践,那是不同于生产实践、科学实验的一种社会实践。道德和宗教引导人们产生一种社会行为,这种行为影响着社会。宗教与道德接近的程度比宗教与哲学接近的程度更多一些。马克思主义哲学是实践的哲学。马克思主义以前的旧哲学的理论更多一些,实践少一些,而道德与宗教与哲学比较,实践却多一些。有好多地方,宗教实践与道德实践有好多相似之处。如道德有"杀身成仁"、"舍身取义",宗教也有"舍身殉道"、"舍身饲虎",这种相似,给人一种错觉,好像宗教与道德可以互相补充,对社会、对人类都起促进、推动的作用。

十二、道德与宗教之间的分合关系

从历史发展看,原始社会人们是共同生产、共同劳动、共同分配,基本上是以群体部落为单位,那时的意识形态带有原始性。道德、法律、宗教等意识形态都混在一起,因为那时没有必要也不可能区别开来。后来才独立分化出来,有各自的领域、范畴。

随着社会的发展,道德发展为独立的意识形态,人们习惯上把道德归为研究善恶的学问,西方近代经常把真、善、美三个分支并列看待。"真"是哲学认识论研究范围,"善"是道德、宗教范围,"美"是美学、艺术。特别是德国古典哲学非常强调这种三分法,至今有相当的影响,为不少人接受。这种分法现在看来科学根据未必充分。人类社会生产的发展与人类文化的发展形影不离,文化是社会生产发展的影子。原始社会风习包括民俗、习惯,意识形态是混合的总体。原始社会的生产活动,是通过集体智慧的创造,并经过集体的认可,约定俗成,成为氏族共同遵守的风习,并且世代相传。这中间也有改变,但很缓慢。

社会生产的发展,先有农牧分工,后来有体力、脑力劳动的分工。人类社会进入奴隶制,才有了更细致的学科的分工,划分了各自的领域,各学科有了自己研究的对象。哲学以思维与存在的关系为研究对象,这也是进入近代才赋有完全的意义,法学研究权利与义务的关系,美学研究创作与欣赏的关系,宗教研究天人关系,道德研究公私关系,公私问题是到私有制出现后才作为重要社会问题引起人们的重视。道德作为独立的意识形态,独立的研究对象,只能在阶级社会出现后才存在。一种学问之能够构成“学”,必然有它特殊的对象和独立的范畴。没有独立的范畴,这门学问就不成熟。范畴通俗的说法是“行话”,即行业的专用语。范畴的内容随着人类的认识,逐渐丰富、发展。例如中国文字“善”最早的意思是羔羊适口,好吃;“美”,羔羊很肥大;“德”,占有的意思;“好”,男女很好,分不开。从一个概念的形成、文字的来源来看,都是描述具体的东西的某种性质,或对于描述某种东西的感受、印象,抽象的程度低下,也即是概括能力不高。从心理学来看,儿童不容易懂抽象的名词,具体的东西容易接受,代词不容易接受。因为具体名词可以直接看见,如桌、椅,比较固定,易懂,可是代词的“我”、“你”、“他”,随地位不同而改变。代词的抽象性比实际事物远一点。抽象名词离具体事物就更远了。“道德”、“仁义”、“忠诚”是人类交往中,生活实践更进一步抽象的结果,有一些民族语言中至今还未出现这种词条。也就是说,他们的社会生活中,道德价值判断还不曾出现。这说明道德的观念不是生来具有的,它是社会发展到一定阶段的历史性的产物。例如:“信”、信义,也是道德范畴之一,这个观念在原始社会中就不存在,没有出现。不是说那时的人不讲信用,原始社会“百姓日用而不知”,在生活中没有人感到“信”的需要,人们天天使用它,但不曾自觉地认识它,因为当时没有必要提出这个范畴来指导人们的生活。社会发展了,范畴越来越丰富,内容越来越明确。从以上例子看,人类文化整体不可能单项发展,一种社会发展阶段,同一发展层次中各种意识形态有分工和合作的功能、机能,各种不同学科、意识形态,相互配合、补充。像文学、艺术、道德、宗教、哲学都在互相配合、共同维持、促进社会发展,都起了这种作用。当时人们不自觉地认识这点,带有盲目性。后来有了唯物史观,对社会现象、意识形态才提供了科学的理解和解释。

比如交响乐队,演奏时各种乐器发出不同的声音,起了不同的作用,但奏的是同一个曲子,和谐动人。道德、法律、文学、艺术、宗教在一定的历史发展阶段起着社会文化交响乐的作用,不能互相代替,但完成着共同的任务。

从社会发展看,我们主张社会分期按照马克思主义经典分为五个阶段,没有阶级到有阶级。有阶级的是:奴隶制、封建制、资本主义制度。没有阶级的是两头,原始公社和共产主义社会。社会主义社会是从资本主义社会过渡到共产主义社会,从它的发展方向看是属于共产主义阶段,从它包含的因素来看,许多是它以前的社会制度中遗留下来的,尤其在中国,封建性的东西比资本主义的东西更多。原始公社的道德观,原始社会的风俗习惯,公私矛盾不突出,公私关系的研究不重要。进入私有制、阶级社会,公私关系才越来越重要。研究公私关系的学问才被重视起来。进入奴隶制,也开始进入道德的研究领域,如范畴"忠"、"孝"、"仁"、"义"等概念出现了。这些道德范畴与当时奴隶制宗教关系非常密切。"敬天法祖"既是道德规范,也是宗教信仰。进入封建社会,中国封建社会的特点是宗法封建制,"敬天法祖"思想从奴隶制延续到封建社会。早期封建社会道德与宗教的比例,宗教成分多一些。汉初"天人感应"是哲学体系,同时也是一种宗教神学体系,也是道德标准,即要求人的行为以"天"为榜样。以天人相比附:天有四时,人有四肢;天有五行,人有五常;天有上下,人有贵贱、尊卑。当时认为是自然秩序,是社会秩序,也是道德规范。董仲舒的著作中有《人副天数》,把天人关系作了详尽的附会。封建社会后期,道德方面讲"伦常"、"人伦",这是道德秩序。宗教方面讲"天"、"天理",道德讲人性,就是让人格得到充实、完善化,使行为避免背离封建社会的秩序,这种努力就是道德修养,这种修养是出于人的本性。宗教修养与道德密切配合,提出"乐天"、"事天"、"敬天"。能做到这点,道德得到完善,也达到宗教的目的。比如"天命之谓性",是道德命题,也是宗教命题。从个人修养说,修身、齐家到治国平天下,最后目的达到"至善"(止于至善)——最高的精神境界。这既是道德修养境界,也是宗教修养境界,既符合人性,也符合天性。后期封建社会的道德学说的"人伦"与宗教的"天理"是一致的。"仁者,爱人"是道德的要求、宗教的要求。仁者见天地之心,天心体现了仁,又叫"天地之仁"、"天地之心"。人与人的关系、公私关系上要"尽伦尽职"①。在道德生活中做到"尽伦尽职",在宗教生活上做到"知性知天",这是比较高的精神修养,直接与天打交道。中国哲学史上讲到"人性恶"(荀子)、"人性善"(孔子、孟子)、"性三品"(韩愈)、"善恶混"(扬雄),各种人性说很热闹。到封建社会后期,特别是宋以后,人性论不像从前那么热闹了,只剩下一种性善说占着统治地位,其他人性论都不存在了。宋朝的《三字经》开宗明义,第一句就讲"人之初,性本善"。这本书成为封建王朝全国通用的儿童教材。这反映中国封建社会后期,道德的训练与宗教训练配合得很好,一致起来。道德生活上"尽伦尽职",在宗教修养上最高标准是"知性知天",性善说成为封建社会人性论最后的结论。人性是善的,天性是善的,天性就是仁,仁就是天地之心。由于封建社会在中国历史上时间较长,封建的道德学说、宗教学说内容比较丰富。

到资本主义社会,道德观念有了不同,"意志自由"突出来。"意志自由"有不同解释,一种是"任意"、"随便",这不属于道德学范围。另一种解释,使人的意志得到自由,从不自由到自由,有一个过程。

① "伦"是秩序,"职"是地位。

还有一种解释，是上帝、神的意志，本来是自由的，不存在是否自由，或要求自由的问题。上帝的自由，不在讨论范围之内。只有第二种意义的意志自由才有道德实践的含义，是道德学说的范围。资本主义社会针对封建社会意志自由很差的情况，要求个性解放，把人从封建桎梏下解放出来。封建社会的个人，特别在中国，是封建宗法制度关系网下面的一个组成部分，个人在其中所处的地位是：君的臣、父的子、夫的妻，"尽伦尽职"，"伦"没有选择的自由，生在皇家是贵胄，生在平民家是百姓，社会地位没有选择的自由，人的地位也是生来就固定了的，"冠虽蔽必加于首，履虽新必贯于足"①。汉初两个大臣在皇帝面前辩论上下的分别，争论"汤武革命"的是非问题，一方说汤武是顺天应人，是正确的行为；但另一方说不对，君臣大义不能颠倒，对是君，错也是君。这里反映了取得政权后的汉朝，不再强调汤武革命，而要巩固现存的秩序。

资本主义社会提出"天赋人权"，人人有生存、就业的权利，人生来是平等的，应当享有自由。资本主义时代的社会关系比封建制度下的社会关系要复杂，公与私的关系的研究，"道德学"作为一门学问，是进入近代才提到科学研究日程上来的。在封建社会中道德与宗教联系得非常紧密。例如儒教又是哲学，又是宗教，宗教与哲学结合得很紧密。进入资本主义社会，个人构成集体的部件，提到"意志自由"的问题。社会中，世俗生活向君权争自由，争民权、个人的地位；在天国中，向神权争人权，向上帝争人权。"意志自由"这个口号只有在近代资本主义社会中才有实际意义。中国古代老、庄讲放任、自由、不要政府，和近代讲的自由、个性解放很不一样，不能笼统地说

① 见《史记·儒林列传》。

老、庄早已讲过了自由解放，近代卢梭以来讲的人权自由不新鲜。实际上这与卢梭提出的性质不一样。

资产阶级的道德学说，有一派讲道德的目的就在于追求快乐、幸福。幸福是人生追求的目标。古代社会也有提倡追求幸福的，但这种流派不占势力，也不显得理直气壮。只有进入近代，对幸福的追求、快乐主义，在道德学说上找到充分的根据。这是因为社会变了，个人的地位被重视了，才有了争自由、争幸福的要求。但是社会作为有机整体，公私关系是相互制约的，只讲一方面，对社会造成不利。追求幸福的这一派还得受社会的制约，与此相对立的道德流派——理性主义则主张“义务”，规定“自律”的法则。资本主义法治提出自己立法自己遵守，而这个立法是道德的立法，自己制定的，要自觉地遵守。这与前一派相反，要求牺牲个人快乐，为最高的道德尽“义务”。有的哲学家举例子：一个商人故意抬高商品的价钱，说言不二价。早年我国江南有一些商店里写着“一言堂”①。商业中的“一言堂”，照理性主义者看来，不能算道德，因为它的“一言堂”是为了建立信誉，为长远做生意有利，没有在商业赚钱之外为社会尽更多的义务。因为公平交易本来是商业工作者应该做到的。比如一个人守法，没进过监狱，对每个公民来说，是应该的，不值得特别尊敬。在正当的权利以外，为社会、为公众多做了一些牺牲，才算作有道德。例如，从不偷人钱，这是应该的，不是高尚。像雷锋那样，拿出自己的钱去帮助人，这就是高尚行为。资本主义社会，大鱼吃小鱼，做买卖赚钱，知识卖专利，无所谓道德。但是放弃了这些人人公识的权利，像

① 最早的“一言堂”的意思是说，我这个商店卖东西一个价钱，不管谁来都一样。现在演化为政治术语，专制、不民主叫一言堂。

居里夫人发现了“镭”，有人要用高价收买她的专利，她放弃专利，不为自己赚钱，科学家要为人类作贡献，这就是高尚的道德行为。

以上两种学派都有市场。我们客观看追求幸福快乐，不能说绝对就低级，因为幸福有许多层次、高低，不一样。比如助人为乐，这也是幸福。用钱帮助人，钱花掉了，有人认为是损失，但有人认为得到了精神上的安慰，也是一种快乐。这种快乐不是得到了什么东西，不是拿到了奖金，而是换来了精神上的享受，心安理得，心情舒畅。不能说快乐主义就完全低级。反过来，从理性主义来看，尽了义务，高一等。进一步追问，义务的界限在哪里？达到标准或不合标准，尽到义务或未尽到义务，从尽义务来衡量道德，没有穷尽，永远没有完成的那一天。道德的要求，就是社会的要求，是资本主义社会的要求。资本主义道德标准不论说得如何高深玄妙，归根结底，它是维护资本主义私有制的道德，不可能像哲学家、道德学家说的那么高明。口头上讲为了全人类的平等、自由，只要有阶级社会存在，就不能有全人类的平等、自由。只有无产阶级才能说到做到，资产阶级只能说，却做不到。道德总是为各个时代的统治阶级利益服务的。比如道德学上讲的“善”，任何时代都有其阶级内容。“杀身成仁”，为了伟大理想不怕死，这是“善”的标准。反革命集团也要求自己的成员完不成任务就要“成仁”。抗日战争中，日本侵略军固守堡垒，他们的上级要求士兵不准投降，只能战死。我们的八路军、抗日战士、英雄人物，也是视死如归。抽象地看，双方士兵都有战死沙场的，但不能说双方死者都是英雄。为革命视死如归，死得其所，为正义而死，才是英雄。日本侵华战争时期，侵略军的死是不正义的，死得毫无价值。如果从推动社会发展、历史进步的角度来看，一部分人用死来推动共产主义早日实现，但另一部分人至死反对进步，推迟共产主义实现，起着阻碍人类前进的作用。是推动那个社会进步,早日实现共产主义有价值呢,还是推迟实现共产主义有价值?“杀身成仁”还要有具体内容,不是执行一个任务到死不回头,这就算道德行为。有的顽固到底,毫无道德价值。如果只讲“杀身成仁”,抽掉阶级内容,不看公私关系处理得是否正确,就迷失了大方向。旧社会有个成语“桀犬吠尧,各为其主”,这种说法,没有是非标准,是错的。

道德就是讲“善”的学问,这个说法没有根据,不能同意。这是因为“善”不能离开“真”,有是非真假的问题。仅仅说为了理想奋斗到底就叫做“善”,这不对。如果理想错了,为了错误的理想奋斗到底,难道也叫做“善”吗?现在社会上提倡万元户,如果不择手段为了赚钱,即使百折不回,也不值得提倡,对社会也无好处。“自我牺牲”等好多概念都有阶级内容,要正确认识它的阶级内容,要有是非观念。宗教家讲的善,佛教讲的五戒、十善,都是没有阶级性的说法,是抽象的道德,不能给人们起指导作用。他们往往以一个阶级的利益作为出发点,说成全民、全人类的利益。这在理论上是有毛病的,在社会实践上是有害的。社会主义以前的社会都是私有制,要保护剥削,维护少数人的统治地位。在那个时期,后一朝代往往表扬前一朝代的忠臣,如史可法、文天祥等为前一朝代而死,后一朝代对他们表示尊敬建立祠堂。这有实际作用,它可以为新王朝树立榜样,是为了教育后人。明末清初,洪承畴降清,为清朝立了很大功劳,几十年后,到了乾隆时天下大定,在写《明史》时,将他放入《贰臣传》作为变节分子、奸臣来教育清朝臣民。有了历史唯物主义这个工具,我们应该区别于资产阶级学者们看待道德问题。宗教劝人为“善”,讲“至善”,道德也讲“善”。阶级社会中,宗教讲的善与道德讲的善,其内容、标准可以完全一致,因为服务对象是一致的。道德与宗教为了更好地配合,有时有意不划清界限。道德与宗教混在一起,这是中世纪的特点。欧洲有四百年的资本主义社会实践,封建主义思想残余较少,我国资本主义未得到很好发展,资本主义反封建时间短,反封建主义很不彻底,很快进入社会主义,道德与宗教的关系在中国的表现与西方差别很大,人们的思想意识中更具有中世纪道德色彩。例如,老一辈参加革命的人,长征开始,他们打土豪分田地很坚定,生死关过了。很多老同志过了生死关,过不了儿女关,纵容他们的子弟,他们的子弟仗父母特权干坏事。“六亲不认”在中国封建法制流行时,是骂人的话,但在西方不是什么了不起的问题。

社会发展中,道德与宗教互相配合、互相影响、互相补充,特别是中国受中世纪封建影响很深,更是与宗教混而难分。社会科学研究的著作中“引经据典”,为了取得证据。但是近三十年来,好多科研著作中的“引经据典”是为了壮声势,经典著作中的话,难道还能怀疑吗?这是中世纪的影响在当前科研中的表现。这种思想指导下,很难独立思考问题、发现问题。经典中没有说过的怎么办?就等着,不敢办。道德与宗教在阶级社会中长期以来相互补充和合作,宗教给人的比道德还要慷慨得多。道德与幸福之间发生矛盾,不能协调时,只能牺牲一面。在同样问题上,宗教则从旁给以填补,有德的人,必定得到上帝的保佑。道德中得不到的,从宗教中得到补偿,宗教给人幸福,可以在当世,也可在来世。今天社会主义社会中,还有人提出宗教可以作为社会主义道德的补充,这种说法已有其几千年的背景,不必感到奇怪。但我们要认识到今天有共产主义的道德标准,不需要宗教来补充。道德需要宗教补充,那只是剥削阶级的需要。

十三、美学与宗教[①]

(一)

美学(aesthetics)是从西方传过来的,这个词的原意,通常指能引起人们惊叹、怜悯、恐惧等感情的艺术品。这个词的意义比较肤浅,不太准确。我想美学这个词用"鉴赏之学"来表达更为恰当。平常说美学研究的范围是美,这还不完整。比如说艺术家画鬼,画钟馗,并不是漂亮的形象,但仍然作为艺术欣赏的对象。又如,中国园林中选的石头,不是选四面光滑平整的,而往往选残缺的、有窟窿的、不完整的、看起来丑陋的,讲究选所谓"瘦、透、皱、陋"。又如画神仙,要画得清奇古怪。作为鉴赏对象,从另外的角度来看它美不美,不是从它本身来看它的漂亮。中国的山水画中的树很少是成材的、笔直的,都是扭曲的、有树洞的。画梅花,也不是直上直下,常常画的是根部突出、扭曲、枯瘦的。仕女画也不是画得很漂亮,而是讲究淑静之气,目的是在于画出仕女的风度。

鉴赏是主、客观的结合,没有客观对象则无从鉴赏,但没有主观判断,也无所谓鉴赏。鉴赏是在美学价值上对对象作出的判断、评价,但鉴赏之学不承认美有它的客观基础是不对的。古人就极力强调内心的欣赏,不一定有对象,只要内心起欣赏的作用就算鉴赏了。陶渊明有一五弦琴,无弦。陶渊明弹琴,取出来抚摸以寄意。这种欣

① 本节原载《念旧企新——任继愈自述》,山西人民出版社1997年版。

赏是“但得琴中趣,何必弦上音”。领会琴趣就行了,不一定通过琴弦来发音,这样才算达到欣赏的目的。这种美的鉴赏也只能是陶渊明自己欣赏,无法使别人共同欣赏,只能“独奏”,不能“合奏”。这种欣赏态度有片面性。如果真有这种事,这只是陶渊明个人的癖好,不能作为普遍原则。

Aesthetics这个词在近代被提出来作为独立的学科。这门学问目前的状况是作为哲学的部分而存在。现在美学界中国、外国都有人主张所谓自然美。自然美是相对于人工美来说的。有没有纯粹的自然美,现在也有争论。因为自然、客观存在的外界的东西,如山水、草木、日月、风景,从古代就存在,它客观地摆在那里,但人类懂得歌颂、欣赏自然美,却不曾发生在遥远的古代。北京猿人时期,周口店地区山川秀丽,气候宜人,遍地树木花草,那时北京猿人关心的是如何狩猎。如果有一种客观存在的“美”,它不以人们的意识为转移,这种观点值得怀疑,美的概念是人类通过感觉对于对象加以分析、判断所得到的结果。美与人的感官是分不开的,就好像甜与人的舌头的感觉的关系一样。糖是甜的,盐是咸的,甜、咸都是客观存在的,通过人们的舌头的味蕾得出甜或咸的判断。美的感觉是通过眼的视觉而呈现的。美、甜、咸来自感觉器官,这是共同的。按旧的说法有五种感觉:色、声、香、味、触。这五种感觉有高低层次的差别。有些感觉比较原始,生下来就具备的,不需要经过社会训练、文化教养就有的。比如,味觉:甜、咸;感觉:滑、温、凉。感觉的层次较低,生来就能感到,婴儿喂糖水就喝,喂药就抗拒,不必要训练就能分辨。也有一些感觉,如颜色、声音,只要不色盲、不聋就能感知。但这两方面的感觉会随社会的影响、文化的教养、民族的习惯而有所变化。对感觉的判断、分析的能力就比味觉、触觉深得多。对于美的欣赏、鉴别的本领有高有下，有好多层次。比如街上人穿衣服，有的花哨，但较庸俗，有的协调。声音经过人类加工变成音乐，这也有高下层次不同。有的音乐低级下流，有的高尚。但对甜、咸不好说有高下，只能说程度上的区别。感官欣赏有高下的分别，古代那些没有文化教养的贵族，包括皇帝，沉溺于声色之好，这就是满足低级的感官需要，以为那就是享受，是美。饮食方面，高下的程度不像音乐、绘画层次那么多，然而也有高级烹调师与低级烹调师的差别，欣赏者水平也有高有低。但不论怎样，味觉的鉴赏本领所受局限较多。欧洲18、19世纪，法国上层社会流行所谓大吃大喝的享乐主义，沙龙里设有呕吐的地方，吃得肚里装不下，就到呕吐的地方呕吐，吐过后又继续吃。外国制作香水的工程师，靠鼻子来嗅出香水的等级，造酒师用舌尝。对品尝、鉴别者来说不能常去尝，要停下休息，否则就不灵了，这类鉴别的局限性也较大。《论语》记载："子(孔子)在齐闻韶，三月不知肉味。"①这从另一方面说明味觉与听觉相比，听觉给人感受更深，味觉被冲淡了。只有视觉和听觉的鉴赏更能持久。它可以一天到晚地看和听，百听不腻，百看不厌。

要指出的是，看和听判断是不是美的，要看它的价值的标准是什么。鉴赏的标准有民族性、社会性，进入阶级社会后则增加了阶级性。所以美学也就成为一定社会的上层建筑的组成部分，它和道德、法律、哲学、宗教一样，具有维护社会秩序的职能。现在把美学归入哲学门类之下，是哲学的一个分支。但从发展趋势看，美学很可能独立出来，另立门户。随着生产力发展，人们生活提高，对美的要求更

① 有人断句，"闻韶三月"。不是三个月之意。也有将"三月"断为"音"。通用的说法还是"……闻韶，三月……"。

迫切。鉴赏的需求,小的如养花、画画;大的如建立园林,美化城市,更扩大为绿化国土,共产主义时代还要美化地球。可说美学的前途无量,会有很大发展。关于美的应用,在社会生活方面,是社会上层建筑,这一点,中国人早就有认识。传统的古典著作《礼记·乐记》提出美的教育、训练,与道德、政治、法律、教育配合起来,可以治国,以礼乐作为六艺之一。荀子《乐论》提出:"乐者,先王之所以饰喜也。"高兴,用乐来表示。"夫声乐之入人也深,其化人也速,故先王谨为之文。乐中平,则民和而不流,乐肃庄,则民齐而不乱。民和齐,则兵劲城固,敌国不敢婴也。"音乐有教育作用,和平的乐可增加人民的团结;严肃的乐,可以使人民齐而不乱,加强社会秩序。如果内部团结,更有秩序,国家就安定了,敌人就不敢来侵犯。荀子说:"乐和同,礼别异。"这是从社会功能来说礼乐的区别,是最早提出的礼乐互相配合的辩证关系。这是古人对封建社会的国家学说与文化艺术的作用的关系提出的深刻见解。

但从美学作为独立学科来看,只有艺术美,而无自然美,人们鉴赏的只是艺术的美。所谓自然美,说到底,还是经过人们思想意识加工过的美。自然是摆在那里的客观存在,美不美。一定要通过人的接触、感受,对它作出判断和评价,这才叫做美。人们称赞自然美,这种说法本身就否定了自然美的存在。比如说山明水秀,"明"、"秀"的性质是人加给它的,它无所谓明秀。水自己在流,能行船,这是它的特点。大山,人们称赞它雄伟,这又是人加给它的。山本身只有高度,而不存在"雄伟"的属性。形容江河奔放,江河的水的流量是客观的,"奔放"是人给加上去的。又如:雨,是水蒸汽凝结成的,但久旱后的雨,人们说"喜雨";久雨不停,说是"苦雨"。风也不过是空气的流动,王羲之《兰亭序》中说"惠风和畅",这也是人为的判断。如果观察者换了另外的人，则有“凄风”或“暴风”等。看月亮，心情开朗时认为是“朗月”，心情凄凉时认为是“冷月”。对于花，杜甫有“感时花溅泪”（苦难时的感受）。有人称赞颐和园的好处是虚实对比，一边是宫殿、山石，一边是湖波塔影。人们以一幅画的要求来构造颐和园的建筑。有人反问，既然一切是艺术的美，而美中有一种古朴的美、拙重的美，如以树根天然的形状做成的艺术品，这怎么理解呢？古朴的美是在今天高度文化的社会中才能提出。原因是有了大量人工的艺术品后，看厌了，需要调剂一下，这就要求回到自然，是技巧高度发达的社会的人做的翻案文章。如无高度发达的技巧，就不存在古朴的美。例如，周口店原始社会遗址，全部是自然，没有楼台亭阁，只有山洞、草木，不能说那种状态就是美。人一步步改变了自然面貌，使之更适合人类文化生活的要求。提倡回到自然，那只能是有了一定高度的文化的社会，才回过头来提出的口号。自然美是人为的美的一部分，是人加上去的，或者说是人类创造美的一种必要的补充。如果没有发达的文化，没有自我意识的觉醒，人还不知自我的存在，那种纯自然就无所谓美。人类产生了自我意识，才把美提到鉴赏的日程上来，有了美的先决条件——鉴赏能力（所以说美学是鉴赏之学，就是这个意思），才能感受自然的美。

鉴赏能力与社会实践、民族文化有很大关系。例如，有些花在这个民族被看得很高，在别的民族就不一定。中国人欣赏兰花、菊花，并把松、竹、梅称为“岁寒三友”。对玫瑰花的欣赏在西方与东方很不一样。西方提到玫瑰，不光是说它颜色美，还与幸福、甜蜜的生活联系在一起。这就与中国人提到梅、菊加上耐寒、抗暴这样一些含义一样。中国认为杨柳美，《诗经》有“昔我往矣，杨柳依依。今我来思，雨雪霏霏”，后来歌颂杨柳的诗更多了。杜甫的诗，歌颂杨柳摇曳多姿。但在西方对它并无好感，说它是哭泣的树（weeping willow）。

鉴赏有民族性、文化传统。正因为鉴赏有这些特点，所以鉴赏不可避免与政治生活、阶级利益发生关系。在古代（资本主义以前的社会）一切的学问都与宗教有关系，美学标准也离不开宗教主旨和宗教要求。山西大同云冈佛像、河南洛阳龙门佛像都在17米以上，四川嘉定大佛比大足的大佛更大。嘉定大佛有半个山那么高。佛像的建立意义在哪里？从宗教美学的意义看，很明显地把神与人对立起来，人在佛像前感到自己的渺小，除艺术造就（衣服、雕饰等）外而言。宗教利用艺术为其服务，要宣传神的伟大、人的渺小，通过艺术创造、形象去帮助说明神的伟大、人的渺小。哲学理论、宗教神学、艺术创造要互相配合。

北京天坛象征天。祈年殿的颜色是蓝的，形状是圆形，人到了天坛祭天时，感到天的至高无上，人在天坛下，只能翘首仰望，显得高不可攀。祭天的仪式只能由皇帝主持，只有皇帝才能与天发生关系，老百姓根本没有资格祭天。这是中国儒教的政教合一的一种表现。宗教利用艺术让人们接受宗教神学观点，通过图像说明宗教的真理。艺术作品以物质作为媒介、手段，表达宗教最高的理想。宗教用的媒介有声音、色调、线条、建筑材料、语言（文字符号）。各种媒介表达人们的观念、祈求，也就是表达宗教所提倡的“意向”。

以音乐为例，各种宗教音乐不一样。基督教颂神诗与佛教的佛曲不一样，但它们也有共同之处，都是表达对信仰对象赞叹、仰慕的感情。各地寺庙的佛曲，都表达一种要求得到外来强大力量拯救苦难的心情。宗教建筑的色调、线条也如此。大的宗教建筑，天幕的颜色都较庄重，摒弃华丽的颜色。寺庙建筑也是尽量地高大宏伟，站在建筑物前，使瞻拜者感到自己的渺小。伊斯兰教的清真寺，颜色浅，给人一种圣洁的感觉，通过有形的建筑物，向人显示神性是崇高圣洁的。从这不难看出，宗教与美学之间的关系，即宗教利用形象表达宗教的抽象的世界观或意识形态，用有形来表达无形，以种种方式，通过听觉、视觉受到宗教音乐、建筑的刺激，引起敬慕之感。对神的崇拜，也就是对自己的缩小，一方面夸大崇拜对象，一方面缩小自己。不管什么宗教都要使人感到在神面前自己是微不足道的。不管什么宗教都要证明人对自己的命运无能为力，只有神的权力是无限的，是永恒的。这些可用哲学、文学来表示，也可用艺术表示。

荀子是无神论者，他首先提出美、音乐可以为政治服务，可以赞助教化。有神论者认为音乐、艺术不但可以赞助教化，还可以赞助天地、鬼神，赞助崇拜对象。进入资本主义社会。人的自觉的意识更进一步得到发展，比中世纪有很大不同。但是宗教还是可以利用艺术。(现代)人征服自然的能力比古人强多了，人走上太空，地球都变小了，但是一直到今天，人对自己、对社会还是所知甚少，甚至无知。社会对人是个未知数，就好像古人对山崩、迅雷、暴雨等自然灾害不可避免一样无知。今天人类对社会基本上还是无知无能。社会主义社会历史较短，经验不足，也是在摸索经验。比如新中国成立三十多年，怎么把经济关系理顺，把劳动者的积极性发挥出来，把不合理的现象消灭掉，也还在摸索经验，还刚刚开始。在许多未知数面前，宗教在社会上还起作用。比如宗教画的圣母像，表现圣洁、慈祥。塑造佛像面貌多表现为慈祥，用来反衬人世间的冷酷，给苦难者以精神上的满足。这是吸引信徒的一种手法。从高大的佛塑像的头部挂一条垂直线到地面，可以发现佛像并不是垂直的，而是全身微向前倾斜。这并不是塑造者技术上的失误，恰恰表示塑造者的匠心，它可以使朝拜者产生佛像与朝拜者亲近的印象。这是以艺术形象表达宗教的意图。从这可看出,宗教艺术的作用不能仅仅看做美的形象。好多美学的文章讲到佛教的雕塑都从服饰、花纹等方面讲得多,但对塑像的意图却不太注意。如果没有这个意图,就不会费这么大劲去塑造。研究宗教,要时刻想到它的社会性,忘掉这一点就会忘掉宗教之所以为宗教这一主要性质。

如宗教音乐,一般的不激烈、不刺激、节奏缓和,无很高的高音,也无很低的低音。这种音乐可以收到较好的宗教效果。信徒们从闹闹嚷嚷的世俗生活中,一下子进入了一个清静、安谧、肃穆的境界,暂时摆脱了紧张、喧闹,享受一下缓和松散的气氛,使人感到寺内外显然是两个世界。100年前,佛教在北美不大流行,北美是基督教的领地。近年佛教信徒不少,现在也有白种人当和尚。他们说进入庙门,就进入了一种特殊环境,从塑像到音乐,给人以平稳、安舒的感觉,恍然到了另一世界,耳目一新,所以很能引起人们的兴趣。宗教音乐不要求调子优美、节奏明快,而要求平稳、舒缓,听了给人以心平气和的感觉,假如熏陶久了,牢骚就会消减了,人就心平气和了,不满情绪也就消失了。这就表明宗教世界观已经通过音乐灌输到人的思想中去了。宗教音乐调整人的内心,使人不对不合理的世界进行反抗,逆来顺受,宗教目的就达到了。

以中国为例,中国封建社会要维持它的存在,维持阶级的统治,必须有一整套上层建筑,从各个领域共同维护纲常名教、忠国忠君、孝顺父母。儒教、佛教、道教都一样,通过文学、艺术、音乐为一个共同的封建社会服务。我们长期以来不大注意学科间交互融合的关系、协调的作用。我们要看到社会的存在,巩固社会的秩序,必须各方面协调,才能前进。在当前来说,建设"四化"就是总目标,社会主义时期的宗教,要用国家的力量引导它起积极的作用。社会主义时期的宗教作用，是个新的课题，有很多问题要进行研究。

（二）

1. 美的感受

感受是生理欲望的要求的感受。比如吃喝欲望的感受，在心理上、感情上急迫地要得到它，吃东西、喝酒都是生理自然的要求，一旦得到了满足，就有愉快的感受。这种要求是生理方面的。

还有一种感受。比如帮助人做了好事，精神上得到慰藉，得到快乐。这种快乐是在理性的支配下得到的，不是从生理上自然的要求而得到的，这就是道德上的满足，得到这种满足，也会给人愉快的享受。

美的感受不同于以上两种，它与欣赏对象密切有关。它欣赏的是形式的美，普通表现为艺术性：绘画、雕刻、建筑等。从美学的观点看，欣赏的是形式美。比如音乐，音量高低、音质的配合、节奏、音符的排列组合变化也是一种形式美。又如文学美，诗歌、戏剧也是形式的美。形式的美可以有实用价值（如工艺美术品），也可以不包括实用价值。我们欣赏美的对象，不同于要占有美的对象。这种美的欣赏是美学所要关心的。至于真正使感官得到满足的那种愉快的美，那种艺术，不是真正的艺术。如低级下流的歌曲、黄色戏剧、下流小说，它不是从人格上、情操上给人满足，仅仅从感觉欲望上给人以肉体上、感官方面的满足。因此，美学要区别美感与快感。快感指的是生理上的感受，那是人类、动物都具有的，这不是美学研究的对象。只有美感是美学所研究的对象。当然美感也包含快乐，但不以快乐为目的。那种低级的吃喝玩乐的享受，是丑而不是美。

2. 美的普遍有效性

美的东西完全由主观决定的,那么美有没有共同的标准?没有主观的判断的说不上美,但是否纯粹主观就能决定呢?有无共同标准?有人说梨味道好,有人说柑橘味道好,这没有共同标准,争不出是非来。但美的欣赏,我们对艺术品来说,人们的实际经验都可以证明,不是这个人看了认为美,那个人看了认为不美。艺术美确有共同性。一幅画,好多人看了都说好。所以从美的普遍有效性来看,不能说完全是主观的,因为这与个人口味嗜好有区别。鉴赏之学包含了主、客观的统一的接受判断过程。统一有两种可能:一是根据鉴赏、判断产生精神上的愉快享受;二是根据愉快的享受,对那个东西产生美好的印象。二者有区别,一个是通过鉴赏产生精神上的享受,再一个是通过愉快的享受而产生鉴赏、欣赏对象。前一种是美学所研究的范围,通过鉴赏而产生精神上、心理上的满足,这样的过程是主、客观统一判断的过程,这就是美学所要研究、探索的。反过来,通过愉快的享受、愉快的感觉而欣赏的对象,属于低级的生物的本能的享受,不是美学所研究的。由愉快而引起的判断,是经验性、动物性,个体的、感官的愉快。如吃得愉快,只是满足官能,不是真正的美。这种官能的满足,不具有普遍有效性。如果由于鉴赏判断,引起精神的愉快,这样的美的享受,带有普遍性,是鉴赏的美,但要加以区别。审美判断不同于逻辑,它不是从概念出发,概念不能引导人得到美。逻辑学家金岳霖说他不能作诗,他看见一句话,就当做一个命题来对待。一句话变成命题,诗味就没有了,诗不是命题。概念化的语言不美。花是美的,它不是逻辑判断得来的,不是经过推理方式得来的。花,人人看了有同感,这说明包含了概念的成分,因为概念具有普遍性。但美的判断又不同于概念,不像逻辑概念有知性的范畴,不是从抽象思维得来的,而是通过感性加工,使众多的复合的表现处于协调的状态,是复合体,不是单一体。比如,花有颜色,不止于此,有花瓣,而花瓣有结构、有层次,还不止于此,还有姿态,有叶子配合,有背景、有衬托等种种复合体才构成美的形象。美经过人的思想加工制作的过程,所以它超越了感性,但又没离开感性;它有概念因素,但又不同于概念,因为概念有确定性,但美的判断有变化。在这种复杂的感受下,才产生审美的愉快的感受。审美的愉快是人类用很多的心理功能交织在一起,这主要靠想象力、知性。想象力与概念联系而产生美的欣赏,想象力不是固定的,概念具有固定性。不固定的想象与固定的概念统一、协调起来,才产生美的感受。同样的问题可从不同角度观察,比如花有香味,这是感官的判断;花是植物,这是逻辑判断,带有客观的普遍性;花是美的,带有主观的但又有普遍性。美的判断,不同于概念,但又有普遍性。我们欣赏美,与个人利害不一定有关,不以个人利害为标准,就比较容易作出客观的判断。一般地说,美的享受往往与感受者的利害相联系,这种感受是主观的。但是美的感受又具有普遍性。具有普遍性的事物往往概念化,而美的感受却必须避免概念化。它不是概念化,但具有普遍性,它与鉴赏者没有利害关系,但能引起人愉快的感觉。心理的活动与欣赏的对象的关系在美学中密不可分,是美学研究中很重要的一个内容。艺术创作与艺术欣赏构成美学的基本内容。想象力与概念处于不固定的运动关系之中。通常说形象思维,就是指的艺术创作,审美的感受,指的就是欣赏。古人说,欣赏要“不落言诠”(“诠”就是一种解释),欣赏好的诗、画,不是以固定的概念能表达得了的,即所谓意在言外,意在概念的表达之外。古人说“言不尽意”,语言不能尽意,它包括不了丰富的内容。

3. 审美的判断

审美的判断,看它能不能超乎个人利害的要求,即要超越功利。有的哲学家举例说,欣赏一匹马,怎样是美呢? 马健壮、匀称,叫做美。他说这不是美学的欣赏。马长得健壮,是说健壮的马能拉车,这是从实用的角度来看,有实用目的就影响客观的判断。说花美,不是说花能吃、能用等,不是实用的问题。实用就容易引出不符合美的要求的判断,这是西方很流行的说法。这种说法有它的根据,但并不正确。完全超功利的美是很难想象的。如马,中国晋朝支道林(支遁,僧人)养马,问他:"养马为何?"支答:"喜其神骏。"①这是马的精神状态,不是骑乘的问题。古人也有"古道西风瘦马"的名句,"瘦马"也成为美的欣赏对象,它衬托出一幅秋色苍凉的意象。有的美学家主张非功利,是没什么根据的。因为我们判断一个东西,不是直接与功利有关,但间接与功利也有关。西方资产阶级美学家有合理的地方,他们提出,美的欣赏,不是美的占有。真正的欣赏,不包括占有,如美的风景、花,并不是带回家去。还提到美不是概念的东西,变成命题就失去诗意。美的对象可以引起人深刻的认识。这还是值得深思的。审美判断归根到底还是有目的的,不过目的不仅限于个人的目的,而且有社会目的。很好的音乐可以鼓舞士气,很好的文学作品,可以鼓舞人的斗志,引导人向上。为了人民的利益,为了建设祖国,为了人类的进步,这种目的是应该有的。那种毫无目的的艺术创作古往今来还没有过。19 世纪以来,西方出现过为艺术而艺术,不要艺术以外的目的,这种理论,也还是有它的目的。它的目的在于用不要目的来反对艺术为宗教神学服务的目的,其进步性在于给艺术从中

① 《世说新语·言语》。

世纪影响下解脱出来建立理论根据。艺术创作要有目的,只要这个目的不是为了个人,而是为了民族、国家、社会的繁荣、昌盛,这样的目的是艺术产生的动力,也是艺术的生命所在,还可以成为创作的动力。还可以这样强调:没有目的性的美学创作就没有价值。

4. 美的社会性

审美判断,不同于哲学上的认识过程。审美判断,对美的评论、鉴赏,没有概念化的、固定的程式,但又具有普遍有效性。因为美的东西,可以传达给别人。一首好诗,可传给别人得到同样美的感受,传达出去就说明有普遍有效性,如无普遍有效性,就不能流传出去。古人常说:人同此心,心同此理。在这说法的基础上,还可以提出:普遍有效性必须产生在一定社会历史条件下,没有一个超阶级、超社会、超历史条件的普遍有效性。我们说美,指的是一定的社会生活中的人的那种概念、那种心理状态。如果世界上就剩了一个人,这个人不会想到装饰自己,照照镜子。美的观念一定是有人和我们在一起生活以后的意识形态。人没有社会生活,就没有美的观念。“人同此心,心同此理”,是在一定社会关系内产生的心理状态,不是抽掉社会内容的说法。感觉、感受都有社会性。非洲有人生下来在唇上、鼻上穿眼戴环或象牙等装饰品以及纹身等。美,一定有社会性,脱离社会性,没有永恒的美。有人提出疑问:壮丽山河,壮美、崇高,这种美是自然的,世界上到处都有壮丽河山,这与社会、民族有什么关系?看起来脱离了社会、国家,但对这种山河美、自然美的欣赏,却曲折地反映了人的文化修养、历史教养。如无一定的文化教养、历史训练,看到高山、大河、海涛,首先感到很可怕、惊恐,而不懂得欣赏它。原始人对暴风骤雨、闪电雷鸣是有恐惧感的,而没兴趣去欣赏。原始人离我们很遥远,我们不能武断地推测他们的感情活动,但从高等动物,从儿童的身上，可以得到印证。儿童对黑夜、高山、海涛、闪电、雷鸣是恐惧而不是欣赏。真正欣赏山河壮丽，自然的伟大，只有有了文化教养、有了历史的熏陶之后才产生的。美的社会性很重要，评论一个事物美不美，要放在一定的社会环境内来加以判断，才能得出它应该有的评价。只有有文化的人才具有鉴赏壮美的水平，而且鉴赏者要有一定的时间与空间的距离才有可能。虽然有了文化，如果自己正在暴风雨中，首先是躲雨，顾不上去欣赏。在时间、空间上拉开一段距离，才有闲情逸致去欣赏。巍峨的雪山、辽阔的草地很壮美，红军爬雪山、过草地，暴风大雪，当时首先感到的不是它的壮丽，只想到怎么早日走过去。等到有了一定的距离，时间、空间都拉开一点，才谈得上欣赏。美学的“距离说”有它合理之处，不能完全否定。

5. 美的范型、形式

一个东西美不美，应有标准。这个标准，有的明确提出，有的没有明确提出。战国时期楚辞作家宋玉形容美人：“增之一分则太长，减之一分则太短，著粉则太白，施朱则太赤。”连续用了四个“太”字，怎么叫做“太”？他心目中有个范型，用这个范型去衡量欣赏的对象，发现这个对象恰恰符合理想中的范型。好像几何学上的圆，必须符合几何学的圆的定义。美也要符合美的范型，不能超过，也不能不及。这可看出，美是主观的判断，但这个主观判断要符合理想的范型——客观标准。范型也有它的民族性、社会性。宋玉说的美，是华夏美人的标准，如果宋玉是一位非洲作家，就不会说“著粉则太白，施朱则太赤”，而可能说“施墨则太黑，施棕则太浅”了。范型尽管哲学家、美学家都说是客观的、不受人的意志的影响，实际上是社会现实生活的反映，把社会现实生活理想化、完美化的范型，看起来是客观的、超现实的。应当指出，所谓范型，乃是社会现实生活理想的最完美的典型，也是构想出来的。说甲像乙，是把这个命题的宾语当做范型。中国唐朝武则天的宠臣张昌宗，年轻貌美，排行老六，朝廷上有人称赞他漂亮，说“六郎似荷花”，以荷花作为张昌宗的范型。又出来一个更会逢迎拍马的人，称赞说“荷花似六郎”，把六郎作为荷花的范型，更加美化了六郎。如果范型仅仅指大小、长短、黑白，而不加上社会属性，就不成其为范型。社会是阶级社会，就有阶级属性、道德属性。有了这些附加的社会属性为内容，它才有美的丰富内容。比如中国绘画中经常画松、竹、梅，称为“岁寒三友”，认为它们不怕严霜考验。如果抽掉社会属性和地理条件，假如在新加坡的人，从未有过严寒冰霜的遭遇，对松、竹、梅的抗寒判断也无从产生。同样一幅松、竹、梅的画，他们就不会产生中国人的意象。孤零零地画松树，就算画得多么好，也构不成他们的范型。范型看起来是完备的、超时空的，但范型的可变性、流动性、适应性的弹性很大。因为一种美的观念、印象，能唤起许多人的欣赏和联想，但不能唤起一切人的欣赏和联想。因为思想、联想不是凝固的，它随欣赏者的不同而变化。美的欣赏、审美判断要求没有确定的、凝固的观念，再加想象力，形成表象，这种表象语言不能完全表达，然而通过语言、绘画或其他媒介，最后给人以整体的印象。古人说“诗无达诂”①，一首诗没有固定不变的解释，这就是说形象思维不同于逻辑抽象思维。它与哲学概念、推理、生物学、几何学不一样，几何学概念谁运用来解题都一样，没有民族性、地区性、社会性，诗却没有一个被大家共同接受的“达诂”。如果有，就不是好诗。唐朝诗人李商隐的诗《锦瑟》：

---

① “诂”是字义的解释，“达”是通用的解释。

锦瑟无端五十弦，一弦一柱思华年。庄生晓梦迷蝴蝶，望帝春心托杜鹃。沧海月明珠有泪，蓝田日暖玉生烟。此情可待成追忆，只是当时已惘然。

给这首诗作注释的多极了，有的说是自叙诗，有的说是爱情诗，有的说是政治诗。这首诗给人的印象，不管怎么解释，都觉得是迷惘、惆怅、追念过去。用的这些词，都是具体的东西：弦、蝴蝶、杜鹃、沧海、日、月、珠、玉，都是具体有限的形象，以有限的形象展示无限的感情、复杂的心理活动，内容很丰富。艺术往往在描写死亡、爱情、安静的具体经验，意象中展示出自由、上帝、灵魂等超经验的理念，通过具体的事物表达非常抽象的思想、意识。也就是说，是不具有明显目的性的目的，是人为的，又不能露出雕琢的痕迹。表现自然，借助想象力，超出经验之上，以一种形象走向不明确的概念，这就是艺术不同于科学思维之处。科学思维要清楚，不能模糊。近代有模糊数学，这也不是为了让人模糊，而是要求更准确而不能独断。但艺术不同，以一种形象思维的方式给人以生动感人的享受。艺术产品不能重复，复制品没有原作有价值。然而科学的价值就在于经得起重复，无论谁来做，结果都一样。艺术不可教，只能大致指点一下，艺术家不是教出来的，贵在独创，是有特色的、唯一的，但又要有典型性，有范型。艺术也要改造自然，但要不带人为的痕迹。艺术要有判断、想象，要有美的理想，要表达严格的理性。艺术品与审美判断有时一致，有时不一致。有的艺术品不一定符合美的要求，有的美的作品不一定有艺术性。

6. 审美判断的目的性

神学家讲目的论，汉代董仲舒讲“人副天数”，人是根据上天意志创造的,老鼠生下来是给猫吃的,等等。这是比较粗浅的目的论。这种目的论随着科学发达,人类认识的进步,失去了市场。还有一种目的论,即对社会现象,人们作不出解释时,特别是对有机生物学,附会一种目的说。有机体的生存、发展,往往给人一种印象,似乎是有目的的。如鸟在空中飞翔,它的翅膀构造符合流体力学的原理,减轻空气阻力,加强浮力;鱼在水中游动,鱼鳔的构造特别适合在水中浮游。但这却看成有一个什么目的的缘故。植物生长的光合作用,枝叶有趋光性,在地下埋藏着的树根则有向有肥有水的地方发展的功能。科学表明生物有机体有一方面要产生自己,同时还要维持自己,树根、树叶、树干有一个互相支持、配合、依存的复杂过程。宗教家宣称,冥冥之中有个看不见的设计者,对世界事物进行安排、设计。生态保持平衡,生物链一环扣一环,生态平衡破坏了,整个生物界就遭到损失。树有生育、繁衍的生存目的,人类的繁衍、生育有没有目的?如果有,又是谁给予的?庸俗目的论者认为,人生一个口,免得多说话惹祸;生两只耳,兼听则明。保皇派曾说,人有膝盖是为了叩头,遭到鲁迅辛辣的讽刺。但是,宗教从不放弃利用生物界、有机界的复杂性来为其服务。

艺术有没有目的性?艺术的目的性在哪里?美的世界有无目的性?很多资产阶级学者都认为有目的,这就是道德。艺术的最高的目的,就是使人格自我完善,而最高的自我完善的保证就是上帝。艺术也要追求永恒,而最经得起考验的永恒就是灵魂不死。尽管很多哲学家提出上帝的证明,也有理性主义哲学家认为上帝的存在是无法证明的,但很多哲学家、艺术家认为上帝的存在虽无法证明其必有,但上帝存在确有其必要。为了纯洁人的灵魂,为了锻炼人的品格,主观上要求有个上帝。法国唯物主义者伏尔泰说,没有上帝,要造一个出来。高尔基说过，我们不要贵族的上帝，我们要造自己的上帝。列宁批评高尔基思想糊涂。法国大革命激进派罗伯斯庇尔也说过要造一个上帝。这些现象说明，一切的剥削阶级，即便当它进步的时候，也离不开上帝。从美学的领域看，资产阶级美学，归根到底要给上帝留位置，最高的美，即最崇高、最伟大的不是高山大河，而是上帝。艺术宣传永恒不朽，最不朽的是灵魂。美学也要配合阶级的要求，通过美的领域，对资产阶级道德密切配合，共同为巩固资本主义社会秩序服务。

从学科分类上看，社会上层建筑有社会的、道德的、法律的、哲学的、美学的等各门学科。但从它的功能来看，不是分得那么清楚，是一盘棋，共同配合，有交叉，有重复，维持当时当地的社会秩序。不论文学、音乐、艺术，互相配合、支持，也互相影响，为当时社会制度服务。因此，宗教学原理，不能仅仅就盯着宗教学这个狭小的范围。要与文学、艺术、哲学以及其他上层建筑领域联系起来考察，才能真正理解历史唯物主义精髓所在。为什么历史唯物主义是一门科学？就在于它把发展的规律看透了，从社会存在的各个方面综合地观察，最后作出科学结论。宗教本质上是旧社会遗留下来的意识形态，不是社会主义时期的新兴的意识形态，它与旧社会其他意识形态有着千丝万缕的联系，宗教带有阶级烙印。宗教利用艺术来吸引更多的群众，群众通过艺术接受宗教的世界观，这是历史事实。

（三）

1. 艺术创造

美学是鉴赏之学，传统的说法，一般包括诗歌、建筑等。我们说美的东西，不光说像真的，而且要求有新的含义。学画画，必练素描，似乎纯客观的描写，并不等于照相，要把对象的个性掌握住，不要求完全与描写对象一样。画家齐白石曾说过，画实物应当在“似与不似之间”，“不似则为欺世，太似则为媚俗”。苏东坡论作诗，“作诗必此诗，定知非诗人”。南朝顾恺之给人画像，画完后将那人面颊上加上三根毛。实际此人面颊并没有三根毛，增添了三根毛，那人的神气就突出了。[①] 艺术创造有客观规律，同时要发扬创作者主观的臆想，作品体现出创作者的修养、品格。完全是现实生活的再现，没有艺术价值。曹禺谈到《茶馆》在欧洲演出时受到空前的欢迎。话剧是引进的，现在欧洲话剧完全与生活接近。生活细节如洗脸、吃饭等完全再现，很庸俗。艺术不能与生活等同，艺术要经过提炼加工，典型浓缩，必须有创造，否则不成为艺术。艺术创造要有目的性，有指导思想。艺术表现的中心问题是对人生的深化。表现自然美，还是为了表现人生，而不是为了描述自然。艺术作品的深度、广度，决定于它对社会、对生活、对人生认识的深度和广度，即是说艺术作品必须体现生活和社会。艺术要通过作品来认识人（社会关系中的人，而不是生物学的人）。对人的理解所达到的深度、广度，也就是作者对社会理解所达到的深度、广度。中国传统的文艺批评原则“文以载道”，按照古人的说法，封建时代文人创作要体现封建社会的纲常名教——道。“文以载道”这个观念有合理的内核。因为这个口号意味着作者认识到艺术的社会职能和社会责任，这是中国文艺理论的重要命题。从美学的观点看，“文”的范围还可以扩大，一切艺术作品都是“文”，文章是“文”，花纹装饰是“文”，音乐也是“文”。“道”不再指封建社会

① “顾长康画裴叔则，颊上益三毛。人问其故，顾曰：‘裴楷俊朗有识具，正此是其识具。’看画者寻之，定觉益三毛如有神明。殊胜未安时。”（《世说新语·巧艺第二十一》）

纲常名教的规范，而是社会生活的价值标准。一个好的作品，可以使人从中领悟到走向生活的道路，掌握生活的准则，不只是给鉴赏者留下美好的印象。艺术作品的价值高下，就看它体现社会生活的深度、广度。“文以载道”古人有习惯的理解，对这个词的意思，可理解为：艺术的社会责任，即美与善、美与真知灼见的一致性。

艺术创作包含以下四点：

（1）表现作者的人格、作品风格。一幅画或一件艺术品，一看就能知道出自某个画家或艺术家之手。比如，雕塑家罗丹的作品，懂行的人一看就能看出这是罗丹的作品。拉斐尔的画，明眼人也能看出是他的作品。中国有句“文如其人”的话，作品的风格体现作家的人格。

（2）必须新鲜，不要重复。韩愈说，作文章“唯陈言之务去”。有个文艺批评家说过，第一个用花比喻美人的作家是头等聪明的人，后来再用花来比喻美人的，就是低能的。美的鉴赏力，是随社会的进步、人类的发展、认识的深化而不断深化的过程。力戒重复，要求有新意。

（3）艺术创作要有灵感，特别是诗、音乐。诗人、作曲家很有感受，找一句诗、一首乐曲的基调，苦思不得，可突然冒出来了。贝多芬构思一支乐曲，一次在田间散步，冥思苦想，乐曲的基调一下子冒了出来，他唯恐灵感跑掉，就立即将它记录下来，写成乐谱，经过一道小溪，不顾一切，趟水过去，直奔琴室。灵感来得不易，一旦抓住，就出现新的作品。古人讲灵感时，有“遍寻觅不得，有时还自来”的体会。人的认识，有一个智力的飞跃阶段，这符合认识规律。谢灵运的诗句“池塘生春草”，不知什么时候，池塘畔草芽萌发，不知不觉春天来到了人间。这话很平凡，并不惊人，然而这几个字来得不易，谢灵运说得到这五个字，若有神助。这些都说明从认识事物到表达出它的特点（本质）的过程，有一个认识的飞跃。

(4)小中见大。艺术作品都是具体的东西，要求小中见大，从特殊看普遍，局部看全体，偶然看必然，这也是形象思维的特点，具典型性。“典型”是美学的一个重要范畴，讲的是一个人，但却是带有普遍意义的人。反映时代、阶层，有普遍性、代表性，这叫做典型性，也就是小中见大。

艺术创造必须有上述特点，也要看到每个创造者、作者是属于一定社会、阶级、时代、民族，因而作品也要反映出这些特征，否则超越一切特殊性的艺术作品，不成为艺术，只是一堆概念，没有生命。

2. 艺术鉴赏

(1)鉴赏判断

创造有作者，也就是人类加工、艺术加工。没有加工过的自然美，如山河的美，松涛、海涛、雪山，北京的八景之一“西山晴雪”。李白的《静夜思》：“床前明月光，疑是地上霜。”月光不要加工，自然就有的，但这些自然美也要通过人给它点破，不是把整个搬来，有的明白指出，有的暗示，给人留出想象的余地。自然美的欣赏如不注入人为的涵义，自然美本身是美不起来的。人的创造、作品，要有鉴赏判断。鉴赏，除了直接享受之外，还需要欣赏者的判断。对于鉴赏者来说，判断是必不可少的要素，离了判断就无鉴赏，鉴赏本身包含了判断。这种经验，人们都有。比如看戏，有同伴一起看，看到满意的地方，互相点头示意，交换意见，包含了判断。看球赛也一样，一个人看和与同伴一起看，相互评论一两句，情趣不一样，都可得到欣赏的满足。《孟子》就接触到这个问题：欣赏音乐或看艺术品，一个人单独欣赏好，还是和大家共同欣赏好？合乎常情的回答是和大家共同欣赏更有兴趣①。欣赏离不开判断，判断离不开认识。作为判断者，对欣赏对象进行评论，必然受时代、民族、风习的制约。同一作品，不同的判断者，可得出不同的结论。唐朝王梵志（僧人、诗人）的诗句："他人骑大马，我独跨驴子，回顾担柴汉，心下较些子。"原意是宣扬"知足常乐"的人生观，比上不足，比下有余，可以心安理得地过日子。画家徐悲鸿以此为主题画了一幅画，画的前面一人骑马，后面一人骑驴，最后一人不是担柴汉，而是推车人。这幅画徐悲鸿带到苏联去展览，得到很高评价，苏联人说推车人肌肉健壮，反映了劳动人民的体魄。这说明鉴赏者与判断者受阶级、时代的局限，同一个对象、同一件事情，判断不一样，得出的结论也不一样。这涉及美的标准是客观的还是主观的问题，我们不能简单地说是客观的或主观的。对于一个客观的对象，欣赏者受阶级地位、文化素养、民族因素等众多因素的综合影响才能作出判断，不能简单地说是主观的或客观的。一个东西不是任何人看起来都一样。王梵志是唐朝人，他的诗没有反映劳动人民的意思，但苏联欣赏者对同一主题却作出了另外的理解。

(2)鉴赏修养

鉴赏，如果没有一定文化素养、社会素养，对自然美就会视而不见、听而不闻。对山峰、松涛、云海等的欣赏，要有一定的文化修养，才会认为它美。比如，儿童春天游公园，并不关心春天的自然景物，他们往往向游人最多的地方去看热闹。可见欣赏自然美，包含着鉴赏者的文化修养。古人有诗云："儿童不知春何处，只向游人多处行。"诗人谢冰心做了翻案文章："游人不知春何处，只向儿童多处

---

① "独乐乐，与人乐乐，孰乐？曰：不若与人。曰：与少乐乐，与众乐乐，孰乐？曰：不若与众。"（《孟子·梁惠王下》）

行。”儿童代表春天，儿童多的地方，也就是春天所在的地方。这又把欣赏引向更深的层次。鲁迅曾提到《水浒传》“林教头风雪山神庙”一回中描写林冲眼中的下雪天，“那雪下得正紧”，这里并没有讲“琼楼玉宇”。《红楼梦》里大观园的人物赏雪与《水浒传》描写的不一样，不同的人物有不同的鉴赏判断。

鉴赏要有文化教养，关于古今中外的知识越丰富，鉴赏的视野越开阔，涵义也更丰富。意大利罗马古城堡有一个斗技场，是三层圆形的石头建筑，现在只有残存遗址，是当年让奴隶与野兽格斗、奴隶与奴隶互相斗技，供罗马贵族们观赏取乐的场所。如果熟悉欧洲古代历史，看到斗技场，可引起许多兴亡感慨；如没有这些知识，就看不出什么意思。又如，印度释迦牟尼当年最早传教的地方鹿野苑，今天只剩下废墟，没有佛教知识的人去看了也只看到一片瓦砾。唐玄奘留学之处，现在也成了一片废墟。一千多年前玄奘去印度留学，为沟通中印文化起了很好的作用。中国人去参观他留学的遗址，会产生种种联想，会留连忘返。然而，面对同一个古迹，一位非洲旅游者看了后，没有中国人的感受，只说“把人累死了”。可见，文化修养对于鉴赏对象的评价十分重要，否则古迹文物就一文不值。李白《忆秦娥》有“西风残照，汉家陵阙”①，这是一首怀古的词，评论家王国维认为此八字“关千古登临之口”，把古往今来凭吊古迹的人的口封住了，再没有人比这首诗表达得更深刻。

(3)鉴赏修养要有联想

陈子昂《登幽州台歌》：“前不见古人，后不见来者。念天地之悠

① 李白《忆秦娥》：“箫声咽，秦娥梦断秦楼月。秦楼月，年年柳色，灞陵伤别。乐游原上清秋节，咸阳古道音尘绝。音尘绝，西风残照，汉家陵阙。”

悠,独怆然而涕下。”对古今变迁的对比,有无限感慨和联想。李后主(李煜)词:“小楼昨夜又东风,故国不堪回首月明中。”这是亡国之君怀念旧日宫廷生活的哀叹。但在抗日战争时期,大片国土沦陷,好多到大后方去的人都常吟诵它。有个工程师经常念这两句词,他所联想的,绝不是李后主心目中所怀恋的南京城宫殿,而是联想到沦陷的家园、故土,主题很不一样。通过联想加深了鉴赏的深度。

(4)想象

最有名的例子是俞伯牙与钟子期的故事。传说俞伯牙善弹琴,钟子期善听琴。俞伯牙想的是高山,钟子期听出演奏者意在高山;俞伯牙想的是流水,钟子期从琴音中听出演奏者意在流水。又如,吴国公子季札访鲁,听到鲁国乐队给他演奏各国的乐曲,他对各国的音乐作出评论说,这是治国之音,那是乱世之音,等等。这里既包含着欣赏者的音乐修养,也包含着欣赏者的想象。想象可使艺术内容丰富,因为任何艺术作品,都是以形象来表现具体的内容,表现总是有局限性,想象能丰富它的内容。外国绘画流行一种印象派或未来派,这种派别的作品,一般人的印象觉得看不懂,至少认为难以理解,国内也有人提倡这种流派。有人批评说是资产阶级腐朽的东西,真正能欣赏这类作品的人可能不多。不过,从理论上说,印象派、未来派有它的理论根据,值得引起重视的,就是它着重发挥艺术想象的功能。艺术作品如果画得太像,它将削弱艺术想象的功能。为了充分表现一种艺术作品的丰富内容,就借助于想象,用不充分表达的手法作为表达的手段。它抓住了美学的本质的一个方面,而且是不可忽视的一个方面,不应该简单地指责它是“资产阶级的东西”。因为人类生活越来越复杂,作家用一个有形的、有限的作品来表现复杂的内容有困难,出现这种流派,不值得大惊小怪。如果欣赏的人多就流行、发展起来,欣赏的人少就流行不开,自然地会局限在小范围之内。用不着去批判、清除,不存在精神污染的问题。但是艺术欣赏与想象不可分,没有想象,就没有艺术。音乐家认为音乐不仅表现声音,而且应该能够表现出颜色、气味。我认为这话很深刻,各种艺术是相通的,这是有道理的。北大教授、诗人林庚早年在清华园写的诗即如此。

破晓中天旁的水声
深山中老虎的眼睛
在鱼白的窗外鸟唱
如一曲初春的解冻歌
(冥冥的广漠里的心)
温柔的冰裂的声音
自北极像一首歌
在梦中隐隐的传来了
如人间第一次的诞生①

总之,想象对于艺术是必需的,不能没有想象。

(5)缺陷,不完美的美

缺陷反映了世界的真实性。生活中的不圆满,任何时代、任何社会都有。缺陷是客观存在的本质。艺术家善于掌握它,欣赏者也要善于懂得缺陷的价值,就可以正确理解、欣赏艺术作品。比如悲剧结局总是不圆满,给人印象深,比喜剧更感人。个人的不幸遭遇,不算悲剧,遭车祸而死,情节很惨,但不叫悲剧。悲剧是矛盾情节造成矛

① 林庚:《问路集》,北京大学出版社 1984 年版。

盾的结局，作品中的主人公的善良愿望、美好理想与客观环境发生矛盾，而且是不可克服的矛盾，使事态发展一步步走到不可挽回的境地，这个不圆满的结局无人能改变它，造成了悲剧。悲剧鉴赏的价值在此，感动人也在此。《红楼梦》有很多人评论说，破坏宝黛婚姻，是有人在使坏，破坏了宝玉和黛玉的幸福。这个看法有道理，许多评论家也这样主张，但不一定符合原来悲剧的意义。真正的悲剧，不都是些坏人，而都是些好心人，都愿意把事情做好，结果事与愿违，这是悲剧的深刻性。悲剧深刻的地方，在于描述了那些怀着善良愿望的人们，他们的善良愿望刚好造成悲惨的结局，而这个结局又是不可挽回的。一种看不见的力量使它阴差阳错，造成悲剧的结局。《红楼梦》作者本人也解答不了这个问题，他就说这是命定，一切都是命，宿命论。用宿命论来作为他的回答。

认识到世界的缺陷，认识到事物的不完美的不可避免性，表明人类认识世界的深化。这种不完美，我们给它一种理论上的评价，这就需要有鉴赏修养。

3. 美学与宗教相互影响

鉴赏与创作都离不开民族的历史、文化、哲学、宗教，离不开社会环境、时代。美术作品包括文学作品在内，不可避免地要受宗教流行时期的影响，创作题材受到宗教的影响。吴道子画的寺庙壁画“天人变相”，画得很好，很感动人，庙外“屠沽为之不售”。西方文艺复兴时期，许多作品是宗教画，那时画出的神像都带有人情味。艺术创造的目的，与宗教哲学很相近，甚至相同，都要通过这门学科，指导社会生活、人们的方向。宗教、哲学、艺术互相融合、感染、交流。艺术不同于其他学科的地方，在于通过人的感觉器官来表达思维活动，通过形象思维的方式来达到认识事物本质的目的。形象思维不同于逻辑思维。社会上有一种误解,认为形象思维相当于感性认识,这种看法不对。感性认识对理性认识来说是低级阶段,不能反映事物规律,不能揭露事物的本质,感性认识是人类接触外物的第一道工序。但形象思维不同于感性认识,它是通过形象的描述,来揭露事物的本质,不是停留在感觉经验的层次上,而是通过造型(包括音乐、文学)来发掘事物的本质。不能说伟大的作家、诗人,对人生、社会认识的深度比哲学家少或浅,他们处在同样的层次,只是通过不同的途径来观察人生,对社会、对人生作出评价,指出应走的道路供人们选择。他们的目的,都在于发掘事物的本质,有的通过理性、通过逻辑思维,有的通过造型、通过形象,有的通过音乐节奏,他们的目标都是要探寻社会的本质,回答人生的目的,它们之间没有高低的区别。爱国主义的文学家用文艺作品发扬伟大的中华民族爱国主义思想,《义勇军进行曲》用音乐激发人的爱国主义感情。世界是可知的,但世界十分复杂,世界可知并不等于说现在已完全知道,人类只能不断增加认识的深度、广度,但认识没有穷尽。文学提出"意在言外",文学表达也是有限的,还有内容表达不尽。欣赏一幅好画,意味无穷。有价值的东西值得经常欣赏,每一次欣赏都会有新的收获。正因为世界极其复杂,人的认识又有局限性,因此,哲学、艺术、宗教等都力图解答、指明人们走的道路。艺术作品、鉴赏的对象的产生,以及它们的作者都受当时时代的、民族的、阶级的、历史的局限;欣赏者也同样受历史的、时代的、民族的、阶级的局限。这就更加使得宗教通过艺术来发展自己,艺术也划不清与宗教的界限。因此,可以说宗教存在的长期性,除了它本身长期存在的根据外,其他的学科,也帮助宗教,让它长期存在。艺术表现宗教生活、宗教思想。宗教在社会上的作用,更多的因素是其他学科自觉地、不自觉地和宗教混合在一起、交织在一起,在人们的生活中起作用，影响人们的理想。我们客观地看艺术与宗教的问题，应该更深入地理解生活、社会，才能正确地对待宗教存在的社会现实。

十四、祖先崇拜

祖先崇拜，是母系氏族社会进一步发展为父系氏族社会的产物。由于生产力的提高，不再靠采集，而是靠种植（野生植物、动物的驯化）。采集生活不固定，一处采集光了，再换一个地方。农业耕作，男子成为主要劳动力。驯养畜群，照管家畜，只有在农业有了一定的基础的条件下，才有可能（这要有定居，不能到处游荡，去了不再回来），这类工作也多为男子的事。妇女从事纺织，制陶器。从考古发掘的陶片，发现陶片的里面有手指纹，指纹较细小（不可能是小孩，只能是妇女）。畜群成为私有财产，也是一种交换手段。父系氏族社会的主要标志是按父系确定下一代的地位和继承权。男子成了维系该氏族的中心，妇女居于从属地位。

云南有的地方还保留有母系氏族的残余，妇女继承财产——但产权不好固定（世系容易乱，姊妹共夫、兄弟共妻、母女共夫、舅父外甥共妻）。

甘肃临夏秦魏家遗址有二十四座合葬墓，其中成人合葬墓十六座，成人与儿童合葬墓八座。成人合葬墓男子仰卧直肢，侧身屈肢者为女性，面向男子。父系氏族社会后期，甘肃武威皇娘娘台（属于齐家文化）一男二女合葬墓，三人一次埋入，男子正中仰卧，二女子左右侧屈下肢，各自面向男子，两手放在胸前，这应看作妻妾为丈夫殉葬的例证。

祖先崇拜,逐渐代替了图腾崇拜,并由此发展成为祖先崇拜的制度、民族习惯。宗教—哲学—敬祖,道德—尊男性族长。

《淮南子·齐俗训》:“帝颛顼之法,妇人不辟(避)男子于路者,拂(祓)于四达之衢。”妇女在路上遇到男子不让路,对于男子便是不祥,就要举行宗教仪式来解除不祥(“拂于四达之衢”)。男尊女卑,已成为习惯。

父系制建立后,对图腾也有了新的解释,演变为地域的名称,有的氏族不再认为自己与某一图腾氏族有关系,出自某一图腾,而各自认从他们的男性祖先。《国语·晋语》说“昔少典(男方氏族)娶于有蟜氏(女方氏族),生黄帝、炎帝。黄帝以姬水成,炎帝以姜水成,成而异德,故黄帝为姬,炎帝为姜”。姜姓以羊为图腾,经过了时代的变迁,成了因生于姜水而得姓(炎帝)。黄帝号有熊氏,以熊为图腾,也改成生于姬水而姓姬。黄帝和炎帝分属两个不同的部落,曾战于“阪泉之野”(有过三次激烈的战争),现在变成亲兄弟。今天我们自称为“炎黄子孙”,可见这个改变后的传说得到中华民族多数人的承认。

祖先崇拜,把本氏族某一较早的氏族部落的著名人物奉为始祖。把祖先说成给后人造福的英雄,这些英雄人物(半人半神)多是男性,只有一个女娲是女性。

炎帝出自羊图腾氏族(羌),演变为神农氏,成为农业的创始人。《左传》哀公九年,“炎帝为火师,姜姓其后也”。《左传》昭公十七年,“炎帝以火纪,故为火师而火名”,炎帝为火神。

早期的传说,炎帝与黄帝曾有过一次大战。黄帝发动六个图腾的氏族,炎帝被黄帝打败。经过了后来历史传说的演变,炎帝也被认为是华夏族的祖先,黄帝和炎帝是有蟜氏所生的亲兄弟。今天凡是华裔海内外同胞都自认为是“炎黄子孙”。这种传说成了团结广大华人的有力口号。

熊图腾氏族的黄帝，演变为华夏的始祖，陕西黄陵县有黄帝陵。原始社会的发明创造都记在黄帝名下。弓矢、衣服、养蚕（传说黄帝妃嫘祖发明）、舟车、宫室、文字、历法，都是黄帝发明或委托人创造的。黄帝命仓颉造文字，传说仓颉四目，文字造成后，“天雨粟，鬼夜哭”。①

凤鸟图腾的氏族为太皞，演变中，与南方蛇图腾氏族的伏羲氏混合，成为驯养家畜、畜牧业的创始人。伏羲画卦（八卦）。舜为东夷之人（耕于历山，山东济南），应与太皞、少皞氏族接近。舜让位后，南巡，死在苍梧，今湖南九嶷山。

据古代传说记载：

> 昔烈山氏之有天下也，其子曰柱（北方小男孩叫作柱子、铁柱），能殖百谷、百蔬。夏之兴也，周弃继之（周的祖先曰弃，夏禹时人），故祀以为稷。共工氏之伯九有也，其子曰后土，能平九土，故祀以为社。黄帝能成命百物，以明民共财，颛顼能修之。帝喾能序三辰以固民，尧能单均刑法以仪民。舜勤民事而野死。鲧障洪水而殛死，禹能以德修鲧之功。契为司徒而民辑。冥勤其官而水死。汤以宽治民而除其邪，稷勤百谷而山死。文王以文昭，武王去民之秽。②

① 这种传说，说明人类掌握了文字，把文明推进到一个新的阶段，可以做出惊天动地的事业。

② 《国语·鲁语上》。

> 夫圣王之制祀也，法施于民则祀之，以死勤事则祀之，以劳定国则祀之，能御大灾则祀之，能捍大患则祀之。非是族也，不在祀典。①

《中国哲学史》教科书（四卷本）：

> 原始社会神话传说的神，都是创造物质财富，推进生产，关心人民生活的英雄。（开天辟地的盘古，炼石补天的女娲，中毒不死，发明医药，教民稼穑的神农，为民除害，指天射日的羿等。）

祖先崇拜，都把本氏族有过显赫贡献的领袖，奉为始祖。维系本氏族的图腾崇拜，逐渐被人类用英雄人物代替。图腾崇拜阶段，人与兽、人与自然之间的界限还不大清楚，到父系氏族社会，人类能以比较接近历史真实的认识来对待周围的事物（人和事、人和自然），也是人类征服自然这种社会实践，提高了人们的认识能力和思维水平，这是一个大的进步。

祖先崇拜阶段，每个部落，都有自己的传说的始祖（没有文字记载，靠传说。传说并不等于虚构）。始祖只能是男性的。他的后裔是可追溯的，财产是可以继承的，人们认为始祖关心他的后代子孙。后代子孙也把祖先的创造发明记在各自的祖先的账上。这也应当看做是真实的，至少有相当的历史真实性。如果一个民族没有长处，没有创造，就难以存在。

---

① 《国语·鲁语上》。

从地下考古实物证明，祖先崇拜，不只是汉族地区，在全国各地、世界各地都有男性生殖器的崇拜的宗教仪式(也可叫做风俗习惯)。在一些文化遗址里，除了生活用具、生产用具外，还有泥土塑造、烧成的"陶且(祖)"或石且。亚洲地区，朝鲜、泰国、印度等地，我国云南、陕西、河南、山东、甘肃、湖北、湖南、广西、新疆、台湾等几十处①，除了大量地下考古发掘的实物以外，见诸文字记载的也不少。中国文字有六书(象形、指事、会意、形声、假借、转注)，古代"且"的写法，甲骨文作"┬"，金文(钟鼎)作"┴"，楷书作"祖"，加"示"，表示神性。如"祭"(即人的手拿一块肉奉神)、"察"(即"祭"上有屋顶，表示神看清楚了)、"祟""祟"、"禁"，都与神有关。

人们往往把最原始的思想经过后来多次提炼，才脱离了朴素的原型。

石且、陶且的崇拜，说明原始社会已朦胧地感到人类生命的起源与"且"有关，但古代人又不能完全理解。原始宗教中的"且"的崇拜，受到各地区、各民族的普遍重视。因为它关系到一个民族的繁荣、昌盛的大局。②

由这种朦胧状态进一步发展，形成了祖先崇拜的理论(周人敬天法祖)，提倡的道德为尊长、敬老(男性族长)。

从图腾崇拜到祖先崇拜，人、神混淆在一起，但中心思想仍然是人类发挥想象力去征服自然的幻想，也标志着人类认识自然可能达

① 《世界宗教研究》1983年第1期，《石祖崇拜》(宋兆麟)；同刊第2期《夷族近祖崇拜》(于锦绣)。

② 看古书多从社会学、人类学考虑，可以帮助我们了解古代的历史和社会。比如《老子》："玄牝之门，天地之根"，"牝"是女性生殖器，"玄"是玄远的、幽深的、看不清楚的意思。老子认为产生天地也应当有个地方，这个产生地是玄远的、幽深的。

到的水平。图腾崇拜到祖先崇拜也体现了中华民族的发展、成长的过程。前面所讲的,以鸟为图腾,是北方、东方的氏族的标志,以蛇为图腾是南方氏族的标志。蛇图腾演变为“龙”①,鸟图腾演变为凤。龙与凤,记载着南方、北方的氏族的融合。龙凤标志,逐渐被国内不同的氏族所接受,成为皇帝、皇后的普遍标志。图腾崇拜早已不复存在,而其遗迹——龙凤标志,一直延续了几千年之久。我国汉唐以后,不论哪个封建王朝,都以“龙”为天子的标志。《易》乾卦“九五”之尊,讲的是龙。经历了宋、元、明、清,辛亥革命后,1916 年袁世凯想当皇帝,也做了一身龙袍,只是未能穿上就覆灭了。

十五、部落联盟和天神崇拜

以父系氏族为基础的社会结构,继续发展成为部落联盟,是原始社会向奴隶社会的过渡时期。社会分工,扩大了交换,生产率提高,生产力发展了,私有财产多了,出现了私有制。父系氏族社会内部出现了家内奴隶,氏族部落领袖,成了显贵。

战争也开始掠夺财产和奴隶。各部落之间产生了更多的交往,而出现了联盟。只靠氏族血缘为联系的纽带已不能满足新形势的需要,于是氏族公社的组织之上,还需要有一个更高一级的组织——以地域经济共同体为核心,才可以满足生产力发展的要求。氏族部落公推领袖处理部落间的有关事务,判断是非,主持赏罚。刚刚开始的组织比较松散,但也有赏罚的权力,甚至也通过议事会议可以处死不

---

① 中国的龙形近蛇,欧洲的龙形近狗,四足站立,腹部悬空。

服从的人。

《史记·五帝本纪》记载中国古代有五帝：炎帝神农—黄帝—颛顼—帝喾—帝尧—帝舜。[1] 这些氏族活动的地区基本不出黄河流域，有的在黄河中上游，有的在黄河下游山东（东夷）。他们轮流充当部落联盟的首领，被尊奉为领袖。相传舜以后，禹当联盟的领袖时，会诸侯于会稽，防风氏迟到，遭到斩首的处罚。《史记·孔子世家》：

> 吴伐越，堕会稽，得骨节专车（骨一节，其长专车）。吴使使问仲尼："骨何者最大？"仲尼曰："禹致群神于会稽山，防风氏后至。禹杀而戮之（陈尸为戮），其节专车。此为大矣。"……客曰："防风何守？"仲尼曰："汪罔氏之君守封、禺之山，为厘姓。在虞、夏、商为汪罔，于周为长翟，今谓之大人。"客曰："人长几何？"仲尼曰："僬侥氏三尺，短之至也。长者不过十之，数之极也。"

这件事实说明部落联盟不是虚空的机构，有实际的权力。

氏族公社时期，活动范围及氏族成员人数都受到限制。进入部落联盟时期，氏族各自崇拜的对象不可能在更大范围内也被其他氏族承认，各个氏族崇拜的对象，也有一个互相融合的过程。这个阶段的神，就超出了一个氏族的范围，而要塑造一个氏族联盟成员中都能接受、共同信奉的神。地上已经出现了一个凌驾于任何部落神之上的最高的神，古人把这个最高神叫做天[2]。没有地上的统一的领袖，

---

① 据《世本》《大戴礼》，以黄帝、颛顼、帝喾、唐尧、虞舜为五帝；孔安国《尚书序》、皇甫谧《帝王世纪》以伏羲、神农、黄帝为三皇，少昊、颛顼、高辛、唐、虞为五帝。

② 巅、顶、头、天，都是至高无上的意思。

就不会有天上统一的神，这个道理在历史唯物主义者看来，是不难理解的。

> 即使是最疯狂的迷信，其实也包含有人类本质的永恒规定性，尽管具有的形式已经是歪曲了的和走了样的。①
>
> 社会生活在本质上是实践的。凡是把理论导致神秘主义方面去的神秘东西，都能在人的实践中以及对这个实践的理解中得到合理的解决。②
>
> 至于没有统一的君主就绝不会出现统一的神；至于神的统一性只不过是统一的东方专制君主的反映，那个神支配着形形色色的自然现象，联合着各种互相对抗的自然力，而这个君主在表面上或实际上联合着利益冲突、彼此敌对的个人——关于这一切，费尔巴哈却认为没有谈论的必要。③

据《国语·楚语》记载，颛顼以前，“民神杂糅，不可方物，夫人作享，家为巫史”。没有专业的神职人员，每家都可以出降神，民与神之间界限不清楚。颛顼担任部落联盟的领袖后，“命南正重司天以属神，命火正黎司地以属民”，“绝地天通”。南正（官名）重安排天上神的秩序；火正（官名）黎管理地上的人民。断绝了氏族成员与天神交

---

① 恩格斯《英国状况（评托马斯·卡莱尔的〈过去和现在〉）》（1844年），《马克思恩格斯选集》第3卷，第520－521页。

② 马克思《关于费尔巴哈的提纲》（1845年春），《马克思恩格斯选集》第1卷，第18页。

③ 恩格斯《致马克思》（1846年10月18日），《马克思恩格斯全集》第47卷，第418页。

往的路，宗教活动（请天神、祭祀天神）都由专职人员来管。部落联盟领袖为最高祭司，垄断了祭天神的特权。从此有了专门的巫觋神职人员。脑力劳动和体力劳动初步分化。

《史记·封禅书》记载着古代有十二次封禅大典。① 十二次中有禹、汤、周成王是奴隶制的帝王，其余九次封禅者均为部落联盟领袖。

《尚书·舜典》："舜……肆类于上帝，禋于六宗，望于山川，遍于群神。辑五瑞，既月乃日，觐四岳群牧，班瑞于群后。"先祭天神，然后按尊卑次序祭祀四时、寒暑、日、月、星、水旱等六宗，以及名山大川、丘陵、坟衍等神。为了表示自己最高首领的权力，把象征四岳群牧所掌握的圭（⌂）、璧（◎）（君主权力的象征）先收回，然后选择吉日再亲自颁发下去。这是部落联盟时代，军事、政治与宗教职能密切结合的表现。

部落联盟首领是最高祭司，利用宗教特权加强其政治地位，天神的出现，已表明天不止与自然界的秩序有关，还与政治统治权有关。原始社会逐渐向国家形式过渡，宗教的形式和内容也逐渐被赋予阶级社会的特点，成为阶级压迫的工具。原始社会的宗教图腾崇拜到祖先崇拜、到天神崇拜，那些被崇拜的对象，都不带有阶级属性，不管人间的赏罚。进入阶级社会，天、神开始用赏罚来惩治老百姓。《墨子·兼爱下》引《禹誓》："济济有众，咸听朕言，非惟小子，敢行称乱。蠢兹有苗，用天之罚。若予既率尔群对（封）诸群（君），以征有苗。"

《墨子》所引的《禹誓》，不见于《尚书》，其内容与先秦正史记载基本相同，它表达了部落联盟时期的盟主代天立言的语气。是可

---

① 封典祭天，举行的地点选在最高的山上，当时人认为泰山最高，孔子说"登泰山而小天下"，祭天的典礼，即规定在泰山举行。禅典祭地，地点选在低一点的山上举行。

信的。

十六、没有上帝的宗教(一)

通常人们认为,相信上帝创造世界的说法的,是宗教。这是受了西方基督教的影响产生的成见。对中国文化影响最深远的并不是宣扬上帝创造世界的那种宗教。如佛教,是没有上帝的宗教。“佛”Buddha 音译浮屠、佛陀,觉悟的意思(古音没有轻唇音,“弗”都念“不”)。佛教自释迦牟尼说法起,宣传佛教的宗教哲学“四谛”。“谛”是真理之意。“四谛”即四条基本原则。四谛即:苦谛、集谛、灭谛、道谛。

第一苦谛。佛教宗教哲学认为世间一切都是苦的。一切的生物,佛教称为有情。有情、无情,以及世间都是苦,充满了苦。佛教有一派将苦分为三种,一是行苦,二是苦苦,三是坏苦。“行苦”,“行”指的是活动,一切活动谓行,即身、口、意行,都会引起相应的“果”。特别是指意愿的活动叫做“行”。“苦苦”,第一个“苦”是动词,逼迫之意,第二个“苦”是名词,被迫陷入苦海。“坏苦”,老死谓坏苦,即从存在到不存在造成的苦。

还有一派将苦分为八种苦。“八苦”有:“生、老、病、死”四苦,还有“怨憎会”苦,人生中常遇到脾气不投的聚合在一起;“爱别离”苦,亲爱的人不能在一起;“求不得”苦,要求的得不到;“五盛阴”苦,又叫做“五蕴”,五种因素组成众生,即色、受、想、行、识凑在一起,造成苦难。这是说,整个人生充满了苦,世界充满了苦。佛教认为,它们的宗教哲理“苦”是真理,这是“四谛”中的第一谛,这也可以说是佛教观察人生、观察世界的出发点。

第二集谛。从生理、心理的活动进行分析。佛教认为一切烦恼都带有根本性的烦恼（“本惑”），还有由根本性烦恼派生出来的叫做随烦恼（“随惑”）。“本惑”有三种：

1.“贪”：贪欲、贪财。“贪”是“着”的意思，即附在上面。佛教认为众生的心到处是附着的，也叫染着（不干净）。佛教对“贪”看得很重。

2.“嗔”：发怒、仇恨、怨恨情绪。“嗔”又分作三种：（1）有情嗔：指人类、生物之间的杀人害命、互相仇恨，以至造成战争。（2）无情嗔：佛教分类，以非生物的东西叫做无情，生物叫做有情。这是对世间非生物的东西的仇恨。看见一个东西不高兴，毁掉它。比如生气砸东西。（3）见嗔：即见解、学说、理论引起的仇恨。印度两派互相辩论，以生命为赌注，失败者斩首相谢，为坚持自己的见解引起的仇恨。

3.“痴”：愚昧、无知。“痴”又叫做“无明”，对事物的道理不清楚。

以上三种“本惑”是带根本性的惑，造成人类烦恼的原因。佛教认为“无明”占的地位更重要，一切罪恶都是从“无明”引起的。对“贪”的危害性看不清，也是“无明”引起的。“无明”是与生俱来的，每个人都有，因此对“无明”不能再追问是怎么发生的，是从哪儿引起的。“无明”本身就是引起烦恼的根本原因，所以不能问。①

4.“慢”：骄傲，也是造成苦的因素。“慢”又分为：（1）慢：和别人相比，别人比我差，我觉得比他强；看着别人与自己差不多，我也觉得

① 佛教语录记载：唐肃宗时大宦官鱼朝恩问朝阳慧忠禅师，“无明”从何起？禅师回答，真活见鬼，奴才也懂得问佛法！鱼大怒。禅师说，别发怒，这就是“无明”，“无明”就是从这儿起的。

差不多,有骄傲的意思,这都叫做"慢"。这里都包含与别人比高低的动机。相比也造成苦,比就有竞争。(2)过慢:自己本来和别人一样,却觉得比别人强;比自己强的人,自己觉得和他一样,抬高自己,这叫"过慢"。(3)慢过慢:强过自己的,认为自己胜于他,骄傲又加了一等。(4)我慢:自以为了不起。(5)增上慢:"增上"是增加,没有达到那种品德,认为已达到了。(6)卑慢:别人胜我很多,自认为比别人只差一点。(7)邪慢:自己没有的品德,自认为有。这几种骄傲情绪,都会使人陷入苦。

5."疑":怀疑四谛。怀疑佛教是真理,也是造成苦难的原因。

6."恶见":邪恶、颠倒的见解。"恶见"又分五种:(1)萨迦耶见:以自身为实有,把自己看成实际存在,认为自己所有的东西都是实有的,如财产、名利、势力,都看成实际存在的事物,佛教认为这都是不确的见解。(2)边执见:"边"是在一边,即偏的、片面的意思,把不正当的、错的当做对的,这是片面性。例如事物是有变化的,认为不变,这就是偏见。"执常"执著于永远不变的偏见,把不具有永恒性的东西认为是永恒(常)。"执断",断是断灭,相信人死后一切都归于断灭,这也不对。这都是边执见。佛教讲的"执著",是贬义①,是指的把不好的东西抓着不放,有背包袱的意思。包括"边执见"。佛教反对执著。(3)邪见:指诽谤性的,诽谤因、诽谤果、诽谤事实。(4)见取:把不正确的当做正确的来坚持。(5)戒禁取:以不正确的规范而产生的行为,自己认为是好的、正确的。佛教认为应该是被禁止的,却拿来执著、坚持。"戒"应避免的,"禁"应禁止的,都执著,也是造成苦的原因。

① "执著"来源于佛教,但用法的意思相反,"执著"追求真理,是褒义。

“恶见”的这五种也是“本惑”,加起来共十种,都是“本惑”。佛教认为这十种本惑又可分为“俱生惑”与“分别惑”两类。“俱生惑”包括:贪、嗔、痴、慢、身见(萨迦耶见)、边见。这些烦恼是与生俱有的,不用思考,当时即起。不借外界条件,自己就可以冒出来,这是俱生惑。“分别惑”包括:疑、邪见、见取,戒禁取。“俱生惑”贪、嗔、痴不是单独活动,是在众多情况下,会合在一起同时活动。如“贪”可引起战争,这就是“嗔”。仇恨引起想不到的后果,甚至不顾一切蛮干,这就引起“痴”、“无明”。比如为了一点小事打人、犯法,佛教认为是“痴”。这几种惑(俱生惑、分别惑)经常同时起作用。佛书中讲:禽兽只有俱生惑,没有分别惑,动物会发怒,体现了动物的“无明”、“瞋”,这种看法是古代科学不发达造成的。[①] 俱生惑与生俱来,这种烦恼,佛教认为它的势力很大,有时也顽固,明知故犯,不允许干的事,贪、瞋、痴冲动起来还要犯,让人不由自主地受贪、瞋、痴所左右。

“随惑”(随烦恼):也可说是从本惑派生出的,可分二十种:

(1)忿:对于眼前对自己不利的事物、遭遇,发生忿怒,由此影响身、口的活动,或引起斗争。

(2)恨:由忿发展为恨,结怨而起。

(3)覆:掩饰、文过饰非,做了错事,唯恐丢了面子,藏起来不让人知道。引起覆的活动,往往是由贪、痴引起的。其结果常会引起后悔的感情。

(4)恼:恼怒,是从忿发展到恨,再发展到恼,逐步转深的心理过程。恼的发生往往由于“追”引起“触”。“追”,追溯过去的宿怨;触,

① 今天的动物心理学研究认为,黑猩猩、大猩猩也有经过考虑,引起贪、嗔、痴发怒。

即当前的刺激,当前的导火线,一触即发。由追到触引起暴热、躁动、不冷静。恼这种情绪是“嗔”派生,由恼可能引起对别人的伤害。

(5)嫉:为了个人的名、利,不愿看到别人也有名、利,别人的荣誉,自己看了不舒服,这常引起自己忧愁不快。

(6)悭:过于舍不得自己的财产、地位、名誉。舍不得将自己的知识、学问传授与人,特点是秘、吝,不让人知道,生怕别人学了去。自己用不着的也不肯拿出来,是属于“贪”派生情绪。

(7)诳:为了自己得到好处,不说真话,虚言矫饰,伪装品德高尚。也是“贪”、“痴”派生的。

(8)谄:投合别人的意思,随风转舵。社会流行什么,马上就跟着转。谄就是不直,不说真话,不正直,追随当时的风气。也是“贪”的派生物。

(9)害:残害别人,属于“嗔”派生出来的。

(10)㤞:对自己所拥有的条件,如聪明过人、财富过人、相貌好、出身好、身体好等,自我欣赏、陶醉。属于“贪”、“嗔”派生出来的。

(11)无惭:自己很自负,拒绝善的、好的品德,对于比自己强的人、有德的人不尊重。

(12)无愧:与无惭的区别是,不但对好人不尊重,采取粗暴的态度,而且还尊重坏人。不只是轻视贤人,甚至尊重坏人,这比惭又深一层。①

(13)掉举:这种心理状态是常常想念过去的那些贪欲、玩乐、享受的事情,让精神状态常处于动荡之中。常怀念过去的浮华生活,让

① 无愧这个用法与现在的用法相反,我们说“问心无愧”。佛教“无愧”,是说不知道有羞愧之心。

心不得安宁。佛教讲禁欲主义，不要追求物质享受，如果老怀念过去的繁华，就会影响自己沉思，心沉静不下来，常常掉举。

（14）惛沉：是掉举的反面。掉举的思想活动使人心情沉静不下来。惛沉是让人不能深入观察世界，障观。观，是深刻地理解事物。佛教的理解与一般正常的理解不一样。障观，就是影响、妨碍进行深入理解。

（15）不信：不相信善，不相信佛教道理，不相信人的心理能清净。对佛教四谛说法采取怀疑态度。

（16）懈怠：有两个方面，应该做的不去做，应该去修的，也不去修，“应修不修”，这是懈怠；另一方面，对坏事“应断不断”，对不应做的不去禁止。这样的懒惰的精神状态都是懈怠。

（17）放逸：与懈怠的心理状态恰巧相反。懈怠是消极的不做，放逸是不应该做的倒去做了。这是从放纵方面的心理表现，对染（坏）不防（克制），对净（善）不修（发展、增进）。

（18）失念：对正当的事物记不住。这不是指记性不好，而是指对好的事情不放在心上，记不住。

（19）散乱：常处于流荡的一种心理状态。比放逸的思想状态有所加深，这也是“贪”、“嗔”、“痴”三种惑的派生物。散乱与掉举还不一样，掉举是主意不定，面对一种情况，拿不定主意。散乱则是一个念头反来复去地折腾，一念伏一念起。散乱的特点是流动、飘荡。

（20）不正知：不是对外界一无所知，而是对外界所知都是错误的认识，身、口、意三业都是违反佛教戒律的行为。

从这些分析来看，佛教告诉人们要“知苦”，对苦要有深刻认识。要断集，对造成这种惑的因素，不让它活动，要一刀两断，这就是“断集”。

集谛的意思还说明,佛教把人、人类看成好多心理因素构成的复合体。不是整个的一个人,种种思想、活动因素,构成人的行为,这么来看一个人。

第三灭谛。佛教教导信徒加强宗教信仰,要树立以佛教教义为宗旨的世界观。把引起苦的、引起烦恼的种种因素、思想活动,消灭干净。对影响建立宗教世界观的思想、意识、行为,要完全抛弃干净,"无余断弃",把脏的东西吐尽。离欲,彻底把一切欲望消灭干净。这样才能回到佛教所谓寂静的精神状态。灭谛不是灭掉一切,而是灭掉影响人们接受佛教世界观的许多思想、观念。

第四道谛。前三谛是从反面讲,道谛是从正面讲。要认识佛教的真理,要佛教徒深入认识苦、集、灭的道理,就能接受佛教永断一切集(众多烦恼),而取得真知,来证知圣道。"证知"不是一般的认识,而是身体力行。通过宗教实践真正体验到圣道。这既有认识的意义,也包括宗教实践的意义。

释迦牟尼讲授四谛、十二缘生的道理,通过例子让我们看到佛教这种宗教,讲"无我"(无实体,"我"指实体)。实体指:(1)主宰者(上帝);(2)现象界(客观存在、独立于意识之外的)。佛教认为这两方面都不存在,既没有主宰者(造物主),也没有独立于意识之外的世界。世界本身是一个大的苦海,要脱离苦海,就要出世,接受佛教宗教世界观。佛教强调两个对立的世界:此岸世界,彼岸世界。佛教没有把解脱的希望、道路放于上帝那里,而是放在建立佛教宗教世界观上。一方面包括宗教认识论,一方面包括宗教实践。佛教最高精神境界不是"天"。在佛教看来,"天"不过是生物中的一种,在六道中也不免遭受轮回、受业报之苦。佛教的最高境界是"觉"、"觉悟",正等觉、正觉、大觉,都是一个意思。"觉"的境界,随着宗教哲学的发展，说成是净土，后来形容是西方极乐世界，这不像基督的天国、伊甸乐园。实际上精神的极乐世界，也等于一个天国，这个天国是通过宗教修养达到的结果，他们追求的不是升天，而是得到正觉，中国早期佛教译为“道”、“无为”，后又译为“真如”，指的就是这种最高的精神境界。佛教不拜天神，也不承认上帝作主宰。相信上帝的宗教，承认上帝主持赏罚，人听从上帝的最后裁判。佛教的因果业报说，也有赏罚，任何业都有报，但这赏罚原则不来自上帝，而来自每个作者自己造成的后果，后果自负，即自作自受。由身、口、意三业造成的果由作者自己承担，没有一个冥冥中主管赏罚善恶的上帝、天神。这是佛教的特点，但它的客观效果与有上帝的宗教一样。因为业与报的关系，身、口、意三业引起的后果，都是由善业引的善果，恶业引起的恶果。善恶的标准是与当时社会的道德标准、统治阶级的道德标准一致，对社会的作用是一样的，都是为当时统治阶级服务的。有没有上帝，承不承认有最高的上帝，不是区别宗教的标志。像佛教这样的宗教不信上帝，谁能说佛教不是宗教？一切宗教都必须承认有两个世界，此岸世界与彼岸世界。人生活其中的是现实世界、此岸世界，在这个世界之外，还有一个精神世界。那个精神世界，在有神论的宗教，即承认有上帝的宗教称之为天国、天堂；不承认有上帝的宗教，称之为真如世界、大觉世界或圆觉世界。有没有上帝不是区分宗教的唯一的标志，要看它的本质。

十七、没有上帝的宗教（二）

泛神论在宗教内部的破坏作用，有两方面：一、泛神论在宇宙观方面起的破坏作用;二、泛神论在认识论方面起的破坏作用。

(一)泛神论在宇宙观方面对宗教起的破坏作用

中国佛教天台宗著名代表人物湛然,在他的著作《金刚錍》中,集中讲佛性问题,他说:"一尘一心即一切生佛之心性。""尘"是指外界、现实世界。"心"指人的主观意识。所有客观世界以及主观世界,都是"佛之心"、"佛之性"。"佛"代表最高的真理、最高精神实体,这个精神实体又叫"真如"。因此提出"无情有性"说。从小乘佛教看,草木、石头不具备佛的心性,大乘佛教认为一切东西,不管是有生命的、无生命的,生物界或非生物界,都有"心性"。"无情"指无生命的石头、瓦砾等。"万法即真如,由不变故。真如是万法,由随缘故。"真如与千变万化的东西不可分,真如表现在各个具体事物中间(随缘),变化之中体现真如。这是说:一切事物必须体现最高的真理(真如),真理(真如)表现在各个方面,所以"无情"也有佛性,即是说非生物的东西也是"真如"、"佛性"的显现。"法"、"佛"、"真如"是指一个东西。"真如"是"佛性"另一略称,是最高的精神实体。他引佛经为例:《华严经》讲"众生"与"非众生"都是不真实的,同时又是真实的,这等于说"无情有性"。《金刚錍》中说,"佛性"、"真性"、"实性",这些都是从本体说的,简称为"性"。但佛性既包括崇高的精神境界,也包括卑下的、一般人认为没有价值的存在,一切存在都有佛性,一草一木、砖头瓦块,都具有佛性。这种说法,从原则上讲,必然得出"无情有性"的结论。理想的最高的境界必须说成普遍性、真理万能,如果有东西独立存在于真理之外,佛教的最高精神原则(实体)不能包容,那等于说真理有局限性、片面性,最高真理就不算做真理。因此,大乘佛教从逻辑上推出"无情有性"这个结论。

《庄子·知北游》：

> 东廓子问于庄子曰："所谓道恶乎在？"庄子曰："无所不在。"东廓子曰："期而后可。"庄子曰："在蝼蚁。"曰："何其下耶？"曰："在稊稗。"曰："何其愈下耶？"曰："在瓦甓。"曰："何其愈甚耶？"曰"在屎溺。"东廓子不应。庄子曰："夫子之问也，固不及质。"正获之问于监市履豨也，每下愈况。

买猪时，要检查猪的肥瘦，只要看猪的腿，没有肉的足部也有了肉，其他部分可想而知，整个猪是肥的。"道"如在蝼蚁，在瓦甓，在屎溺，其他地方可想而知，无所不在。《庄子》的例子帮助我们来理解天台宗的"无情有性"之说，表明佛性无所不在，无所不包，到处都存在。

这里提出一个问题：佛性，佛教最高的精神实体是无所不包，佛法威力最高大、最宽广，所以他们自称"佛法无边"。从这儿便将佛教带入新的困境。按照宗教世界观来看，至高无上的精神实体充满一切，佛性无所不在，也要在蝼蚁、瓦甓、屎溺之中。一切丑陋、罪恶的东西也是佛性的体现，这势必破坏佛性的庄严性、神圣性，佛性的光辉就受到损害。佛教的宗教世界观把神性（佛性）无限扩张，表面上扩大了、抬高了，实质上它又降低了神的神圣性、纯洁性。神学本来应加强美善的东西，力图抬高神的地位，理论上却把神的地位贬低了。宗教世界观目的在于引导人摆脱现实世界的束缚，引导人们向另外的世界寻找精神安慰。但这条道路，在一定意义上引出相反的结果。这是宗教神学本身带来的矛盾。如果说佛性有些范围管不到，它就不具备普遍性，有的领域不在它管辖的范围之内，又带来自身的矛盾。湛然的"无情有性"理论上给自己带来困难，使它在宗教内部起着破坏作用。

(二)泛神论在方法论方面对宗教的破坏作用

从方法论来看,宗教哲学、泛神论也会从内部对宗教起破坏作用。以佛教为例:佛教教人从精神上得到解脱,小乘教取得精神解脱的方法是“坐禅”,不断修行。小乘修行的最高等级阿罗汉。大乘佛教修行的方法比小乘佛教有所发展,有六度之说,也叫做“六波罗蜜多”,有六种引导解脱,到彼岸世界的方法:(1)布施:向寺院及僧众捐助财物,也可捐助劳动。南朝梁武帝曾三次舍身于同泰寺,将自己奉献给寺庙服劳役。(2)持戒:遵守佛教戒律生活的规定。(3)忍辱:受到外来的污辱、暴力,要忍耐。(4)精进:加强宗教训练,以求得不断进步。(5)禅定。(6)般若(旧译作“智慧”):通过智慧达到彼岸。禅宗进一步把人类一切日常活动都说成是寻求精神解脱的方法,解脱的路子更宽了。印度小乘佛教坐禅比较简单。要静坐、调整呼吸,“舌住上颚,心住一境”。禅定中间,精力集中在想象事物上,有的实行“庄严观”,让人们幻想出一个庄严美妙的世界或对象。“观”是想,念念不忘地想。为向往另外一种精神世界,心理学上也有,心理上出现一种变态的境界,经过特殊的训练,培养坐禅者出现幻视、幻听的变态心理。另一种坐禅观想的方法,佛教称为“不净观”,专想污秽不净的一些事物,引导人厌离现实世界,佛教认为用这种思想训练的方法,也能使人走向解脱。这都是印度佛教传统方法。中国禅宗又有大的改变。菩提达摩有“入道四行”,入道有四种心理活动。第一,“报怨行”,他们认为今生今世的苦难都是过去罪过的结果,教人对苦难看得开。第二,“随缘行”,得失随缘,他们教人一切看得开,人不要为得失所左右。第三,“无所求行”,教人要有一无所求的心理修养。第四,“称法(道)行”,按佛教教导去办。菩提达摩的禅法特点,都是心理认识方面的训练。再发展下去,禅宗主张不要坐禅,认为坐禅入定时虽然可以达到一种精神境界,当离开坐禅时,这种精神境界又消失了,因而他们提出行住坐卧都要保持禅定的这种心理训练状态。

禅宗的一位名僧慧能说:“东方人造罪,念佛求生西方,西方人造罪,念佛求生何国?”他教人相信自己本心就是净土,就是西方极乐世界,“净土”不在西方,就在每个人心中。信仰佛教,接受佛教的宗教世界观,不论在何时何地都能得到解脱,随处得到安乐。禅宗弟子道一和尚在南越随师怀让学佛法。怀让认为道一是一个可以培养的传法人,就启发他,让他专心致志静坐思维,一心坐禅。怀让在道一面前磨砖,几天之后引起道一的注意,道一问师:“磨砖作甚?”师曰:“作镜。”道一问:“磨砖岂能作镜。”师曰:“磨砖不能作镜,坐禅岂能成佛?”

禅宗再发展下去,认为坐禅就不仅不益,甚至有害。从理论上阐明佛教的原理、原则的做法也被废弃。佛书记载临济宗的创始人义玄,出家三年时问师父黄檗希运,佛法大义是什么,问了三次,三次被打。后来老师将他介绍到大愚和尚处。经大愚启发,他悟到:“原来黄檗佛法无多子。”这是禅宗宣传佛教用的一种直观的教学方法。因为“真如”本体无所不包,人的语言有局限性。真如是全体,没有东西在它之外,语言则有主词、宾词,它只能表达有限的意思。“无限”即无法表达。真如不能被当做具体的东西,真如不具有任何质的规定性。因此禅宗认为要理解真如,语言没有用处,只能用直观的方法,顿悟式的启发,有时用拳打脚踢,引起问学人的理解、领悟。禅宗反对用逻辑推理的办法去认识真如,因为真如不能作为认识的对象。

禅宗否认概念推理,否认思维的逻辑性。禅宗主张以不说代替说,不做代替做。反对认识而提倡领悟。它取消主客观关系,它用思维去吞没存在。有一个禅师,坐禅时,在他房间里的门上、窗上都写上“心”字,目的在于将心收拢。另一禅师指出他的方法不对,应在门上写“门”字、“窗”上写“窗”字,不要另外提出一个“心”作为观想的对象。也就是反对用语言文字去表达最高的精神实体,而主张用直接去体认的方法。

直观主义、神秘的直观方法是禅宗的方法,它反对推理,反对科学的主客观关系,反对读书。有一个禅师见到蜜蜂碰窗户纸想出去,一次一次未成,就说“钻故纸堆,驴年也不得出”。

禅宗告诉人,日常生活中到处都体现真理,但不一定讲得出来。“运水搬柴无非妙道”、“青青翠竹尽是禅心,郁郁黄花无非般若”。运水搬柴也可达到精神解脱的境界。禅宗看到人类认识能力的局限性,但它夸大了这点,把局限性绝对化了,主张认识不可能,主张顿悟。禅宗最后讲“佛无一法与人”,从释迦牟尼开始,没有一法(道)可以给人,“佛不过是吃饭、着衣、屙屎、送尿”。照这个说法,佛教把“真如”最崇高、最圣洁的品格从天上拉到人间。佛教认为生活在人世间要得到解脱,只要换换观点就行了,运水搬柴体现了妙道。禅宗把彼岸世界与此岸世界的界线拆除了,这个佛教理论带来精神危机。“佛无一法与人”,人就要问:既然佛无一法与人,还宣传佛法干啥,岂不把自己也给否定了?所以后来宋儒批评佛教,就提出质问:运水搬柴都是妙道,怎么事父事君就不是妙道呢?佛法无边,无法表达,最好不表达,这个道理必然引它走到自己的反面:有佛教与无佛教一样,相信与不相信佛教一样。既然说不清,佛教就可以取消了。

佛教把自己的理论沿着它的方向走到极端,必然就会逻辑地走到反面。强调无所不包，结果把庸俗、卑下、丑恶的东西都包含在佛性之内，就损害了它的庄严、崇高。一般的语言、逻辑思维不能表达真如，真如与世俗事物没有区别，因此就不必去追求。“无情有性”从世界观上给佛教前途带来危机，“真如”不可思议、不可言说，也给宗教造成困难，它在理论上，从内部产生破坏作用。

十八、基督教关于上帝存在的证明的理论

安瑟伦（Anselmns，1033—1109 年，相当于中国北宋二程时期）是中世纪经院神学家。他的一个很有名的论证是关于上帝存在本体论的证明。他说：“我们确实相信‘你’（上帝），是一个这样的‘有’（存在），比你更伟大的一个存在，是不可想象的。”安瑟伦说到上帝时，用第二人称，上帝就好像站在他对面。他心目中上帝不是一个没有内容的名词，是一个活生生的崇拜对象。从他提出问题的方式，就表明他确信上帝是存在的。安瑟伦认为，上帝的存在，不同于实际具体的东西的那种存在。上帝的观念不同于一般的观念。一般的观念是来自于经验，来自于感官，唯有上帝的这个观念，不是来自于感官，感官经验不能说明他是有还是没有，上帝的观念本身就包含着上帝的永恒性、不变性、创造性、无所不在的属性。关于上帝的概念，包含着一切超越的完美的属性，不是由众多的属性凑合出来的观念。安瑟伦还说：“我并不是为了去理解而相信，而是我相信，这样我才能去理解。”他是先从信仰出发，然后才企图去了解我们所信仰的东西；不是通过了解对象，然后才产生信仰。在基督信仰主义者看来，理性是处于辅助的地位，理性不能使人信仰什么。从安瑟伦这些人的立场看

来，理性的作用就是为了使信仰更完善。信仰与理性相比较，信仰是第一位，是更根本的。如果信仰与理性之间发生了矛盾，那就要服从信仰，因为信仰是优越的、最基本的。信仰的神秘性，它的最深奥的地方，人们无法理解。他们的论证中不仅是这样，如果仅仅是信仰，“上帝是存在的”这句话就够了，他们还要论证上帝在人们心里的存在也是实际的、客观的存在。他们的本体论的证明的目的是：上帝是人心里的存在，并从上帝的观念引申出地上的存在、客观的存在。这也可以看出，上帝的观念与其他的观念有相同的地方，很多的观念都是心里存在的东西。上帝的观念是纯信仰，它不是能感觉到的，不是能直接认识的。从西方哲学史上看，凡是讲到一种存在，是指的一种实体，这种实体不依赖人们的认识才存在。既然是实体，就是客观的。可是上帝存在的本体论的证明，希望上帝既存在于人心中，又是客观的实体，上帝除了心里的存在以外，还有实际的存在。信仰的优越性在于不需要其他的原因、因素来帮助它证明是不是存在。信仰本身就能够决定了它是个客观实体的存在。对于信仰者来说，上帝存在没有问题，因为他相信它。他这种本体论的证明，目的还在于俘虏那些没有信仰的人。因为已经信仰的人，就用不着再宣传上帝是不是存在，对于没有信仰上帝的人，要借助理性来传播信仰，论证上帝是客观存在的、真正有的。他论证的方法，就是从内心的存在，扩充到实体的存在。采取思维的道路推出：“上帝是最伟大的、无可超越的‘有’，既然是最伟大，无可超越的‘有’，怎么能不存在呢？”照它的逻辑推下去，任何很高的、很伟大的理想，也赶不上这个理想所表达的那种现实。如果它不是现实，就不可能说它是无可超越的，也不能说它是最伟大，所以上帝是必然存在。对于这种论证的方法，仅仅从逻辑上、表面上看，似乎说得过去，但也给人一种印象，就好像是玩弄概念，像上帝存在这么严肃的问题，他轻而易举地就证明了。这种论证，在当时也遭到反驳。

与安瑟伦同时的高尼罗（Gaunilon，？—1083 年，法国人），写了一篇文章《为愚妄人辩护》，反驳安瑟伦提出的论证。文章中说："有人说大海某处有个岛，因为不容易，或者简直不能够发现它，不能断定它不存在，其名字叫'丢失岛'或'遗失岛'。传说这个岛比幸运岛有更多的财富，有更大量的幸福、喜悦。虽然这个岛没有领主、没有居民，可是它的财物众多，很丰富，远远胜过有居民的国土。无论谁告诉我有这个岛，我就很容易明白他要说的内容。"下面他有一个实质性的反驳，"但是有人进而推论说，你不能怀疑这个最完美的岛，你不怀疑它在你心里，不能怀疑它真正在某地存在着。因为在实在里边，不仅在心里，它是很完美的"。以此又推论："如果说它不存在，那就任何别的真正存在着的岛都会比它更完美，因而你所想象的'丢失岛'这个最好的岛，就不是最好的岛。那就完全是空中楼阁式的一种推论，假想中间再加上假想。"高尼罗说："我说如果他要以这种方式让我承认这个岛的存在，并且让我认为这种存在是毫无疑问的，那我就认为他是在开玩笑，或者我就不知道说这个话的人是更愚蠢呢，还是我自己听信了他的话更愚蠢？"高尼罗讥笑他："如果以为他已经确实地证明了那个岛的存在，那就一定要先表示这个岛，它是实在的，它是无可怀疑的存在着的东西。那么，这就等于没有作出任何的保证、任何的证明，只是以一连串的虚幻的假设来证明这个岛的存在。"

高尼罗这个人并不是无神论者，他是假托怀疑上帝存在的人提出疑问来反驳。安瑟伦并没有对此进行反驳。这两人争论的焦点在于：《为愚妄人辩护》中说："一个完满的东西，一个完满的实在，不应该仅仅是观念上，而且应该是实际上存在，因为只有实际上完美的东西,才是实在,对于还没有确实存在的东西,还没有的确知道它存在的东西,就不能从观念上来推论出它的存在。"这是怀疑上帝存在的理论,是从不信教方面来看的。从信教的安瑟伦来看,它的要害,并不是后面那几种假设性的推论,而在第一句:"我确实相信'你'是这样的'有',也就是比'你'更伟大的一个,是不能想象的。"这里,已经建立了一个对上帝的观念,他确实相信上帝已经存在,这个存在不是一个普通观念的存在,而是信念。信仰不能仅仅看做是观念。信仰什么?就是信仰上帝的存在,不是信仰上帝的一个观念。对一个信仰者来说,我们不可能设想他相信这个观念,而这个观念不是实在的。既然信仰已经包括了它是真的、是有的、是存在的,不言而喻,是自明真理。

高尼罗关于海岛的驳斥,不能从道理上来说服安瑟伦这种坚持上帝存在的命题。安瑟伦关于上帝本体论的证明,不是一般人所认为的那种由思想来证明存在,他是从思想、从观念推论出上帝存在,而从实质上说,他是从信仰来证明存在。思想证明存在、信仰证明存在都是从思想方面出发的,但还是有区别。因为从信仰者来看,可以接受安瑟伦这样的证明,不信仰者就不能接受。如果一种逻辑的推理不能让所有的人都能接受,它的有效性就受到限制。上帝存在本体论的证明,是以论证作为外衣来证明信仰的真实性,上帝的存在这个命题,结论已经包含在前提中,前提已经包含着结论。这种证明遇到了困难,只能说服已经信仰的人,而不能说服未曾信仰的人。

后来中世纪的哲学进一步有所发展。

托马斯·阿奎那(Thomas Aquinas,1225—1274 年,稍晚于南宋的朱熹)企图纠正安瑟伦的困难,他在表面上把哲学与神学加以区别,"神学走启示的道路,而哲学走理性的道路"。他不以本体论来证明上帝的存在，他说："上帝的存在与上帝的本质是一回事，不可分割，人类无法认识上帝，人的理智也不能够认识上帝的本质，人类对上帝也没有一种适当的观念来表达。人们虽然可以知道上帝的存在，也可以证明上帝的存在，但是人们只能从结果推出它的原因来，而不能直接去认识它。"他根据亚里士多德哲学思维的纲，一层层往上推：要构成一个事物，有它的质料、有它的形式，万物有高低上下的层次，下一级的形式，是高一级的质料，再一次一次地推，推到最高的形式，没有一种质料与它相当。推到最后，就推知上帝的存在。从结果来推到最后的原因。从上帝的创造物来推知上帝的存在，它就避免从观念来推论上帝，而从社会、万物、人类、自然界的各种现象，最后来推出上帝的存在。这种证明的方式，比第一个时期安瑟伦的论证在技巧上有所前进。这种上帝存在的证明，一直到现在还有影响，不过变了个方式，哲学上前些年流行的新托马斯主义，也是讲存在问题，不过方式更巧妙了，更细致了，这个不在这里谈它。

在这个问题上，我们可以看到中世纪，不管在中国或在欧洲，它所关心的问题，都是神的问题，都是在不同社会历史条件下来论证上帝的存在、神的存在是唯一的、最高的、最可信的、最真实的，而且都企图证明，上帝的存在不是靠理性思维所能解决的，而是靠信仰、信念。这种信仰主义的后果，引起了蒙昧主义。它不要求分析什么，问个为什么。不是要人们懂，而是要人们信，不要求问一个是非，不要求人向这个方向进行思维活动，而要求人们信仰是否坚定，对上帝是否虔诚。这种危害很大，在中世纪的异教裁判所，对那种怀疑宗教教条的人，给以很严厉的惩罚，有的用火烧死。火烧有两种，一种是架上柴火烧死，一种是用火烤死。现在还留存的一些中世纪绘画，画面上可看到裁判所房梁上倒吊着好多人，对异教徒进行残酷的折磨。

天文学家创地动说,被烧死,这是不稀罕的。

在中国有无类似的情况?同样有。中国的自然科学本来很发达,就是有了儒教以后限制了科学的发展。到明朝后,开始落后于世界,这与中世纪提倡信仰主义有关。信仰主义必然导致蒙昧主义。蒙昧主义对科学、哲学、唯物论、无神论都有限制。对于这种影响决不能低估。回顾一下,我们亲身经历的十年动乱时期,报刊上常常可以看到"理解的要执行,不理解的也要执行",要人们"三忠于"、跳忠字舞、"四无限"那一套都是信仰主义。可见中世纪信仰主义的流毒,在社会主义时期还起作用。我们对中世纪的信仰主义所散布的蒙昧主义不能低估。我们今天要反对资本主义的腐朽思想,同时对封建主义的残余势力更不可低估,像信仰主义,就是封建主义残余在思想中的表现。

西方近代,进入资本主义社会后,封建主义思想有了改变。这里可以看到哲学从神学中逐步摆脱出来的过程。"上帝存在"这个命题,是神学的命题,哲学本不应解答这个问题。哲学所要解决的是思维与存在的关系问题,对思维与存在的关系,认识的深度是逐步发展的。上帝存在不存在、天人关系,是宗教学的问题,学习欧洲哲学史,可以发现每个哲学家的哲学内容都讲到上帝这个问题,都提出上帝的管辖范围,提到上帝存在与否。这就说明哲学要从宗教神学中摆脱出来很不容易,不但资产阶级哲学家不能很好地摆脱神学的影响,就连无产阶级革命家、哲学家马克思、恩格斯的著作也一再提醒人们,革命也要革神学的命,对宗教神学的批判是一切批判的前提,对中世纪神学思想的影响,摆脱得越彻底,无产阶级革命的前途越广。反过来,对中世纪神学的批判不够,无产阶级革命也不能顺顺当当地开展。无产阶级革命家尚且是这样看,那么受阶级局限性很多的资产阶级,我们更不能要求他能够彻底地摆脱神学的影响。有些进步的唯物主义倾向的或唯物主义思想很多的哲学家们也不能彻底地与神学划清界限。如法国理性主义代表人物笛卡尔,他是哲学家,但他的哲学也未能摆脱宗教的束缚。他提出知识大体可分作三类:第一类:像基督降世为人,上帝(圣父、圣子、圣灵)三位一体这类问题,只能相信它,不能用别的办法来论证、说明它。笛卡尔说过,哲学家要遵守国家的法律,也要遵守从青少年时期所受过的那些宗教训练、宗教影响、宗教观念。对社会上已经承认的、形成习惯的势力要服从,要随顺它。第二类:关于上帝的存在,以及心物的关系。第三类:不属于信仰,仅仅属于理性,这就是哲学的范围。第三类问题不能从第一类的那个问题、从《圣经》中找答案,不能从传统的知识中去找答案,如果那样做,就是滥用《圣经》。第三类问题只能用哲学的方法,思辨的、逻辑的、推理的、理性的方法来解决。这些划分的办法,可以看出一个哲学家怎样力图从神学的束缚中解脱出来,走向哲学。他承认有一部分知识,有一些问题是神学问题,只能信仰,不能推论,不能用逻辑的论证。那么第二类问题,在笛卡尔看来,心物问题、上帝的问题是介乎两者之间,哲学与神学二者交界的地方,好像是哲学与宗教两大领域的游击区。如果哲学能讲得好,讲得彻底,做得充分,说明的问题就多一些,反过来,如果是没有做得充分,神学的力量就大一些。

笛卡尔还对宗教做了让步。他说,第一类问题,只能用信仰解决问题,也不能把它看成与理性相对立。关于信仰问题,笛卡尔也不主张与理性相冲突、相对立,就是上帝的问题、宗教的问题,笛卡尔不认为是反理性的。他认为理性优越于信仰,这点与安瑟伦不一样。安瑟伦认为信仰优越于理性。笛卡尔说:“人之所以为人,就在于他有理性。”他说：“只要是个人，他就有理性，但不能说只要是个人，就一定信仰宗教。理性对人来说，更有普遍性，人是理性的动物，但不能说人是宗教的动物。支配理性的不是信仰，相反，理性可以支配信仰。”他还认为：“自然律根本不允许任何的事情违反《圣经》上的教训。”也有的哲学史家，对他这个话作了解释，说笛卡尔那个时期，他不敢公开反对《圣经》上的教训，他主观上的意思，还是在于论证《圣经》的权威性也要符合自然律，《圣经》的权威性要建立在自然律的基础上。这两个不违反，不是自然律不违反《圣经》，而是《圣经》不违反自然律。这都说明资产阶级早期要从中世纪神学中摆脱出来，有它的软弱性，在理论上必须作些让步。他也不敢不给上帝保留一定位置。他认为：上帝这个观念不是来自感官，感官不能感知上帝，包括眼睛不能代替听觉、耳朵不能代替嗅觉，人的感官也不能感知上帝。上帝应该作为理性的对象来看待，纯粹的理智不一定能够感到，但它的存在，也用不着靠形象来作为帮助。但是上帝的观念也是有的，也不是完全强加的。这都说明哲学对宗教的让步。

欧洲哲学史更进一步地发展到康德时期。康德从根本上判定了一个势力范围，他说人类对现实社会客观世界的认识，要靠理性，人通过科学分析方法，通过对自然规律的探讨，可以认识世界。比笛卡尔时期哲学上认识的深度有所前进。但是，康德又指出人类的理性有它的极限，限度以内的事情，理性完全能解决，限度以外的部分，理性无能为力。极限外的存在，康德称之为“物自身”、“物自体”，这种存在，在理论上说，不能说它有，也不能说它无。这两个比较起来，宁可说它有，不能说它无。这个管辖的范围就是宗教，这个管辖的范围比笛卡尔时期有所缩小。他还提到，上帝的存在，唯一可以让人感觉它的确存在，在于给人以感情上的满足，使人的精神有所寄托。只有宗教、神学、上帝能给人这种满足。在这种意义上看，康德哲学扩大了哲学管辖的范围，扩大了理性活动的范围，但也给宗教保留了地盘。人类感情的寄托、精神上的安慰，哲学无能为力，只有靠神学、靠上帝。从哲学上的变化，也可看出宗教管辖范围的变化，它反映资产阶级的力量逐渐壮大，代表中世纪封建思想的影响逐渐缩小，这是从康德这边来看。德国资产阶级受中世纪旧的封建势力的影响较大，德国资产阶级化比较晚，在英、法、德三国来看，工业化的道路，产业革命以后的影响，德国起步较迟，所以对宗教的让步，看得出很明显。18 世纪法国资产阶级力量比较大，法国唯物论，不再像德国那样、康德那样保留地盘。他们根本不承认上帝的存在，而且认为上帝的存在是虚幻的，是创造出来的，是骗人的。

宗教观念的变化、发展，受民族特点的制约、受地区文化特点的制约。宗教思想反映了不同民族、不同地区、不同文化的传统。宗教神学讲的是上帝的事情，实际上还是讲的社会，讲的当前。同时也要看到宗教之所以为宗教，它的共同的地方，是宗教与科学、哲学有斗争、有矛盾、有冲突。从意识形态上、哲学史上、宗教史上看，这种矛盾、冲突，也反映了人类认识的深化、进步的过程。不管是哪种形式的宗教，总的来说，与哲学、科学的斗争、相互影响中间促进了认识的深化，促进了社会的前进。社会的进步，科学的进步，逼迫宗教改变它的方式，改变它的形态，但是它不肯轻易退出历史舞台，变着方法，变换形态来适应新情况，来保存自己。因此，我们不能说宗教很容易从人的思想中退出或消失。因为人类认识的局限性很多，一般讲到宗教的发生发展的根源，习惯的说法有两种根源：一种是认识论的根源，一种是社会的根源。认识论根源是对自然规律不了解，这叫做认识论的根源。再进一步看，不能简单地说，认识论的根源，就限于对自然的认识,还应该包括对人生活的现实社会的认识。对现实社会认识的不理解,也是宗教存在的认识论根源。认识论根源看来是长期的。

有人对自然科学家也信神,也信仰宗教,不理解,好像自然科学家信宗教就没有认识论根源,好像自然科学家是先天的唯物论者、无神论者。因为世界上的事物太复杂,社会现象更难认识清楚。不能仅仅看做是对自然界的规律不理解才产生宗教,事实上,对于社会、对人、对人类自己不理解,也产生宗教,提供宗教孳生的土壤。对宗教学的研究,不应仅仅看做是研究的一种社会现象,也要看到我们研究宗教,也是研究人类认识世界的过程。人类信宗教,体现了人类认识社会的深度、广度包括的范围。宗教本身是以信仰为基础,必然导致蒙昧主义。宗教产生的动力,促进它继续活动,有它愚昧、反科学的一面,同时也有它在认识过程中走弯路的一面。许多研究宗教的著作或者许多研究宗教的人,在这一点上,认识不足,重视不够,我们一方面要看到宗教是社会现象,同时也要看到它本身反映了人类认识社会或者认识自己命运的过程,他要掌握自己的命运又掌握不了,就在这个矛盾中间曲折地前进。我们不能够把宗教仅仅等同于迷信,它有迷信成分,信仰本身包括迷信在内。所以产生这种信仰,不完全是迷信,还有认识论的根源。人们要认识世界,要了解世界,但是走到岔路上去了,这要加以区别。

十九、本体论的证明(续)

最早由安瑟伦提出的关于上帝存在的本体论的问题,笛卡尔有所发展。笛卡尔是大陆理性主义代表之一。他标榜理性是第一位，一切服从理性，人生的要义在于培养理性，发展理性。理性在他的哲学体系里占有极重要的地位。

笛卡尔把世界上的问题分为三大类：1. 信仰：基督降生于世间，西方传为三位一体；2. 与信仰有关，但可用理性来进行考察：如上帝存在的问题，心物的区别问题；3. 不属于信仰，完全属于理性：如属于化学、物理学家范围的问题。笛卡尔认为如用《圣经》来处理，就会降低《圣经》的权威性。关于第二类问题，哲学可以帮助解决。第三类也应用理性来解决。在笛卡尔看来，理性可以解决一切问题，不论是信仰的或科学的问题。人之所以为人，在于有理性。他认为人一生下来就是有理性的动物，但人生下来并不一定是基督教徒。教徒的资格是后来才取得的。理性和信仰相比较，支配理性的不是信仰，相反，支配信仰的是理性。信仰的基础是理性。理性是以自己为基础。当时教会还有一定的势力，教会神学有一定的影响。笛卡尔机智地来阐明自己的哲学观点，他没有触动《圣经》的权威性，同时又维护了理性主义的哲学观点。

笛卡尔说对于上帝的观念不来自感官，不是想象来的。如果来自感官，就等于用眼、耳去视、听。上帝是纯粹的理智的对象，不是具体的对象。理解作用于感官上，就得到感觉、认识，理解作用于想象上，得到的是想象。不用感官、想象，而用纯粹的理解，就能得到上帝的观念，是用纯粹思想获得的。上帝不用具体形象帮忙，就可得到上帝的观念。

可见笛卡尔把理性提到如此的高度。笛卡尔不是给上帝的存在以地位，他的论证比安瑟伦的论证更细致，更富哲理性。上帝的观念不是外在的，而来自内在，也不是任意虚构的。上帝不是高尼罗驳斥安瑟伦所举的完美无缺的仙岛,人对上帝不能增加些什么,如能增加就是说上帝还有所不足;人对上帝也不能减少些什么,如要减少,上帝就有赘疣。上帝是完满的,不须增减。人对上帝的观念,都有潜在的能力,就像人有数学的观念一样,只要经过启发就能恍然大悟,就好像引起回忆一样,契合无间。第二性的知识、颜色、声音也是先天的,许多先天的观念(潜伏人心中)之中,以上帝的观念为最根本。它不来自图像,自身就清楚明白。笛卡尔的名言就是:清楚明白,向内反省就能认识它自己,具体的感官印象有时会得到不明白的结果。上帝的观念是内在的,似曾相识,可以回忆起来。人的生活中第一个观念就是上帝。对上帝的观念是:无限的、永恒的、独立的、全知全能的,能创造它之外的一切实体。上帝这个无限,是不能包举的无限,无法完全把握它。理由是:1. 人的理智是有限的,有限的理智不能把握无限的上帝。2. 无限本身就是不能完全包举的,能包举的就不是无限。人类对无限的观念只能用无限来表示,数学中的无限大,无论增加多少都不能使无限增值,人类对无限只能推论。静止是从动中推断出的,黑暗是从光明推断出来的。现实生活中可以从看得见的部分推论看不见的部分,唯独无限有其特点,不是很多有限加起来的总和,多少有限加起来也不等于无限。上帝是最高的"有"(存在),没有这个最高的"有",就无法知道我有希望。必须先有"有"的观念,才能知道缺少、欠缺的什么。笛卡尔对无限的了解是消极的,对上帝本身的无限是积极的,永远了解不完。如遥望大海,水天无际,看不清楚,认识不完,但可以通过近海的认识,逐渐扩大到对遥远海域的认识。对上帝的认识也是如此。笛卡尔有个三段论的公式证明上帝存在:大前提:凡是我们清楚了解的属于任何一个东西的本性,就可以真正肯定那个东西的样子。小前提:"存在"确实属于上帝的本性。结论:所以真正肯定上帝是存在的。

上帝的本性是永恒的、客观的、不变的,不是我发明的,而是本来就如此。正如三角形三内角之和等于两个直角,大的角对着长的边。三角形内角之和等于两直角就是它的本性,是客观的,不变的。人是一种有理性的动物,理性就是人的本性。可分性是任何物体的本性,不可分就不是物体的本性。“存在”属于上帝的本性,反过来,不存在就不是上帝。笛卡尔论证的着眼点在于:凡是我意识到的,包含在本性之中的,都可成为事物的宾词。

小前提是本体论的核心,“存在”确乎是上帝的本性。某个具体的三角形不一定存在,但这个关于三角形的定义还是存在的、正确的。人是理性的动物,理性是人的本性,理性和人能不能分开?上帝的存在和上帝的本性能不能分开?事实上,三角形、人与上帝的本性都与它们的存在同时的,不能分开。“存在”是上帝本质的一部分,照笛卡尔的逻辑,上帝与存在是等同的。而“某个”三角形并不等于它的存在,因为某个具体的三角形是有限的,而上帝是无限的,上帝就是存在。他证明说:上帝是无限,是由它自己的力量而存在,上帝自己的存在就是它存在的原因。笛卡尔把它称为“有效因”。日常生活中,因果关系,在前者引起后者,则前者是因,后者是果,这就是有效因。在时间上,一般说来,原因在结果之前,实际上时间上也有颠倒的,如鸡叫与天明,但不能说鸡叫是天明的因,是天将明才促使鸡叫。这都是有效因。上帝存在不能以日常生活的经验来说明,上帝自己的存在就是它的原因。还可以发挥一下:不能像有效因那样有一个因引起果,有前面的因引起后面的果,不能说有一个前面的上帝引起后面的上帝。对上帝来说,不能说它曾经不存在过,如果如此看,等于说上帝曾有过不存在的阶段。但从时间上看,上帝是永恒的存在。

笛卡尔关于上帝的存在的论证,发展了安瑟伦的论证。安瑟伦认为上帝是最圆满的、完美无缺的,所以它存在。安瑟伦没有从逻辑上来考察上帝,只是从信仰出发,安瑟伦说反对上帝存在就是知道上帝存在,反对这个行动的本身就证明上帝存在,因为不会反对不存在的东西,既不存在反对它干什么?这受到高尼罗的反驳,安瑟伦的证明没有逻辑力量。

笛卡尔从必然性上做文章,从宗教信仰方面的证明,走向了逻辑推理的证明。笛卡尔还有不同于安瑟伦的一方面,这是更重要的一方面。在安瑟伦的证明中,从信仰推论出上帝的存在尽管在中世纪教会神学中占主导地位,宗教需要哲学为它服务,但是安瑟伦所处的中世纪时期不需要很多哲学,他的论证虽然经不起推敲,但也用不着逻辑推敲来帮助。笛卡尔用的方法与中世纪不一样,由推理证明上帝的存在,让理性起作用。安瑟伦处在充满神学的时代,没有感到证明上帝有多少困难。笛卡尔所处的时代,不同于神学笼罩一切的中世纪,科学有了发展,他要避免安瑟伦所受到的批评。笛卡尔的证明是这样的:凡是清楚的,凡是属于它本性的,就存在。这过渡到上帝的存在。笛卡尔的证明的大前提,例如三角形三内角之和等于两个直角,这必须有这样的三角形存在才有意义。在笛卡尔的哲学中,"有"(存在)有两重意义:1. 思想上、观念上的"有";2. 真正的、客观的"有"。好比真正存在的三角形与观念上的三角形。只有三角形的观念,前面的命题也是正确的。要害在于上帝存在的问题,"存在"是上帝的本性,所以上帝存在,这个上帝一定是个"有",如何有呢?因为上帝不同于某一个三角形,某个三角形是个具体事物,不是无限,而上帝是无限,具有普遍性。笛卡尔证明上帝的存在,说它是个"有",不能是观念上的、思想上的"有"。笛卡尔的目的不是证明人们有一个上帝的观念，证明这个观念存在。他的意图是要通过逻辑论证，证明有一个客观的、独立于思想之外的上帝，这个上帝恰恰是需要证明的那个东西。可是照笛卡尔以上的讲法，只能得出有上帝的观念的存在，不能证明上帝本身是一个客观的存在的实体。我们也清楚看到笛卡尔不在于肯定上帝的观念的存在，观念并不是独立于我们思想之外的客观实体，笛卡尔的目的在于论证和肯定上帝实体的存在。笛卡尔的小前提说的属于上帝的本性，这个上帝实际上是指的上帝的观念，是最圆满的“有”的观念。而他的结论是上帝作为实体的存在，实体的“有”。笛卡尔是有名的哲学家、数学家，在这里，他犯了逻辑上的错误。这个有，有两个意义，观念的有，实体的有。讲到“有”，大前提的“有”与小前提的“有”弄混乱了，两者不是讲的一个东西。他先假定了他所要证明的东西，他的大前提不一定错，但结论却背离了他的大前提。笛卡尔的上帝存在的必然性就决定了他的结论。笛卡尔的失误与其说是逻辑的，毋宁说是他的宗教信仰干扰了他的逻辑推理，不知不觉地以结论作为前提，再来证明企图得到的结论。

本体论证明本身说明一个哲学家要从中世纪神学的束缚中摆脱出来很不容易，要费很大的力气。这三段论的本身，表明他没有从神学影响下摆脱出来，理性主义从信仰主义中取得自由，还需要一步一步的努力。笛卡尔毕竟不同于安瑟伦，他要通过哲学、思辨、逻辑推论方式来证明上帝存在，企图以理性说明上帝存在，以理性来考察宇宙，但受历史的局限性，他比安瑟伦有前进，对后来的哲学家，他是中间的一个环节。从这里可以看出，宗教问题也反映了人类认识世界的过程。

在这个问题的基础上，再向前看，可以看到天人关系自始至终贯彻了宗教问题。直到今天,除马克思主义哲学外,一切哲学流派都未能正确对待天人关系。宗教与哲学在天人关系上都交叉影响。唯心主义哲学家在天人关系上给宗教留下地盘,宗教力求扩大它的地盘,唯物主义哲学和无神论思想则从神学方面争取地盘。

二十、关于证明上帝存在在理论上的终结

关于上帝存在的本体论的证明,经过安瑟伦、笛卡尔有了发展,但还未能解决这个问题。德国哲学家康德在《纯粹理性批判》中提到过去欧洲流行的几种证明上帝存在的论证,并一一加以反驳,证明其不能成立。康德的这个反驳,在哲学史上,有人说是摧毁性的反驳,从此以后再无人企图以论证的方式来证明上帝的存在。

本体论证明上帝存在,特点是在分析思想中上帝的观念,证明有一种与观念内容完全符合的现象,从而证明上帝实际是存在。本来"符合说"是哲学史上讲真理论的一派的主张,它要证明与结论是否相符合,认识的真理是否与实际相符合,符合的就是真理。

从哲学史中可以看出全部哲学就是讲思维与存在的关系,从思维过渡到存在的过程。不同学派、不同学说对此都有所论证。以前讲过高尼罗说过完美的岛与完美岛的观念不是一回事,怎么从完美岛的观念过渡到完美的岛是两回事。洛克、休谟的认识论偏重于思维的经验方面,不涉及对象、存在的问题,不存在客观有个东西被你认识。从思维去证明存在,首先的原则,必须承认思维不等于存在,如果相等,就不须证明。从康德开始十分注意思维与存在的关系,他是讲得最清楚、最认真、最周到的一个古典哲学家。他把思维对知识

的构成的重要性提到极端重要的地位。他比任何一个哲学家都更坚决地肯定有一个独立于思维之外的存在,即物自身、物自体,他在思维与存在两个方面,都给以充分的认识,给以足够的地位。他坚决地肯定有独立于意识之外的物自体,并相信知识的内容、材料必须来自感觉,物自身永远不能被感知。他又提出人的知性是间接的,人没有直观的知性。知性的对象不是知性者所创造的,而是从外面来的。直观是直接的,是被动的,是感性所接受的。他以极大的努力把思维与存在尖锐对立起来。现象是可感知的对象,物自身是不可感知的对象,对思维与存在的关系达到这样的认识,在哲学史上是空前的。17 世纪的笛卡尔,不区别现象与物自身。经验主义者承认现象,不承认有物自身。那些哲学家的认识论是一层的,不是两层的。康德说人有关于上帝的想法,这种想法是来自理性的理念,不是真正感觉到的。关于上帝的观念,他认为感性和知性都对它无能为力,那不是生活经验中所能得到的一个对象。这个观念怎么出现的,只能归到理性的范围内,这种归类的方法是不得已的方法。康德说上帝是理念,并不在于说明它的先天性,而在于说明它是超经验性,是感官经验不能给上帝以相应的对象。人类的认识必须借助于认识的工具,即范畴(因果、质量……)形式,可是上帝这个观念不受范畴的管辖,不能说明上帝,认识的工具对上帝的存在无效。上帝只是理性的形式,它是离开个体实在很遥远的,出于理性的理念,比如说上帝是无限的、全知全能的、完美无缺的等等,这些,人类认识无法达到,也永远达不到。所以,在康德的理性的管辖范围内,上帝无立足之地。上帝只是想象中的“理型”,是最高的标准,不是一个个体的实在。所以,康德对本体论证明提出了反驳。

康德说,假定有了对上帝的想法或观念,又假定这个想法里包括存在,那么就只能说上帝是存在,而不能说上帝是不存在,否则就自相矛盾。在逻辑上说,肯定了主词,无法否定这个主词所包含的宾词,那么上帝存在的判断是必然的。这里有个问题:如果主词本身不被承认,那么主词中所包含的宾词也就连带的被否认掉。比如,肯定有上帝,上帝是存在的,如果没有上帝,那么上帝的概念中包含的全知全能、永恒的特点、属性,也就连带地被否定。为了保证主词不被否定,主张本体论证明的人唯一的办法,就只能说有些主词不能被否定,这种办法,不是理性主义所允许的,它是带有独断性的。这里有个逻辑困难:如果说有的主词不能被取消,或者说有一些没有被取消的主词,那就是有一种绝对的、必然的主词,而这恰恰又是主张上帝本体论的人所要努力证明的结论。主张上帝存在的人提出,最实在的"有"的概念——上帝,这之中包含了最实在的内容,从命题本身来说不矛盾。因为不矛盾,所以说上帝存在。他们所谓一切实在就包含存在,因此,存在就包含在上帝的概念中。反过来说,这个东西不存在,就取消了其中包含实在的可能性,它的内容、属性就没有了,这就遇到逻辑的困难。先确定存在的可能性,结果又取消存在的可能性,陷入自相矛盾。所以不能说上帝不存在。那些主张上帝存在的人,为了不自相矛盾,就只能说上帝存在。康德指出,以上主张上帝存在的论据,有两个困难无法解决:1. 一个概念没有矛盾,并不能保证它必然存在。"有"这个概念相当的对象——存在,是可能的。对象存在不存在要看它符合不符合经验的原则,而不是看它本身是不是矛盾。不能从概念的逻辑上的可能性来推论出这个东西的实在性。逻辑上不矛盾,还不能证明它实际存在。2. 一个东西,主观上想它是可能的,又把存在概念加到这个概念中去,本身已经是个矛盾。上帝是个可能的东西,它存在。这个判断,是分析判断,宾词的概念已包含在主词之中,没有提供新的内容。肯定存在并不能给这个东西增加新内容。有了这个东西的思想,不等于就有了这个东西。本体论证明的错误的根源在于,把存在当做实在的宾词,实际上存在不是实在的宾词,存在与实在要加以区别,不能等同。康德说实在这个宾词可以加到主词的概念上去,是把主词的概念扩大的一种宾词,而存在不是实在的宾词,不可能加到一个东西的概念上去。如果说上帝存在,我们没有给上帝这个概念加上新的内容,只是肯定主词,而实在的上帝则不一样,它有全知全能、永恒等内容,与概念中的存在不能画等号。按道理说,实在的上帝与概念中的上帝,实质和内容应是一样的,如果实在的东西多于想象的东西,那就不是我们所想象的东西,那就不是上帝的存在,而是另外的东西的存在。例如:一朵花是红色。另一命题,一朵花是存在的。前一命题的主词不包括宾词,一朵花不包括红色,它分析不出红来。判定一朵花是红的,其中有了新的内容,红(宾词)不包含在一朵花(主词)中。说一朵花是存在的,宾词已包含在主词之中,宾词没有给主词增加新的东西。既然存在不是实在的宾词,我们说一个东西存在,就不能使主词(存在)这个概念增加新的东西。存在不能用来表示一种性质,存在与性质是两回事。说桌子存在,这个命题中不提供它的长短、大小、轻重,分析不出颜色、重量、形状等,不能给人一种新的知识,仅仅证明它存在。如果证明上帝存在,仅仅是命题上的存在,上帝有何属性,无法从这个命题上得到,后来的人给上帝加的全知全能、永恒等种种美德,这么丰富的结论,在上帝存在的命题中得不出来。本体论证明的错误在于:把存在包含在上帝的概念内,想象成很完美、最高尚、最优越的存在。这种存在,仍然是一个需要证明的命题,它的性质是否有,正是需要得到证明的结论,而不是现成拿来的结论。仅空洞地说上帝存在,对上帝的性质、作用以及人对上帝的理解毫无价值。这些主张上帝存在的人,把上帝应该存在当做上帝实际存在。从概念上看上帝存在毫无问题。康德指出,仅仅从概念证明上帝存在,恰恰是困难所在。不是没有问题,而是大有问题。康德的哲学体系认为:一个东西的存在,只有离开它的概念仍然存在,这种存在才是真实的、可靠的。如果仅仅是概念上的存在,这种存在就无意义。康德把思维与存在划分得很清楚,正因为划得清楚,这才给上帝本体论以致命的批判。康德举例说,一个盒子中装几个苹果,证明其有无,是用逻辑论证,还是打开盒子看一看?打开一看就不需要用逻辑来论证。他又说,打开看的办法,在生活经验中是有用的,可是这个办法不能应用于上帝,用实践不能检验上帝的存在,如果上帝是存在的话,那是经验范围以外的事,是超越经验的可能性、经验的限度的。人的认识有限度、人的经验有限度,凡是证明上帝存在的说法,都没有事实作根据。所以不能说上帝存在是可能的,但反过来,也不能说上帝存在是不可能的,这也要通过认识过程来证明。而上帝的存在又不像检查盒子里有几个苹果那样,可以通过经验认识、科学实践来证明它绝对不可能。康德的体系中,上帝存在这个命题,是永远不能证明、无法证实的假设。最后表明本体论证明上帝存在,只能在概念上证明上帝存在,而这个概念是人给加上的种种属性、内容(美德),实际上不可能得到证明上帝具有这些属性(美德)。从此以后,对上帝的证明就再也引不起学者的兴趣了。中世纪以来,宗教学者用种种办法,企图从逻辑上证明上帝存在,他们的努力被宣告无效,可是并不能使信仰上帝的人死了这条心,这些人的行动背后有一种推动的力量,因为他们需要上帝存在。

从以上讲的几个学派中可以看到,最早安瑟伦以信仰为基础,随着资产阶级的壮大,对中世纪的教条有所突破,以理性来证明上帝的存在,如笛卡尔,这种努力也不成功。人类认识不断深入,哲学向前发展,康德又进了一步,用理性方法、逻辑论证,证明上帝存在是不可能的,宣判了证明上帝存在是徒劳无用。最后由于需要上帝存在又回到信仰上去。所以康德提出:只有信仰才是最有力的上帝存在的说明。只有信仰,它才不需要证明。如果说信仰一个东西,又不承认它的存在,这是不可想象的,所以说上帝的存在是信仰中的存在,不能说是真实的、实际的存在。上帝不是认识的对象,知识、知性、理性,对上帝用不上,这些都是经验世界中的,超经验的部分,理性、知性管辖不到。只有信仰才能在超经验领域中通行无阻。它不需要证明,因为它是自明,它不需要推理,因为它本身就是最后的真理。

康德把自由、不朽、上帝这三个东西看做三个公设(最带普遍性的公设),这三个中,后两个与前一个自由有区别。自由属道德范畴,有社会意义。后两个有神学的意义,不是一类。这三大公设中,把上帝从人类的感性、知性、理性中排除出去。但把它排除出去,不等于上帝不存在,而是把上帝的存在放于信仰中,指出上帝的作用是存在的。

上帝存在的问题,实际上反映了欧洲资产阶级反对封建主义的过程。因为欧洲中世纪有时政教合一的宗教与政治结合得比较紧,一些启蒙思想家为了反封建主义,推动资本主义思想发展,所以对上帝提出了怀疑。对上帝的怀疑就是对封建主义的冲击。在封建主义下面,个人没有地位。中国与欧洲一样。为什么提出自由平等,是争个人的解放。在神学问题的争辩中,实质上体现了个人解放的要求。康德提出应该有道德的神学,而不赞成有神学的道德,这里重点不一样。有道德的神学,是一个人要服从道德的律令,道德律令是自觉的，应该这么做。怕上帝的赏罚而去做是屈从于教条，而不是服从道德的律令，如果说上帝的存在，只能通过人的行为、道德的律令来加以证明，人做好事就好像在上帝监督下让他去做。道德是自我律令，一事当前，该做不该做不是法律的规定，是自己管自己，自觉地去做。上帝也应该是自我立法的存在，所以从康德开始把上帝加上道德的属性。康德在《实践理性批判》中说："在我头上是灿烂的星空，道德律令在我心中。"这句话刻在康德的墓碑上。康德坚定地维护宗教，他一方面教人放弃证明上帝存在，同时，又提出上帝也不可能被人证明不存在。他还说基督教与最纯粹的实践理性相结合完全是可能的。《圣经》上有些神话不可信也不必信，对《圣经》要从道德观点上来解释，要发掘《圣经》中普遍的有效性的、理性主义的部分。如果把信仰放在道德之上，用信仰指导道德，他认为不算做迷信。如果把道德充实到信仰中去，道德的律令指导宗教行为，这种宗教还是需要的。康德自己不上教堂，也反对有人格的神，反对神人同形，也反对上帝作为实体，反对宗教教导人绝对服从，反对宗教提倡权威。在这个意义下，说明德国资产阶级有企图从中世纪教会神学束缚中解放出来的倾向。哲学希望从宗教中争得更多的自由。康德从另一方面又反对无神论和泛神论，他提出如不承认理性的信仰，给信仰以新的解释，就会让一些人走向无神论，或一些人走到迷信中去。我们从西方哲学史上看宗教与哲学的关系，可以发现哲学力图摆脱宗教的束缚，这一点东方与西方有共同性。作为一个规律来看，人类认识史上，必须经过这个过程，要求从宗教神权的束缚中解脱出来，通过三大实践，人逐渐发现认识自己的地位。这又回到宗教学中天人关系问题上来，人的地位逐渐被认识，人逐渐从"天"（神）的管辖下争取自由、解放自己。人的地位从神的附属品中摆脱出来，变为自觉的人、自由的人。人发现了人的自由,这是个漫长的过程。最早的时候,人离不开宗教,后来逐渐从宗教中摆脱出来,人对世界认识更清醒了,也认识了人自己的地位。这里只勾画出一个大致的发展趋势。直到现在,人类还没有真正摆脱宗教,认识自己。我们说人类对自然界(对物质世界)的了解较多,对人与人的关系的了解很少,人对自身认识也很不够,有好多东西,对人还是个未知数。这种情况,就为宗教提供活动的地盘。有人提出科学这么发达,为什么宗教不但未减少,有些地方还滋长。这种疑问不难解释。因为世界的复杂性远远未被人充分认识,了解得很少,神学就乘虚而入。在人类认识史上,和哲学争地盘的最大对手就是宗教神学,它可以变换口号,改变形式,但它总的目的,不是引导人实事求是地认识世界和改变世界,而是反对正确认识世界,不赞成改变世界。主张维持现状,反对变革。这种精神是一切宗教历来共同遵奉的传统。宗教与唯心主义配合起来对抗实事求是认识论的道路。因此,我们必须清醒地从世界观上认识宗教的本质。我们绝不是说要消灭或打倒宗教或代替宗教,这种口号是主观的空想。为了把人类引向文明,反对愚昧,取消蒙昧,必须要实事求是地对待世界,对待社会,这种态度就是历史唯物主义。我们宪法制定的宗教信仰自由政策,是以历史唯物主义为根据制定的。在我们的国家里,从来不强迫人去信仰什么或不信仰什么,宗教信仰是个人的私事。

从当前宗教发展趋势来看,宗教与宗教间趋向融合,吸收其他宗教对自己有用的东西来充实自己、发展自己。宗教与宗教间不是你死我活的斗争,它们联合起来,对付科学,反对无神论,对抗唯物史观。宗教自己的教义讲的一套东西都是表面的,不能根据其教义、口号来相信其主张。两次世界大战期间,交战双方的基督徒都祈求上帝的保佑，使他们得胜，我们不相信同一的宗教必有同一的思想，真正的一致性还在于它们之间共同的政治的、经济的利益。今天我们国家的宗教政策对宗教徒的要求，第一条是爱国，在此前提下才是爱教。使国家富强起来，改善物质生活，这是全国宗教信仰者与非宗教信仰者的共同利益、共同基础。如果忘了这一点，就会陷入各自的教义中或宗教生活习惯中不能自拔，迷失方向。

二十一、道教的宗教世界观和修炼方法

宗教是各式各样的。有些宗教就是不主张上帝创造世界。中国道教就是这样的主张。

道教形成的时代在东汉末年三国时期，张陵、张鲁创立，还有于吉。西晋时有王浮、葛玄、陈端，东晋有葛洪，南北朝时北朝有寇谦之，南朝刘宋时有陆修静，梁武帝时有陶弘景。隋唐时期，佛教、道教都很兴盛，道教著名的有蔡晃、李荣，这两人与玄奘同时。唐太宗要玄奘译《老子》为梵文送给印度，翻译时曾与蔡晃有过辩论。唐玄宗时有司马承祯，是陶弘景的三传弟子。从南北朝到唐朝，这时的道教有些发展、变化。南北朝时，道教宣传求仙，认为成仙、长生不死是可能的，配合修炼、服药。从葛洪到陶弘景都积极主张炼丹服药可以成仙。道教利用各种药物，有矿物类的，有植物类的，用药物加以焙制，在身体以外找些辅助性的东西来补充身体的不足。道教称之为“外丹”。刚开始时，道教注重医学，道教著作中有气功、医学、针灸、体育锻炼方面的书。道教相信，既然服药、锻炼可以健身、延年，沿着这一条通路推演开去，把生命无限延长，即长生不死。这种设想是可以理

解的。

道教与佛教同时存在,但这两教有很大的不一样。佛教认为人生是苦的,是虚幻不真的。宣传空无,主张无生、涅槃。佛教认为身体结构是好多因缘凑合的,凑合的因缘不存在了,所谓我也就不存在了,因而认为我和世界都是虚幻的。佛教认为人生是苦,不主张延年长生,向往涅槃,避免轮回。道教以身体是真实的,主张养身,最后以至不死。佛教要求人信教后得到精神解脱,道教主张经过锻炼,服药后长生不死。

南北朝时基本这样,但到了后期,到了隋唐时,道教发现服丹药死得更快,主张外丹要慎重,转向内丹。内丹是精神的修炼、宗教世界观的培养。越到后期,越是转向内心修养。这样就不可避免地与儒教、佛教接近。道教讲究"存思",或叫做"守意"①,建立心理的训练,教人静坐。司马承祯的《坐忘论》讲:"修炼在于修心,修心在于主静"。"心者,一身之主,有神之帅,静则生慧,动则成昏。"又说:"学道之初,要须安坐,收心离境,住无所有,不着一物,自入虚无,心乃合道。""住无所有","不着一物",静坐不要一心想着一个具体的对象。如果一定要把心固定在一个对象上,反被对象束缚住,引起心的精神状态的不安定。要求"心不着物,又得不动",这样才是真正做到静,真正得到安定。这样训练久了,可以做到心气调和、神清气爽。静坐要防止三种偏向:一、防止盲定,永远切断思维活动,强制想什么,不想什么。二、防止心无所归,浮游状态。三、防止是非,又要区别是非,又不要陷入是非之中,心无判断。头两个是控制感觉活动,第三个是控制思维活动。司马承祯讲,安静存想(想自己的身)或存

① 此概念来自佛教。

神(存自己的神),不要跟着外物跑,又不要看不见外物(见司马承祯《天隐子》)。从这里可以发现一个值得注意的问题,道教与佛教开始时有区别,后来都是逐渐注重内心修炼的方法,道教称为炼内心。这里没有讲到神,存神的"神",不是上帝、神仙的"神",是指精神状态。道教还相信一种神,这是鬼神的神,在身体的每个器官都有主管者——神。《黄庭经》中提到"神",神不是在身体外,在每个人身体内部都有神,六脏都有神。"心神"名丹元,字守灵;"肺神"名皓华,字虚成;"肝神"名龙烟,字含明;"肾神"名玄冥,字育婴;"脾神"名常在,字魂亭;"胆神"名龙曜,字威明。神在人身体内,人的头部也有神,脑、眼、鼻、耳、舌、牙、发,都有神,把人的身体看做一个小天地。天地的神都存在人身体之中。丹田也有神,中医认为丹田是肾的根,在人的脐下三寸,这是要害部门,这一观点与道教有关。道教把丹田的神看得特别重要,丹田神姓孔名丘字仲尼。道教还有"三尸神"(演义小说中有"三尸神暴跳"的说法,此种观念来源于道教),人身体分为三个大的部分,"上尸"在人的头部,包括眼、耳、鼻、口、牙、眉等。"上尸神"是破坏人头部器官的神,使眼昏花,牙脱落,耳聋,头发脱落。"中尸神"破坏人的脏腑。肺胀、胃弱等是"中尸神"起的危害作用。"下尸神"危害人的肾、腰、脊髓、腿,使人行动不便,腰酸腿疼等。宋真宗时张君房所编《云笈七籤》中就谈到破"三尸神",使它不起作用的办法是"守庚申"。选庚申日彻夕不眠,通过仪式,可以斩掉"下尸神"。再选一庚申日可破"中尸神"。又选一庚申日可斩掉"上尸神"。连着三个庚申日,"三尸神"都被斩掉后,可以削去死籍。《西游记》书中讲的是西天取经,佛教的事,但内容多是道教内容。孙悟空在阎王处削去死籍、修炼、炼丹等都是道教内容。道教对待神与其他宗教不一样,承认神在身体中,它对付这些神的办法,一个是祈祷，一个是斩除。这是中国宗教中有民族特色的。在少数民族地区，在原始宗教中也有类似的地方，它认为有什么神在与人捣乱，一方面要祈祷，求它发慈悲，另一方面还采取积极的斗争办法，去驱逐消灭它。这与养生、锻炼有关系，采取积极的措施。道教的神在宇宙中的地位，不是创造万物，与基督教不一样。基督教创世纪中，上帝六天创造世界，道教主张天地自造，本来就存在。宇宙万物最基本的概念是“混元”、“元气”。葛洪《抱朴子·畅玄篇》说“玄”（玄，即元）是天地自然的始祖，万物的根本，人虽看不见，但人归它管制。天因“玄”才高，地因“玄”才低，天上的云、雨都是“玄”的作用。最早的世界是“二仪（天地）未分，溟滓鸿濛濛，未有成形”。世界一开始时，只是一团混沌，说不上形状大小，天地未分，没有日月星辰，这时有盘古真人“得天地之精，自号元始天王”——道教最初的神名。元始天王不是创造宇宙，是在宇宙混沌未分时在里面活动，又经历“四劫”。“劫”本来是佛教名词，世界从形成到毁灭、再形成，一个周期名“劫”。① 经历了四次成毁的周期，天地开始分开，天向上，地向下。虽然没有像后来那样清清楚楚有天地，但已开始分化，那时“玄玄太空，无响无声”，下无山河，上无星辰，浑然一体，逐渐分化。又经四劫，天地开始分化了，天地相去有三万六千里，元始天王在天地中心，住在玉京山。中国旧诗词中讲到道教上天朝玉京，就是元始天尊住的地方。这时有了宫殿，以金玉装饰，又经历两劫生了太元玉女神，生下来就能说话，称为“太元圣母”，太元圣母与元始天王结合，生出三皇五帝，这就是道教的创世纪，以后就有人类。这时天是清明的，地是安定的，人类是幸福的。“三皇”指的是天皇、人皇、地皇。天皇有十三个头，统

① 道教受佛教影响，接受了佛教“劫”的说法。

治了三万六千多岁,生地皇。地皇有十一个头,又统治了三万六千多岁,生人皇。人皇有九个头,也统治三万六千多岁。

《隋书·经籍志》道经,最早记载,元始天尊秉自然之气而生,在元始天尊之前,世界已存在。《经籍志》指出道教讲的"劫",经过几个劫,然后有什么变化。"劫数"这个说法与佛经略同。又讲"天尊之体长存不灭",统治时代很长。元始天尊也有年号,有的叫做延康、赤明、龙汉、开皇。这些年号间相去四十亿万年。天上的天仙有品级,如太上老君、五方天地,等等。《经籍志》道经上讲一切都是元气所生,自然而有,未所造作,一切为元气所化,元气与天尊长存不灭。天地坏一次(劫),道经上讲的道理就不能传了。劫运过去后,就出现了八个字,这八字是自然出现的,讲到道体深奥的道理,叫做天书,字充满光辉,照人眼目,一般人没法看,也看不懂,只有天尊才能辨析、宣讲,经过天尊才能传授给世人。

《洞玄本行经》中提到"太上道君纪",这是另一个神。还有很多神,有的住在太清、上清、玉清。太上道君住上清宫。道教的宫观中的上清宫、太清宫、玉清宫,这都是道教传说中天神住的地方。

这里讲到道教的神是自然元气所生,不是创造世界的。从这里看,道教这种宗教有它不同于佛教、儒教以及其他宗教之处。

儒、释、道三教共同的地方,从唐宋以后表现较明显。这可结合禅宗、天台宗以及儒教来看。经过唐宋,这三教都讲修心养性。道教最初重炼丹,讲外丹,到后来发展到修心养性。这说明宗教发展到一定的历史阶段,把人引向内心修养,宗教精神训练或叫宗教实践。当然宗教也有它的外壳,表现形式。穿的衣服,念的经,祭神仪式等各有不同,但宗教是内在的,引导人追求精神上的解脱。道教讲内丹,禅宗讲明心见性,天台宗讲无情有性,这都说明力图通过它的宗教实践，证明心性的修养、心性的训练在宗教中占头等地位。这是第一点。第二点，几种宗教都教人为善去恶。封建社会的善恶标准有阶级性，在中国特定的历史条件下，它的善是维护封建宗法制，破坏宗法制就是恶。具体说做到忠君孝父就是善。佛教要求出家，但也教育人尽忠尽孝。道教有两派，一派是出家不结婚，男的称道士，女的称道姑。道教还有一派叫正一派，以龙虎山张天师为代表，带家属。张天师是父死子继，世代相传。中国古代各种宗教都是劝善，维护封建宗法制。因为它服务的对象是一个。这三教的关系，在唐朝时还有些小的矛盾，蔡晃、李荣都是有学问的道士。遇到国家庆典时，朝廷命儒、释、道派代表在宫廷大殿上展开辩论。儒、释、道三教各自定立题目，宣讲自己认为正确的道理、教义，现在还留有很多辩论题目。《资治通鉴》中的唐朝部分提到好几次辩论。唐人文集中也记载辩论的内容。白居易《长庆集》中有两处记载，他代表儒家在三教辩论中的辩论提纲，道教中也有记载。三教在隋唐时期，处于鼎立状态，后来三教逐渐汇合、融合，从互相辩论自己正确来反对其他教不正确。发展到后来，辩论调子有了变化，三教都承认对方也有合理性，可以互相补充。三教认为三家都有长处，有的治心，管思想，有的治身，管行为。儒教正式形成，它不再提儒教与释道两教的分工，而是主张儒教既能治心又能治身，即“内圣外王”。“内圣”就是治心，“外王”是把治心的成果扩充，让它起社会政治作用，治国平天下。“内圣”与“外王”联系起来，从内心世界一直到个人修养、家庭生活、社会生活，形成完整的体系。思想训练、行为准则、社会活动纳入一个系统，都是为封建宗法制度效力。从外部修炼到内心修养，再扩充到社会活动，这个过程在三教中以儒教做得最成功。道教、佛教有出家的形式管着，尽管“内圣”讲得比较好，内心修养讲得很细致，很精密，但“外王”“治国平天下”这点，不如儒家直接起作用。佛教、道教不管怎么说，是出家的，总是隔着一层，可以为政治活动服务，提供思想基础，但不能直接参加政治活动。经过三教间长期的互相斗争、争辩，又从争辩中互相吸收、融合，最后到儒教吸收了、消化了，完成了它的体系，佛、道两教起了配合作用。在理论上，从根本来说，三教没有区别，三教都被封建统治者所重视、利用，历代帝王不管信不信佛教和道教，他们都捐款修庙，支持宗教的存在和发展。

宋朝开始，儒教正式形成。但是佛教的经典，第一部《大藏经》就是宋朝开始雕刻的，有五千多卷。道教的经典《道藏》也是宋朝开始编目整理的。从宋真宗开始到徽宗，一直整理《道藏》，达到七千多卷。这都说明封建社会对宗教非常重视，也说明宗教对封建社会起了积极的维护作用，起了很好的上层建筑的作用。

欧洲中世纪宗教发展到了极盛时期，享有最高的社会地位、政治地位。基督教起源于奴隶制社会，它发展为世界性的宗教是封建社会。所以说宗教的鼎盛时期在封建社会。封建社会特别需要宗教笼络人心、麻痹人民、巩固统治。宗教开始时以天堂、地狱、惩罚来起宣传作用。发展到后来，越来越细致，越与哲学密切结合。宗教不光有仪式，烧香礼拜，还有宗教教义，这也是中世纪特殊的社会条件造成的。在中国有宋明理学、儒教。在中国的佛教、道教也有好多系统的理论。司马承祯的《坐忘论》《天隐子》都是宗教哲学，都是让人接受宗教训练、宗教世界观。欧洲的经院哲学集中宣扬宗教世界观。社会主义时期也有宗教。社会主义时期的宗教是不是社会主义时期的上层建筑（缺若干字——编者注）？又有人认为社会主义时期的宗教是中世纪遗留下来的旧的意识形态。新社会总是在旧社会的废墟上建立的，正好像小孩生下来身上带着胎迹，不是小孩本来就有的，小孩长大了胎迹慢慢就消退了。社会主义时期的宗教，不能说是社会主义的上层建筑，因为社会主义的上层建筑应该是社会主义社会的道德、文学、艺术、马列主义哲学，这才是社会主义的上层建筑。宗教的唯心主义世界观不能是社会主义的上层建筑，因为宗教的要害是相信有两个世界，彼岸世界与此岸世界。宗教引导人们追求的境界不是现实社会能达到和能给予的，要到另外世界去找，这一点，恰恰与社会主义时期的哲学、道德、艺术不能协调。社会主义社会的上层建筑，是要改造现实世界，不是到另一个精神世界去寻找安慰，宗教没有给人这样的力量。因而，宗教不是社会主义社会的上层建筑。宗教总是认为个人力量很渺小，人对自己的命运、对世界的改造无能为力，只能靠自身以外的精神力量来解决。道教宣称消灭“三尸神”，要战胜它，但这是虚幻的一种对象，即使战胜了这种虚构的对象，战斗的锋芒并没有指到真正的敌人。佛经中也讲过一个投崖饲虎的例子：老虎快饿死了，几头幼虎缺乳，也快饿死了，佛就从崖上跳下来，以身饲虎。垂死的母虎得救了，缺奶的一窝幼虎也得救了。佛教称赞这种献身精神，认为这是无私的，勇敢的，但真正的无私和勇敢是这样的吗？

后　记

本讲义是任继愈先生20世纪80年代在北京大学哲学系宗教学专业讲课的记录。由刘苏同志根据录音整理,曾经先生修改,准备出版。未整理完,因故中止。这里发表的是已整理的稿件。其中一部分曾发表于上海文艺出版社1998年出版的《天人之际》一书,而《美学与宗教》一章则发表于山西人民出版社1997年出版的《念旧企新》一书。

编者

目　　录

前　言

进入新世纪以来，信息技术的飞速发展，一方面推动了图书馆事业的发展，促使图书馆在资源、管理、服务等方面发生剧变，另一方面也给图书馆带来了前所未有的挑战：首先，图书馆已不再是社会信息中心和获取信息的唯一场所，互联网、移动终端使得任何人都可以同时是信息的使用者和发布者，信息已无处不在，真正的信息爆炸时代已经来临；其次，不仅仅是信息爆炸，更重要的是用户已无所不能，尤其是在新技术环境下成长起来的新一代用户，环境赋予了他们一定的信息素养和新的信息技能，具备了一定的数字生存能力，只需动动手指，手机就可满足他们的很多信息需求，他们无须再依赖图书馆。在这种状态下，图书馆的社会地位下降，用户逐渐流失，“图书馆必将灭亡”的理论甚嚣尘上。

然而，有着深厚文化底蕴的图书馆终究“是一个生长着的有机体”，面对信息技术带来的史无前例的挑战，图书馆也史无前例地在为生存而战，而这种战斗的本质，不仅仅是为图书馆本身的利益而战，更多的则是为公民享受公共文化服务的权利而战，为追求社会公共利益的最大化而战。图书馆一方面进行着自身的变革，一方面也在通过自身的发展来影响社会，很少有社会机构能够像图书馆这样，孜孜不倦地为公众能够享受到优质的文化服务而不断地进行自我变革。在这一过程中，创新理念和管理方式是新世纪以来图书馆变革的主要特点，而引进、消化和吸收企业的管理理念和方式则是图书馆以开放的态度、求新的精神重新审视自己的结果。在这一背景下，以用户为中心的企业营销理论自然就被纳入图书馆创新变革的视野。

本书围绕“图书馆营销”这一主题展开，包括“绪论”“图书馆营销”“图书馆品牌建设”“图书馆公共关系”和“图书馆营销案例研究”5

个部分。

“绪论”包括“图书馆与图书馆营销”“图书馆营销研究现状”“图书馆营销研究范围”和“营销:图书馆运营创新的必然选择”4 个部分。

第一部分“图书馆营销”介绍了图书馆营销的概念、图书馆营销的特点、图书馆营销载体、图书馆营销程序以及质量管理与评价 5 个方面的内容。

第二部分“图书馆品牌建设”包括品牌建设与营销、图书馆品牌的内涵、图书馆品牌的重要性、图书馆品牌建设现状、图书馆品牌建设策略 5 个方面的内容。

第三部分“图书馆公共关系”论述了公共关系的发展演进、公共关系的要素分析、公共关系与市场营销,重点介绍了图书馆公共关系的发展、特点、目的和职能,并以“卡特里娜飓风”后的美国图书馆公关、美国波士顿公共图书馆的公关营销、河南信阳师院图书馆事件的公关得失为例,论述了公共关系与图书馆营销之间的密切关系。

第四部分“图书馆营销案例研究”精选了 10 个国内外优秀的图书馆营销案例,以期对图书馆的营销实践提供参考,这 10 个案例包括“新加坡国家图书馆的 S. U. R. E. 项目”“清华大学图书馆的社会化媒体营销”“厦门大学图书馆新媒体营销案例”“英国威尔士公共图书馆营销战略规划”“东莞图书馆:全媒体多渠道促进公共文化宣传”“英国利兹图书馆的营销实践:故事驱动的内容营销”“澳大利亚国家图书馆的社交媒体营销政策”“上海图书馆:向世界级城市图书馆迈进”“美国图书馆协会:转型期的图书馆营销运动”“美国史宾塞公共图书馆:一只名叫杜威的猫的影响力”。

本书回顾和总结了我国图书馆营销的历史和现状,并对当前图书馆营销的一般原理和方法进行了研究,力图能够找到适合我国图书馆特点的营销理论和方法,以期对我国图书馆营销理论与实践工作能有所参考。

由于作者水平有限,书中如有错漏与不足之处,敬请读者朋友们多多包涵。

绪　论

一、图书馆与图书馆营销

众所周知,图书馆是公益性组织,其主要职能是保存人类文化遗产、开展社会教育、传递科学情报、开发智力资源,是由政府出资,为公众提供文化服务的教育和科研机构,并不需要销售产品营利。然而,从 20 世纪 70 年代以来,营销的理念却逐渐走进了图书馆,尤其是进入 21 世纪以来,各类图书馆都在自觉或不自觉地运用营销的理念推广读者服务、扩大读者范围、巩固已有的读者群体,同时为吸引读者,图书馆的服务种类、服务内容空前丰富,公共图书馆甚至纷纷走上街头举办各类文化活动来吸引读者参与,新的以读者为中心的管理理论也层出不穷,可以说图书馆已经进入了一个史无前例地"推销"自己的时代。市场营销理念从发端到现在也仅仅 100 多年的历史,而被非营利的图书馆界关注直至应用已达 40 多年,那么营销是如何走进图书馆的,图书馆为什么要营销,营销给图书馆带来了什么?

(一)市场营销理论的出现和在企业的应用

人类的营销实践和营销思想古已有之,是伴随着人类社会商业活动的产生和发展应运而生的。在西方,吕底亚人于公元前 7 世纪开始铸造货币,并用来进行零售贸易,因此,从买卖这个意义上来说,营销活动被认为发源于中世纪吕底亚人居住的小亚细亚,并且由于营销比物物交换更有效率,很快便蔓延到地中海沿岸的希腊城市,并迅速扩散到整个文明世界①。

经过漫长的历史岁月，到了20世纪初，由于第一次工业革命和第二次工业革命的爆发，科学技术的发展突飞猛进，产生了大量新技术并迅速应用于工业生产，资本主义经济得以迅速发展。随着生产力的提高和市场规模的扩大，市场竞争日趋激烈，人们开始采用新的经营策略，分销变得越来越重要，营销被正式作为一门理论学科即"市场营销学"进行学术研究并在大学里讲授，如密歇根大学于1902年就开设了"美国工业分销与管理课程"。这一时期，社会分工日益明确，人们越来越依靠市场或他人来满足自己的生产需求，市场呈现出供不应求的态势，市场营销学的研究还处于初级阶段，还停留在书斋和大学课堂上，没有形成现代营销学的理论和原则，加之经济发展态势良好，整体市场前景乐观，因此并没有引起社会和企业的普遍重视。而到了20世纪20年代末至30年代初，资本主义经济几十年的快速发展使生产和销售矛盾不断尖锐，商品生产过剩，销量下降，工厂利润降低，大量企业纷纷倒闭，失业人数增加，社会购买力下降，进而形成恶性循环，整个西方资本主义世界爆发了空前的经济危机，市场问题也越来越突出。而彼时市场营销学对于推销术和广告术的深入研究也正切合了当时企业界寻求发展的客观需求，市场营销学开始在企业界得到应用，用以指导流通领域的销售过程，引起了社会的广泛重视。1937年，美国营销学会（American Marketing Association，简称AMA）成立，在全美各地设立分会，为企业培训营销人员。

第二次世界大战结束后，由于西方各国政府对经济发展的重视以及第三次科技革命的兴起，劳动生产率得以空前提高，市场出现了产品供过于求的局面，企业间的竞争越来越激烈，客观上促进了市场营销学研究的变革和发展，使其由指导流通的销售过程发展为参与企业

① D. G. Brian Jones, Eric H. Shawa. History of Marketing Thought: Introduction and Overview[M]//Barton A. Weitz, Robin Wensley. *Handbook of Marketing*. London: SAGE Publications Ltd, 2002: xix.

经营决策的一门综合性应用科学。此后，随着全球政治、经济的起伏变化，市场营销学也在不断创新、发展和完善中。AMA 分别于 1960、1985、2004、2013 年数次对营销的定义进行修正，也正是市场营销学理论界和实务界互动的结果①。近 20 年来，随着经济全球一体化进程的加快，国际化企业在全球市场上的竞争越来越激烈，全球营销管理理论应运而生并迅速发展起来。市场营销学每一次的创新和发展，都适时地为企业应对新出现的复杂环境和竞争提供了强有力的理论武器。换句话说，企业生存与发展的客观需求成为市场营销学发展与实践的直接驱动力之一。

（二）市场营销在非营利组织的应用

20 世纪 70 年代，在全世界范围内，包括发达国家和发展中国家涌现出了大量的非营利组织，如社团、协会、基金会、慈善机构、学校、文化机构等，它们遍及各行各业，不以营利为目的，而是注重处理和解决种种社会问题，被称为独立于“第一部门”政府和“第二部门”企业的“第三部门”。这些组织的目标一是募集到更多的可供其运营的资源，二是通过开展非营利性的志愿公益活动向社会提供多种服务。随着非营利组织的迅速发展，其规模和数量不断增加，逐渐在国家经济和社会事务中扮演着越来越重要的角色。但由于非营利组织的运营主要依赖于政府、企业和公民个人的支持，随着其数量的增加，不同组织之间的竞争就越来越激烈，很多组织面临着成本上升和收入下降的困境，如何在竞争中生存并实现组织目标成为非营利组织亟须解决的问题。

1969 年，被誉为现代营销学之父的菲利普·科特勒（Philip Kotler）在《营销学杂志》（*Journal of Marketing*）上发表了题为“Broadening the Concept of Marketing”的文章，认为市场营销是一个普遍的社会活动，不仅仅是牙膏、肥皂和钢铁的销售，因为在美国，一个最显著

① 于洪彦，刘金星. AMA 官方营销定义动态演化及其启示探析[J]. 外国经济与管理，2010，32(3).

的趋势是越来越多的社会工作是由企业以外的其他组织来完成的。科特勒认为每个组织都至少在生产和销售如下类型中的一类产品：一是物理产品，如香皂，衣服等；二是服务，如旅游、保险、咨询等；三是人，如员工试图给老板留下好的印象，政治人物试图得到公众的支持等；四是组织，许多组织花费大量的时间来推销自己，如共和党投入大量资源塑造自己的现代形象，医学会为提高美国医生的形象而开展的活动等；五是思想，很多组织向社会推销自己的思想和观念，如人口组织向社会宣传节育的观念等。根据这种对产品定义的扩展，科特勒提出传统的市场营销原则可以扩展到企业以外的其他组织的设想①。这篇文章的发表受到众多学者的关注，同时引发了很大的争议。20 世纪 70 年代初，西方国家普遍出现了经济增长停滞、失业加剧、通货膨胀等危机，在成本、竞争的压力下，一些非营利组织开始接受这种营销思想并应用到实践中去实现其组织目标。而在理论研究方面，也涌现出大量学术成果。1977 年，科特勒出版了《非营利组织营销学》（*Marketing for Non-Profit Organizations*）一书，详细描述了大学、医院、博物馆、图书馆等非营利性组织的营销策略、营销计划、公共关系、产品与服务策略等。1977 年，Rothschild Michael L. 发表的《有关公共部门和非营利组织营销的不完整书目》（*An Incomplete Bibliography of Works Relating to Marketing for Public Sector and Nonprofit Organizations*）中有关非营利组织营销的文献列表就有 43 页 600 条，其中大量文献报道了市场营销在高校招生、经费筹措、会员发展、人口问题、公共交通、健康服务、宗教和艺术组织等的应用②。科特勒曾在 1979 年预言，“很可能在 10 年内，第三部门中的大部分将理解和认可营销理念”③。到了 20 世纪 80 年代末，正如科特勒所言，营销思想在非营利组织中已经广泛传播和

① Philip Kotler, Sidney J. Levy. Broadening the Concept of Marketing[J]. *Journal of Marketing*, 1969, 33(1).

②③ Philip Kotler. Strategies for Introducing Marketing into Nonprofit Organization[J]. *Journal of Marketing*, 1979, 43(1).

应用,越来越多的非营利组织通过运用营销组合原理改善了组织绩效[①]。

(三)营销理论在图书馆界的应用

1. 国外图书馆对营销理论的引入

图书馆的营销思想被认为由来已久,很早就是图书馆服务的一部分,只不过是与营利组织使用了不同的术语而已[②]。如 Saira Hanif Soroya 等(2013)认为,阮冈纳赞的图书馆五定律就促进了图书馆用户价值的实现;Green Samuel S. 1876 年发表的“馆员与读者的人际关系”(Personal Relations Between Librarians and Readers)中论述的通过参考服务提高图书馆效能的观点都是早期的图书馆营销思想的体现[③]。Lutie Stearns 早在 1896 年的 ALA 大会上就谈到了图书馆广告,后来“广告”一词被加入到了图书馆员词典[④]。而 1889 年开始筹备、1923 年正式成立的美国图书馆协会高校与参考文献分部(The College and Reference Library Section)[⑤],以及后来陆续成立的公共图书馆学会(Public Library Association,简称 PLA)和专业图书馆学会(Special Library Association,简称 SLA)则被认为是类似于营销策略中的市场细

① 郭国庆,汪晓凡,李屹松. 非营利组织体验营销的特征及组合策略研究[J]. 当代经济与管理,2009,31(3).

② Irene Owens. The Basis and Context for Marketing Marketing in Library Information Science: A Selected Review of Related Literature[J]. *Acquisitions Librarian*, 2002,14(28).

③ Saira Hanif Soroya, Dr. Kanwal Anteen. LIS Marketing Approach in Libraries: A Selected Literature Review[J]. *Acquisitions Librarian*, 2002, 14(28).

④ Greta Renborg. Marketing Library Services. How it all Began[EB/OL]. [2015-12-07]. http://archive.ifla.org/IV/ifla63/63reng.htm.

⑤ Edward G. Holley. ACRL's Fiftieth Anniversary: For Reflection, for Celebration, and for Anticipation[J]. *College & Research Libraries*, 1989, 50(1).

分策略在图书馆的应用[①]。1939 年,美国图书馆协会成立了图书馆公共关系委员会(Library Public Relations Council),目的是调查、讨论和促进各类图书馆公共关系的发展[②]。

市场营销作为一个专业词汇和一种新的管理方式在图书馆被明确应用是从 20 世纪 70 年代开始的。这一时期西方国家出现的经济危机使图书馆预算大大削减,加上杂志、图书价格的大幅上涨,如同其他非营利组织一样,资金短缺也成为当时各国图书馆面临的首要问题。为了筹集运营经费,更准确地说为了解决生存问题,图书馆界甚至还发起了一场关于有偿服务与无偿服务的争论,持有偿服务观点的人试图通过收费服务缓减图书馆经费紧张的局面,图书馆是否要保持其公益性受到质疑。尽管面临重重困难,各国图书馆还是在积极寻求多种解决途径,如引进新公共管理思想、通过业务外包节约经费支出等。为了争取政府的支持,图书馆还努力通过提高服务质量和扩大服务范围来证明自己对社会不仅是有价值的,而且是不可缺少的。随着非营利组织对于营销理论的认同和广泛应用,图书馆和图情专家也意识到营销方式是改善图书馆服务质量、提高图书馆社会地位的重要手段,一些学校图书馆对科特勒《非营利组织营销学》一书理论的应用,使图书馆服务营销理念被图书馆界普遍接受[③]。

1979 年,美国在白宫召开了图书馆和情报工作会议,会上提出要培训图书馆和信息服务人员的人际关系、公共关系技术的有效应用能

---

① Irene Owens. The Basis and Context for Marketing in Library Information Science: A Selected Review of Related Literature [J]. *Acquisitions Librarian*, 2002, 14 (28).

② Columbia University Libraries. Library Public Relations Council Records, 1939—1973[EB/OL]. [2015 - 12 - 07]. http://www.columbia.edu/cu/lweb/archival/collections/ldpd_4079030/.

③ Greta Renborg. Marketing Library Services: How It All Began [C]//R. Savard. *Adapting Marketing to Libraries in a Changing World-Wide Environment*. Munich: Walter de Gruyter & Co, 1999: 5—11.

力，以及通过营销技术增强图书馆和信息服务的公共使用效率能力①。

1989 年，美国公共图书馆学会（Public Library Association，简称 PLA）成立了公共图书馆营销部（Marketing Public Libraries Section）②。1995 年，Darlene E. Weingand 主编的 *Library Trends* 杂志开辟专题讨论图书馆和信息服务营销，希望以此种方式强化已经在自觉或不自觉地利用营销手段的图书馆管理者的决心。此次讨论共有 14 篇论文从不同视角论述了这一主题。Weingand 在专题介绍中认为，没有人指责图书馆员不关心或不愿回应用户的需求，但关注用户、识别和满足社会需要在图书馆管理界才刚刚出现。如果图书馆要生存或发展得更好，一套完整的营销方法是不可缺少的管理工具③。

随着图书馆界对市场营销的应用和兴趣不断增长，1997 年，国际图联设立了管理与营销委员会（Management and Marketing Section），专门负责图书馆营销理念与实践的研究。2001 年，该委员会与国际图联教育与培训委员会在加拿大召开了图书馆营销与质量管理教育研究学术会议，并出版了论文集《图书馆营销与质量管理教育与研究》（*Education and Research for Marketing and Quality Management in Libraries*），收录来自美国、加拿大、英国、澳大利亚、法国、爱沙尼亚、巴西等学者的论文，内容涉及图书馆营销学教育、营销与质量管理评价、营销与质量管理培训教育、营销与质量管理新方法、关系营销与质量管理、营销障碍的多样性、营销理论与模拟等方面的理论研究和最佳实践，反映

① National Commission on Libraries and Information Science, Washington, DC. Final Report of the White House Conference on Library and Information Services 1979 [DB/OL]. [2015 - 12 - 07]. http://www. chinalibs. net/ArticleInfo. aspx? id = 389385.

② Marilyn L. Shontz, et al. What Do Librarians Think About Marketing? A Survey of Public Librarians' Attitudes Toward the Marketing of Library Sevvices [J]. *Library Quarterly*, 2004, 74(1).

③ Darlene E. Weingand. Marketing of Library and Information Services [J]. *Library Trends*, 1995, 43(3).

了世界各国图书馆已经在普遍开展图书馆营销理论的研究和应用。从2001年开始,国际图联开始设立图书馆营销奖,在世界范围征集图书馆营销案例,评选出一、二、三等奖予以奖励,目的是鼓励图书馆积极开展营销活动,为分享各国图书馆营销经验提供平台。从2002年第一次颁奖到2012年,10年间已吸引了来自55个国家的276个图书馆营销案例参与评选①。截至2014年,该奖项已举办了12届。

为鼓励图书馆积极开展营销活动,各国图书馆界也纷纷设立相关奖项,颁发给那些在营销和宣传方面做出优异成绩的图书馆。如美国德克萨斯图书馆协会于2007年设立的公共关系品牌奖(PR Branding Iron Awards)②、英国图书情报专业人员学会(Chartered Institute of Library and Information Professionals,简称CILIP)2012年设立的营销优秀奖(Marketing Excellence Awards)③等。而美国法律图书馆协会早在1998年就颁布了第一届营销优秀奖(Excellence in Marketing Award),并分别评选出最佳小册子、最佳技术利用、最佳公关工具、最佳活动、最佳通讯和最佳图书馆服务指南予以奖励④。

2. 国内图书馆对营销理论的引入

我国图书馆营销理论的引入和发展,受到了市场营销理论在国内企业的应用和国外图书馆界营销理论研究与应用的双重影响。20世纪80年代末90年代初,随着我国经济体制改革的深入和市场经济的

① Dinesh K. Gupta. Ten Years in Search of Marketing Excellence! [J]. *Library Review*, 2013, 62(1/2).

② Texas Library Association. Branding Iron Award Winners[EB/OL]. [2015-12-07]. http://www.txla.org/branding-iron-award-winners#2007.

③ Chartered Institute of Library and Information Professionals. Award Winners and Past Events[EB/OL]. [2015-12-07]. http://www.cilip.org.uk/publicity-and-public-relations-group/cilip-pprg-past-events-and-award-winners.

④ American Association of Law Libraries. ARCHIVED: AALL Excellence in Marketing Award[EB/OL]. [2015-12-07]. http://www.aallnet.org/Archived/About-Us/Policies/award-eim-01-21-09.html.

发展，市场竞争日趋激烈，社会信息咨询业迅速崛起，信息咨询机构数量不断增长，同时，改革开放使文化市场空前繁荣，影剧院、俱乐部、舞厅、录像放映点、游乐场、游戏厅等的兴起，对传统的图书馆服务造成冲击，图书馆自身的机制还没有适应这种变化，导致借阅人数大幅度滑坡①，加之书刊涨价、经费匮乏、馆舍拥挤、人员流失等因素，图书馆的功能衰退，其社会效益和社会地位严重下降。为应对这种局面，图书馆界也进行了多方面的改革尝试和新的管理理论的引进，其中国内企业和国外图书馆应用营销管理取得的成果引起了我国图书馆界的关注，出现了对西方国家图书馆应用市场营销理论方面的文献编译和报道，同时学者们也开始研究适合我国国情的图书馆营销原理。

例如，黄刚（1986）介绍了美国图书馆界应用市场理论提高管理质量的情况②；庞志雄（1993）编译了《美国的图书馆市场营销概述》；赵小明（1989）认为高校图书馆应通过开展公关工作扩大自身影响，争取公众的了解和支持，吸引更多读者利用图书馆，争取更多的财政资助③；一些学者呼吁引进竞争机制，认为只有引进竞争机制，图书馆才能获得自我发展④。如果说20世纪80年代末图书馆对市场营销还处于一种观望和考察的阶段，那么到了90年代初，就已经在明确使用"市场营销"一词对我国图书馆的管理进行研究了。如周从军（1993）从市场细分化和确定目标市场两个方面探讨了市场理论在图书馆管理工作中的应用，认为用市场理念指导图书馆的管理工作，使图书馆能够推出合格的"产品"，是图书馆迎接挑战、改进图书馆工作的新的理论尝试⑤。袁玉凤（1995）认为，图书馆的营销是指图书馆如何适应和刺激读者的需求，有效地组织图书馆服务活动，以获取最大的服务

① 项弋平. 借阅人数滑坡引起的反思[J]. 图书馆工作与研究，1989(2).

② 黄刚. 市场理论在图书馆管理工作中的运用[J]. 大学图书馆通讯，1986(1).

③ 赵小明. 试论我国高校图书馆公共关系工作[J]. 图书馆论坛，1989(4).

④ 陈琦. 图书馆要发展必须引进竞争机制[J]. 图书馆工作与研究，1988(4).

⑤ 周从军. 市场理论与图书馆管理——市场细分和目标市场[J]. 图书情报工作，1993(5).

效益，在图书馆界引入市场营销观念，并在实际工作中加以应用是非常必要的[①]。

1993年4月，中国科学技术信息研究所在联合国教科文组织综合情报计划处的资助下在北京召开了“图书馆和信息服务机构营销政策国际讨论会”，约30多位国际和国内的图情界专家参加了会议。专家们认为，不论在发达国家还是在发展中国家，图书馆和信息服务机构的管理者必须采用营销方法，才能使组织把注意力放到用户需求上，才能使组织充满活力、有远见、向用户提供优质服务。会后出版了论文集《图书馆和信息服务机构营销政策》[②]。

然而，为解决图书馆的经费短缺问题，从80年代就开始出现的“以文补文”“多业助文”“一馆数业”以及“图书馆信息服务产业化”的思潮，在一些图书馆的管理和运营中开始出现。如一些图书馆通过出租馆舍、开办经营性企业、开展有偿服务等营利性活动进行创收，市场营销理论被用来指导图书馆如何通过开展有偿服务和发展信息产业来进行营利，图书馆的公益性受到冲击。进入新世纪以来，随着文化部、财政部出台的《关于推进全国美术馆　公共图书馆　文化馆（站）免费开放工作的意见》的实施，尤其是我国政府提出建设公益性、基本性、均等性、便利性的公共文化服务体系以来，图书馆的公益性得到了真正的回归，如何通过新的管理和运营手段提升全社会的图书馆意识、拓展图书馆服务范围、促进图书馆服务质量的提高，以满足人民群众不断增长的文化信息需求，成为当前图书馆管理的重要任务。而市场营销以用户需求为导向的特性正切合了图书馆发展的客观需求，其在图书馆管理中的应用也得到了创新和发展，一些图书馆开始积极探索和尝试通过自我营销来改善和提高服务质量、拓展服务范围、提升图书馆的社会地位。2012年，清华大学图书馆的“爱上图

① 袁玉风. 图书馆市场及其市场营销[J]. 图书馆理论与实践，1995(4).

② 梁占平.《图书馆和信息服务机构营销政策》简介[J]. 中国信息导报，1994(4).

书馆视频及排架游戏”获得 IFLA 第 10 届国际营销奖一等奖，这是我国图书馆界首次获得这一奖项①。2013 年，中国图书馆年会将会议主题定为“书香中国——阅读引领未来”，阅读推广成为年会的主题之一。时任中国图书馆学会秘书长的严向东在接受采访时表示，图书馆地位的提高与图书馆人的自我营销有关。传统的图书馆人对营销这类市场概念比较抵触，但是很多营销的理念仍然适用于图书馆的发展②。

综上所述，无论是国外图书馆还是国内图书馆，对市场营销的引入都源于图书馆生存和发展的需要，扩大自身影响、满足用户需求、提升服务质量、争取公众和政府的支持、缓减经费紧张，是图书馆早期引入市场营销的直接驱动力。

二、图书馆营销研究现状

如同市场营销学理论随着实践的深入和市场的需要不断创新和发展一样，图书馆营销理论的研究也随着图书馆的实践和图书馆自身发展的需要在不断变化，一方面，营销实践和图书馆环境的变化促进了图书馆营销学理论的发展，使其概念和内涵不断丰富；另一方面，图书馆营销学的研究也在不断指导着图书馆进行更深入和更广泛的营销实践。自从图书馆开始探索市场营销学以来，国外图书馆界的研究已经取得了一些可观的成果，而我国在这方面的研究还处在初级阶段。在此，本书对近几年国内外专业期刊上发表的有关图书馆营销的

---

① 韩丽风，王媛．清华大学图书馆“爱上图书馆视频及排架游戏”获第 10 届国际营销大奖[DB/OL]．[2015－12－08]．http://www.chinalibs.net/ArticleInfo.aspx? id＝260062.

② 贾瑞华．图书馆也需要有营销理念——访中国图书馆学会秘书长严向东[DB/OL]．[2015－12－08]．http://www.chinalibs.net/ArticleInfo.aspx? id＝401710.

文章进行了认真的分析,梳理国内外图书馆营销学的研究情况,揭示其研究倾向和发展趋势,以期为本书下一步的研究提供一些思考和启示。

(一)国外图书馆营销研究现状

由于市场营销学发端于20世纪初的美国,西方各国非营利组织对市场营销的导入和研究也较早,受此影响,从20世纪60年代末70年代初就已经开始了图书馆营销的研究和实践。Christine Oldman 1977年在《欧洲营销杂志》(*European Journal of Marketing*)上发表文章"Marketing Library and Information Services: The Strengths and Weaknesses of a Marketing Approach",提出营销原理和技术对图书馆和信息服务的设计和实际运营有很大的帮助,但他同时警告图书馆,由于信息服务的特点,也要警惕对营销技巧的不当使用造成的后果[①]。1980年,J. A. Edinger 发表了文章"Marketing Library Services: Strategy for Survival",探讨图书馆营销成功的必要条件和实施营销计划的方法,提出应在营销组合因素(产品、地点、价格、促销)框架内进行思考和决策[②]。1987年,Darlene E. Weingand 出版了 *Marketing/Planning Library and Information Services* 一书,指出营销理念和策略能有效提高图书馆和信息中心的服务效率,并详细阐述了营销的定义、营销团队的创建、任务开发、营销审计、目标和行动计划制定、产品设计、客户关系等。1988年,Elizabeth J. Wood 和 Victoria L. Young 出版了 *Strategic Marketing for Libraries: A Handbook* 一书,书中详细介绍了适用于高校图书馆、公共图书馆和专业图书馆的营销原则,并深入讨论了如何将这些原则

① Christine Oldman. Marketing Library and Information Services: The Strengths and Weaknesses of a Marketing Approach[J]. *European Journal of Marketing*, 1977, 11(6).

② J A. Edinger. Marketing Library Services: Strategy for Survival[J]. *College & Research Libraries*, 1980, 41(4).

融入图书馆的运营和规划。可见，国外图书馆界在20世纪就已经对图书馆营销进行了较为系统和全面的研究。

进入新世纪以来，计算机和互联网技术的发展使图书馆面临新的危机和挑战，国外图书馆界对于图书馆营销的研究和实践也出现了新的动向。笔者在EBSCO数据库的Library, Information Science & Technology Abstracts with Full Text中用检索词“library marketing”对2010年至2015年的文献进行全文检索，将获得的以“图书馆营销”为主题的文献进行梳理后发现，紧跟新技术发展对图书馆的影响，基于实践进行的图书馆营销理论和方法的总结是近几年国外图书馆营销研究的特点；在研究的图书馆类别方面，公共图书馆、高校图书馆以及专业图书馆都有涉及，尤其是对专业图书馆营销的研究明显比国内要重视得多。总体来看，其研究的主题及观点主要有以下几个方面：

1. 社会化媒体(social media)在图书馆营销中的应用

Michael A. Crumpton(2014)认为图书馆已经开始将社会化媒体作为与用户群体保持最新沟通渠道的需要，但随着时间的推移，社会化媒体选择范围的扩大和用户偏好的不同，使社会化媒体的使用变得更为复杂，需要制定相应的战略规划，这包括评估组织和用户之间的沟通以确定活动的附加值。同时，图书馆还应该注意到社会化媒体的成本，如开发和创建内容的成本，实施在线活动和维护网站的持续兴趣的成本等。对于已经实施和即将实施社会化媒体项目的图书馆来说，应明确实施社会化媒体项目的目标，然后确定明确的策略来达成这些目标①。Md Maidul Islam、Umme Habiba(2015)通过在线调查问卷的形式对孟加拉国17所公立大学图书馆、24所私立大学图书馆和5所专业图书馆使用社会化媒体营销的情况进行了调查。结果显示，在这46所图书馆中，有44所图书馆使用社交媒体进行服务和产品的营销，他

① Michael A. Crumpton. Leading Results: Accounting for the Cost of Social Media[J]. *Managing Library Finances*, 2014, 27(3).

们在社交媒体上共享图书馆新闻和事件、视频会议、广告和研究工作等。大多数的受访者(36 所)认为图书馆社会媒体的应用趋势在迅速扩大。Facebook、LinkedIn、SlideShare 成为图书馆进行营销活动的主要社交媒体。受访者一致认为,社会化媒体对图书馆资源和服务的营销非常重要,有助于学生、教师和研究人员更多地使用图书馆,同时也有助于促进知识共享。建议图书馆工作人员应接受系统的培训,以促进社会化媒体在图书馆资源和服务营销中的更好应用①。MAK Siddike、K. Kiran(2015)通过对马来西亚 10 位学科馆员的结构化访谈,采用定性的数据收集方法,调查了高校图书馆学科馆员对利用社交网站(SNSs)和电子口碑(eWOM)进行图书馆服务营销的看法。调查显示,学科馆员普遍认为高校图书馆可以利用电子口碑作为营销工具来建立图书馆服务意识,可通过社交网站促进图书馆服务和建立用户关系。馆员们指出 eWOM 可以被用作快速传播媒介和获得即时反应,也可被用作病毒式营销。虽然仅 10 个馆员的看法并不能代表马来西亚所有的高校图书馆,但对高校图书馆通过社交网站进行服务营销具有一定的启示②。

在有关社会化媒体的文献中,一些文献对于新出版的相关图书也向读者进行了推荐。其中 2015 年出版的 Christie Koontz 等著的《营销与社会化媒体:图书馆、档案馆和博物馆指南》(*Marketing and Social Media:A Guide for Libraries,Archives and Museums*)一书为准备利用社会化媒体进行营销的图书馆提供了指南,内容包括如何做 SWOT 分析、确定利益相关者、四步式营销模式、市场调研、市场细分、市场组合策

---

① Md Maidul Islam,Umme Habiba. Use of Social Media in Marketing of Library and Information Services in Bangladesh[J]. *Journal of Library & Information Technology*,2015,35(4).

② MAK Siddike,K Kiran. Marketing of Academic Library Services through Social Networking Sites:Implications of Electronic Word-of-Mouth[J]. *Education for Information*,2015,(31).

略、最终评估等[1]。由伯灵顿公共图书馆的公共关系主管 Samantha Helmick 所著的《图书馆移动社会营销》(*Mobile Social Marketing in Libraries*)则为使用社会化媒体进行图书馆营销的“新手”提供了技术上的帮助。全书共分 7 章,分别为移动社会营销介绍、入门、社会化媒体工具和应用、图书馆实例和案例研究、一步一步制定图书馆项目、技巧和窍门、未来趋势。其中“图书馆实例和案件研究”一章展示了来自英国和美国的公共图书馆、博物馆使用 Vine、Tumblr、Twitter、Instagram 等进行营销的案例[2]。Ben Bizzle 、Maria Flora(2015)所著的 *Start a Revolution*:*Stop Acting Like a Library* 一书中,以黑德县琼斯博罗克雷格公共图书馆的营销实践为例,认为社会媒体营销虽然经济实惠,但图书馆仍应重视广告牌、海报、报纸、电视、广播等传统媒体的营销[3]。

2. 图书馆品牌的研究

Subnum Hariff(2010)通过案头调研、查阅相关文件、网站、访问图书馆以及对图书馆营销和管理人员的半结构化访谈等方式,对英国 3 个公共图书馆服务项目的品牌推广过程、策略以及他们如何在公共图书馆背景下进行品牌营销的情况进行了调查。结果显示,品牌可以成功地改变图书馆形象,反过来,图书馆形象亦可以改变主要利益相关者对图书馆服务的看法。Subnum Hariff 认为,成功的品牌塑造由以下因素决定:明确的定位和身份、宣传和影响力、合作品牌、员工认同、品牌传播、评估、全国性的营销活动[4]。Kathy Fletcher(2013)认为图书馆品牌是信息和服务质量的保证,能将用户感情和图书馆提供的优质服

---

① Michelle McLean. Marketing and Social Media: A Guide for Libraries, Archives and Museums[J]. *Australian Library Journal*,2015,64(3).

② Catherine Dhanjal. Tapping into Social Marketing in Libraries[J]. *Multimedia Information & Technology*,41(3).

③ Ben Bizzle,Maria Flora. Marketing In the Real World[J]. *American Libraries*,2015,46(5).

④ Subnum Hariff,Jennifer Rowley. Branding of UK Public Libraries[J]. *Library Management*,2011,32(32).

务联系起来。而一个好的标识(logo)是创建图书馆品牌的开始,是图书馆品牌的重要组成部分。一个可识别的品牌可以吸引更多人来到图书馆、继续使用图书馆并向更多的人推荐图书馆①。Rajesh Singh(2013)在2011年对美国堪萨斯州包括公共图书馆和高校图书馆在内的307所图书馆进行了有关组织品牌能力、文化以及品牌对图书馆影响的调查,共有43所公共图书馆和12所高校图书馆做了应答。Rajesh Singh调查和分析了馆员对图书馆的社区影响力和改善社区服务的看法,认为图书馆品牌不仅仅是标识、标语和口号,而是通过图书馆与社区的关键接触点(key touch points)创建全面的用户体验。管理用户体验与用户服务并不是同一件事情,而是更具战略意义。一个彻底的、深入的、共享的服务流程和社区对信息传递和消费的期望,有助于提高图书馆的社区服务经验,并最终提高图书馆的品牌形象②。Rajesh Singh于2014又发表论文"Engaging Your Library Community through Effective Brand Advocacy:STEPPS to Success",认为在新的竞争信息环境下,品牌宣传可能是图书馆生存的唯一途径,而品牌宣传的核心是人类情感。Rajesh Singh阐述了图书馆如何应用乔纳·伯杰(Jonah Berger)的口碑营销(word-of-mouth marketing,简称WOMM)六大原则STEPPS(Social Currency、Trigger、Emotion、Public、Practical Value、Story)来创建和实施图书馆品牌宣传③。

在案例研究方面,Ryan Litsey、Kaley Daniel(2013)报道了德克萨斯理工大学图书馆传播与营销部结合营销理念和技术的改进,创建文献传递品牌的过程。整个过程包括营销战略和传播计划的制定,完成目标、策略、目的和创新过程的概念开发,实施前的计划纲要和实施后

① Kathy Fletcher. Architecture, Logos, and Brands--Oh My![J]. *Aall Spectrum*,2013,17(7).

② Rajesh Singh. Library Experience Matters! Touchpoints to Community Engagement[J]. *Journal of Library Administration*,2013,53(5).

③ Rajesh Singh. Engaging Your Library Community through Effective Brand Advocacy:STEPPS to Success[J]. *Feliciter*,2014,60(3).

的评估8个步骤，项目的实施取得了成功[1]。David E. Bennett（2014）报道了英国朴次茅斯大学图书馆通过简化视觉传达、海报，运用信息图表、在线社交媒体等进行图书馆品牌推广的过程[2]。Emily Marshall（2015）报道了印第安纳威尔斯县图书馆通过前期评估和规划，实施新的品牌计划，统一了图书馆印刷、网络、社交媒体宣传资料，重新设计了图书馆品牌标识，通过广泛的用户调查确定了"Your Go-To Spot…"的图书馆宣传标语。该品牌计划实施一年后，办证、流通和到馆人数等大幅度提升[3]。

3. 营销战略和策略的研究

Linda Ashcroft（2010）认为任何组织都必须建立良好的信誉和形象以稳固其在各类用户心目中的关联性和不可或缺性，许多商业组织如超市、慈善机构等都抓住机会尽可能地提高用户对其服务或产品的良好意识，他们的方法和技术同样也适用于图书馆。营销是一项策略而不是一项任务。图书馆可以通过适时的公共关系活动加强与用户的沟通、吸引媒体的注意来强化用户意识、激发他们的兴趣和需求，但同时还要有足够的资源来满足这些需求，否则将永远失去这些用户[4]。Debbi A. Smith（2011）认为营销计划是高校图书馆战略规划的一个产物。通过在图书馆内部对使命和优先事项达成共识而制定营销计划，为图书馆的营销活动提供一致性。营销计划应该有明确的目标和策略，告知大学社区图书馆资源和服务的价值，并吸引他们更充分的利用。由于整个图书馆在战略规划过程中已达成共识，营销就成为图书

---

① Ryan Litsey, Kaley Daniel. Resources—Anytime, Anywhere Branding Library Services: A Case Study of Texas Tech's Document Delivery Department[J]. *Journal of Interlibrary Loan, Document Delivery & Electronic Reserve*, 2013, 23(1).

② David E Bennett. Simplicity by Design[J]. *SCONUL Focus*, 2014, 61.

③ Emily Marshall. Rebranding the Wells County Public Library as a Go-To Spot[J]. *Indiana Libraries*, 2015, 34(1).

④ Linda Ashcroft. Marketing Strategies for Visibility and Indispensability[J]. *Journal of Librarianship & Information Science*, 2010, 42(2).

馆每个人日常工作职责的一个方面,所有与用户需求的互动对图书馆服务的开展都会起到积极的促进作用,而一个永久性的图书馆营销委员会是协调图书馆营销活动的最佳手段①。Lourdes T. David(2012)介绍了马尼拉雅典耀大学(Ateneo de Manila University)黎萨尔图书馆(Rizal Library)将目标市场细分为教师、研究生和本科生,分别采取不同的营销策略来开展营销活动,进而提高了用户满意度,增加了资源和服务使用率的案例。作者认为应该根据对目标市场的细分结果来制定营销策略,沟通、宣传和用户导向是营销的关键因素,用户的满意就是用户的忠诚,并能为图书馆带来更多用户②。Bruce E. Massis(2014)探讨了在丰富的技术环境下图书馆的营销策略,认为图书馆正在通过每天使用大量的数字通讯工具而在传统营销模式与前沿营销模式之间移动,但维持多种通讯方式以便向庞大的用户群体进行服务营销的资源是有限的,图书馆还必须有一定的措施能够评估这些营销方式的效果。图书馆不仅仅要依靠这些营销模式,还必须认识到用户与他们的共享空间以及每个用户之间的接触和联系,这可能有助于图书馆扩展其用户基础③。Peggy Barber(2014)认为口碑营销是最有力的营销和传播策略,而乔纳·伯杰的口碑营销六大原则是实施这一策略的重要工具④。

4. 对馆员营销职责和内部营销的研究

Carole Estall(2011)就馆员对营销的态度对英国三所高校图书馆的54名图书馆员进行了在线问卷调查,并选定4名图书馆管理人员

---

① Debbi A Smith. Strategic Marketing of Library Resources and Services[J]. *College & Undergraduate Libraries*,2011,18(18):333—349.

② Lourdes T David,Karryl Kim A Sagun. Increasing Awareness and Use of the Library's Resources and Facilities through Relationship Marketing Strategies[J]. *Library Management*,2012,33(4-5).

③ Bruce E Massis. Library marketing:Moving between Traditional and Digital Strategies[J]. *New Library World*,2014,115(115):405—408.

④ Peggy Barber. Contagious Marketing[J]. *American Libraries*,2014,45(1/2).

作为深度访谈对象。结果表明,高校图书馆工作人员对图书馆营销的态度积极,普遍认为营销对图书馆至关重要。调查结果还表明,管理层有必要让馆员明白"营销"在其机构内的定义,继续回避"营销"这一术语在图书馆的使用可能会导致误解和不信任;馆员还未完全掌握能够有效实施营销策略的工具,图书馆还未把营销纳入到馆员教育和培训中去;馆员的年龄、经验、知识、教育和个性的不同使其对营销的态度也会有差异,决定实施营销、培训馆员和招聘新馆员时要把这些差异考虑进去。对营销的明确定义、培训馆员使其掌握营销技巧和知识是图书馆实施营销成功的关键①。

James Keller(2011)以简练、生动的语言报道了纽约皇后区公共图书馆让馆员全程参与图书馆战略定位、主题路线、logo 开发、品牌推广、广告、品牌一致性使用的过程。作为皇后区图书馆的首席营销官,James 认为当图书馆需要开发新的营销方向和品牌时,利用并让馆员参与过程的每一步是至关重要的,馆员是营销和沟通工作的化身,他们与用户直接接触,需要反映战略定位是什么以及如何产生的。图书馆的营销应把馆员作为重要目标。Timothy Mcclelland(2014)对 ALA Joblist 从2013 年1 月30 日至2013 年4 月4 日期间发布的350 个图书馆工作职位进行了内容分析,旨在通过分析图书馆职位中与营销相关的内容探讨营销在图书馆的作用。结果发现,与营销相关的工作职责(营销、公共关系、宣传、推广、社会媒体等)在图书馆中普遍存在,占所有职位数的37%,这些职位中对职责或职位描述中最常用的术语是"宣传"和"促进"。其中涉及营销职责最多的职位是普通馆员,其次是学科馆员、馆长、参考馆员等。此外,有11%的职位还要求"有营销经验者优先"。Timothy Mcclelland 分析后认为,营销在当今的图书馆发挥着越来越重要的作用,与营销相关的工作职责和技能已成为图书

① Carole Estall, Derek Stephens. A Study of the Variables Influencing Academic Library Staff's Attitudes toward Marketing[J]. *New Review of Academic Librarianship*, 2011, 17(2).

馆行业求职者必备技能①。

Katya Pereyaslavska(2015)论述了如何通过内部营销构建无障碍访问和包容性理念下的馆员能力构建,并给出了相应的内部营销策略,这些策略包括将无障碍识别的最佳实践和包容性原则作为图书馆所有服务的基础,向所有馆员提供有关法律、政策、项目等的培训,建立培训的激励和认证机制,查看类似机构的做法和进行快速的环境扫描,创建与本机构相关领域或部门的内部营销信息,并与其他机构合作,了解当前趋势等②。

(二)国内图书馆营销研究现状

我国图书馆界对图书馆营销的研究始于20世纪80年代,受市场经济大潮的影响,彼时的图书馆营销学研究被称为“市场学在图书馆的应用”或“图书馆的公共关系”,论文数量也寥寥无几。到了20世纪90年代,“营销”一词开始出现在图书馆相关研究论文中,发文数量也大大增加,这一时期受“以文补文”“一馆多业”等思潮的影响,一些研究论文将图书馆营销与图书馆创收或增加辅助性资金联系起来,背离了图书馆公益性的本质。

进入新世纪以来,国家提出建设公益性、基本性、均等性、便利性的公共文化服务体系,图书馆的公益性得以回归,政府对公共图书馆的投入也逐年加大,我国公共图书馆事业呈现出蓬勃发展、整体推进的良好发展局面,各地公共图书馆积极开展了丰富多彩的公共文化服务活动,公共图书馆的服务质量、服务种类、服务方式等也得到了空前发展与提高,但图书馆服务的有效性却不尽如人意,相当一部分服务

---

① Timothy Mcclelland. What Exactly Do You Do Here? Marketing-related Jobs in Public and Academic Libraries[J]. *Journal of Library Administration*,2014,54(5).

② Katya Pereyaslavska, Corinne Abba. Amplify Your Impact: Don't Be a Reference "Tool":How to Use Internal Marketing to Build Staff Competencies in the Age of Inclusive Libraries[J]. *Reference & User Services Quarterly*,2015,55(2).

未被读者知晓、了解及充分地利用，造成了图书馆公共文化服务资源的极大浪费①。鉴于此，一些图书馆学者开始关注如何通过营销拓展图书馆服务范围、提升图书馆服务效益，打造图书馆服务品牌，塑造图书馆公共形象，但更多的学者则关注于如何通过阅读推广达到这一目标。

1. 文献数量及时间分布

在中国知网全文数据库中分别输入检索词“图书馆”+“营销”、“图书馆”+“推广”、“图书馆”+“宣传”、“图书馆”+“品牌”、“图书馆”+“公共关系”，按主题进行精确检索（选择在所有学科检索，目的是确保发表在经济和管理类期刊的图书馆营销学文章不被漏检），检索时间为2015年12月25日。将检索到的文献经过去重、剔除与主题相关性较小或无关的文献，得到如下表所示的统计结果：

表1－1　2010年至2015年图书馆营销学相关研究论文统计结果

主题 / 发文数量 / 发表时间	营销	品牌	公共关系	阅读推广	宣传
2010年	72	44	10	34	33
2011年	73	48	9	112	35
2012年	79	45	11	158	34
2013年	106	42	7	272	44
2014年	46	13	1	153	15
2015年	37	2	1	189	16

注：2015年数据截止到2015年12月25日。

由以上统计数据可以看出，2010年至2012年有关图书馆营销、服

① 栾雪梅. 论图书馆公共文化服务营销——兼论图书馆公共文化服务的有效性[J]. 图书馆建设，2013(11).

务品牌、图书馆宣传、图书馆公共关系的发文数量基本上没有大的变化,但阅读推广方面的发文数量却在逐年上涨;2013 年,图书馆营销和阅读推广的发文数量都呈现出较大的增长;2014 年和 2015 年,有关图书馆营销的发文数量呈现下降趋势,有关阅读推广的发文数量虽较 2013 年有所下降,但依然保持在 2012 年的数量水平,并且 2015 年的发文数量又有所回升。

2013 年 7 月,中国图书馆学会阅读推广委员会吴晞主任在"首届全国阅读推广高峰论坛"上所做的《阅读推广理论与实践的若干问题》主旨发言中提出阅读推广工作是图书馆生存和发展的需要,起着向全社会展示图书馆、引起领导重视和社会各界关注的作用,其实质是彰显图书馆效益,提高图书馆利用率,塑造图书馆公共形象①。可见,图书馆的阅读推广实质上也是营销原理在图书馆的应用,只不过"使用了不同的术语而已"。由于图书馆的公益性已深入人心,而市场营销是通过开展经营活动和销售行为从顾客身上获得价值或利益,表面上似乎和图书馆的公益性相背离。因此,图书馆营销和阅读推广发文数量上的差异,也在一定程度上反映了我国图书馆界对于营销思想在图书馆的应用还没有完全接受和深刻理解。

2. 研究的主要问题及其观点

笔者对表 1 – 1 中 2010 年至 2015 年以图书馆营销为主题的共计 413 篇论文进行分析和梳理。在这些论文中,大部分论文研究高校图书馆和公共图书馆的营销,也有少量论文对专业图书馆的营销进行研究;从研究的地域范围看,既有对我国图书馆界营销实践的总结和分析,也有对国外图书馆界营销理论和实践的介绍;从研究主题上来看,涉及范围较广,包括营销策略、营销理念、服务营销、信息营销、营销模式、营销体系、营销规划、内部营销、品牌营销以及新

---

① 江少莉. 全面培训阅读馆员推进建设书香社会——首届全国阅读推广高峰论坛综述(图)[EB/OL]. [2015 – 12 – 25]. http://www.chinalibs.net/ArticleInfo.aspx? id = 304663.

技术在营销中的应用等,其中营销策略和服务营销的论文数量较多,其他主题的论文数量相对较少。总体来看,研究主题涉及面广,但缺乏深度和系统性。

(1)对营销策略的研究。对营销策略的研究,多侧重于对具体营销途径的策略研究,没有对制定营销策略的一般性原则和方法进行系统研究。周长强、焦运立(2010)提出利用世界读书日进行图书馆宣传的营销策略①;张正、罗春荣(2012)分析了上海图书馆"创新服务、提升品质""努力塑造图书馆服务品牌""交流共享图书馆资源""宣传世博、服务世博"和建立良好媒体关系的营销策略,对国内公共图书馆的媒体营销策略提出建议②。刘兰(2013)报道了《2012 年北京师范大学图书馆毕业生寄语》通过各种媒介的广泛传播,成为高校图书馆的成功营销案例,并提出全媒体时代高校图书馆的营销策略:借助特定时机,主动设置议程;引入湿营销理念,吸引目标用户群体关注参与;融合全媒体的集成效力,引爆病毒式营销;重视舆情的监督与引导并快速响应③。陈林(2014)提出重视尾部推广、构建层级式服务体系,优化信息服务资源、健全信息资源检索机制的基于长尾理论的图书馆营销策略④;武丽娜、姚飞(2015)调查了 70 所有代表性的图书馆网站,从一站式检索、个性化导航、多媒体版块、首页关注读者需求情况、与社交网络工具结合 5 个方面分析图书馆网站采用的营销策略,并提出提高网站营销效果的建议⑤。

---

① 周长强,焦运立. 从世界读书日谈图书馆的宣传营销策略[J]. 图书馆工作与研究,2010(10).

② 张正,罗春荣. 图书馆媒体营销策略研究——以上海图书馆为例[J]. 图书情报工作,2012,56(3).

③ 刘兰. 全媒体时代高校图书馆的营销策略研究[J]. 图书馆建设,2013(2).

④ 陈林. 基于长尾理论的图书馆营销策略[J]. 兰台世界,2014(23).

⑤ 武丽娜,姚飞. 图书馆网站营销策略调查分析——以 70 所图书馆为例[J]. 图书馆论坛,2015(1).

(2)对服务营销的研究。在服务营销的研究中，主要包括不同营销理论或理念在图书馆服务营销中的应用和服务营销在图书馆的实践两个方面的内容。

关于营销理论或理念在图书馆服务营销中的应用，学者们重点研究了与图书馆服务特点相切合的部分营销理论在图书馆服务中的应用。卢振波(2010)在借鉴了美国伊利诺大学香槟分校商业与经济分馆成功的服务营销实践的基础上，提出基于7P组合理论的数字图书馆服务营销策略[①]；陈志慧(2011)提出了基于4Ps理论的高校图书馆外文信息服务营销策略；时婉璐(2012)认为，由social(社交)、local(本地化)和move(移动)整合而来的SoLoMo营销理念是互联网未来的发展趋势，为图书未来的服务营销提供了新方向，并提出了基于SoLoMo的图书馆服务营销对策[②]；李璐(2012)提出基于PRAC(微博营销理念)法则的图书馆服务营销新策略；梁冠萍等(2014)总结了国外图书馆利用Facebook营销图书馆服务的策略，提出利用Facebook营销图书馆服务应注意的问题[③]。

关于图书馆服务营销的实践。杨晶石、陈秀娥(2010)报道了东北三省高校图书馆信息服务营销现状，指出东北三省高校图书馆服务营销存在的问题[④]。张翔(2011)报道了武汉大学图书馆从营销管理的视角出发，建立了以S—sincere真诚、E—expert专业的素质、R—rapid快速的反应、V—value尊重用户需求、I—Inter-action与用户互动、C—cooperate多方合作、E—easy提供简便易用的学科服务与资源为服

① 卢振波，李武，何立民．基于营销组合理论的数字图书馆服务营销策略研究[J]．大学图书馆学报，2010(2)．

② 时婉璐．基于SoLoMo的图书馆服务营销[J]．图书馆建设，2012(10)．

③ 梁冠萍，朱育晓，任光凌．基于社交网站Facebook的图书馆服务营销研究[J]．内蒙古科技与经济，2014，301(3)．

④ 杨晶石，陈秀娥．东北三省高校图书馆信息服务营销现状分析[J]．通化师范学院学报，2011，31(12)．

务理念的嵌入式服务营销体系建设与实践[①]；关志英(2011)报道了中国高校人文社会科学文献中心(CASHL)的服务营销实践，总结出图书馆文献资源共建共享体系开展服务营销时需要注意的关键问题[②]；刘海霞(2013)报道了福州大学城图书馆运用文献信息资源共享平台进行服务营销的实践[③]；周蕾(2013)介绍了爱尔兰沃特福德理工学院图书馆的服务营销实践，认为低成本营销的成功要依靠图书馆现有的资源和馆员的热情[④]。总体来讲，对成功的营销案例报道较少。

(3)对其他营销问题的研究。一些学者对新技术和新媒体在图书馆营销中的应用进行了探讨，如通过微博、微信、RFID 技术、微电影等进行的营销。陈丽冰(2011)认为，Web2.0 重视用户层面，有新的思维、策略、方法与视野，Web2.0 的网络营销以及应用于图书馆有着广阔的发展空间[⑤]；段瑞一(2012)通过分析 RFID 技术的优势，尝试建立一种基于 RFID 技术系统的营销系统[⑥]；丁立华(2013)认为图书馆微电影社会化媒体营销具有病毒式传播、即时反馈、内容简短却饱含深意、潜移默化的感染力、观看的高度便捷性等优势，是图书馆营销的新模式[⑦]。李业根(2014)认为，通过对大数据的筛选、挖掘，图书馆可以

---

① 张翔. 基于 SERVICE 的嵌入式学科服务营销——武汉大学图书馆学科服务探索[J]. 大学图书馆学报,2011,29(5).

② 关志英. 图书馆共建共享联盟服务营销的探索与实践——以 CASHL 为案例的研究[J]. 图书情报工作,2011(15).

③ 刘海霞. 面向用户的大学图书馆服务营销探索——以福州大学城 Fulink 平台推广为例[J]. 图书馆理论与实践,2014(12).

④ 周蕾. 高校图书馆低成本营销之道——爱尔兰沃特福德理工学院图书馆的实践与启示[J]. 图书馆学研究,2013(6).

⑤ 陈丽冰. 基于 Web2.0 技术的图书馆营销研究[J]. 图书馆论坛,2011,31(5).

⑥ 段瑞一. 基于 RFID 技术的图书馆营销系统及其应用[J]. 河南图书馆学刊,2012,32(1).

⑦ 丁立华. 微电影：图书馆社会化媒体营销新模式[J]. 图书馆建设,2013(4).

准确把握用户信息需求,实现资源特点与用户信息需求的精确匹配,在此基础上部署和实施信息营销策略,可节约营销成本,提升营销效率①。

徐双、刘勇(2010)提出当代图书馆的十五大营销模式,即服务营销模式、文化营销模式、事件营销模式、整合营销模式、互动营销模式、合作营销模式、体验营销模式、网络营销模式、关系营销模式、知识营销模式、品牌营销模式、定制营销模式、价值营销模式、公益营销模式和内部营销模式②。

徐璟(2013)提出高校图书馆应依据服务环境、服务对象、服务需求的分析做好前期的营销规划,学科服务营销规划的制定包括确定服务战略目标、服务条件分析、制定服务营销策略、制订详细的实施方案4个阶段③。

《高校图书馆工作》杂志在2014年第6期开辟了图书馆营销专栏,刊登了3篇有关图书馆营销的文章,进行了一次针对“图书馆营销”的营销。值得一提的是,其中第一篇文章《重新认识图书馆营销:概念拓宽与战略升级》抨击了“图书馆营销即等同于宣传推广”的观点,认为图书馆营销在当今的图书馆工作体系中,应该上升到战略规划的层次④。

总体看来,我国的图书馆营销研究虽然涉及主题广泛,但基本还停留在局部研究的范围,缺乏对适合我国国情的图书馆营销的一般规律和原则的研究,因而其研究成果对我国图书馆营销的实践指导意义有限,难以从战略的高度引导图书馆营销的发展,从而使图书馆营销

---

① 李业根.基于大数据的图书馆信息营销策略[J].图书馆学刊,2014(10).

② 徐双,刘勇.浅论当代图书馆的十五种营销模式[J].大学图书情报学刊,2010,28(2).

③ 徐璟.基于信息营销的学科化服务营销规划研究[J].图书馆理论与实践,2013(2).

④ 肖鹏.重新认识图书馆营销:概念拓宽与战略升级[J].高校图书馆工作,2014(6).

的实践还处在“犹抱琵琶半遮面”的状态。“图书馆界的营销活动大都是在图书馆某一局部范围内零星开展”①，而非把营销作为图书馆战略规划的一部分；或者在运营和服务中虽然借鉴了市场营销的做法，开展了一些以营销为导向的活动，但整体还停留在“宣传和推广”的简单层面，表面看不仅在术语的使用上少有采用营销词汇，而且营销的意识也没有在图书馆内部贯彻；更深层次的原因则是图书馆界还没有从根本上完全认可将这一营利性组织的管理活动应用到非营利性的图书馆身上。这种营销的实践状况和对营销的认识，反过来也使图书馆营销的研究缺乏来自实践的支撑和直接驱动力，导致研究成果缺乏深度和系统性。令人欣慰的是，这一状况已开始引起我国图书馆界的关注和重视。

三、图书馆营销研究范围

市场营销学的研究对象是以满足消费者需求为中心的企业市场营销活动过程及其规律。而图书馆营销的研究对象，则是以满足用户需求为中心的图书馆营销活动过程及其规律，具体研究范围包括图书馆营销的概念、特点、载体、程序、策略等图书馆营销内涵的研究，还包括质量管理、绩效评估、品牌建设、公共关系等图书馆营销外延的研究。单纯研究图书馆营销的内涵而忽略其与外在的联系，容易脱离实际，导致闭门造车；而只注重外延的研究，忽视对内在本质的深度解剖，又容易流于肤浅。正确的研究方法是将图书馆营销置于整个图书馆事业和社会大环境下，从宏观上认识图书馆营销和图书馆发展以及与社会大环境的联系，在此基础上，再对图书馆营销的内在本质和规律进行深度揭示，方能找到指导图书馆营销的一般规律和原则，掌握

① 李雪原，潘薇. 基于图书馆业务工作构建营销体系[J]. 图书馆理论与实践，2012(10).

图书馆营销区别于其他非营利性组织营销和企业营销的特点，建立适合图书馆发展的营销理论体系，进而研究出针对不同类型图书馆的营销指导理论。

此外，由于各国政治、经济、文化、历史传统以及图书馆发展情况的不同，必然对图书馆营销的理论研究和实践产生或多或少的影响。本书对图书馆营销的研究是在借鉴国内外市场营销和图书馆营销研究成果的基础上，基于我国国情和图书馆发展现状以及当前我国大力构建公益性、基本性、均等性、便利性的公共文化服务体系的大环境而得出的结论，并力图找到适合我国图书馆发展特色的营销理论，促进图书馆在公共文化服务体系中发挥更大作用。本书所涉及的研究范围如下：

①图书馆营销概念。专门化的营销理论是建立在营销一般原理基础之上的，因此，要理解图书馆营销的概念，首先要理解和掌握市场营销一般原理的核心概念。在此基础上再来分析图书馆语境下，需要、欲望和需求，产品，价值、满意和质量，交换、交易和关系，市场、营销者等基础概念的含义。

②图书馆营销特点。虽然图书馆营销是企业营销原理在图书馆的应用，但图书馆的非营利性质及其承担的社会职能，决定了图书馆营销与营利性企业的营销活动相比，有着很多显著的特点，了解这些特点，有助于图书馆制定科学的、切合图书馆实际的营销战略，对于市场营销原理在图书馆的更好应用具有重要意义。

③图书馆营销载体。通过营销载体，图书馆将营销信息和元素送达或被用户感知，给用户留下印象，吸引他们使用图书馆产品。如何运用这些营销载体，有效地保证营销信息送达目标受众，达到最佳传播效果，是贯穿图书馆整个营销过程中的重要环节。

④图书馆营销程序。营销的过程包括：通过市场调查与分析，了解用户需求和欲望，进行市场细分和定位；设计营销组合；制定营销计划；实施营销。

⑤质量管理与评价。在图书馆为用户提供产品或服务的过程中，

质量管理是最重要的环节,是市场营销成功的基础,对于提高图书馆的整体市场竞争力和用户满意程度具有重要意义。

⑥图书馆品牌建设。我国图书馆的品牌建设正逐渐从半自觉的、零散的个体行为向自觉的、有体系的普遍行为发展。一个拥有广泛知名度、美誉度、忠诚度的图书馆品牌可使图书馆营销取得最佳效益。

⑦图书馆公共关系。图书馆是面向公众提供公共文化服务的机构,公众是图书馆发展的根本源泉,没有公众的支持和参与,也就谈不上图书馆的发展和未来。因此,当前,在图书馆营销中,公共关系正受到越来越广泛的重视。

四、营销:图书馆运营创新的必然选择

纵观现代图书馆事业发展史,危机和挑战无时不在,而自我变革和积极创新则是化解危机、迎接挑战的真正利器。如前所述,早期的市场营销理论被引入图书馆,也正是源于图书馆面临种种困难而寻求生存和发展的需要。当前,计算机和互联网技术的日新月异和社会环境的变化又使图书馆面临新的挑战,馆藏不再是图书馆关注的唯一焦点,“用户数量”“用户体验”“用户行为”等对用户的关注成为新世纪图书馆关注的重点,以用户为中心的理念被真正地付诸实践。然而,图书馆却依然面临用户流失的危险,全面实施图书馆营销是图书馆在当前环境下运营创新的必然选择。

(一)图书馆面临的危机和挑战

首先,在技术的层面。进入新世纪以来,计算机和互联网等技术的飞速发展,一方面推动了图书馆事业的发展,促使图书馆在资源、管理、服务等方面发生剧变,另一方面也给图书馆带来了前所未有的挑战:首先,图书馆已不再是社会信息中心和获取信息的唯一场所,互联网、移动终端等新技术的发展,使得任何人都可以同时是信息的使用

者和发布者,信息已无处不在,真正的信息爆炸时代已经来临;其次,不仅仅是信息爆炸,更重要的是用户已无所不能,尤其是在新技术环境下成长起来的新一代用户,环境赋予了他们一定的信息素养和新的信息技能,具备了一定的数字生存能力,只需动动手指,手机就可满足他们的很多信息需求,他们无须再依赖图书馆。

而在计算机和互联网等新技术飞速发展的这20多年里,图书馆也一直未放慢它的发展脚步,甚至是已经做了很大的努力。从纸本资源为主的传统图书馆到电子资源为主的数字图书馆的转型,从关注新技术发展、关注读者信息环境、信息工具的变化,到应用最新的技术开发新的服务方式、自动化的管理系统、新的资源揭示方式,从旧有馆舍的改造到智能化的新馆舍的设计和建造,处处都印上了新技术的烙印,处处都试图做到以用户为中心,但图书馆依然面临重重危险。技术的变化导致图书馆的社会地位下降、用户流失,公众的图书馆意识亟待提高,移动互联网的发展,信息泛在,未来新技术发展的不可预测……所有这一切使图书馆危机四伏。

其次,在社会环境方面。2006年,我国发布《国民经济和社会发展第十一个五年规划纲要》,提出"加大政府对文化事业的投入,逐步形成覆盖全社会的比较完备的公共文化服务体系"。至此,我国的公共文化服务体系建设全面展开。2011年,十七届六中全会通过《关于深化文化体制改革推动社会主义文化大发展大繁荣若干重大问题的决定》,指出"必须坚持政府主导,按照公益性、基本性、均等性、便利性的要求,加强文化基础设施建设,完善公共文化服务网络,让群众广泛享有免费或优惠的基本公共文化服务"。在公共文化服务体系建设的10多年间,政府对公共文化事业的投入逐年加大,图书馆事业整体呈现出蓬勃发展、整体推进的良好局面。如同对新技术的应用一样,在国家利好的政策环境下,图书馆也已经做出了很大的努力,诸如举办各种形式的阅读推广、讲座、文化宣传活动、送书下乡以及对总分馆制的探索和实践等,这些做法和措施对图书馆服务延伸起到了很好的作用。但我们也应该看到,仍然有相当多的基层群众不知道、不了解或享受不到图书馆服务。作为公共文化的基础设施和重要服务阵地之一,如何能更有效地发挥自身的作用,将服务延伸到更大的范围,真正实现图书馆服务的公益性、基本性、均等性和便利性,换句话说,如何能让图书馆拥有更多的用户,让更多的人了解和使用图书馆,依然是图书馆面临的一大难题。

(二)营销:图书馆运营创新的必然选择

当前,图书馆实事上并不缺少技术和资源,单靠技术和资源也并不能为图书馆吸引来更多的用户。在信息泛在的时代,作为提供信息服务的图书馆,需要的是以用户为导向的、融入用户生活和工作的、能为用户创造价值并为用户所熟知的服务,只有这样,才能有更多的用户"粘上"图书馆,使用图书馆。而要达到这一点,图书馆必须进行运营创新,不仅需要走出去进行宣传和推广,还要想方设法发展用户关系,了解用户真正的需求,成为用户生活、工作和社交场所不可缺少的角色,实现图书馆服务的泛在化。市场营销理论在企业的发展和应用实践就足以说明,图书馆完全可以在现有资源和服务的基础上通过营销获得更多用户的青睐,进而创造更多的社会价值。可以毫不夸张地说,营销理论在图书馆的深入和全面应用(而不是借鉴和局部应用)必将引发图书馆管理的深刻变革,图书馆的服务效能必将得到更进一步的提升,图书馆的社会地位和价值必将得到更好的展现,其公益性也必将得到进一步彰显。

首先,通过营销,图书馆可真正实现以用户为导向的服务。按照科特勒的定义,市场营销是指为创造价值及满足需要和欲望来管理市场,从而实现交换和建立关系。其中,交换是市场营销的核心,这其中涉及产品开发、调研、联络、销售、定价和服务等核心销售工作。营销人员要做的事情是调查市场的需要和欲望,选定能提供最佳服务的市场,设计出产品和服务使用户满意并为用户带来价值。可以说,营销成功的关键就是你是否了解你的用户。对于图书馆来说,其服务半径所在地区的个人、群体和机构就是其市场,这个别无选择,但提供的服务和产品却可以选择:图书馆可以通过用户细分,完全基于用户(包括现有用户和潜在用户)的需求和欲望来设计服务和产品,也可以先设计服务和产品再让用户来适应,或者把自己放在用户的角度设想用户可能的需要来设计服务和产品,抑或根据现有用户(而不是所有用户)的需求来设计服务和产品。究竟选择哪种方式进行服务和产品设计,取决于图书馆的管理理念和方式。传统的图书馆服务多由图书馆设计,然后坐等读者上门,经过读者培训,让读者来适应或学会如何接受图书馆服务,如图书馆的分类,实际上就是图书馆按自己的观点将图书进行组合,然后让用户适应。随着时代的发展,图书馆服务也发生了变化,注重用户体验,出现了根据用户行为、用户的信息工具的变化而设计的服务和产品,但往往是在现有用户的基础上调查的结果,而非针对包括潜在用户的所有用户,这就使图书馆在拓展用户方面受到局限,对于那些不能满足自己需求的用户来说,图书馆当然就没有什么吸引力了。而营销恰恰可以做到这一点,满足用户需要和欲望,按用户需求设计产品和服务,可以帮助图书馆真正实现以用户为导向的服务,并为用户带来价值,真正做到"每个读者有其书,每本书有其读者"。

其次,通过营销,图书馆更容易将服务融入用户生活和工作。事实上,图书馆完全可以依托馆藏、设备和人员优势提供与用户生活和工作密切相关的多种服务,从而增加用户黏度。例如,我国公共图书馆春节前开展的免费为农民工购票活动、为盲人或老年人等特殊群体开展的社区服务、为失业者提供的就业服务,国外公共图书馆为新移民开展的语言学习服务、为家庭开展的作业帮助服务,高校图书馆开展的学科嵌入服务、图书馆员在 MOOCS 中提供的实时参考咨询服务等,都是图书馆服务融入用户生活和工作的很好案例。但我国图书馆界目前这种与用户生活和工作密切相关的服务种类太少或持续性较差,难以对用户形成长久的吸引力。

通过实施图书馆营销,一方面如上文所述可以通过调查用户的需求和欲望设计服务和产品,另一方面,也为图书馆深入了解用户提供了机会。在很多情况下,用户或许并不知道图书馆可以为他们提供看似与文献或信息无关的服务,如上面提到的购票服务、就业服务等。因此,用户在表达需求时并不能将他们真正需要的这些类似服务准确表达出来,而通过营销活动,营销人员由于与用户的长期深入接触,以及他们在营销活动中对市场的敏感,就很容易捕捉这些为用户提供增值服务的机会,从而开发出与用户生活和工作密切相关的服务或产品,把图书馆服务融入用户喜欢参与的环境。当用户对这些产品或服务感觉满意或形成依赖时,更容易接受图书馆提供的其他信息服务,因此,这些服务或产品反过来又可以促进图书馆其他服务或产品的营销,从而也为用户深入了解图书馆、进一步利用图书馆创造机会。

第三,通过营销,使图书馆的服务更注重为用户创造价值。没有营销理念的图书馆服务,大多数情况下更注重为用户提供了什么,而并没有从用户的角度去衡量他们使用了这些服务或产品后为其带来的效用或利益。一种潜在的错误思想是"图书馆服务是免费的,是公益性的,不需要花钱就可以享受各种服务就是用户获得的利益"。在信息泛在的时代,除了图书馆,用户可以通过多种途径获取信息,如电视、广播、互联网、纸媒(报纸、杂志、书刊等)。例如,通过手机百度花费很少的时间和流量费用就能解决的信息问题,与花费一小时的时间赶到图书馆来解决相比,用户会选择手机百度,因为这样更方便更经济;再如用户要获得有关戏剧研究的信息,无须输入账号和密码,通过搜索引擎即可得到一些结果,这些结果有助于用户对戏剧研究有一个初步的了解;但如果用户需要更多的学术性资料的话,则需要有一张读者卡,在图书馆网站输入账号、密码、验证码登录后进行查询会获得更多、更准确的资料,但这可能需要花费更多的时间。究竟选取哪种方式,取决于用户对其获得的价值与使用这些服务所付出的金钱、时间和精力等成本之间的权衡与比较。当用户经过权衡与比较之后,用户会首选他们认为最有价值的服务。

而营销是通过为用户创造价值,使用户满意,从而达成交换和建立关系后获益。图书馆引入营销,会在设计产品和服务时,更多地从

"为用户创造价值"的角度考虑问题,同时还会考虑这些价值要优于其他信息服务机构提供的服务为用户带来的价值。如果用户使用后发现图书馆的服务比之其他服务确实能为他们带来更多的价值,用户就会持续使用图书馆服务,并有可能和自己的朋友或同事赞扬和宣传图书馆,从而为图书馆带来更多用户,实现双赢。为用户创造价值事实上是将竞争引入服务和产品的设计,只有保持图书馆服务或产品与同类服务或产品相比能为用户带来最多价值,才能对用户形成持续的吸引力。因此,"为用户创造价值"远比"为用户提供什么"使用户得到的更多,图书馆也因此受益更多。

第四,通过营销,让图书馆服务为用户所熟知。营销传播是市场营销重要的策略之一,即企业有了优质的服务或产品,还要保持与用户的持续和有效沟通,运用广告、促销和公共关系等传播手段,使其产品在用户心中形成一个总体的、综合的印象和情感认同,建立相对稳定、统一的印象,从而提高用户的品牌忠诚度,其中心思想是通过企业与用户的沟通满足顾客的需要,并保持与用户持续稳定的关系。随着互联网和移动通信技术的发展,营销传播的方式从以电视、广播、报刊和户外为主的传统媒体转变到以网络媒体、移动媒体和数字媒体为主的新媒体,媒体形态也多种多样,诸如数字杂志、数字报纸、数字广播、手机短信、移动电视、网络、桌面视窗、数字电视、数字电影、触摸媒体、微信、微博、即时通讯等。新媒体具有信息量大、传播速度快、传播范围广、能与用户实现互动传播等特点,为实施营销传播提供了多种手段和途径。

营销传播应用到图书馆,即图书馆按用户需求开发和设计出优质的服务或产品还远远不够,还应当把产品的优点告诉用户,通过营销传播手段在用户心目中树立起该产品的形象,并保持与用户持续稳定的关系。在信息泛在的时代,图书馆如果仍旧抱着"酒香不怕巷子深"的观念,将面临社会地位下降和用户流失的风险。目前我国图书馆广泛开展的阅读推广活动实际上就是对图书馆某项服务的宣传和推广,但只是借鉴了市场营销的某些做法或者进行了局部的应用,虽然也使用了如微博、微信等新媒体,但并没有对图书馆服务或产品进行全面的营销传播,宣传和推广工作缺乏持续性和稳定性,宣传范围大都局限于现有用户,对于潜在用户的宣传力度不够,宣传和推广效果尚有诸多不尽如人意之处,图书馆开展的很多服务并不为所有用户所熟知。此外,这些阅读推广活动还仅仅停留在推广的层面,存在着缺乏对营销传播理论的系统应用、没有制定总体的营销传播计划、缺乏用户调研和信息反馈的收集、宣传渠道单一等多方面的问题。因此,应用营销传播原理,抓住新媒体带来的机遇,制定切实有效的营销传播策略,将图书馆服务广而告之,拓展并保持与用户的持续稳定关系,是图书馆扩大服务范围、提高用户的图书馆意识、增强图书馆用户吸引力的有效管理手段之一。

总之,在信息泛在的时代,营销是图书馆发展和创新的必然选择,图书馆必须重视营销工作,深刻理解营销并不等同于宣传推广,宣传推广只是营销的一种功能。正如科特勒所言,营销是组织的一项功能,能够保持组织与用户的联系,理解他们的需求,开发能够满足这些需求的产品,并建立沟通计划以表达组织宗旨①。图书馆要做的是了解自己的目标市场,对用户进行细分,发现用户的需求和欲望,开发出用户真正需要的服务或产品,满足用户的需求,并广而告之,建立并保持与用户的持续稳定关系,提高图书馆资源利用率,进而提高图书馆的社会地位和作用,促使政府加大对图书馆的投入,同时吸引其他社会资源的加入,为图书馆的持续发展注入活力。当然我们也应该看到,在数字时代,信息的泛在化使用户获取信息的能力越来越强,他们的知识水平和技能也越来越高,这将对图书馆开发有效的、能吸引用户的营销策略形成挑战,因此,对图书馆营销进行深入研究也成为我们的必然选择。

① Philip Kotler, Sidney J Levy. Broadening the Concept of Marketing[J]. *Journal of Marketing*, 1969, 33(1).

第一部分 图书馆营销

一、图书馆营销的概念

营销学是一门研究营销活动及其规律的应用科学，正如美国学者罗伯特·巴特尔斯（Robert Bartels）所说，很少有一门学科（像市场营销学一样）对社会产生如此巨大的影响。现在，无论是营利组织还是非营利组织都在积极通过营销原理的应用来促进组织的进一步发展。而营销学也是一门不安于现状的学科，在其诞生的100多年以来，人们一直试图探索新的理论和实践方法。科特勒于1987年5月在美国市场营销学会成立50周年纪念大会上所做的报告中曾断言，“在市场营销学的发展史上，每10年都出现一些新的概念，刺激研究，指导实践，引起争论”[①]。而事实确实如此，在实践和理论的互动中，新的营销理论和方法层出不穷，营销的含义也随着营销实践的丰富而不断拓展。不同发展时期的营销定义反映了这一时期人们在营销实践中获得的经验和满足市场发展需要的营销理论的创新与发展。随着全球一体化时代的到来，人们对营销学的研究也从对营销一般原理的研究向着专门化的研究方向发展，如酒店营销、汽车营销、农产品营销、旅游营销等，以期更好地指导不同经济领域的市场活动。但专门化的营销理论是建立在营销一般原理的基础之上的，因此，要理解图书馆语境下的营销概念，首先要理解和掌握市场营销一般原理的核心概念。

---

① 卢泰宏.营销管理演进综述[J].外国经济与管理，2008，30(1).

(一)市场营销的概念

1. 市场营销的定义

随着营销学研究的不断发展,营销的定义也多种多样,内容也逐渐宽泛。其中最具代表性的营销定义主要有:

被誉为现代营销学之父的菲利普·科特勒(Philip Kotler)在《市场营销原理》(第13版)中认为广义的营销是指“通过创造和交换产品及价值,从而使个人或组织满足欲望和需要的社会和管理过程”,从企业的狭义的角度讲,营销的定义则为“企业为了从顾客身上获得利益回报,创造顾客价值和建立牢固顾客关系的过程”①。

美国营销学会(AMA)于2013年发布的最新的营销定义为“营销是一种活动、一套机构,以及为顾客、客户、合作伙伴和社会提供价值的创造、交流、传递和交换的过程”(Marketing is the activity, set of institutions, and processes for creating, communicating, delivering, and exchanging offerings that have value for customers, clients, partners, and society at large)②。

麦卡锡(E. J. MaCarthy)在《市场营销学基础》(第18版)把营销分为微观营销和宏观营销。微观营销指实施一系列行动,通过预测消费者或客户需求,并引导满足需求的商品和服务从生产商流向消费者或客户,寻求实现组织的目标。宏观营销是指引导经济体的物品和服务从生产者流向消费者的一个社会过程,它通过有效地平衡供求来实现社会的目标③。

以上营销定义由于角度不同,因而各有其特点。其中科特勒的定义融合了当代营销学的各种不同观点,较为全面、客观地反映了现代

---

① 菲利普·科特勒(Philip Kotler),加里·阿姆斯特朗(Gary Armstrong). 市场营销原理[M]. 郭国庆译. 北京:清华大学出版社,2013:6—7.

② American Marketing Association. Definition of Marketing[EB/OL]. [2015-12-07]. https://www.ama.org/AboutAMA/Pages/Definition-of-Marketing.aspx.

③ 小威廉. D. 佩罗(William D. Perreault, Jr.),约瑟夫. P. 坎农(Joseph P. Cannon),E. 杰罗姆·麦卡锡(E. Jerome McCarthy). 基础营销学[M]. 孙瑾译. 北京:中国人民大学出版社,2012:4—6.

营销的本质特征,即以交换为中心,以顾客为导向,协调各种营销活动,通过使顾客满意来实现组织目标。该定义强调营销活动是一种社会管理过程,其适用范围广,适用于个人和组织,包括营利性和非营利性组织。因此,本书采用和基于科特勒的营销定义来进一步研究图书馆语境下的营销概念。按照这一定义,市场营销的过程就是理解市场及顾客的需要和欲望,为顾客创造价值和建立顾客关系,最后通过交换和交易,从顾客那里获取价值作为回报的过程。

2. 市场营销的基本概念

科特勒营销定义中涉及的基本概念有:需要、欲望和需求,产品,价值、满意和质量,交换、交易和关系,市场和营销者。

(1)需要、欲望和需求

科特勒在其《营销管理》第五版中对此做了明确的阐述。需要是指人类没有得到某些基本满足的感受状态。按照马斯洛的人类基本需要理论,人类的需要有生理上的需要,如饥、渴、衣、住的需要;安全上的需要,如丧失财产的威胁、避免职业病的侵袭等;情感和归属上的需要,如友爱、亲情、爱情等的需要;尊重的需要,包括人的自尊,希望受到别人的尊重、有稳定的社会地位等;最后是自我实现的需要,使自己越来越成为自己所期望的人物。需要是人类与生俱来的、维持个体生命和种族延续所必需的条件以及相应社会生活的反映。

欲望是想得到这些基本需要的具体满足物的愿望。满足一种需要的具体的满足物可以有多种,例如对于饥饿的人来说,不同的人希望吃到的东西也不同。营销不能创造需要,但可以影响人的欲望。

需求是在一定能力范围内获取特定满足物的决定。需求受能力的限制,如果有能力获取特定满足物时,欲望就转化为需求。营销就是通过影响人们的欲望和需求并满足需求的过程。

(2)产品

一切能够满足欲望和需求的有形或无形的东西都可以称之为产品。早在1969年,科特勒发表的"Broadening the Concept of Marketing"一文中就将产品分为物理产品、服务、人、组织和思想五大类。而在其后的

《市场营销原理》(第 13 版)中,使用了营销供给物(marketing offerings)一词,即提供给某个市场来满足某种需要和欲望的产品、服务、信息和体验的组合,我们可以看作是对产品含义的进一步丰富,即产品也涉及其他元素,如人员、地点、组织、信息和思想等。也就是说,产品可以是有形的物品、无形的服务、组织、观念、信息、思想以及它们的组合。

(3)价值、满意和质量

顾客价值是顾客从某种产品或服务中所能获得的总利益与在购买和拥有产品时所付出的总代价的差额。顾客在购买某种商品时会将他所付出的金钱、时间、精力等成本与从不同产品或服务中获得的利益进行比较,从而决定购买他认为最具价值的产品,即顾客会购买他认为在同类产品中能最大限度满足其欲望和需求的产品。因此,产品价值是由顾客根据自己的理解来判断的。

顾客满意是指顾客对一件产品所理解的满足其需要的效能与期望值进行比较所形成的感觉状态。如果产品的效能与期望值相符,顾客就会感到满意,否则就会导致顾客不满意。如果产品的效能超过了顾客的期望值,顾客就会高度满意、高兴或惊喜。对产品感到满意或高度满意的顾客可能会多次购买产品。

产品质量是指产品的特性以及这些特性满足顾客需求的能力。使顾客完全满意的产品就是“无瑕疵”或优质的产品。

顾客通过自己的理解和判断决定购买最具价值的产品,在获得和使用产品后将产品的效能与其购买时的期望值进行比较,优质的产品会让顾客感到满意并促使其多次购买。

(4)交换、交易和关系

交换是指以某种物品作为回报,从他人那里取得所需物品的行为和过程。当人们通过交换来满足欲望和需求时,就产生了营销。交换是市场营销的核心概念。

交易是指双方价值的交换,是交换的基本单元。交换是一个过程,一旦交换成功,就产生了交易。在营销活动中,除了进行短期交易之外,企业为在交易过程中获得更多的利益,还致力于与顾客、分销商、经销商和供应商建立并保持长期和良好的关系，除了吸引新顾客和创造新的交易，还要维持与老顾客的关系，促成再次或多次交易，也就是所谓的关系营销。

(5)市场和营销者

传统的市场是指买卖双方进行商品交换的场所。但市场营销概念中的市场是指具有特定需要或欲望，愿意并能够通过交换来满足这种需要或欲望的全部顾客，是某种产品或服务的实际购买者和潜在购买者的集合。营销的目标就是识别特定市场的需要和欲望，并选择出能提供最佳服务的市场。

营销者是指希望从他人那里取得资源并愿意以某种有价之物作为交换的人。营销者可以是卖方，也可以是买方。谁更积极、主动寻求交换，谁就是营销者。

(二)图书馆营销的概念

1. 图书馆营销的定义

国内外众多的研究文献鲜有对图书馆营销给出明确定义者。美国图书馆协会 1983 年出版的《ALA 图书馆与信息学词典》(*The ALA Glossary of Library and Information Science*)对图书馆营销的定义为：一系列旨在促进图书馆和信息服务提供者与这些服务的现在和潜在用户间的积极和及时响应的交换的活动。这些活动涉及产品、成本、交付方法和促销方法[①]。(A purposive group of activities which foster constructive and responsive interchange between the providers of library and information services and the actual and potential users of these services. These activities are concerned with the products, costs, methods of delivery, and promotional methods。)此外，一些学者从不同的角度对图书馆营

① Marilyn L. Shontz, et al. What Do Librarians Think about Marketing? A Survey of Public Librarians' Attitudes Toward the Marketing of Library Services[J]. *Library Quarterly*, 2004, 74(1).

销的概念进行了阐释。

Katharina J. Blackstead 与 Eric C. Shoaf(2001)引用科特勒对非营利组织营销 4P 理论的描述,认为产品是指图书馆提供的资源、项目和服务;价格是读者使用图书馆的资源、项目和服务时“支付”的“有形”和“无形”价格。例如当用户使用馆际互借服务或复印机时需要支付有形费用,而花时间在图书馆书架上找到一本书则支付无形价格。渠道指图书馆提供服务的地方,促销则是指馆员宣传图书馆服务的方式①。

刘昆雄(2004)认为信息营销是图书馆服务工作的高级形态,所谓信息营销是指信息服务机构对其信息产品(商品)与服务进行分析、调研、计划、组织、促销、分销,实现与信息用户的价值交换,满足信息用户信息需要的一系列过程②。

Dinesh K. Gupta(2006)认为营销是一个宽泛的概念,且营销的任务也在不断变化中。当营销被认为是商业经营和致力于顾客满意的一种途径时,每一个营销驱动下的图书馆会努力在组织与用户之间创建内容。营销开始于识别用户和他们的需求,一直持续到很好地满足这些需求,整个过程包括通过移情、响应理解用户需求,有效沟通和提供有效产品③。

国际图联 2010 年出版的《公共图书馆服务指南》(*IFLA Public Library Service Guidelines*)在第 7 章“公共图书馆的营销”中对营销的说明为:营销不仅仅是广告、销售、说服或促销。营销是一个根据用户的

---

① Katharina J. Blackstead, Eric C. Shoaf. Synergy in Library Public Relations, Marketing, and Development Activities[M]// Karp, Rashelle S., Library Administration and Management Association. *Powerful Public Relations: A How-To Guide for Libraries*. Chicago: ALA Editions, 2001: 1—7.

② 刘昆雄. 基于信息营销的图书馆业务流程重组研究[J]. 中国图书馆学报, 2004(5).

③ Dinesh K. Gupta. Broadening the Concept of LIS Marketing[M]//Gupta Dinesh K., Koontz Christie, Massisimo Angels, et al. *Marketing Library and Information Services: International Perspectives*. Berlin: K. G. Saur, 2006: 5—20.

需求和欲望设计产品和服务、以用户满意为目的的可靠和真正的系统方法。营销是任何成功企业或图书馆的驱动力,主要由市场研究、市场细分、营销组合和营销评价四大工具组成①。

2. 图书馆营销的基本概念

以上对图书馆营销的定义及概念的阐释中,基本上都涉及市场营销的基本概念:如用户、需要、需求、产品、价值、满意、交换、关系、市场等。由于图书馆是公益性的非营利组织,在产品、服务、用户、市场等方面与营利性企业还存在着许多的不同之处,因此,我们有必要了解一下在图书馆语境下这些营销基本概念的含义。

(1)图书馆语境下用户的需要、欲望和需求。

图书馆是一个专门收集、整理、保存、传播文献并提供利用的科学、文化、教育和科研机构,并不能满足人们所有的需求,例如图书馆不能为人们提供食物、住房、衣服等来满足人们生理上的基本需要,这是由图书馆的性质来决定的。但图书馆拥有的文献资源和设备可以给人们提供学习的机会来影响人们的欲望和需求。例如对于一个想避免职业病侵袭的人来说,有的人会选择换一份新的工作,有的人则希望通过了解职业病的知识学会如何预防。对于后者,图书馆可通过提供相关的文献信息服务满足其学习的需求;对于前者,图书馆可通过一系列活动或过程来影响其欲望和需求,如开展服务宣传活动,提供就业帮助和培训以及关于职业病的知识服务等供用户选择,用户如果选择了图书馆服务,可能会放弃换工作的念头,也可能会根据所学到的知识找到一份更为安全的工作,图书馆不仅影响了用户的欲望和需求,而且很好地满足了其需求。

再如家长希望孩子接受最好的教育,长大后能够成才,对很多人来说这实际上是自我价值实现的需要:没有达到自己所期望成为的人或已达到但希望孩子超越自己。由此产生的欲望有可能是希望孩子

① Koontz Christie, Gubbin Barbara. *IFLA Public Library Service Guidelines*[M]. Berlin: Walter de Gruyter, 2010: 110—111.

能够尽可能多地学到各种知识和技能,需求则会是"上最好的学校或参加各种补习班"等。通过分析家长的需要、欲望和需求,图书馆设计相应的服务满足或影响其需求,如举办免费的培训班、提供相关的学习资料,或者还可以给家长灌输这样的理念:家长的持续阅读或对新知识的持续学习可以为孩子的教育和学习带来更好的影响,从而说服和吸引家长接受图书馆服务。

因此,图书馆需要了解用户不同的需求层次,通过提供不同的产品或服务来影响、激励和满足不同的需求。而图书馆能够满足的用户的需求和欲望往往和科学、文化、教育有关,或者利用图书馆的设备和资源可以实现的相关的服务需求,这些需求通常来自人的较高层次的需要,如安全的需要、尊重的需要、自我实现的需要等,这些需要可产生希望接受教育、学习、科学研究、获取信息、文化娱乐等的欲望和需求。

了解用户的需要,利用图书馆的资源等优势影响用户的欲望和需求,进而满足其需求,是图书馆实现成功营销的关键。

(2)图书馆产品

既然一切能够满足用户欲望和需求的有形或无形的东西都可以称之为产品,而且产品还可以是有形的物品、无形的服务、组织、观念、信息、思想等的组合,就目前图书馆提供的产品来说,也可以分为有形产品和无形产品。其中有形产品是指不同介质的文献资源,如纸质资源、电子资源、光盘、微缩品等,以及通过对这些资源进行加工而产生的一次文献、二次文献和三次文献、定题服务、信息检索等的资料。无形的产品则是图书馆以文献资源和图书馆设备为物质基础为读者提供的各类无形的服务、举办的项目、讲座、培训以及图书馆宣传的号召公众读书、学习的理念和思想等,如流通服务、阅览服务、读书活动、阅读推广活动、服务宣传月活动等。

图书馆产品是否能满足用户欲望和需求,是否能为社会所接受,直接关系着图书馆能否履行自己的社会职能,能否换取维护图书馆生存和生产所需要的资源,因而也最终决定着图书馆作为一种社会机构是否能够继续生存下去。

(3)价值、满意和质量

图书馆的公益性决定了用户消费图书馆产品时并不需要直接付出金钱来购买,但用户为了能够消费其产品,需要付出时间、精力以及间接地付出金钱,如用户在去往图书馆或其服务点时要付出交通费、路上花费时间,用户访问电子资源时需要付出上网费用等。众所周知,随着计算机和互联网技术的发展,图书馆已经不是用户获取信息或服务的唯一场所,免费服务已不能再吸引用户了,用户是否会选择图书馆服务,取决于用户对其接受图书馆服务时所付出的时间、精力、金钱等成本和获得的利益与从其他途径获取相同服务时付出的成本和获得的利益进行比较的结果,用户会根据自己的理解来综合判定哪种服务最具价值。因此,图书馆必须意识到竞争的存在,必须想办法改变用户对图书馆产品的价值理解。

一旦用户认为图书馆产品更具价值,用户就会选择图书馆产品,产品效能与用户期望值相符甚至超过用户期望,即用户的满意度决定着用户以后是否还会选择图书馆。在这方面,企业的做法可以借鉴。例如一些企业将产品期望值适度调低,并提供期望值较高的产品,使顾客购买产品后感到“高兴”或“惊喜”,得到较高的满意度,促使顾客多次购买并和其他人称赞该产品,达到口碑营销的目的。还有的企业为了击败竞争对手招徕到更多的顾客,会将期望值调高,但期望值调得太高,如果产品跟不上的话也会令顾客失望。另一方面,太高期望值的产品也必然需要增加更多的成本,对企业来讲可能导致利润下降或“赔本赚吆喝”,对图书馆而言,则会涉及资金和服务能力的问题。因此,图书馆如何设定用户期望值,需要综合考虑服务能力和用户满意度的平衡,“必须创造更多的顾客价值和满意,但也不能够倾家荡产”(科特勒语)。

用户在具体使用产品或服务的过程中,诸多因素决定着产品质量,如馆员的服务态度、电子资源的访问速度、视频资源的清晰度和播放是否流畅、让用户等待的时间等。一款能为用户带来很多附加值的产品可能会因为其使用或服务过程中出现的一些小问题而导致用户决定“下次再也不用了”，因此，质量是产品满足用户需求的能力，会直接影响用户对产品的满意程度。

(4)交换、交易和关系

由于图书馆服务的公益性，用户并不需要直接付出金钱或其他具体的物品作为回报换取图书馆产品，但用户通常需要付出时间、精力或间接付出金钱。一旦用户使用了图书馆的产品，即交换成功，图书馆与用户之间就发生了交易。交易是指双方价值的交换，这其中，用户获得的价值是图书馆提供的满足其需求的信息或服务，图书馆得到的价值则是用户的反应和与用户建立的初步关系。图书馆要实现其社会职能，就必须使自己的产品能够被公众接受和使用并为他们带来价值，以获得社会和政府的认可。假设某位用户第一次使用图书馆产品，图书馆获得了用户的反应，即图书馆是有用的，可以满足其某些需求，同时，用户也与图书馆建立了一定的关系，用户可能会办读者证，为图书馆继续为用户服务提供了机会和途径，即便用户没有办理读者证，他在图书馆接受服务的过程和获得的收益可能会使用户告诉他周边的其他人或吸引他再次到馆。持证人数的增加和到馆人数(即接受服务的人数)的增加无疑会提高图书馆的社会效益和社会认可度，而能够为更多人服务、满足更多人的需求也正是图书馆营销的终极目标。

得到了用户的初次反应和建立了初步关系，这只能说是图书馆与新用户完成了一次交易，对图书馆来说，更重要的是用户能够多次或持续使用图书馆服务，并由此吸引新的用户。因此，与用户建立并保持长期和良好的关系，是图书馆营销重要的一环，这有赖于图书馆能够不断发现并影响和满足用户的新需求，同时注重服务质量的提高。

(5)市场和营销者

在现阶段的我国，公共图书馆的市场是指其服务半径或者其行政区域内的常住、暂住和流动人口，包括儿童、青少年和老年人口以及各类组织机构。按照我国政府建设公益性、基本性、均等性、便利性的公共文化服务体系的要求，图书馆有义务也有责任为这些人群或组织机构提供服务，满足他们的特定需求。因此，图书馆的市场是不能选择的，不能够像营利机构一样，通过调查市场的需要和欲望，选择那些他们有能力提供最佳产品的市场。对于图书馆来说，除了现有用户，其服务辖区内的其余人群都是其潜在用户，这是由图书馆的社会职能来决定的，图书馆不能选择可以或不可以为哪些人服务。因此，图书馆需要通过调查整个市场的需求和欲望，识别特定市场的需要和欲望，进而实施市场细分，针对性地对细分后的市场来设计产品和服务，才能达到最佳的营销效果。在这种情况下，图书馆是更积极、主动地寻求交换的一方，因此，图书馆就是营销者。

二、图书馆营销的特点

虽然图书馆营销是企业营销原理在图书馆的应用，但图书馆的非营利性质及其承担的社会职能，决定了图书馆营销与营利性企业的营销活动相比，有着很多显著的特点，了解这些特点，有助于图书馆制定科学的、切合图书馆实际的营销战略，对于市场营销原理在图书馆的更好应用具有重要意义。这些特点包括：

（一）市场的不可选择性

图书馆的公益性决定了图书馆的市场是不可选择的。广义来讲，任何合法的公民和组织都有权享受图书馆的服务，也就是说，图书馆有责任、有义务为所有合法公民和组织提供图书馆服务。在我国现阶段，公共图书馆的主要服务对象是其服务半径或承担的行政区域内的人群和组织。其中，服务人群包括常住、暂住和流动人口。而对于高校图书馆，其主要服务对象则是本校师生和科研人员。随着互联网的发展和普及，图书馆的服务范围也不再受地域限制，读者在任何地方都可通过网络使用图书馆服务，这无疑使图书馆的服务范围进一步扩大了。此外,图书馆联盟的不断建立和发展,也扩大了图书馆的服务范围,尤其是对高校图书馆来讲,其服务范围由本校扩展为区域内的其他高校。而近10年来对高校图书馆社会化服务的探讨和实践,也是对高校图书馆服务范围的进一步拓展。可以说,在图书馆的发展过程中,为了体现自身的社会价值,图书馆在力所能及的范围内一直试图扩大其服务范围,这也是由其公益性和所承担的社会职能所决定的。

因此,图书馆不能像营利性企业一样选择那些有能力提供最佳产品的市场,也就是有利可图的市场,而放弃那些能力较为薄弱或没有竞争力的市场,从而获得最大利益。对于图书馆来说,只有为更多的人提供有效的服务才有可能获得最大收益,才能获得政府和公众的持续支持,从而获得政府拨款和民众捐赠。市场的不可选择性体现在至少在其服务范围内,图书馆不能选择可以为哪些人提供服务或拒绝为哪些人提供服务,而且随着图书馆的发展,市场的范围还需不断扩大。可以说,图书馆尤其是公共图书馆的市场是庞大而繁杂的。在这种情况下,根据用户需求的差异性,将总体市场划分成若干具有共同特征的子市场,即进行市场细分化,有针对性地制定相应的市场营销策略,是图书馆应对庞大市场的最佳营销途径。细分后的子市场,更容易分析和了解用户的欲望和需求,有助于图书馆根据实际情况确定服务的主要目标和次要目标,设计适合不同市场的服务和产品,同时更易于发现用户的潜在需求,推动图书馆资源建设和服务方式的创新,从而尽可能满足不同用户的需求,实现图书馆效益最大化。因此,图书馆营销市场的不可选择性决定了市场细分是图书馆营销必不可少的环节。

(二)用户获益不明显

与营利性机构相比,用户使用图书馆产品后,在大多数情况下并不能明显感受到产品的价值或仅仅感受到产品的部分价值,这在一定程度上增加了图书馆营销的难度。例如用户购买一块价格低廉、去污能力强的肥皂后，一经使用就会立竿见影地感受到它的价值，如高于用户期望值，就会促使用户再次购买；而用户去图书馆阅读一本书，虽然用户知晓阅读的诸多好处，但一次阅读并不能让用户感受到其带来的直接价值，阅读的价值是需要经过一个相对漫长的过程才能体现出来，而仅一次阅读的体验，可能用户只是感受到在图书馆度过了几小时休闲的时光而已。这就为图书馆营销带来难题，即如何说服用户能持续来图书馆阅读或通过其他方式如图书馆网站进行阅读。不仅仅是阅读服务，图书馆的其他服务，如讲座、培训等教育类活动，也是需要经过长时间、多次参加才能让用户感受到其带来的价值。

然而，除非用户特别需要，图书馆服务和产品并不是大多数用户急需或必需的。洗涤用品是日常生活的必需品，没有的时候我们会马上想到要去购买，因为这类商品用户获益明显，已经对其产生依赖性。现实中，需要到图书馆查阅相关科研文献或其他文献的读者只是图书馆的小部分用户，对于大部分人群来说，图书馆是一个文化、休闲和接受再教育的场所。对前者来说，如果没有更好的选择，图书馆服务和产品就成为他们急需或必需的产品，其价值也可直接体现出来；而对于后者，如何让用户较快或较直接地感受到图书馆服务和产品可能会带来的价值，使接受图书馆服务成为用户生活或工作中较为重要的或有意义的活动和事项，则是图书馆营销要完成的任务。而要完成这一任务，就需要进行用户需求、喜好、行为等的调查，收集和分析用户反馈，设计与用户生活、工作关系密切的、具有附加价值的服务和产品；对新用户来讲，还要抓住用户第一次使用图书馆的机会，创造吸引用户再次使用图书馆服务的亮点。此外，在图书馆营销中，还可以依托图书馆资源和设备设计一些用户获益明显的产品和服务，借此推动用户对其他服务和产品的使用。例如我们前面提到的图书馆为返乡农民工提供的网上购票服务，实际上就是很好的图书馆营销活动。通过这样的服务，图书馆利用自己的便利条件为农民工解决了他们亟须解决的问题，树立了良好的社会形象；而农民工实实在在地感受到了图书馆服务带来的价值，图书馆也在他们心中留下了亲切、温暖的印象，必然吸引他们尝试图书馆的其他服务。

（三）图书馆获益不明显

对于营利性机构来说，每销售一件产品，相应地就会获得收入，员工可以从产品的生产数量和销售数量的变化、公开的财务数据等直观地感受到本机构的获利情况，如果产品成本和生产效率正常的话，随着销售业绩的上升，整个机构利润的增长是显而易见的。而对于机构内部的营销部门来说，产品销售数量的上涨还预示着销售人员个人收入的增加。由于营销是一个动态的、全员参与的过程，营销业绩的好坏对机构所有成员的工作状态和积极性都会有或多或少的影响，一个产品供不应求、不断获利的企业会使员工对企业的未来充满信心，更容易提升员工士气，使其保持积极的工作态度。所有这些因素都会为整个团队的市场营销活动带来动力。

而在图书馆的营销过程中，不仅仅是用户获益不明显，对于图书馆的工作人员来说，为一位新用户提供服务后，并不能像营利性机构一样很快就获得收入，其收益仅表现为与用户建立了初次的关系以及用户对此次服务的满意程度和下次还能使用该服务的可能性。随着这些收益的不断累积，当接受图书馆服务的用户达到足够的数量，使其产生的社会效益、公众对其服务和产品的需求达到一定程度时，图书馆才能获得公众和政府对其存在价值和不可或缺性的进一步认可，由此图书馆才能争取到其发展所需的政府更多的支持和来自民间的捐赠，而这往往需要一个相对较长的过程，并且在这一过程中，图书馆不仅需要向用户营销自己的产品，还要面向政府和捐赠者营销自己的服务理念、组织目标、取得的业绩等。例如，图书馆开发一项新的服务项目，必须在这一项目通过为用户提供一段时间的服务取得一定社会效益并获得政府和捐赠者的认可后才能获得其对这一项目的资助。在这个过程中，由于收益的不明显和不可确定性，势必对馆员保持积极的工作态度、提升整个团队的士气产生影响，也为市场营销活动的开展带来一定阻力。在这种情况下，必要的激励机制的建立、组织愿景的设立、管理理念的推广等一些内部管理机制的实行,可以在一定程度上消除这些消极因素。但在一些不重视图书馆事业发展的地区或高校,政府或上级主管部门对图书馆的一贯消极态度会使图书馆获益的不明显性和不可确定性加剧,馆员对通过自己的努力改变图书馆的现状缺乏信心,在这样的地区开展图书馆的市场营销,激励机制的建立和加大对政府营销的力度会更为重要,图书馆同时也要做好打持久战的准备。

(四)行业内缺乏竞争

众所周知,竞争有利于激发组织的活力和创造力,能使人振奋精神,奋发进取,是市场营销活动的重要因素之一。正如科特勒所言,"用营销学的观点看,一个公司要想获得成功,那就必须比竞争对手做得更好,让顾客满意"①。竞争分为同行业之间的竞争以及行业与替代行业的竞争,无论哪种竞争,了解所处的竞争环境,识别竞争对手,调查竞争对手的优势和劣势,知己知彼,才能制定出高回报的营销战略。

在现阶段,当我们谈论图书馆语义下的竞争时,主要是指图书馆行业与替代行业间的竞争,即图书馆行业与能够提供相似信息服务的机构间的竞争,主要是指随着互联网、计算机和通信技术的发展而对图书馆社会地位构成一定危险的、公众能够获得和发布信息的渠道和机构以及其他能为公众提供服务的文化机构。进入新世纪以来,图书馆行业与替代行业间的竞争越来越激烈,这为图书馆事业的发展提供了诸多机遇和挑战,促进了图书馆营销活动的开展。

而在图书馆行业内,更多的则是协作,由于多种原因并未形成全面的馆与馆之间的竞争。例如图书馆联盟就是图书馆在资源建设和读者服务方面的协作,图书馆试图通过这种协作互惠互利,节约资源

① (美)菲利普·科特勒(Philip Kotler)等.市场营销导论[M].俞利军译.北京:华夏出版社,2001:73.

购置经费,丰富资源内容,为更多读者提供服务。图书馆似乎并不需要在行业内实行竞争,其服务的地域范围决定了一个图书馆并不需要与其他图书馆争夺用户群体,为本区域用户提供服务依然是当前图书馆的主要任务。但行业内竞争的缺乏,使图书馆在服务和产品的设计上更多地聚焦于与替代行业服务的差异化,其对自身优势和劣势的判断也是基于与替代行业的比较,在营销战略的制定上并没有把本馆之外的其他图书馆作为竞争对手,宏观上更多的则是关注由于新技术的发展给图书馆社会地位和存在价值造成的危险。从长远来看,行业内竞争的缺乏,即馆与馆之间竞争的缺乏使图书馆在服务和产品的设计方面缺乏横向比较,导致同质化和千篇一律,不利于图书馆服务和产品的丰富和多样性。体现在图书馆营销活动中,则更多的是告诉用户本馆有什么,本馆的服务或产品能为用户带来什么价值,而没有告诉用户本馆与其他馆的区别是什么,有哪些特色。一个在全国同类图书馆中处于领先地位的图书馆更容易获得政府的投资和公众的捐赠。因此,行业内竞争的缺乏会对图书馆营销的整体效果产生一定影响,而有意识地识别竞争对手,创造竞争环境,则更容易获得高回报的营销效果。

(五)产品以无形的服务为主

如前文所述,图书馆的产品以无形的服务为主,因此,在很多情况下,图书馆实际上是在营销一种理念、思想、认识以及基于图书馆文献资源和设备而提供的各类服务活动,包含了馆员、设备、地点、组织、信息、观念、思想等元素。服务不同于营利性企业的实体产品,在营销过程中与实体产品营销有着显著的区别,因而在营销策略的制定上也要有别于实体产品。这些区别包括:

(1)具有无形性的服务产品同实体产品相比,用户很难通过服务说明来判断或猜测其质量和效果,而只能从服务设施或环境、服务人员的穿着等外在的实体元素来进行预先的判断,这些外在元素会对用户对服务的期望值产生一定的影响。因此,图书馆要预先设计或判断所提供服务的外在元素有可能给用户带来的最高期望值,并确信有足够的能力满足这些期望值,才有可能获得好的营销效果。

(2)用户直接参与服务的生产过程。服务产品是由用户直接参与、与服务提供者共同完成的一项活动。通常用户并未感知自己是在参加一项服务的生产过程,并在生产中也负有一定的职责,只有彼此相互协调、共同完成才能达到双方满意。因此,服务人员需要有效引导用户扮演和发挥他们在服务过程中的角色和职责,以使服务的生产和消费过程能够顺利进行,达成用户期望的质量。同时,服务人员与用户的有效沟通和互动也会影响到服务质量和用户的满意度。由于用户个体的差异性,不同的用户对同一服务会有不同的期望值和需求,通过互动和沟通影响或应对不同用户的需求,才能达到每一位用户期望的服务质量。

(3)服务还具有不可储存性,其质量难以控制。服务是无形的,因而不能储存,生产的同时就已经消费了,一旦在服务过程中出现问题,就难以补救,不能像有形产品一样进行退换或维修,因而会严重影响用户以后的消费行为。此外,服务产品的提供过程中,服务人员的言行、服务态度等也具有不可控性,因此,每一次的服务提供都会与前一次服务有所不同,用户在消费过程中对服务质量的识别和评价也会不同。所以,听取用户的抱怨和反馈并快速进行响应和纠正,是进行服务瑕疵补救的有效措施。用户评价较高的服务的累积有助于服务品牌的创建。

(4)与实体产品的营销方式不同。服务产品不可运输,不可异地生产,用户必须到图书馆或其设施所在地接受服务,或图书馆到用户所在地开展服务。这种不可运输的性质限制了图书馆市场的进一步扩大。虽然随着互联网的发展,很多用户不必到图书馆,直接通过网络即可享受图书馆服务,但并不是所有的图书馆服务都可以通过网络进行生产和消费。

(六)传统观念对图书馆营销的影响

“图书馆是公益性机构,不需要营利,市场营销是营利性机构的管理方式,因此,市场营销并不适用于图书馆”。这种观念在传统的图书馆人心中根深蒂固,尽管他们在实践中已经在不自觉地局部应用了市场营销的理念,如阅读推广,但在图书馆全面系统地实施市场营销,则会认为是对图书馆公益性的破坏。持这种观点的人,源于他们对市场营销理论缺乏深刻的了解,误认为营销即等同于推销并营利,因而在营销实施初期会缺乏动力甚至会有消极情绪。成功的营销是一个动态的、需要图书馆内所有人员积极参与的过程,他们对营销的理解和认识是影响营销顺利实施的重要因素。由于目前我国图书馆界对图书馆营销理论的研究还有待进一步深入和提高,图书馆营销的实践大都是在图书馆某一局部范围内零星开展,营销理念还并没有被所有的图书馆人接受。在这种大环境下,如何使图书馆人认识到营销对图书馆发展的重要性及其为用户带来的价值,需要整个图书馆界的共同努力,需要理论研究和实践的持续互动,这可能需要一个相对较长的过程。在实践中,对于营销的推行亦可采取循序渐进的方式,先在小范围内如某一部门内实践,再逐步在全馆推广,引导馆员在实践中认识和理解图书馆营销的本质和为图书馆及社会带来的价值。

三、图书馆营销载体

(一)图书馆营销载体的定义

广义来讲,图书馆营销载体是指在营销传播中承载图书馆营销信息和元素的一切人和事物的总称,是图书馆营销信息和元素的表达方式,包括图书馆工作人员以及各类媒体、图书馆的视觉识别系统(VI)、图书馆建筑、网站、促销(文化)活动、游戏等有形的东西或无形的事件。通过这些载体,图书馆将自己的营销信息和元素送达或被用户感知,给用户留下印象,吸引他们使用图书馆产品。不同的营销载体传达的信息强弱和持久性会有所不同,而不同的目标受众也会对不同的营销载体有不同的反应。例如在游戏中嵌入图书馆的相关信息更容易被年轻人接受,出色的 VI 设计会给所有用户留下深刻印象,不同馆员对服务理念的理解会在服务实践中带给用户不同的感受,周期性或持续举办的品牌文化活动向参与者传达特定的产品价值等。狭义的图书馆营销载体则是指各类广告媒体。如何运用这些营销载体,有效地保证营销信息送达目标受众,达到最佳传播效果,是贯穿图书馆整个营销过程中的重要环节。

(二)图书馆营销载体的分类

按照广义的营销载体定义,图书馆营销载体可分为人员、促销(文化)活动、图书馆视觉识别系统(VI)、图书馆建筑及内部布置、广告媒体。

(1)人员:包括服务人员、营销人员以及其他与用户接触的工作人员。在为用户服务和开展营销活动的过程中,馆员是建立用户偏好、信任和维持用户关系的最为有效的途径之一。首先馆员与用户能够直接面对面,任何一种传播方式都不及人与人之间的面对面更能有效地传播信息和产生相互影响;其次在馆员的营销和服务过程中,更容易与用户之间建立起可信而稳固的人际关系,能够有效促进交换关系的达成。

(2)促销(文化活动):图书馆的活动往往离不开阅读与文化,诸如阅读推广活动、培训、讲座、展览、科普活动、少儿活动等,这些活动的主题和内容承载了大量的图书馆营销信息,在为用户服务的同时宣传了图书馆的观念、信息、思想、产品价值,有些图书馆还在活动中以赠送用户书籍、小礼品等方式给予用户某些附加价值,使用户的注意力集中在图书馆的服务产品上,激起用户再次光顾的欲望。同时在这些活动中,馆员与用户之间的互动不仅给了馆员向用户直接营销图书馆产品的机会,而且用户还可以及时反馈他们对于产品的认识、意见和建议。因此,这些活动实际上就是图书馆的促销活动,只不过在没有明确实施市场营销的图书馆,这些活动是图书馆为吸引用户而不自觉地进行的营销活动,与真正的促销活动相比只是没有进行营销环节的预先设计而已。

(3)视觉识别系统(VI)。视觉识别系统是指运用统一的视觉符号系统,使受众实现对组织或产品品牌形象的快速识别与认知,向公众传达组织经营理念、价值取向等信息,其对内可增强员工的认同感和归属感,对外则可以塑造组织形象,获取公众认同,具有识别速度快,传播范围广等特点。图书馆导入视觉识别系统,通过将图书馆的服务理念、服务特点等抽象的概念转化为具体的符号系统如图书馆标志、标准色、象征图案、宣传口语等,并将其应用到办公事务用品、设备、建筑环境、广告媒体、交通工具、衣着制服、旗帜、招牌、标识牌、橱窗、陈列展示等,通过外在的、直接的、具有传播力和感染力的符号设计塑造图书馆的公共形象,向公众诉诸图书馆的服务理念和精神文化,从而吸引用户使用图书馆服务。因此,视觉识别系统本身就蕴含了丰富的营销信息。

(4)图书馆建筑及内部布置。不同环境的刺激作用以及人自身不同的需求会使人产生不同的心理反应。一个有特色的建筑往往能给人留下深刻印象,而令人感到愉悦或舒适的室内环境也往往会使人流连忘返。图书馆建筑和室内环境所具有的文化特质以及这些特质营造出来的和谐、自然、宁静、雅致的意境,会在潜移默化中感染读者,增加对读者的吸引力。现代化的图书馆建筑在综合考虑了交通位置、节能、环保等宏观因素外,在细节上要从激发、影响和满足用户需求与欲望、节约用户成本的角度出发,融入图书馆特有的文化气质和服务理念进行精心策划与设计。优美的外部环境和建筑特色会使读者愿意靠近图书馆,置身其中,家具、设备、陈设、绿化等带给人的感官舒适,又会使人产生愉悦的心情。图书馆是用户的图书馆,是为用户而建,而不是为了成为地标或政绩工程而建。

(5)广告媒体。图书馆不仅要创造优质的服务或产品,还要让更多的用户知晓这些产品的优点和价值,在用户心中树立良好的公众形象和产品形象,而利用各类媒体发布广告则是最有效和快捷的手段之一。目前主要的广告媒体有广播、电视、印刷媒体(包括报纸、杂志、海报、日历等)、网络媒体以及户外媒体等。在图书馆营销中,通过媒体发布硬性广告的情况较少,通常多为服务内容、时间等的通知、公告或公益广告,并且以免费的纸质媒体和网络媒体为主。随着以网络媒体为代表的新媒体的发展,其承载的图书馆营销信息无疑更为丰富和多样,内容形式上也从单纯的文字发展到图片、视频和多媒体,为图书馆与用户的互动提供了更多的选择。例如,很多图书馆通过微博和微信公众号发布图书馆资源及活动信息,并与读者进行互动;北京大学图书馆拍摄的《天堂图书馆》、清华大学图书馆拍摄的《爱上图书馆》等系列微电影深受学生喜爱,均在网络上获得了高点击率,成为图书馆微电影营销的典型案例。

实践中,产品的目标消费者与载体的目标受众间的吻合度越高,越有利于营销信息的有效送达,营销载体的价值也越高。视觉识别系统、图书馆建筑和室内布置这类载体要突出图书馆总体的风格和特点,其目标受众应为图书馆的所有用户;而人员、媒体、促销(文化)活动则应针对不同的受众进行有针对性的设计,同时还要考虑受众范围和成本,以便使营销信息快捷、高效地送达用户,达到最佳的营销传播效果。

从以上图书馆营销载体的广义分类还可以看出,营销信息和元素事实上遍布图书馆的每一个角落,图书馆范畴内一切与用户直接或间接接触的人或事物都是营销的载体,这也进一步说明图书馆营销是一个全员参与的、基于图书馆资源和设备的与用户互动的过程。

四、图书馆营销程序

在实施市场营销之前,图书馆需要制定一份完备的战略规划,明确图书馆的使命,并将使命转化为总体目标和任务。图书馆战略规划是指依据图书馆内外部环境和自身条件的状况及其变化制定的组织的长期目标,从营销的视角看,战略规划是图书馆对不断变化的环境进行分析和预测后发现的机会和有利条件,有助于图书馆应对环境变化而做出快速反应。总体目标和任务确定之后,各部门需要制定各自具体的目标以实现总体目标,例如,馆藏部门会有相应的馆藏发展目标,技术部门有新的管理平台或服务平台的开发目标,参考咨询部有相应的读者服务项目发展目标等,这些目标的实现,有助于图书馆为读者提供更好的服务产品,但同时也需要图书馆加大成本投入。而营销部门要做的是让更多的用户知晓图书馆服务、使用图书馆服务,同时获得用户的需求信息反馈给其他部门以便改进产品,其目标就是扩大用户数量和图书馆产品使用率,并产生一定规模的社会影响,从而获得政府和公众支持,为图书馆实现总体目标获得更多资源。制定营销目标时,要将各类具体指标进行量化,给出具体数字和时间范畴,尽量不要使用一些空泛的口号型语句,如“进一步提高办证率”就不如“将办证率在上一年基础上提高 20%”能给营销部门传达更准确的、可作为依据的信息。

营销目标的确定,为下一步实施营销管理打下了基础,所有的营销活动都围绕如何实现营销目标展开,其过程包括:通过市场调查与分析,了解用户需求和欲望,进行市场细分和定位;设计营销组合;营销计划制定;实施营销。

(一)市场细分与定位

图书馆要想吸引更多的用户,必须提供比互联网、手机、电脑、电视等用户能自行获得信息的渠道以及其他文化活动更有价值的服务,因此,首要的一步就是要通过市场调查与分析,获知用户的需求和欲望,进而提供能满足这些需求和欲望的产品和服务,尽可能为用户带来最大价值。但由于用户个体的差异性,其需求和欲望也是多种多样的,要想最大限度地满足用户需求,市场细分是非常有效的手段。而要使图书馆产品和服务在用户心中留下深刻印象，取得竞争优势，图书馆还必须决定在这些细分市场要占据什么位置，即必须进行准确的市场定位。

1. 市场细分

市场细分即按照用户欲望与需求把总体市场划分成若干具有共同特征的子市场，以便有针对性地对有相同或相似需求的用户设计产品和提供服务。市场细分需要通过各种调查方法获得用户需求和欲望信息，汇总后按一定的划分标准进行细分。图书馆用户调查中最常用的方法是问卷调查和用户访谈法，为了获得更丰富、更切合实际的信息，还可以通过情景调查、跟踪调查以及基于 Web 的多种调查方式。图书馆市场细分的标准，通常有如下几种：

地理细分：如按照交通、城乡、行政区划等因素进行细分。

人口统计细分：人口统计包括年龄、性别、家庭人口、职业、收入、教育程度、社会阶层、宗教信仰或种族等因素。

心理细分：按生活方式、个性特征和偏好等因素对用户进行细分。

行为细分：根据用户对产品的了解程度、态度、使用情况或反映进行细分。

在选择细分标准时，可以采取单一标准，但更多的时候会采用多项标准的组合。例如，对于公共图书馆，可以按年龄将用户分为儿童、青少年、成年人和老年读者，在成年人读者中还可以按不同的教育程度进行更进一步的细分。再如根据用户的偏好，喜欢通过远程访问图书馆产品的用户与更喜欢到图书馆里接受服务的用户就是两大不同偏好的读者群体，其中对于喜欢通过远程访问图书馆的用户，又可以根据其使用情况和习惯进行细分，如可以针对偏好访问某一类电子书的用户推荐相关内容等。目前很多公共图书馆专门开设的为残障人士提供的服务、少儿分馆事实上也是市场细分后的结果。一般来讲，有效的图书馆市场细分应做到以下几点：

内部同质性：同一个细分市场的用户需求具有同质性或最大相似性。

需求差异性:即各细分市场之间要体现出需求的差异性。

可衡量性:细分出来的市场范围明确,也可大致对其容量做出判断。

行动可能性:图书馆现有资源能确保为细分后的市场提供满足其需求的产品或服务,并有能力对市场实施营销影响。

细分后的整体市场更细、更具体,图书馆也更易把握细分市场的特征,但整体市场并不是分得越细越好。由于图书馆要针对不同的市场设计不同的产品,采取不同的营销策略满足不同用户的需求,因此,过细的市场划分往往会导致产品和成本费用的增加。如果图书馆不足以或没有能力对细分后的市场分别进行产品设计、服务与营销,最终的结果是整个市场的需求都满足不了。细分后的每一个市场应该是图书馆有能力为之提供服务的最大同质用户群体,并且有足够的潜在用户需求。因此,还是要记住科特勒那句话“必须创造更多的顾客价值和满意,但也不能够倾家荡产”。此外,由于科学技术、社会文化、经济等的不断发展,用户的信息需求和文化需求等也在不断发生着变化,图书馆细分市场的标准也要随之变化,并且随着营销工作的展开,还要善于发现和创造新的细分标准。

如前文所述,图书馆市场具有不可选择性。图书馆不能像企业一样,在细分市场之后,选择进入一个或多个能创造最大用户价值的细分市场。例如图书馆不能选择只为青少年和成年人服务,而放弃为儿童和老年人提供服务,这样做的后果不仅背离了图书馆公益性的本质,而且会造成不良的社会影响。因此,图书馆在细分市场后,可以先把当前最有能力创造最大用户价值和最有潜力的市场作为主要目标市场,进行重点培育和发展,等这部分市场成熟稳定之后,再重点培育其他部分市场。也就是说,通过市场细分化,图书馆可以确定出当前一段时期内的主要目标市场和次要目标市场。次要目标市场并非不重要,而是需要图书馆积累一定规模的资源后才能去重点开发的市场,在此之前,对这部分市场提供的一般性服务是不能中断的。

2. 市场定位

图书馆一旦选择了目标市场,就要在目标市场上进行产品的市场定位。科特勒认为,市场定位是指"为使产品在目标消费者心目中相对于竞争产品而言占据清晰、特别和理想的位置而进行的安排"①。市场定位的过程实际上就是寻找、识别和显示与竞争对手产品和服务的差别化过程,即根据竞争者现有产品在市场上所处的位置和用户对该类产品的需求和欲望,塑造出自身产品与众不同的、能给人鲜明印象的个性或形象,并把这种形象生动地传递给用户,从而确定产品在市场上的适当位置。例如同样是大型百货商场,有的商场定位为以高档商品为主,中档商品为辅,有的则定位为只经营独一无二的特色商品。之所以会有不同的定位,是因为这两家商场有能力为其选定的目标市场提供对应的产品和服务,并能实现较大的顾客价值,也就是能够赢得竞争优势。因此,能提供与众不同、具有较大顾客价值的产品和能够赢得竞争优势,是进行市场定位时的依据。我们知道,图书馆语义下的竞争,主要是指图书馆行业与替代行业间的竞争,即图书馆行业与能够提供相似信息服务的机构如随着互联网、计算机和通信技术的发展而对图书馆社会地位构成一定威胁的、公众能够获得和发布信息的渠道和机构以及其他能为公众提供服务的文化机构间的竞争。

具体地来讲,图书馆的市场定位可以通过以下步骤来完成:

第一步,识别潜在的竞争优势。首先要了解竞争对手产品的定位情况,他们向目标市场提供的产品和服务及其在用户心目中的位置;其次是了解目标市场上用户需求和欲望的满足程度以及用户还有哪些需求和欲望没有被满足;第三是确定针对竞争对手的市场定位和潜在的用户需求和欲望,图书馆应该及能够提供的产品和服务。市场营销人员通过详细的调研、分析和设计,从中把握和确定图书馆在目标市场的潜在竞争优势。

---

① (美)菲利普·科特勒(Philip Kotler)等. 市场营销导论[M]. 俞利军译. 北京:华夏出版社,2001:49.

第二步，确定相对竞争优势。通过与竞争对手在各方面实力如资源、产品差异、服务差异等的系统比较，找出现有的、潜在的或图书馆通过努力可以创造的能够胜过竞争对手的能力，即相对竞争优势。当然，在比较的过程中，不仅要找到相对于竞争对手的强项，还要发现自己的弱项，以便制定有效的竞争策略，选出最适合图书馆的优势项目，以确定图书馆在目标市场上所处的位置。

第三步，传播和送达市场定位。图书馆确定了市场定位后，要通过一系列的宣传促销等活动，与目标市场进行有效的沟通，将其定位观念准确地传播给潜在用户，使用户了解、熟悉、认同和喜欢图书馆的市场定位，并在用户心目中建立与该定位相一致的形象。在这一过程中，图书馆需要通过各种努力去强化、维持和巩固其在用户心目中的形象。

（二）设定营销组合策略

图书馆在确立了营销目标、选定了目标市场并进行市场定位、识别出自身的竞争优势之后，就必须通过设定最佳的营销组合来实现营销目标。营销组合是市场营销理论的一个重要概念，指企业根据用户的需求和企业的营销目标来确定可控营销因素的最佳组合，是营销的工具和手段。1960 年，杰罗姆·麦卡锡（E Jerome McCarthy）将企业的营销要素归结为 4 个基本策略的组合，创立了经典的 4Ps 营销理论：即产品（product）、价格（price）、渠道（place）、促销（promotion），再加上策略（strategy），简称为 4Ps，成为营销管理的基础性理论。随着社会经济的发展和营销实践的丰富，营销界的学者和专家们不断对 4Ps 理论进行扩展与修订，推动营销组合理论的演变和成熟，先后出现了 6Ps、7Ps、10Ps、11Ps 以及 4Cs 和 4Rs 等理论。

1. 图书馆语境下的营销组合理论

（1）4Ps 理论

①产品策略。产品策略即开发适合目标市场的产品，包括有形的产品和无形的服务，其决策内容包括产品发展、产品计划、产品设计、交货期等。对于图书馆来说，产品主要以无形的服务为主，因此，要更

多地根据服务产品的特点来进行设计，如可靠性、反应能力、用户的依赖感、为用户着想、便利性等。

②价格策略。价格就是考虑制订适合目标市场的价格。由于图书馆是公益性机构，不以营利为目的，用户使用其主要产品和服务时并不需要付出货币，但需要用户付出时间、精力等间接成本；而少数的收费项目，其价格一般也获得了上级主管部门的批准或经过公示。如何使用户尽可能地付出最少的成本而获益最多，是制定价格策略时要考虑的问题。

③渠道（地点）策略。即如何通过适当的渠道把服务或产品送达目标市场。对于图书馆来说，由于其服务产品的不可运输性和不可储藏性，不能按照实体产品来设计营销渠道（地点）。图书馆营销渠道主要有馆舍、服务网点和互联网。如何平衡各方面因素来设置馆舍、服务网点的位置、大小以及通过互联网传递的服务种类等，让尽可能多的用户付出尽可能少的成本获得服务就是渠道策略要考虑的问题。

④促销策略。促销策略即考虑如何将适当的产品，按适当的价格，在适当的地点通知目标市场，促进用户购买以实现扩大销售的策略，其影响因素包括销售推广、宣传、人员推销、公共关系等。如图书馆开展的阅读宣传、展览、讲座、培训等活动。

（2）6Ps 理论

20 世纪 80 年代初，各种形式的政府干预和贸易保护主义的兴起，使企业国际国内的竞争环境更为复杂。面对新的形势，科特勒认为，企业不应该只是单纯地顺从营销环境，应该而且能够通过自身的努力影响环境。1986 年，科特勒提出了大市场营销（mega marketing）的概念，即在原来的 4P 组合的基础上，又添加了两个"P"："政治力量"（political power）和"公共关系"（public relations），即企业要运用政治力量和公共关系来影响环境，为企业营销开辟道路。相对于图书馆营销来说，政治力量意味着图书馆要了解和关注国家政治、经济和文化政策的规定和变化，积极与政府合作，改变和影响所处的营销环境和发展环境，同时图书馆还要致力于改善与社会公众的关系，树立良好形象,促进公众对图书馆的认识、理解和支持。6Ps 理论相较 4Ps 理论而言,更注重长久交易关系的达成。

(3)7Ps 理论

具有无形性特征的服务产品同实体产品相比,其市场也具有若干特殊性,从而决定了服务营销组合策略的特殊性。1981 年,布姆斯(Booms)和比特纳(Bitner)建议在传统市场营销理论 4Ps 的基础上增加 3 个“服务性的 P”,分别是人员(participant)、有形展示(physical evidence)和过程管理(process management)。

人员(particlpant):提供和接受服务者,也就是服务人员和用户。服务产品是由用户直接参与、与服务提供者共同完成的一项活动,只有双方彼此相互协调、共同完成才能达到双方满意。在服务过程中,服务人员需要主动而有效地引导用户参与服务,并与用户进行有效的沟通和互动,影响或应对不同用户的需求。服务人员是整个服务过程中最为关键的因素,他(她)们在服务过程中的表现和自身的素质可以完全影响顾客对服务质量的认知与喜好。

有形展示(physical evidence):所有可传达服务特色及优点的有形组成部分。服务产品所具有的无形性特征,使其不能像有形产品一样直接将整个产品进行有形展示,而是要通过服务环境、设施、人员、促销活动、媒体等进行间接展示,通过对这些元素的有效管理和运用,可帮助用户感觉服务产品的特点,体认所提供服务的质量,以及提高使用服务时所获得的价值。同时还有助于建立服务产品和图书馆的良好形象。

过程管理(process management):服务得以实现的过程。图书馆要考虑的是用户在使用图书馆服务时要经过哪些步骤,如何简化这些步骤从而缩短用户的等待时间。

7Ps 理论与 4Ps 理论相比,针对无形的服务产品增加了对应的 3P,更注重营销过程的细节和长久交易关系的达成。

(4)10Ps 理论与 11Ps 理论

1986 年,科特勒在对外经济贸易大学的演讲中,提出在大市场营销的6Ps之外,还要加上战略营销的4P,即探查(probing)、划分(partitioning)、优先(prioritizing)、定位(positioning),而将之前的6P称为战术营销,随后又提出战略性营销计划的制定应先于战术性营销组合的制定。后来人们普遍认同把原来大市场营销的6Ps组合理论再加入战略营销的4P,形成了10Ps营销组合理论。新加的4P中,探查(probing)即为市场营销调研,划分(partitioning)指市场细分,优先(prioritizing)则是指目标市场的确定,定位(positioning)意指市场定位。

2001年10月25日,科特勒到中国上海"新世纪营销论坛"发表演讲,首次提出了11P的营销理论,即在4P和6P理论的基础上,新加入了"人(people)"。科特勒认为,人是所有因素中最基本的一个,包括企业员工和用户。有效管理企业内部的员工称为内部营销,而满足用户需求则是外部营销[①]。

(5)4Cs理论

1990年,美国营销学家罗伯特·劳特朋(Robert Lauterborn)在《广告年代》上发表"4P退休,4C登场"一文,提出了与传统的4P营销组合相对应的4Cs营销理论,引发了营销及传播界极大的反响和热烈讨论[②]。4Cs营销理论以用户需求为导向,重新设定了市场营销组合的四个基本要素,即用户(consumer)、成本(cost)、便利(convenience)和沟通(communication)。

用户(consumer):用户需求与欲望。企业必须先了解和研究用户的需求和欲望,再根据用户的需求来设计和提供产品。

成本(cost):不能仅仅考虑产品成本,即在定价之前首先要考虑用户愿意支付多少成本。用户购买产品的成本不仅包括货币支出,还包括其为此耗费的时间、精力以及购买风险等。理想的状态是既能让企

① 伍晓曦,王丽芳.营销组合策略与方法[M].广州:广东经济出版社,2004:25.

② 魏中龙.营销组合理论的发展与评析[J].北京工商大学学报(社会科学版),2006(5).

业盈利,又能满足用户对价格的期望值。

便利(convenience):用户购买产品的便利性。应首先考虑如何给用户提供方便,而不是先去考虑渠道的设计策略。

沟通(communication):企业同用户之间的沟通是双向的沟通,而不仅仅是企业对用户的劝导。

4Cs 理论注重用户需求与欲望,以用户需求为导向,但却忽略了用户需求的合理性问题。用户的需求是无止境的,总是希望产品更好,价格更低,一味地从用户需求考虑必然加重企业的生产成本,必然使企业利润降低而影响其发展。“必须创造更多的顾客价值和满意,但也不能够倾家荡产”。以用户需求为导向的同时遵循双赢的原则才是企业发展的长久之计。对于图书馆来讲也是如此,需要综合考虑服务能力和用户满意度间的平衡,才能保证图书馆资源的有效利用和长久发展。

(6)4Rs 理论

4Rs 理论主要指美国营销学家唐·舒尔茨(Don E. Schuhz)于 20 世纪 90 年代在 4Cs 营销理论基础上提出的以竞争为导向、以关系营销为核心、重在建立用户忠诚的新营销理论,4R 分别指代关联(relevance)、反应(reaction)、关系(relationship)和回报(reward)。

关联(relevance):企业必须与用户建立关联。企业与用户是一个不可分割的命运共同体,企业必须通过某些有效的方式在产品、服务、需求等方面与顾客建立关联,形成一种互助、互求、互需的长期关系,把用户与企业联系在一起,以此来减少用户的流失,提高用户的忠诚度,从而赢得长期而稳定的市场。

反应(reaction):企业应该并能够建立对市场的快速反应机制。面对多变的市场,注重站在用户的角度,倾听他们的需求和欲望,并能够及时做出反应来满足这些需求与欲望,这样更有助于与用户建立关联,提高用户的忠诚度。要应对不断变化的市场与用户不断变化的需求和欲望,一套有效的快速反应机制的建立是必不可少的。

关系(relationship):与用户建立长期而稳定的相互依存的关系是

赢得市场的关键。市场营销已从交易营销转向关系营销，从注重短期利益转而注重长期利益，因此企业不仅要注重用户，更要注重与用户建立长期而稳定的关系，企业需按照主动沟通、承诺信任和互惠原则发展关系营销。

回报(reward)：企业的营销目标必须注重企业在营销活动中能够获得必要的回报。获得回报是市场营销的动力，企业是为获得利润而采取各种方式满足用户需求，只有不断地获得回报，市场关系才能维持下去。回报是市场关系维系的必要条件。

如上所述，图书馆究竟应该选定什么样的营销组合策略？我们再来梳理一下图书馆营销中的几个要素：产品以无形的服务产品为主；图书馆与用户间多数情况下要达成一种长久交易的关系；新技术的发展导致用户的需求在快速发生变化；在一个传统观念影响较深而对营销理论持怀疑态度的图书馆，内部营销也是不可缺少的；图书馆市场的不可选择性，使得通过市场调查进行市场细分来确定一定时期内的主要目标市场和次要目标市场成为图书馆营销必不可少的环节；图书馆的发展除自身努力外，政治和经济环境也会对其造成较大影响。因此，图书馆的营销组合策略应分为两个部分，即战略性的营销组合策略与战术性营销组合策略。其中战略性的营销组合策略即探查(probing)、划分(partitioning)、优先(prioritizing)和定位(positioning)，而战术性营销组合策略的设计是在考虑上述要素基础上，根据各个图书馆的不同情况来进行的。可以说，战术性营销组合是对上述营销组合理论的"重新组合"，图书馆可以根据自身情况来确定哪一种策略是重要的或必不可少的，也可以对每一个组合中的各要素含义根据图书馆的实际情况进行扩展或修改。

(三)营销计划制定

营销计划是指在对图书馆市场营销环境进行调研分析的基础上，制定营销目标以及实现这一目标所应采取的策略、措施和步骤的明确规定和详细说明，是具有指导性质的业务指导方案，明确一定时期内要由哪些人、以哪些策略和手段、在哪些阶段完成哪些事情。一份完整的营销计划应包括以下内容:营销计划概要、市场状况分析、机会与风险、拟定目标、营销策略、行动方案、预算和控制。

1. 营销计划概要

营销计划概要是对主要营销目标和措施的简短摘要,目的是使管理者能够迅速了解该计划的主要内容,抓住计划的要点。

2. 市场状况分析

这一部分主要提供有关市场、产品、竞争和销售的调查资料和分析结果。

市场状况:包括整个市场在最近几年的总体情况、细分市场的依据和标准说明、各细分市场用户需求情况以及营销环境中影响用户需求和购买行为的因素、主要目标市场和次要目标市场的确定依据。

产品状况:主要描述最近几年中主要服务产品的用户使用情况、获得的社会效益和价值情况。

竞争状况:主要列出竞争对手产品的特点、用户使用状况、定价、销售和促销以及在目标市场所占份额等情况。例如,对于青少年用户市场,图书馆要列出与其竞争的替代行业产品的相关情况,如互联网、电影院以及其他青少年偏好的当地文化机构产品的相关情况。要注意的是,图书馆的很多服务也是通过互联网来提供的,那么还需要列出互联网上与图书馆服务产生竞争的主要项目的情况,如微信、网上免费资源、相关专业网站等。

销售状况:最近几年图书馆主要销售渠道(馆舍、服务网点、互联网)的销售情况,即这三类渠道的用户数量及市场成长情况。

3. 机会与风险分析

在这一部分中,通过运用各种调查研究方法,对计划期内图书馆所面临的外部环境因素和内部环境因素进行系统分析,以确定图书馆在该计划期内所必须注意的主要问题,即发现有利的市场营销机会以及潜在的风险。其中,外部环境因素包括图书馆面临的机会和风险,内部环境因素则包括图书馆营销资源的优势和劣势。常用的分析方法为 SWOT 方法,即 S(strengths)优势、W(weaknesses)劣势、O(opportunities)机会、T(threats)威胁。

S(strengths)优势:图书馆内部的有利因素,如充足的经费来源,雄厚的技术力量,良好的社会形象,优质的服务,专业优势等。

W(weaknesses)劣势:图书馆内部的不利因素,如资金短缺,设备老化,管理不善,缺少关键技术和专业人员,服务能力差,对用户需求不能做出快速反应等。

O(opportunities)机会:图书馆所处的外部环境如人口环境、经济环境、技术环境、政治法律环境、社会文化环境等对图书馆开展服务、设计和营销产品有利的因素。如计算机和互联网技术的发展带来的新的用户需求,政府对教育和文化事业的支持,公众图书馆意识的提高等。

T(threats)威胁:图书馆所处的外部环境中的不利因素,如当地经济不景气导致的图书馆经费缩减,互联网的发展促使新的竞争对手和替代产品的增多,教育程度较低的公众对图书馆服务的冷漠态度等。

通过对图书馆内外部环境因素的调查与分析,梳理并辨别图书馆面临的机会与潜在威胁、优势与劣势,从而为下一步营销目标的确定提供依据。在调查分析这些因素时,不仅要考察和分析现状,还要预测未来的发展趋势问题,甚至在有些情况下还要关注其历史情况,如社会文化环境。

4. 拟定营销目标

营销目标是在本计划期内所要达到的目标,是营销计划的核心部分,对营销策略和行动方案的拟定具有指导作用。但营销目标的确定,不是凭空想象而来,而是根据以上对图书馆的市场状况分析,当前和未来图书馆的优势和劣势、机会与威胁的分析和预测的基础上确定的,是图书馆在计划期内"愿意实现的目的"。这里所说的"愿意"包含两层含义:其一是营销目标是由营销部门和图书馆其他部门共同参与制定的,是组织内部各成员共同商定的结果;其二是营销目标经营销部门确认具有可行性,不切实际的、太过高远的、超过了营销资源支持下的营销能力的目标显然并不是营销部门“愿意”实现的目标。合理的营销目标应具备以下特点：

（1）可行性：营销目标要具有可行性，但也必须兼顾挑战性，以激发组织活力和潜在能力。

（2）真实性：营销目标不能不切实际，太过高远，与图书馆的营销能力相差太远，也不能太低、不能真实反映图书馆的销售潜力而影响图书馆总目标的完成。

（3）易于分解：目标数量以及阶段性标志要尽量明确而详细，使营销部门易于按阶段或人员、组别等进行合理分解与分配。

④灵活性：要保证营销目标的灵活性，即随时根据环境和市场等的变化或突发情况进行调整，以保持整个团队的士气。

⑤可控性：便于检查目标的执行情况，以便发现问题能够及时采取措施确保计划的推进。

虽然图书馆的营销目标在内容上主要以销售量和市场占有率为主，也就是用户数量、服务人次的增加以及与替代行业相比较在市场占有率方面的增长，但还有一点也应列入营销目标，那就是在计划期内想要获得的政府更多的支持和公众捐赠的增加，这虽然需要图书馆的销售量和市场占有率达到一定规模、产生了一定的社会效益和影响时才可实现，但营销部门的积极宣传和运作会极大地缩短这一过程，并会形成良性循环，越是尽早地得到支持，服务产品的数量和质量越会尽量提高。当然，这也赖于图书馆整体的努力。

5. 营销策略

营销目标一旦确定，就要确定用于完成目标的主要营销策略和方法，即通过设定最佳的营销组合来实现营销目标。营销组合我们在前面已经讲过，在此不再赘述。

6. 行动方案

要实现预定的营销目标，必须制订一份具体的行动方案，进一步明确在计划期内将要做什么，谁去做和费用是多少。在制订行动方案之前，有必要对营销目标进行分解，以确定各子目标的主要完成人或小组。行动方案中需列出相关活动或促销的时间(包括开始时间、检查时间和结束时间)、地点、人员(包括主要完成人或小组以及对应的目标用户)、费用,最后还要列出每一项活动要达到的目标,标示出那些重要或特殊的活动。行动方案是图书馆在计划期内的一份详细的任务时间表,规定了为实现某一目标所要执行或完成的一系列活动和项目,可以按月或按季度分别列出这些活动和项目的各项工作。

7. 预算和控制

根据行动方案,图书馆可以计算出计划期内营销的预计财务开支。由于图书馆的收益不能从产品中直接获得,因此,预算表中并不能列出预期的利润,但可以列出预期将取得的社会效益。从预算表中,可以总体了解图书馆在计划期内预计的营销成本,以便于在实施过程中控制资金流向。而营销预算一经核定,就成为图书馆在计划期内整体运营预算的一部分,是图书馆实行市场营销活动的基础。

营销计划的最后一项内容为营销控制,是指图书馆营销的管理者定期对营销计划的执行情况进行检查,掌握计划执行进度,检查实际执行情况或绩效与计划之间是否一致,如果不一致或没有按规定时间完成计划,就要请营销人员找出原因所在,并采取适当补救措施,以保证市场营销计划的实现与完成。通过营销控制,可以衡量图书馆服务产品、地区、用户、促销活动等的获利能力,从而有助于图书馆营销管理者决定哪些服务产品或促销活动应该扩大、收缩或取消,同时,对于绩效不佳的营销活动或营销队伍,还可以通过营销控制来寻求更有效的管理方法以提高其营销效率。

(四)市场营销实施

市场营销实施是指为实现营销目标而把营销计划转变为具体的营销行动的过程,是对营销计划的有效贯彻,是将营销思想转变为行动和现实的过程。有了好的营销计划和切实可行的行动方案,如果在执行中出现任何偏差,都会导致无法有效地贯彻落实,从而影响整体的营销效果。有效的市场营销实施,取决于图书馆的营销执行力。在营销计划、目标和行动方案切实可行的前提下，营销执行力的高低与图书馆的组织结构、组织文化、奖励制度等的建设密不可分。

1. 组织结构

所谓组织结构即组织内部的构成方式，是组织的全体成员为实现组织目标，在管理工作中进行分工协作，在职务范围、责任、权利方面所形成的结构体系，是组织内部各个部门、各个层次之间固定的排列方式。我国图书馆的组织结构大都是职能型的组织结构，即按职能来组织部门分工，把承担相同职能的管理业务及其人员组合在一起，设置相应的管理部门和管理职务。这种组织结构的特点是各级管理部门和人员实行高度的专业化分工，各自履行一定的管理职能。由于各个职能部门和人员都只负责某一个方面的工作，因此，图书馆整体运营的决策权则集中于最高领导层。在营销实施过程中，尤其是实施需要跨部门协作的营销项目或活动时，由于各职能部门只专注于本部门的职责和目标，所以他们所优先考虑的是那些与自己部门利益直接相关的问题，因此，沟通和协调会相对困难，以用户为导向的营销理念难以贯彻。而市场营销活动是一个全员参与的过程，各部门的沟通和协调是经常要发生的事情。因此，在不改变组织结构的前提下，如何建立图书馆内部的沟通协调机制，是营销实施前就要考虑的问题。图书馆也可以参考企业项目管理的经验，将营销目标分解成若干项目，在组织结构上，按职能划分的垂直领导系统不变，增添按项目划分的横向领导关系的结构，既解决了部门间的沟通协调问题，又使得任务清楚、目标明确，进而顺利完成营销目标。

实践中，与营利性组织不同的是，长久以来，很多图书馆并没有设置专门的营销部门。事实上，计划实施市场营销管理的图书馆，市场调研、市场细分、营销目标和计划的制定等一系列工作虽然有图书馆各部门的参与，但主要还是营销部门的职责。因此，不论人员多少，首先要选派有较好的沟通能力、市场开发和分析能力、应变能力、管理能力，责任心强、熟悉或拥有市场营销经验的人员成立营销部门，才能真正开始实施营销计划。

2. 组织文化

众所周知,组织文化在组织中发挥着重要作用,可以使组织中的每个成员对本组织产生自豪、忠诚和责任感,激发他们的献身精神,促进并强化他们的行为标准,提高员工对组织的忠诚度及组织效率。为了有效地实施营销计划,还应当逐步建立起组织的营销文化。营销文化是组织文化的重要组成部分,是整个组织共享统一价值观和理念的一种模式,可以帮助员工更好地理解并"感受"组织的营销行为,进而为员工在组织内的行为提供统一的标准和规范①。营销文化向员工传递了组织的营销理念,营造了营销活动开展的文化氛围,塑造了营销团队的凝聚力。对图书馆来说,营销文化的建设主要从营销理念、服务形象和制定规范方面着手。

营销理念是图书馆营销活动的指导思想,贯穿于营销活动的全过程,具体来说是图书馆处理与用户、社会三方利益方面所持的态度和指导思想。毫无疑问,图书馆是公益性组织,其主要职能是保存人类文化遗产、开展社会教育、传递科学情报、开发智力资源、为公众提供文化服务,图书馆营销的目的就是为社会创造更多的价值,因而其营销理念实际上就是图书馆以用户需求为导向的服务理念在营销活动中的具体体现,并且这些理念承担了更多的社会责任。实践中,不同的图书馆其服务理念的表达也不尽相同,是图书馆在长期的服务活动中凝练而成。

服务形象是指图书馆在服务过程中,为用户所感受、所看到、所听到的印象、认知或看法的综合体。因此,凡是在服务的提供过程中用户所看到或感知到的所有事物和景象,包括工作人员都属于服务形象的范畴。例如,导入了视觉识别系统的图书馆,其统一的标志、标准色、象征图案、宣传口语等在设备、环境、衣着制服、标识牌等上面的应用向公众诉诸了图书馆的服务理念和精神文化,塑造了图书馆的公共形象。此外,服务人员的服务态度、服务语言、业务素质等也对服务形

① 张党利. 企业营销文化的概念研究[J]. 商业经济,2011(4).

象的塑造有着重要的影响。

在营销理念的贯彻和服务形象的塑造过程中，物质的东西可以通过制作、展示而进行传达，但精神层面的东西也就是人的行为和思想就需要通过制度和激励机制进行有效规范了。因此，图书馆还需要制定员工行为规范、评价制度以及举办相关的文化培训，采取规范、激励、示范、实践等方法，使营销文化能够尽快和全面地建立起来。

3. 奖励制度

我们知道，企业为提高销售人员的积极性，激发他们的工作热情，培养他们对公司的忠诚度，通常都会制定销售人员激励机制，包括物质激励和精神激励如薪酬激励、各种荣誉和表彰、培训计划、晋升计划等。图书馆同样也需要这样的奖励制度来激发销售人员的工作热情。

为使销售人员的销售能力最大化，通过制定激励性报酬计划对销售业绩超过预定标准的营销人员进行奖励是目前企业普遍采用的方法。实践证明，与业绩挂钩的销售激励性报酬计划在提高销售队伍质量和积极性方面的作用是非常明显的。

最常见的激励性报酬计划形式为薪金和佣金联合报酬计划，通过控制薪金与佣金的比率达到激励性目的，通常薪金所占比率要远远超过佣金比率，如 80∶20 等。这种报酬计划形式的优点是：首先营销人员预先知道自己的收入，对于企业来讲，营销人员费用固定且可以预测；其次有利于营销人员将注意力放在开发和培养长期客户上面，而企业则更易于取得长远利益；第三是能够起到吸引人才，留住人才，激励人才的作用。但在制定激励政策时，要注意营销目标不能太高或太低，太高的营销目标超越了图书馆营销资源和营销人员的能力，会让营销人员望尘莫及，而太低的营销目标由于较易完成，不仅浪费营销资源，而且使营销人员的潜力不能得到完全发挥。因此，太高或太低的营销目标均不利于调动营销人员的积极性。

2006 年，国家人事部和财政部共同出台了《事业单位工作人员收入分配制度改革方案的通知及实施办法》，采取“分类指导、分步实施、因地制宜、稳慎推进”的原则，实施事业单位绩效工资的改革。改革后的绩效工资制由岗位工资、薪级工资、绩效工资、津贴补贴四部分组成,其中岗位工资和薪级工资为基本工资,根据国家建立的统一方法和标准核定,体现公平原则。绩效工资由国家实行总量调控和政策指导,单位在上级主管部门核定的绩效工资总量内,按照规范的分配程序和要求,采取灵活多样的分配形式和办法,自主决定本单位绩效工资的分配①。目前我国公共图书馆和高校图书馆均已陆续实施绩效工资改革,使图书馆在一定权限范围内制定馆内的营销人员激励性报酬计划成为可能,但对于高校图书馆来说,只有很少部分图书馆拥有绩效工资的制定权,多数图书馆绩效工资的制定权仍归属于高校。此外,受多种因素的影响,很多图书馆现行的多为基于定性评价的绩效考核办法,对馆员积极性和工作效率的提升效果并不明显,因此,为提升营销效果而制定激励性报酬计划还需要图书馆从头做起,实行真正意义上的绩效考核机制。

五、质量管理与评价

在图书馆为用户提供产品或服务的过程中,质量管理是最重要的环节,是市场营销成功的基础,对于提高图书馆的整体市场竞争力和用户满意程度具有重要意义。由于图书馆的产品主要以服务产品为主,与实体产品相比,服务具有无形性、易逝性、不可运输和不可储存等特征,因而在质量管理方面存在着质量评价标准难以确定、质量控制难度较大的特点。尽管如此,图书馆界一方面借鉴企业质量管理的方法和途径,另一方面也在不断开拓适合图书馆服务特点的质量评价标准和方法。

---

① 国务院.关于印发《事业单位工作人员收入分配制度改革实施办法》的通知[DB/OL].[2016-03-14].http://www.moc.gov.cn/sj/renshijys/zhengcefg_rjs/gongzigl_rjs/201412/t20141230_1752963.html3.

(一)全面质量管理(TQM)

20世纪80年代,以欧美图书馆界为代表的国外图书馆开始探讨和实践当时已在工商企业界广为使用的全面质量管理(TQM)理论,到了20世纪90年代末期,我国图书馆界也开始关注并研究TQM在图书馆的应用。由于TQM理论发源于制造企业,其质量管理标准ISO 9000体系并不完全适用于图书馆,1984年,在国际图联和联合国教科文组织的推动下,国际标准化组织(ISO)出版发行了ISO 11620图书馆绩效指标,2003年7月发布了该标准的补充本,2003年11月发布了ISO/TR 20983电子图书馆服务绩效指标①。21世纪初,我国已有部分图书馆引进TQM并通过了ISO质量体系认证。

TQM理论从1961年费根堡姆首次提出,短短的几十年就在营利性和非营利性机构得到广泛应用,之所以如此,与其以质量为中心的核心思想不无关系。《质量管理和质量保证术语》(ISO 8402—1994)对TQM下的定义为:"一个组织以质量为中心,以全员参与为基础,目的在于通过让顾客满意和本组织所有成员及社会受益而达到长期成功的管理方法。"TQM理论中的以质量为中心、全员参与、顾客满意、注重长期利益这些思想要素也正切合了图书馆市场营销的目的和过程。

以质量为中心。通过每个人的努力不断改进和提高服务质量。质量的改进与提高应该以用户的需求为开始,也就是用户说了算。提高质量的目的是能够更好地为用户服务,只有被用户认可的质量提高才是有意义的、真正的质量提高。从营销的视角来看,这也正是以用户需求为导向的营销理念在质量管理过程中的体现。

全员参与。质量的保证和提高需要全体员工的支持和参与,即所有员工都要参与到质量管理的过程中,当然也包括营销部门的员工。

---

① 张红霞,詹长智,黄群庆.国际图书馆界全面质量管理二十年述评[J].图书馆论坛,2008,28(3).

全员参与的质量管理要求各部门间能够实现有效沟通,齐心协力去达到用户的全面满意。

顾客满意。顾客满意会直接影响顾客忠诚度,顾客忠诚度又会影响图书馆获得的社会效益,而顾客在使用产品或服务时获得的价值又直接影响顾客的满意程度。因此,顾客价值、顾客满意、顾客忠诚度与图书馆获得的社会效益密不可分。

注重长期利益。质量的高低只是一个相对的概念。用户的需求会不断发生变化,竞争对手也会不断设计出新的产品和服务,要想获得长久的竞争优势,只有坚持不懈地去改进和提高产品质量,才能更好地满足顾客。

全面质量管理,管理的不仅是产品或服务的质量,而且包括参与产品或服务的设计、生产、服务提供、营销等所有环节的人员及其工作质量(即工作绩效),其对市场营销的积极促进作用是显而易见的。但也有学者在比较了企业生产流程与图书馆服务过程的区别以及国内图书馆引进质量管理存在的问题后认为,质量管理体系难以对图书馆服务过程各环节的质量进行控制,因此并不适用于图书馆[①]。尽管如此,全面质量管理的管理思想和内涵还是值得图书馆行业借鉴的,尤其是在推动图书馆市场营销活动的开展方面,TQM 的管理思想无疑也适合管理市场营销活动的全过程,重要的是在具体操作中图书馆如何制定出适合图书馆自身特点的评价指标体系。

(二)SERVQUAL 与 LibQUAL +®服务评价模型

由于服务产品具有无形性、易逝性、不可运输和不可储存等特征,导致其质量评价不能像实体产品一样通过产品外观、性能等客观指标进行评价。20 世纪 80 年代末,美国市场营销学家 A. Parasuraman、Zeitham 和 Berry(简称 PZB)依据全面质量管理理论提出了一种新的

① 蒋鸿标.我国图书馆引进 ISO9000 标准体系研究述评[J].图书情报知识,2012,146(2).

服务质量评价体系 SERVQUAL，其理论核心是"服务质量差距模型"，即服务质量取决于用户所感知的服务水平与用户所期望的服务水平之间的差别程度，用户的期望是开展优质服务的先决条件，提供优质服务的关键就是要超过用户的期望值。SERVQUAL 将服务质量分为 5 个层面：有形性（tangibles）、可靠性（reliability）、响应性（responsiveness）、保障性（assurance）、移情性（empathy），每一层面又被细分为若干个问题，共 22 个问题，通过调查问卷的方式，让用户对每个问题的期望值、实际感受值及最低可接受值进行评分，然后根据用户打分和综合计算得出服务质量的分数。问卷采用 7 分制，7 表示完全同意，1 表示完全不同意，中间分数表示不同的程度。其模型为：Servqual 分数 = 实际感受分数 - 期望分数。Servqual 量表①如下：

1. 有形性

(1)有现代化的服务设施

(2)服务设施具有吸引力

(3)馆员有整洁的服装和外表

(4)图书馆的设施与所提供的服务相匹配

2. 可靠性

(5)图书馆向用户承诺的事情都能及时完成

(6)用户遇到困难时，能表现出关心并提供帮助

(7)图书馆是可靠的

(8)能准时地提供所承诺的服务

(9)正确记录相关的服务

3. 响应性

(10)告诉用户提供服务的准确时间

(11)向用户提供及时的服务

(12)馆员总是愿意帮助顾客

① 韦福祥. 服务质量评价与管理[M]. 北京：人民邮电出版社，2005：75—76.

(13)时刻准备为用户提供服务

4. 保障性

(14)馆员是值得信赖的

(15)用户在接受服务时感到安全、放心

(16)馆员是有礼貌的

(17)馆员可以从内部得到适当的支持,以提供更好的服务。

5. 移情性

(18)图书馆针对用户提供个性化的服务

(19)图书馆会对用户个人表示的关注

(20)馆员会对用户个人表示关注

(21)图书馆优先考虑用户的利益

(22)图书馆提供的服务时间符合所有用户的需求。

SERVQUAL一经提出,就被广泛应用于服务行业来测评服务质量,并很快受到国外一些图书馆的关注和应用。但图书馆在实践中发现,SERVQUAL的评价指标主要是针对银行、饭店、零售等服务行业,有些指标并不适合用来评价图书馆服务,或者还缺少能够全面评价图书馆服务的指标。1999年,北美研究图书馆协会(ALR)与德克萨斯农业与机械大学(Texas A&M University)合作,计划在SERVQUAL的基础上,对其中不适合图书馆的评价指标进行修正,开发一种评价图书馆服务质量的新方法。第二年,该计划被命名为"学术图书馆服务的有效性"(Service Effectiveness in Academic Research Libraries)受到美国高等教育发展部教育基金的资助,成为后来影响广泛的图书馆服务质量评价计划LibQUAL+®系统[①]。从2000年以来,LibQUAL+®已有遍布全世界的1340多所图书馆加入,包括大学图书馆、社区图书

① Association of Research Libraries. History of LibQUAL+® [DB/OL]. [2016-03-14]. http://www.libqual.org/about/about_lq/history_lq.

馆、卫生和法学图书馆以及公共图书馆，并被翻译成阿拉伯语、荷兰语，中文（繁体）、丹麦语、荷兰语、芬兰语、法语、德语、希腊语、希伯来语、日语等 17 种语言广泛应用于世界各国①。

LibQUAL+®的主要目标是通过基于网络的调查和配套培训帮助图书馆评估和提高服务质量、改变组织文化、进行图书馆市场营销。经过历年的多次实验、修正和完善，目前 LibQUAL+®采用 3 个维度即服务影响、信息控制和图书馆服务环境，并将其细分为共计 22 个问题的测量模型，采用 9 级量表 3 列调查问卷（最低可接受值、实际感受值和期望值）的方式，即调查问卷采用 9 分制，1 分为最低分，9 分为最高分，对于每一个问题，用户可分别为最低可接受值、实际感受值和期望值评分。其模型为服务优势分数＝实际感受值－期望值；服务充分性分数＝实际感受值－最低可接受值。越高的服务优势分数和服务充分性分数则代表图书馆的服务绩效越好。以下是最新的LibQUAL+®量表②。

1. 服务影响（Affect of Service）

AS-1 馆员向用户灌输信任感（Employees who instill confidence in users）

AS-2 给予用户个性化关注（Giving users individual attention）

AS-3 馆员保持一贯的礼貌和友好（Employees who are consistently courteous）

AS-4 随时准备回答用户问题（Readiness to respond

---

① Association of Research Libraries. What is LibQUAL+®? [DB/OL]. [2016-03-14]. http://www.libqual.org/about/about_lq/general_info.

② Association of Research Libraries. LibQUAL+® 2015 Survey [DB/OL]. [2016-03-14]. http://www.libqual.org/documents/LibQual/publications/ARL_Notebook_2015.pdf.

to users' questions)

AS-5 馆员具备回答用户提问的知识(Employees who have the knowledge to answer user questions)

AS-6 馆员以关爱的方式对待用户(Employees who deal with users in a caring fashion)

AS-7 馆员理解用户的需求(Employees who understand the needs of their users)

AS-8 馆员愿意帮助用户(Willingness to help users)

AS-9 处理用户需求时值得信赖(Dependability in handling users' service problems)

2. 信息控制(Information Control)

IC-1 用户能够在家或办公室获取电子资源(Making electronic resources accessible from my home or office)

IC-2 图书馆主页能使用户自行查找信息(A library Web site enabling me to locate information on my own)

IC-3 能为用户提供所需的印刷材料(The printed library materials I need for my work)

IC-4 能为用户提供所需的电子资源(The electronic information resources I need)

IC-5 现代化的设备能让用户轻松找到所需信息(Modern equipment that lets me easily access needed information)

IC-6 方便好用的访问工具能让用户找到自己想要的东西(Easy-to-use access tools that allow me to find things on my own)

IC-7 用户在无人帮助情况下也能轻松获得信息

(Making information easily accessible for independent use)

IC-8 具有用户需要的印刷及电子期刊馆藏(Print and/or electronic journal collections I require for my work)

3. 图书馆环境(Library as Place)

LP-1 图书馆环境有利于激发用户的学习和研究(Library space that inspires study and learning)

LP-2 提供个人活动的安静空间(Quiet space for individual activities)

LP-3 环境舒适、诱人(A comfortable and inviting location)

LP-4 用户研究和学习的好去处(A getaway for study, learning, or research)

LP-5 成为小组学习和研究的社区空间(Community space for group learning and group Study)

由于 LibQUAL+®是由国外图书馆依据 SERVQUAL 理论进行设计和修订而成,而国内图书馆在服务设计、环境、人员以及读者情况等各方面与国外图书馆存在着一定的差异,甚至不同类型或同一类型的不同图书馆间也存在一定差异,因此国内图书馆在应用 LibQUAL+®时大都进行了相应的"本土化"修订。例如,2004 年,清华大学图书馆参考 LibQUAL+™模式,在全校范围内进行了读者满意度调查。在进行调查问卷指标设计时,考虑到清华大学图书馆的实际情况,对 LibQUAL+™的 22 个核心问题进行了修订,如将 AS-6、AS-7、AS-8、AS-9 分别修订为:AS-6:图书馆开设的利用图书馆和文献检索方面的各种培训讲座或课程对读者有帮助;AS-7:能够及时获取最新电子资源信息;AS-8:图书馆能够满足读者在交叉学科学习和研究方面的需求;AS-9:读者对图书馆的工作提出批评和建议时,图书馆及时回复并改进工作。通过对调查结果的分析,分别列出读者对图书馆服务比较满意和相对不满意的5个方面以及满意度较低的10个方面,并提出了改进措施①。施国洪(2014)以江苏省省级和地级共8个公共图书馆作为调查对象,根据这些公共图书馆的特征及发展情况,在LibQUAL+™基础上增加了6个指标,构建了一套本土的适用性模型CP_LibQUAL②。

(三)Insync Surveys 图书馆用户满意度测评法

Insync Surveys是澳大利亚的一家专门提供调查服务的商业公司,1999年与澳大利亚大学图书馆员委员会(Council of Australian University Librarians,简称CAUL)合作,专门为图书馆定制了标准的用户满意度调查测评体系及方法,并于2001年开始在澳大利亚和新西兰广泛推行。Insync Surveys同样也是以"服务质量差距"为理论基础,经过三次名称变化和对核心指标的调整,至2011年,Insync Surveys形成了5个层面28个指标的基本测量模型。其中五层面分别为:交流沟通(C)、服务传递(SD)、设备设施(FE)、图书馆员(LS)、信息资源(IR)。调查问卷采用7级量表和2列问卷调查技术,测定指标的关注度和满意度,即对每一项指标,用户可分别为其关注度和满意度评分(7分为最高分,1分为最低分),以二者的差距作为改进服务的具体依据。此外,Insync Surveys测评问卷还设有开放性评论选项,鼓励用户提出对图书馆服务的意见、建议或批评,实现对服务质量的定性测评。Insync Surveys图书馆用户满意度评价方法在我国图书馆界使用较少,施国洪(2014)以国内8家公共图书馆为调研对象,借鉴Insync Surveys评价工具,结合公共图书馆特性,构建了6个维度25个指标的公共图

---

① 吴冬曼等.网络环境下图书馆服务质量评价方法探析——清华大学图书馆读者满意度调查工作的实践与思考[J].大学图书馆学报,2006(1).

② 施国洪等.基于LibQUAL+™的我国公共图书馆服务质量评价模型构建研究[J].图书馆论坛,2014(2).

书馆服务质量评价模型[①]。

无论是 SERVQUAL,LibQUAL+®还是 Insync Surveys,本质都是一种服务质量的差距分析模型,能够分析出服务质量问题的起源,与图书馆市场营销理念相一致的是更关注用户对图书馆所提供服务的实际感受。用户感知的服务差距受多种因素影响,其中由于市场营销传播所承诺的服务与实际提供的服务不一致而导致的用户感知差距是应当引起营销部门充分注意的。为了吸引用户或超过竞争对手,在营销活动中有时会出现浮夸或超过服务能力的承诺,导致用户对服务的高期望值,如果实际提供的服务与用户的期望值相差太远,无疑就会收到用户的“差评”。

① 施国洪,徐宁.公共图书馆服务质量评价模型构建与应用研究——基于 Insync Surveys 的视角[J].情报杂志,2014,33(3).

第二部分　图书馆品牌建设

当前图书馆界的品牌意识正在不断加强,已出现了多种多样的品牌成果。并且,随着品牌化建设的推进,现在图书馆的品牌建设正逐渐从半自觉的、零散的个体行为向自觉的、有体系的普遍行为发展。

在图书馆营销中,品牌建设是一个重要内容,一个拥有广泛知名度、美誉度、忠诚度的图书馆品牌可使图书馆营销取得最佳效益。但是,品牌的建设非一日之功,需要长期的发展和积累,了解怎么进行图书馆品牌建设对当前图书馆来说实有必要。

一、品牌建设与营销

图书馆领域的各种品牌化建设目前正开展得如火如荼,而品牌这一理念是从商业领域开始发端兴盛的,在品牌建设与营销方面,企业显然拥有更加丰富成熟的理论和实践经验,提供了众多成功模式。图书馆要开展品牌化建设,就需要先了解什么是品牌,什么是品牌营销,做到心里有底,知其然且知其所以然,这样借鉴前人的成功之处才能更好地增益自身。

(一)品牌的含义与特征

“品牌”这一概念在商业领域最常见,通常指一种名称、术语、标记、符号或图案,或是它们的相互组合,用以识别某个销售者或某群销售者的产品或服务,并使之与竞争对手的产品和服务相区别①。此定

① MBA 智库百科. 品牌[EB/OL]. [2015 - 11 - 16]. http://wiki.mbalib.com/wiki/品牌.

义是由美国市场营销协会定义委员会提出的，已得到广泛认可。

品牌是一个外来词，英文为“brand”，这个词在英语中还有烙印、标记等含义。古时候人们常常会在自家的牲畜等私有财产上打上烙印，以表明所有权，与他人财产区别开来，后来，手工艺匠人也采用这种打烙印的方式在自己的作品上烙下标记，以便顾客进行识别，并由此逐渐演变成为商标、品牌。而商标和品牌之间的区别在于，商标是一个法律概念，是需要经过法律认可并予以保障的，而品牌是一个市场概念，主要是通过市场来验证，而不一定需要法律认定。而且，二者的构成要素也不一样：商标主要是由文字、图案等显性要素构成，而品牌所包含的因素要丰富得多，既有品牌名称、视觉标识等外在的显性要素，又内含着品牌承诺、品牌个性、品牌体验等隐性要素，比商标的内涵要更加广泛。

从上可知，品牌最明显的特征是独特性。品牌彰显了产品或服务的特色，所代表的是一种与众不同、独一无二的存在，包括Logo、理念等。如同为西式快餐的麦当劳和肯德基，却拥有各自专有的品牌形象。当我们提起“麦当劳”时，想到的是小丑、M形的金色拱门，以及“常常欢笑，尝尝麦当劳”“我就喜欢I’m lovin’it”等广告语；而提起“肯德基”时，我们常想到的是留着山羊胡子的老人笑脸、炸鸡，以及“有了肯德基，生活好滋味”的音乐。而品牌拥有者在经法律程序进行认定后即享有该品牌的专有权，其他人或机构不得仿冒伪造，这也是品牌独特性的一个表现。

其次，品牌还具有高价值。品牌意味着高质量的产品或服务，并且这已得到了用户的认可。因此，品牌的价值不仅仅体现在产品或服务的本身质量方面，还表现在文化层面，反映了企业的经营理念、价值观念，契合满足了消费者的审美情趣和生活品位，所以人们常说“品牌是一种文化”“品牌的成功就是把一种文化做到极致”。品牌的价值是企业与用户共同成就的，企业作为产品或服务的提供者，让品牌有了一定的物质价值和文化价值，而用户在购买和使用过程中获得了某些功能，满足了某些情感诉求，这又赋予了品牌一定的功能和情感价值。品牌的价值虽然是一种无形资产,却也可以像对有形资产的评估那样量化成具体的金额数字,如每年福布斯评选的全球最具价值品牌排行榜,2015 年排行第一的品牌是苹果,其品牌价值为 1453 亿美元,约合人民币 8877 亿元①。

第三,品牌拥有发展活力。品牌不仅可以给产品或服务带来除本身价值以外的更多附加价值,还能对目标消费群体产生最大的感染力,从而吸引更多用户,帮助企业进行扩张。品牌是企业未来增长的驱动力量,对产品或服务乃至企业的持续长远发展都十分有益,这种作用甚至要超过企业的有形资产,而这也是品牌如此受重视的缘由所在。

品牌的发展活力还体现在品牌本身会经历一个孕育、成长、成熟、衰退的过程,品牌是有生命周期的,品牌不仅需要一定的成长时间,也还需要持续的维护以尽量延长成熟期,延缓衰退,因此,想要充分挖掘发挥品牌的积极作用,就要最大化地延伸品牌的巅峰状态,让品牌永葆青春,拥有更长的寿命。品牌的发展活力和产品或服务的质量、知名度、美誉度、市场占有率密切相关,一般呈正比。塑造一个好的品牌不容易,但毁掉一个好品牌却很简单,自人们有了品牌这一概念以来,诞生过无数的品牌,却也有无数的品牌已经或者正在消失。品牌的寿命能有多长,在这方面,用户的体验反馈起着十分重要的决定作用,当用户对品牌表现出信任、满意、肯定等正面情感归属时,品牌可经久不衰,世代传承下去,如我们知道的中华老字号品牌和某些世界品牌,历经了长达百年甚至二三百年的历史依然生命力强盛,至今仍受到消费者的广泛欢迎。同时,品牌历史的长短也可以反过来对品牌的影响力产生能动作用,通常,越是历史悠久的品牌,越容易获得用户的信赖,品牌所带来的正面社会效应也越大。

综合以上特征,简单来说,一个好的品牌需要有特色,让人记得

---

① 网易. 2015 全球品牌价值榜:苹果连续 5 年居首[EB/OL]. [2015 - 11 - 16]. http://money.163.com/15/0515/10/APLA90H900253G87.html.

住;有价值,让人想要用且用得上;有活力,与时俱进,经久不衰。

(二)品牌营销

对于企业来说,品牌所代表的是核心竞争力,是企业进行市场营销的最好利器。品牌和营销有着密切的关系,但品牌并不等同于营销,二者有着根本性的区别。从定义上看,营销与品牌的含义不同。而从品牌与营销的关系来看,通常来说,品牌是战略,营销是战术,品牌是营销的基础,营销应基于品牌战略开展;品牌的作用是确定框架,提纲挈领,营销的作用是充实内容,丰富血肉,二者结合起来能将彼此的优势充分发挥,产生一加一大于二的效果,品牌可以为营销提供强大的势能,帮助营销目标更好地实现,而营销的每一步实现又反过来推动了品牌的发展完善。

品牌营销,英文为 brand marketing,即通过市场营销使客户形成对企业品牌和产品的认知过程①。和传统基于产品自然属性和特征的市场营销方式相比,品牌营销在当前经济市场竞争中更具优势,能给现代企业带来更大的利益。我们知道,现在的经济市场已逐渐转向买方市场——供大于求,买方在交易上处于有利地位,要吸引更多消费者,就必须突显产品和服务的独特优势,实施品牌营销战略,以品牌寻求市场突破,通过品牌建设优化企业结构,提升企业的整体素质,把消费者变成利益相关者,提高消费者对品牌的忠诚度,从而在市场竞争中脱颖而出,占据优势。因此,当前品牌营销已成为商业领域的一门显学,被认为是最高级的营销,而现在各行各业的企业也都越来越重视品牌营销。

1. 品牌营销五大特性

成功的品牌营销需要具备以下五大特性:全局性、长期性、导向性、系统性、创新性。

---

① MBA 智库百科. 品牌营销[EB/OL]. [2015 - 11 - 19]. http://wiki.mbalib.com/wiki/品牌营销.

第一,全局性。品牌营销是基于品牌开展的营销活动,涵盖了品牌的创建、培育、推广、管理、优化等多个环节,涉及品牌与消费者、品牌与企业等方方面面的关系,这是一个环环相扣、牵一发而动全身的过程,不可只顾片面或某一局部,因此,品牌营销的成功需要统筹好全局,要具有全局视野。

第二,长期性。冰冻三尺非一日之寒。创造一个成功的品牌需要长期的运营建设,品牌营销要达到最佳效果,就必须高瞻远瞩,着眼于长期可持续发展,充分发挥品牌的发展活力,树立百年品牌的长远目标。

第三,导向性。品牌营销着眼于全局,高屋建瓴,对过程中的各项具体活动或措施显然具有导向作用。因此,成功的品牌营销应具有导向性,能正确导引各项具体活动的实施进展,使各项具体活动符合品牌营销的总体目标,确保二者发展方向保持一致,而不是南辕北辙。

第四,系统性。品牌营销的系统性表现在这一过程中各个环节、方面之间相互联系、相互影响的关系,正如前面提到的,这是一个环环相扣、牵一发而动全身的过程,整个品牌营销过程已形成一个有机整体,需要综合起来作为一个系统工程对待。

第五,创新性。品牌的首要特性是独特性,简要来说就是他无我有、他有我优、他优我精,这也正是创新的精髓所在。品牌营销要取得成功,就必须坚持创新,从而在日趋纷繁复杂的竞争局面中脱颖而出,赢得用户,赢得市场。

2. 品牌营销的四大核心工作

从内涵上看,品牌营销也可以说是一个品牌建设的过程。品牌营销是一个系统的、全面的工程,包括一系列营销活动,如产品的制造、价格的制定、渠道的选择、客户关系的维护、品牌的组织管理,涉及品牌定位、品牌识别、品牌推广、品牌维护、品牌创新、品牌增值、品牌延伸等。这里,我们将品牌营销的整个过程大致规划为 4 个阶段,即品牌创建、品牌培育、品牌管理和品牌优化。

(1)品牌创建。就像普天下为人父母者为孩子做的第一件大事是取名字一样,品牌营销的第一步就是创建品牌,给品牌确定名称内涵,找准定位,包括在市场上的定位,在消费者心中的定位,这是品牌进占目标市场、找准目标用户的重要环节。在品牌创建这一阶段,要充分发现确定品牌的独特个性、差异化优势,并且这些优势要能够符合目标市场和目标用户的需求喜好,然后将这些优势体现为外界易于接收接受的信息,以便传递给目标市场和用户。成功的品牌定位,就是为自己的产品或服务塑造一个最能打动目标用户心理的形象,这有助于在用户心中树立鲜明的、独特的品牌个性和形象,让用户真正感受到品牌的优势所在,并能够被品牌的独特个性所吸引。从实际工作内容来看,品牌命名、包装设计、产品价格、品牌概念、品牌代言人、形象风格、品牌适用对象,等等,这些都属于品牌创建阶段。

(2)品牌培育。品牌创建好了后,就要通过各种渠道推向市场,让用户接受和认可,这是对品牌进行系统的培育的过程,其中的重点是提升产品或服务的品质,这是品牌培育的基础。品牌培育是品牌营销的关键,不管在任何时候,产品或服务的质量都是根本,只有建立在产品和服务质量良好的基础上,消费者才会对品牌表现出信任、满意、肯定等正面评价。品牌培育的目标是使潜在消费者转变为忠实消费者,需要面向目标用户开展长期、持续、有效的跟踪培育、推广活动。从具体内容来看,品牌培育环节需要处理的方面包括媒体策略、广告活动、广告风格、传播对象、公共关系活动、口碑形象、终端展示,等等。如通过广告让目标用户记住并了解品牌,通过良好的公共关系提升品牌知名度。

(3)品牌管理。历经品牌创建、培育环节后,品牌已占有一定市场,有一定的用户群体,并具有一定知名度,为了保证品牌的长期持续发展,就必须对品牌的运作现状进行评估诊断,精炼核心价值,扬长避短,查缺补漏,并为品牌的下一步发展做出规划,这就是品牌管理工作的主要内容。品牌管理涉及的具体工作内容包括队伍建设、营销制度、品牌维护、终端建设、士气激励、渠道管理,等等。

(4)品牌优化。当品牌的生命周期进入最为鼎盛的成熟阶段时,下一步就有可能盛极而衰,同时外界市场竞争环境和技术变革等也在不断变化,因此,不管是基于内在的因素还是外在的,为了让品牌更长地保持在鼎盛状态,就必须对品牌进行不断优化创新。而对于企业来说,往往并不只拥有一个品牌,如联合利华,单在洗涤用品领域就拥有金纺、奥妙、多芬、夏士莲、力士、旁氏、清扬、中华牙膏等众多品牌。同属一个企业的多个品牌,也有大品牌和小品牌之分,这些品牌的发展和影响往往并不均衡,企业资源有限,没有必要也没有能力为每个品牌都提供全力支持,因此也需要对旗下多个品牌进行品牌优化,发展潜力好的、影响力大的品牌显然更具价值,企业将资源向这类优质品牌集中,可以有效提升企业核心竞争力。企业进行品牌优化的结果是淘汰劣质品牌,形成以优质品牌为龙头、布局合理的品牌体系,有利于企业的长期良势发展。

二、图书馆品牌的内涵

根据前面对于品牌的理解我们可以简单对图书馆品牌做出定义,即图书馆品牌是图书馆通过别具特色的资源、管理、服务等得到社会和用户认可,并以某种名称、术语、标记、符号或图案,或是它们的相互组合展现出来的图书馆形象。图书馆的某一特色馆藏资源或活动,与众不同的服务优势,或者是独特的馆舍环境等,都可以形成图书馆的品牌。不过作为非营利组织,图书馆和以利润最大化为核心目标的企业相比显然有着本质的区别,而作为社会公共文化服务体系的主体力量,图书馆与其他非营利组织也有明显不同,中国图书馆学会 2008 年发布的《图书馆服务宣言》指出,现代图书馆秉承对全社会开放的理念,承担实现和保障公民文化权利、缩小社会信息鸿沟的使命。而品牌不仅仅是一种识别标志,更是某种价值理念的集中体现,因此,当品牌引入图书馆领域后,图书馆品牌相应地发展出其独特的内涵。

(一)图书馆品牌的特殊性

打造品牌就是打造核心竞争力,图书馆品牌内蕴着图书馆的基本理念和核心价值。关于图书馆基本理念和核心价值,近十年来业内探讨不断,得到大家普遍认可的有对全社会普遍开放、平等服务、以人为本、知识自由、信息公平、民主政治、社会包容等,图书馆品牌必然也要与这些理念和价值观相符。在图书馆品牌建设过程中,我们需要重视这一点,使图书馆品牌能够集中体现出图书馆的特色优势,广泛赢得用户的认可与信赖,推动图书馆事业的发展。这就要求在开展图书馆品牌建设时,坚持以下几点:

1. 公益性

企业创建品牌的最终目的是为企业赚取经济效益,其出发点是维护拓展企业的利益,图书馆品牌则与此截然不同。图书馆是公益性机构,公益性是图书馆的本质属性,这决定了图书馆品牌也在根本上具有公益性的特点,应以社会效益而非经济效益为主要标准。社会效益即社会和用户从中获益的程度,主要表现在信息的完整性、及时性、科学教育性和用户满意度上①。所以,在图书馆品牌建设中,要始终坚持以社会公共利益为导向,要实现和保障全体社会成员的共同利益,通过图书馆品牌建设来为人们提供更加优质的公共文化服务,满足公众日益增长的对知识、信息及相关文化活动的需求。

2. 开放性

图书馆是对全社会普遍开放的,各类型图书馆都应提供开放服务,图书馆品牌建设也应秉持开放的理念,这也是和企业品牌明显不同的一点。企业品牌是企业开展市场竞争的武器,企业与竞争对手的关系是彼此对立的,在品牌建设中也会存在竞争的意识,这方面最突出的表现就是品牌营销中各种针锋相对的举措,如近年来的智能手机市场上,三星广告就经常对竞争对手苹果手机进行各种奚落嘲讽。而

① 谢叶. 图书馆经济效益与社会效益初探[J]. 情报探索,2007(4).

因为竞争的关系，企业的品牌策略往往也成为商业机密的一部分，至少不会向竞争对手主动公开。而在图书馆界，各类图书馆的根本利益都是一致的，图书馆通过品牌建设能够提升自身的核心竞争力，但却不是为了打压或削弱其他图书馆的竞争力。因此，各图书馆的品牌建设相互之间是统一共存的，是对彼此开放的。实际上，现在图书馆之间参观考察越来越频繁，业界经常开展各种学术研讨会、业务交流活动，与其他图书馆以及相关机构团体积极共享在品牌建设等方面的理论和实践经验。

3. 特色性

品牌的最鲜明特征就是独特性，对于图书馆品牌来说，这一点尤为突出。在当前信息时代，信息素养已成为一个人取得成功的关键因素，搜集、处理和应用信息的能力已成为现代化人才的基本能力，而图书馆正担负着提升人们信息素养的重要职责。但从现实来看，图书馆要充分践行这一职责却面临着多方面的挑战，单从外界因素来看，用户的信息需求日渐提升，并呈现多元化趋势，越来越多的竞争对手进入信息服务领域，如百度、谷歌之类互联网搜索引擎，以及书店等，图书馆原本在该领域的垄断性优势正在消失。图书馆品牌要在这样的环境中获得良好的社会效益，就需要在特色化方面更加重视，不同图书馆要善于挖掘自身资源和服务方面的不同优势，创建出特色鲜明的图书馆品牌，充分发扬图书馆独特的专业优势，打造百花齐放百家争鸣的局面，才能更有效地满足人们各种各样的信息文化需求，在日益激烈的信息服务领域赢得更多用户的支持和信赖。

4. 复合性

图书馆从本质上来说属于服务机构，主要提供知识、信息方面的服务，而知识、信息是通过一定的载体、媒介传递给用户的。不管用户是通过什么样的途径获得这些服务，可以是通过有形的馆藏资源、产品（如24小时自助图书馆设备）、场所，或者是通过无形的管理、服务，都是包含着多重元素的。因此，图书馆品牌具有复合性，是多角度、多层次、多方位的组合，是表象和文化内涵的统一体[①]。

（二）图书馆品牌分类

研究图书馆品牌分类有助于图书馆更好地认清自己品牌的类别，进而有效开展品牌建设。目前我们在谈到不同图书馆品牌时，通常是以图书馆所属类型为区别，如公共图书馆品牌、高校图书馆品牌、法律图书馆品牌、医院图书馆品牌，等等。这种分类方法直接简单，但对于品牌建设的帮助并不大，因此，这里我们将从其他维度对图书馆品牌进行分类。

1. 从受众范围来划分

根据图书馆品牌所服务人群范围的不同，可分为大众品牌和小众品牌。

大众品牌即面向所有大众，适应人群较为广泛，不论年龄、性别、职业、受教育程度等方面的差异均可获得同等的服务，图书馆的大众品牌主要展现的是图书馆的基础职能，如深圳图书馆的城市街区自助图书馆，为深圳民众提供了就近借书、还书、申办读者证等基础性服务。

而小众品牌则意味着所服务人群是有限的、特定的。对服务人群进行细分然后有针对性地提供不同服务，这有助于提高图书馆的社会效益。图书馆服务经常会根据读者年龄的不同为其提供不同的服务，包括我们经常提到的面向儿童的图书馆服务、面向青少年的图书馆服务、面向老年人的图书馆服务，如英国的“阅读起跑线计划”（Bookstart）就是一个面向婴幼儿开展阅读推广服务的著名品牌，在全球都具有广泛影响力。图书馆面向政府、企业决策人员提供情报服务，面向科研人员提供高层次参考咨询服务等，也是图书馆建设小众品牌的一种方式。另外，图书馆有着促进信息公平的使命，为弱势群体服务也是图书馆工作的重要内容，如面向视障人士的图书馆服务，面向农

① 翁维兰. 图书馆品牌塑造策略探析[J]. 黑龙江科技信息，2009(29).

民工的图书馆服务。苏州图书馆的“我是你的眼”视障读者主题活动是对其专门向盲人读者提供的系列服务的统称①,2002 年,苏州图书馆组建了盲人读者协会,为盲人读者开设了专门的盲人阅览室,开办盲人电脑网络培训班、盲人推拿日语学习班、盲人英语口语培训班,举办盲人赛诗会、赛歌会,组织盲人读者参观博物馆、苏州园林等,使盲人读者获益良多。而国际图联在 2013 年 12 月成立的 LGBTQ 特别兴趣小组,主要是为同性恋者、双性恋者以及跨性别者提供相应的图书馆服务。这些服务中出现的图书馆品牌相对而言就显然属于小众品牌。

2. 从表现形式来划分

根据图书馆品牌外在表现形式的不同,可分为图书馆产品品牌、图书馆服务品牌、图书馆文化品牌。

图书馆产品品牌是指图书馆所开发生产的数据库、技术、设备、软件工具等产品品牌,是具有一定的独立性、有着确定功能的虚拟产品或实体产品,如深圳大学图书馆研发的图书馆自动化管理系统——“深圳大学图书馆图书馆信息管理集成系统(SULCMIS)”,从 1987 年推出后一直广受好评,获得多项奖励,目前已历经 3 个大版本的升级,全国有 100 多家图书馆在使用这套系统②。

图书馆服务品牌是指和图书馆提供的各种服务相关的品牌,如文献借阅服务、参考咨询服务、用户教育服务、阅读推广服务等。与产品相比,服务具有无形性、易逝性、不可运输和不可储存性等特征,是一系列的活动或过程;图书馆向用户提供服务的同时,也是用户消费服务的时刻,互动性更强;因为是以“人”为中心,服务的质量和效果会存在差异,即使是同一个人提供的服务也可能会因为身体、心理状态不同而出现不一样的服务效果;服务无法被贮存,因此时间因素很重要,

① 苏州图书馆服务品牌[N]. 中国文化报,2014-09-18(8).

② 刘锦山,崔凤雷. 深圳大学图书馆:以技术带动发展(图)[DB/OL]. [2015-12-03]. http://www.chinalibs.net/ArticleInfo.aspx?id=353738.

并且必须考虑因缺乏库存而导致的供求不平衡问题，即服务要如何及时、充分地满足用户需求。在当前已有的图书馆品牌中，图书馆服务品牌无疑数量最多，很多图书馆都已建立了自己的服务品牌，如上海交通大学图书馆的 IC^2 创新服务、鲜悦 Living Library 服务，杭州图书馆的文澜沙龙、文澜大讲堂等。

图 3－1　上海交通大学图书馆“鲜悦 Living Library”服务品牌标识

图书馆文化品牌是指与图书馆理念文化、图书馆制度文化、图书馆行为文化、图书馆物质文化相关的图书馆品牌。图书馆文化是一个抽象的存在，是通过图书馆办馆理念、使命愿景、核心价值、规章制度、馆员行为实践、馆舍建筑、设备设施等传递出来的图书馆形象，相应的，图书馆文化品牌是一个包含了众多层面的复合形象，相对而言，图书馆产品品牌和图书馆服务品牌要更加具体。我国目前图书馆发展正面临着一个非常重要的问题，社会公众对于图书馆价值和作用的认知严重不够，依然有很多人觉得图书馆只是一个借书查资料的地方，因此，图书馆很有必要向外界、向社会公众宣传自己的理念，营销自己，而创建图书馆文化品牌就是一个很好的方式。如中山大学图书馆极富内涵的馆训和馆徽就很好地传达了图书馆精神，已成为一个具有广泛影响力的图书馆文化品牌。中山大学图书馆馆训为“智慧与服务”，包含了崇尚智慧、至诚服务的深意；馆徽（图 3－2）由中文字“圕”（读音为 tuan，第三声）演变而成，“圕”字是“图书馆”的中文缩写，此字为曾任中山大学图书馆馆长的杜定友先生创造，在中国和日本图书馆界已得到广泛使用，馆徽的设计集传统文化和现代文明于一体，融馆藏特色与信息服务于一炉，图形优美独特，凸显了中山大学图书馆馆训“智慧与服务”的理念。

图 3-2　中山大学图书馆馆徽

3. 从发展地位来划分

按照图书馆品牌在行业中或馆内的发展地位不同，可分为领导型品牌、挑战型品牌、追随型品牌和补缺型品牌。

领导型品牌是最主要的、最具价值、发展得最好的品牌，最能体现当前图书馆的核心竞争力，占据着最重要的地位，应在各方面给予最大支持。如家谱作为我国历史文献、地方文献中的重要组成部分，不仅对国人来说具有特殊的意义，同时对于历史学、民俗学、人口学、社会学和经济学的研究也具有极其重要的参考价值。家谱的收集、整理、保存、利用是公共图书馆的一项重要工作，而上海图书馆在这方面无疑站在了我国图书馆界的最前列。上海图书馆从建馆之初就十分重视对家谱的收藏和研究，目前藏有全世界数量最多的中文家谱原件，据统计，《中国家谱总目》收录中国家谱共计52 401种，而目前上海图书馆的家谱馆藏总量就已达3万余种，其中常见姓氏的家谱在500种以上，冷僻姓氏有90余种，并不乏珍本，最早者为宋内府写本《仙源类谱》（残页）[①]。上海图书馆在1996年12月开设了全国第一个家谱阅览室，每年吸引了数以万计的海内外人士来馆参观查阅；2003年，上海图书馆家谱数据库上线，为人们提供目录查询服务；2015年3月，上海图书馆开发完成家谱知识库原型系统；同年5月，上海图书馆精选500种家谱率先向互联网开放，全

① 上海图书馆．家谱数据库使用说明［EB/OL］．［2015-12-24］．http://search. library. sh. cn/jiapu/.

球用户都可随时随地在线查阅这些馆藏家谱精品①。上海图书馆还计划逐步在网上开放家谱全文阅览，并在 2016 年年初正式推出了全国首家“家谱知识服务平台”，以“时间轴”“地图”等可视化方式提供可交互的数据展示及精准服务。从这些可以看出，上海图书馆的家谱馆藏建设与相关服务已成为国内外图书馆行业的领导型品牌，竞争优势十分明显。

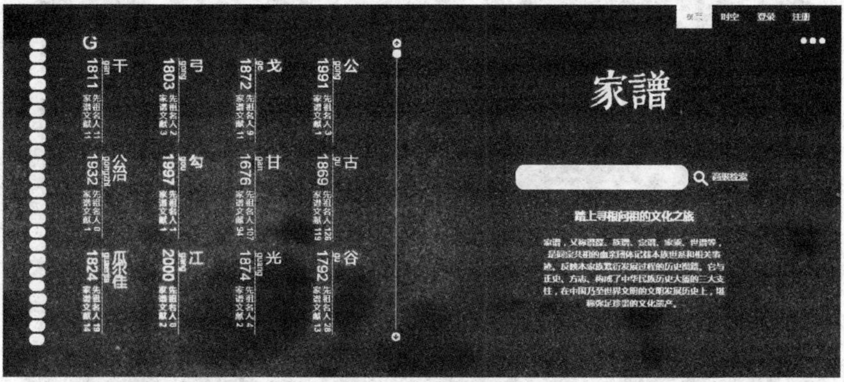

图 3－3　“华人家谱总目——上海图书馆家谱知识服务平台”首页

挑战型品牌的地位比领导型品牌要稍弱一些，但有较大的上升空间，具有较好的发展前景，可对图书馆未来发展带来重要影响，因此也需要予以特别重视。如近年来悄然兴起的“真人图书馆”活动。“真人图书馆”活动最初于 2000 年 7 月出现在丹麦哥本哈根的一个音乐节上，随后在全球各地不断传播开来，许多书店、咖啡馆、图书馆都在广泛开展这类活动。2012 年 9 月，南京师范大学图书馆建馆 110 周年庆典活动期间，南京师范大学图书馆与本校毕业生韩潋共同发起举办了一场“真人图书馆”活动，以 11 位有着不同人生经历的人为“真人图

---

① 许旸. 上海图书馆 500 种精选家谱上线［N］. 文汇报，2015－05－22（9）.

书”,把人们邀请到一起以面对面的沟通形式来完成对“图书”的阅读[①]。这次活动受到社会的广泛关注和好评,南京师范大学图书馆也由此建立了“真人图书馆@南师大”的品牌,以“我们每个人的经历本身就是一本书”为活动理念每年定期开展两次真人图书馆活动,这一极具创意的举措很好地拓展了图书馆的服务形式和服务内涵,可以说是挑战型图书馆品牌的一个典型案例。

图3-4　南京师范大学图书馆“真人图书馆@南师大”活动第四季

追随型品牌和补缺型品牌显然都不占据核心地位,追随型品牌是采取紧随领导型品牌和挑战型品牌之后的发展策略,有一定的发展前景,但上升空间有限,而补缺型品牌所占地位最为边缘,专为满足某些用户的部分需要而存在。

---

① 刘锦山,崔凤雷,张建平.张建平:“讲”声灯影里的真人图书馆(图)[DB/OL].[2015-12-24].http://www.chinalibs.net/ArticleInfo.aspx?id=350263.

(三)图书馆品牌建设的关键问题

在图书馆品牌建设方面,我国正在进行积极的探索。图书馆在开始品牌建设的具体工作之前,应先了解品牌建设方面的一些核心关键问题,为图书馆品牌建设的顺利进行奠定坚实基础。

1. 树立正确的品牌意识,提高工作自觉性

要进行品牌建设,首先就应树立正确的品牌意识,规范对品牌的认识。图书馆品牌既有自己的特殊性,也有和其他行业的共通之处。现在很多图书馆都在积极开展图书馆品牌建设,还有更多的图书馆正在筹划或准备开展图书馆品牌建设,但我们也发现,很多图书馆员却无法解释图书馆品牌是什么,自己所在图书馆的品牌建设究竟是怎样的。因此,图书馆应将品牌建设作为一项自觉性工作来进行,让全体馆员知其然且知其所以然,了解图书馆品牌的内涵、为什么要开展品牌建设、品牌建设对图书馆的作用和价值,等等。磨刀不误砍柴工。树立正确的品牌意识,重点是确定品牌建设的基本原则和品牌发展的基本方向,这样能够让馆员在品牌建设中更加自觉,在相关具体工作中更加灵活地处理各种问题,而不是如牵线木偶般机械地完成任务,从而更好地提升工作效率。另外,当全馆上下都建立了相似的价值取向后,还能加强图书馆馆员队伍的向心力、凝聚力,从而使各项工作能够更好地开展,顺利完成,最终可推动图书馆朝着健康有序的方向更快发展。

2. 以用户为导向,重视用户体验

从品牌学的内容我们就可以发现,从一开始,用户就在品牌建设中占据着极为重要的地位,尤其在现在,用户体验已被提到一个相当重要的地位,品牌的整个发展过程都离不开用户,用户的支持和信赖才是品牌长久不衰的关键。而“以用户为中心”也是现代图书馆的核心理念,不管是什么类型的图书馆品牌,向用户提供的核心价值都是信息服务方面的体验,用户的满意是图书馆工作的根本目标,如果没有用户,现代图书馆将难以为继。因此,在图书馆品牌建设中,必须坚

持以用户为导向,要特别重视用户体验的提升。在这方面,最重要的是将“用户至上”的理念落到实处,而不仅仅把它当作一句口号。要真正去了解用户的切实需求,以用户需求为导向制定品牌发展战略,在品牌建设过程中也要注意收集用户的反馈意见,并及时对品牌策略进行调整,以提高用户满意度作为品牌建设的重要指标,为图书馆发展出更多的忠诚用户。

3. 注重可持续发展,打造长久品牌

品牌有着自己的生命发展周期,那么,图书馆品牌的可持续发展就必然是建设中的重中之重。品牌建设是一个循序渐进的过程,需要一定的时间去发展和积累,品牌的可持续发展归根结底在于提升品牌自身的价值上,正如一个企业的产品质量必须过关,对用户有利用价值,才能发展为品牌。图书馆品牌建设应将重点放在图书馆服务的提升、产品的优化以及图书馆文化的完善上,不能盲目地将品牌建设简单解读成品牌宣传,仅靠事件的炒作或短期的投入只能带来昙花一现的效果,却无法创造出一个长久的品牌。因此,在图书馆品牌建设中,应将其与图书馆的长期发展结合起来,把图书馆品牌建设规划到图书馆发展战略中,从长远的、可持续发展的角度来开展图书馆品牌建设。

三、图书馆品牌的重要性

品牌的兴起往往是因为要解决竞争带来的挑战,市场竞争越激烈的时候,品牌的发展越受重视。要讨论图书馆品牌的重要性,就必然要结合图书馆当前发展状况来说。当前转型已成为全球图书馆界的共同主题,而实施品牌建设是转型期图书馆发展的必由之路。

(一)处于转型期的图书馆

进入信息时代以来,技术更新换代的频率不断加快,社会环境发生了重大变化,在这一新形势下,图书馆也面临着前所未有的转型挑战,图书馆的角色、价值正在重新定位。这一改变是全球图书馆需要共同面对的。

美国图书馆协会年会的主题从 2012 年到 2015 年就一直是"Transforming Our Libraries,Ourselves"(改变我们的图书馆,改变我们自己)。在 2015 年年会上,美国图书馆协会新上任的主席 Sari Feldman 在就职演讲中郑重提出了"图书馆转型"(Libraries Transform)的公众意识运动[①],并指出这场运动要达到以下五大目标:展示当前图书馆转型的必然性,为图书馆争取更多支持;让人们更充分地了解图书馆及图书馆人在数字时代的重要作用;塑造图书馆及图书馆人的新形象;吸引各界优秀人士共同参与并推动图书馆事业的发展;影响国家、州和地方的重要决策者们,使之在图书馆的经费和信息决策方面提供更多支持。为支持这场运动,美国图书馆协会还推出了一个名为"图书馆转型"的新网站,网址为 http://www. librariestransform. org。该网站上提供了众多"图书馆转型"方面的实用资源,包括以"图书馆为什么要转型"为主题的视频、图片、海报、明信片等宣传素材,关于"图书馆发展趋势"的学习资源。该网站还征集了一些真实的故事,讲述图书馆是如何做出改变满足公众需求以及图书馆如何改变了人们的生活。

《2015 年美国图书馆状况报告》指出,美国的高校图书馆、公共图书馆、中小学图书馆正经历着一个转折性变化,大众对图书馆的认知发生了重大改变。人们认为,图书馆已不再仅仅是一个藏书的地方,它们更是学术生活据点、研究中心和宝贵的场所[②]。图书馆的职能和角色正在不断拓展,除了早已为人们所熟知的现代图书馆四

---

① 刘剑英编译. 美国图书馆协会新任主席发起"图书馆转型"公众意识运动(图)[DB/OL]. [2015 - 12 - 30]. http://www. chinalibs. net/ArticleInfo. aspx? id = 379687.

② 赵启玥编译,刘剑英校审.《2015 年美国图书馆状况报告》关注美国图书馆角色转变[DB/OL]. [2015 - 12 - 30]. http://www. chinalibs. net/ArticleInfo. aspx? id = 375241.

大基本职能——保存人类文化遗产、开展社会教育、传递科学情报、开发智力资源,图书馆还在推动社会发展方面发挥着更为重要的作用,如为用户、居民和学生提供了"中立区域",以便他们讨论和解决重要问题。2014 年 8 月 9 日,美国密苏里州圣路易斯县弗格森发生了一起骇人听闻的枪杀案,18 岁的非裔美国青年迈克尔·布朗(Michael Brown)被白人警察枪杀,引发部分居民站出来表示抗议,学校停课,很多城市服务也因此关闭,但弗格森市公共图书馆仍然坚持向公众开放,为社区居民提供了一个避风港,同时还承担起了作为一个临时学校的服务职能。

当前图书馆正处于重要转型期,这一点已成为国内外图书馆界的普遍共识。国内很多图书馆人也表达了自己对于图书馆转型的认识。吴建中提出,图书馆正处在从纸质载体为主体向全媒体时代的转型之中,未来图书馆的主要功能不再是提供图书等服务,而是向"支持人类知识和创造环境"的方向发展①。初景利认为,图书馆转型与变革的主要趋向有:资源类型从印本资源向数字资源转变,服务方式从基于检索、传递的中介走向支持发现的嵌入式合作伙伴,服务内容从文献信息服务发展到数字知识服务,工作重心从资源建设转向用户服务,图书馆型态从物理图书馆向复合图书馆、数字图书馆、虚拟图书馆发展,物理图书馆从场所变异为多功能空间②,等等。

(二)图书馆品牌建设的积极意义

曾经,图书馆在知识资源领域拥有绝对优势,常被誉为"知识殿堂""知识宝库"。而互联网的出现打破了图书馆的这一权威地位,传统的线性知识组织管理方式被取而代之,互联网带来了多维的、即时

---

① 吴建中. 图书馆转型与超越[DB/OL]. [2015 - 12 - 30]. http://www.chinalibs.net/ArticleInfo.aspx? id = 390468.

② 初景利. 面向数字知识服务的图书馆转型与变革[DB/OL]. [2015 - 12 - 30]. http://www.chinalibs.net/ArticleInfo.aspx? id = 350655.

的知识组织管理方式。在新的环境下,图书馆失去了绝对优势,用户不断流失,图书馆在人们心目中逐渐和“落伍”“古板”等贬义词挂钩,“图书馆消亡论”一度甚嚣尘上。古语云:穷则变,变则通,通则久。这正是当前图书馆转型的缘由所在。

图书馆开展品牌建设是转型期图书馆生存和发展的需要,品牌建设可帮助提升图书馆服务质量和加强用户体验,对社会、读者和图书馆本身都具有重要的积极意义。

1. 品牌建设有利于扩大图书馆知名度,吸引更多用户

互联网的普及带来了“注意力经济”,或者说“眼球经济”。在这种经济状态下,信息并非稀缺资源,反而是相对过剩的,占据了最重要的资源位置的是人们的注意力。当前我们正处于一个信息极大丰富甚至泛滥的时代,人们往往迷失在信息海洋中,各种信息应接不暇,只有吸引了人们的注意力才能带来价值。因此,虽然图书馆有着丰富的信息资源,但在失去了人们关注的时候没有实现应有的价值。注意力经济实质是营造品牌的经济,图书馆要想让更多人知道,就必须建立自己的品牌,以品牌来吸引人们的注意力,发展潜在用户,扩大图书馆知名度,让越来越多人知道图书馆的作用和价值,图书馆有哪些服务,等等。

2. 品牌建设有利于增加图书馆用户的忠诚度,巩固用户群

品牌忠诚度反映了用户对品牌的信任和依赖程度。品牌忠诚度的形成与用户本身的特性密切相关,是用户对品牌的偏爱心理反应,和产品或服务的品质、知名度、传播方式并不一定成正比关系。用户的品牌忠诚度从低到高表现为:①不看品牌,只比价格,哪个价格低就选哪个;②对品牌形成固定习惯和偏好,选择时目标明确,但若其他竞争者推出价格优惠、广告宣传等吸引时,会选择其他品牌;③对品牌满意度较高,并已产生品牌转换风险忧虑,即改选其他品牌时会存在不适等风险;④对品牌有着爱的情感,品牌成为其情感和心灵的依托,是用户生活中不可缺的用品,且不易被取代;⑤品牌忠诚度的最高境界,用户不仅对品牌产生情感,甚至引以为傲,如现在很多人对香奈儿、宝

马品牌就存在这种心态。图书馆通过品牌建设提升用户的忠诚度,可以有效缓解图书馆用户流失的问题。

3. 品牌建设有利于重塑图书馆形象,在大众心中树立良好形象

图书馆的形象需要重新树立。历史上图书馆曾颇负盛名,在阿根廷作家博尔赫斯的笔下,天堂应该是图书馆的模样。这句话也一直被人们广泛传颂,但是进入信息时代后,图书馆的命运却发生了巨大改变。20 世纪 90 年代,我国高校图书馆学专业经历了一股改名风潮,"图书馆学"纷纷改为"信息管理学",此外,许多图书馆机构也掀起了改名热,将图书馆改为学习中心、信息共享空间等。究其原因,就是因为图书馆在社会公众心中的形象不佳,或模糊或错位,为了更好地发展下去,图书馆不得不改名易姓。但是,更换名称只是权宜之术,最根本的解决方法还是得重塑图书馆的形象,如通过品牌建设提升图书馆的服务质量,展现图书馆的特色和优势,提升用户满意度,重新获得公众的信任、支持和赞誉。如深圳南山图书馆在馆内实行独特的品牌式管理,率先引进超市服务经验,开展"站立服务""微笑服务""限时服务""及时服务""细微服务""延时服务"等,让读者到馆后享受到满意加惊喜的"超值服务"①,赢得读者广泛好评,图书馆读者数量显著增加。

4. 品牌建设有利于提升图书馆声望,激发馆员责任感

形象与声望密切相关,好的形象带来高声望,一旦形象受损,声望也会随之削弱。图书馆在社会公众中的形象变得模糊,图书馆的声望也因此降低,这也给图书馆从业群体造成压力。馆员是图书馆的第一资源,图书馆的职能和价值最终需要馆员来执行实现。但现实中,有的馆员自己对图书馆的职能价值也不清楚,对工作缺乏热情,觉得自己的工作毫无价值,出现职业倦怠等问题,这已成为图书馆事业发展中的一个严重障碍。而通过开展品牌建设,图书馆能够有效改善这一

---

① 李玉梅. 公共图书馆:品牌成就未来——论我国公共图书馆实施品牌化发展策略的原因和意义[J]. 现代情报,2008(2).

问题。产品或服务的质量是品牌的基础,图书馆开展品牌建设,有利于完善图书馆内部管理,可在客观层面迫使图书馆工作人员提升自己的工作能力和服务水平,并推动全体员工逐步建立起新的价值观和服务理念,激发馆员的责任感和创造力,提升职业认可度,从而打造出一支高素质的图书馆队伍,为图书馆事业的持续发展奠定最为坚实的基础。

四、图书馆品牌建设现状

由于各国国情不同,图书馆品牌建设在世界各地的发展也不一致,但从发展趋势来看,无论是在图书馆事业发展较为成熟的美国等国,还是像我国这样图书馆事业正处于发展中的国家,图书馆品牌建设都越来越受重视,已成为或正逐渐成为图书馆的一项重要工作。

(一)国外图书馆的品牌建设

在美国、英国、加拿大、德国、澳大利亚这些图书馆事业发展较为成熟的国家,图书馆品牌建设也较为成熟,在图书馆品牌定位、打造品牌识别系统、品牌传播推广、公共关系管理等方面均有很多值得我国借鉴的先进经验。这里主要以美国、英国为例。

1. 美国图书馆的品牌建设

美国图书馆领域有着浓厚的品牌意识,图书馆品牌建设在美国图书馆工作中占有重要地位。美国图书馆协会(ALA)下设立了多个专门办公室负责图书馆品牌建设的相关工作,如美国图书馆协会的公众意识办公室(Public Awareness Office),其任务是通过开展图书馆转型运动加强公众对协会工作的了解,向外界传递一些关键信息,让公众认识到图书馆和图书馆专业人员的价值。除此之外,美国图书馆协会下与品牌建设工作相关的办公室还有政府关系办公室(Office of

Government Relations)、国际关系办公室(International Relations Office)、图书馆宣传办公室(Office for Library Advocacy)等。

美国纽约的皇后区公共图书馆(Queens Borough Public Library)为了更好地传播自身品牌影响力,改用了皇后图书馆(Queens Library)这一更加朗朗上口的名称,并重新设计了图书馆的馆徽标识,新的馆徽是由鲜亮的红色和橙色两种暖色调组成的三维型图书图案(见图3-5),上方翻动着的书页又有如飞翔着的翅膀,这一标识让人们感受到"图书馆是一个热情、友好和受欢迎的地方"①,十分有利于图书馆品牌的传播营销。而美国兰乔库卡蒙加公共图书馆(Rancho Cucamonga Public Library)甚至为自己研发的产品"边玩边学小岛"(Play and Learn Islands™)②提出了商标申请,从法律上为自己馆的图书馆品牌确立了权益。

图3-5　美国皇后图书馆馆徽标识

2. 英国图书馆的品牌建设

品牌建设在20世纪90年代就已获得了英国图书馆界的关注,但由于资金削减以及对品牌营销知识缺乏足够了解,图书馆品牌的发展也受到一定限制。而随着信息服务行业的竞争加剧,图书馆面临着更加严峻的挑战,主要表现在图书馆的利用率明显下降,用户流失成为英国图书馆普遍存在一个严重问题。据英国图书馆与情报专家特许学会(CIPFA)2015年12月发布的公共图书馆统计数据显示③,持续多

① 邓爱东. 国外公共图书馆品牌建设的研究及对我国的启示[J]. 图书馆,2013(3).

② 刘淑华,刘锦山. 沉思与对话:城市图书馆运营创新[M]. 北京:国家图书馆出版社,2014:320.

③ 赵启玥编译,刘剑英校审. 最新公共图书馆统计数据显示英国图书馆正遭遇深度危机[DB/OL]. [2015-12-24]. http://www.chinalibs.net/ArticleInfo.aspx?id=390268.

年的严重资金削减,给英国图书馆行业造成了深度的、持续的损害,越来越多的图书馆被迫关闭,图书馆的访问人次和5年前相比已减少14%。而在2003年英国研究人员对英国208家公共图书馆的营销和品牌建设活动展开的一项调查显示①,品牌建设给图书馆带来的前五项好处依次为:提升图书馆形象;吸引新用户;改善人们对图书馆的负面印象;帮助人员招聘;帮助留住现有员工。因此,越来越多的英国图书馆加强了对品牌建设工作的重视,将品牌建设作为图书馆进行服务宣传和推广的一项重要措施。

英国伦敦塔尔哈姆雷特行政区(Tower Hamlet)的"概念店"(Idea Stores)是近年来英国图书馆品牌建设中的一个典型案例。英国当局是在1999年4月提出"概念店"这一创意的,因为担心受到图书馆在人们心中的刻板印象的影响,这个提供图书馆服务等内容的项目特意在名称上舍弃了"library"这个词。塔尔哈姆雷特行政区将2000万英镑投入到这个图书馆与学习服务项目中,2002年,第一家"概念店"建成,随后,从2004到2013年,又陆续有4家"概念店"建成开放②。"概念店"不仅有传统的图书馆服务,也向人们提供各种学习课程及相关活动。"概念店"的官网介绍中提出,"概念店"不仅仅是一个图书馆或学习的地方,更是将图书馆服务、成人学习课程、交友聚会和其他各种生活、健康服务融合在一起的综合性空间。目前看来,"概念店"是英国图书馆界在品牌建设方面的一次突破性创举,给图书馆服务带来了一次强烈冲击,这个项目重塑了人们对于图书馆的理解,展现新的发展环境下图书馆品牌的一些重要特性。

---

① David Hood, Kay Henderson. Branding in the United Kingdom public library service[DB/OL]. [2015-12-24]. http://www.chinalibs.net/ArticleInfo.aspx?id=390330.

② Idea Stores. The Idea Story[EB/OL]. [2015-12-24]. http://www.ideastore.co.uk/idea-story.

(二)我国图书馆的品牌建设

我国图书馆领域对于品牌理念的引进并没有太久。在知网、万方、维普这几个主要数据库中以“图书馆品牌”为检索词进行文献检索,结果均显示为1999年后发表的论文,由此可知,临近新世纪,我国图书馆界才对品牌有所关注。也就是说,到目前为止,我国的图书馆品牌建设只经历了短短十几年的发展时间,还处于初步探索阶段。

1. 图书馆品牌建设发展概况

深圳南山图书馆馆长程亚男在其2000年3月发表的“完善自我追求一流——关于馆长的修养与职责”一文中特别强调创建图书馆品牌的重要性,明确指出“图书馆的品牌就是图书馆形象和拳头产品。创品牌是一个战略问题,品牌的形成有一个很长的过程,不可能今天树牌子,明天就出成果,因而需要不断地探索,更需要全员的投入”。这被认为是“图书馆品牌”在我国的首次正式提出①。2004年,中国图书馆学会专业图书馆分会在深圳组织召开了“图书馆的品牌建设”全国学术研讨会,会上围绕图书馆品牌建设对相关主题展开广泛探讨和交流,并在会后整理出版了《图书馆品牌建设》论文集,这一活动给国内图书馆品牌建设的理论研究和实践探索带来了明显的影响,此后,越来越多的研究人员和图书馆加入到图书馆品牌建设的理论研究和实践探索中。

近年来随着图书馆界对于图书馆价值、图书馆精神、图书馆文化等的关注和重视,图书馆发展的重心逐渐从外延转向内涵,在此大环境下,图书馆品牌建设实践也得到了很大的发展。我国图书馆事业在改革开放之后有了迅速发展,最早反映在基础设施方面,各地新馆建设风潮一直延续至今,一些新建图书馆的馆舍、环境堪称世界一流,成为当地城市的地标性建筑。随着图书馆事业的不断发展,图书馆文化

① 傅晓鸣. 我国图书馆品牌研究综述[J]. 河南图书馆学刊,2004(6).

建设也日益受到重视，越来越多的馆有了自己的馆徽、馆标、馆刊、馆歌、馆训，有的图书馆还将 CIS（企业形象识别系统）引入图书馆，全方位建立自己的品牌管理体系。

尤其在近几年，得益于国家政策的大力支持和倡导，图书馆品牌建设的实践探索越来越广泛，涌现了众多图书馆品牌，主要分布在公共图书馆领域和高校图书馆领域。从主题内容看，阅读推广方面的图书馆品牌表现最为突出。自 2006 年全民阅读活动全面开展以来，阅读推广逐渐演变成图书馆必不可少的核心业务和核心活动①，各种形式的读书活动在全国各地遍地开花。目前已有 400 多个城市常设了"读书节""读书月"等活动，打造出了"北京阅读季""书香江苏""书香荆楚""书香八闽""书香辽沈""海南书香节""书香天山"等一大批全民阅读活动品牌。从组织体系看，则有各种以总分馆制为特征的区域性图书馆网络逐渐实现品牌化，如佛山市"联合图书馆"模式、东莞"集群图书馆"网络模式、嘉兴总分馆模式、长春"协作图书馆"模式等。从全国范围来看，由图书馆挑大梁的各种公共文化品牌也很多，如文化共享工程、数字图书馆工程、公共电子阅览室、农家书屋、边疆万里数字文化长廊等。

2. 图书馆品牌注册概况

为品牌注册商标是品牌建设中的重要一环。目前，在我国国家工商行政管理总局商标局网站上查询图书馆的商标注册情况②，可发现已有一些图书馆机构注册了商标，如国家图书馆、首都图书馆、上海图书馆、重庆图书馆、浙江图书馆、武汉图书馆、东莞图书馆、深圳大学城图书馆、中国科学院文献情报中心等。表 3－1、3－2、3－3 中为部分结果。

① 刘锦山. 吴晞：为阅读插上翅膀（图）[DB/OL]. [2015－12－25]. http://www.chinalibs.net/ArticleInfo.aspx? id＝384706.

② 检索时间为 2015 年 12 月 25 日。

表 3－1　国家图书馆商标注册情况

申请人名称	商标名称	申请日期	商标状态
国家图书馆	国家数字图书馆	2008－11－27	商标无效
国家图书馆	文津	2008－11－27	商标已注册
国家图书馆	北图	2008－11－27	商标已注册
国家图书馆	国图	2008－11－27	商标已注册
国家图书馆	国家图书馆	2008－11－27	商标已注册

表 3－2　上海图书馆商标注册情况

申请人名称	商标名称	申请日期	商标状态
上海图书馆上海科学技术情报研究所	图形	1996－09－28	商标转让完成
上海图书馆上海科学技术情报研究所	上图	2001－08－08	超出专用期限，商标无效
上海图书馆上海科学技术情报研究所	汇视;MIRU	2003－10－17	商标已注册
上海图书馆上海科学技术情报研究所	上图讲座;SHANGHAI LIBRARY LECTURE	2005－06－02	商标无效
上海图书馆上海科学技术情报研究所	上图展览	2006－03－30	商标已注册
上海图书馆上海科学技术情报研究所	全国报刊索引 BKSY NATIONAL INDEX TO CHINESE NEWSPAPERS & PERIODICALS	2009－04－29	商标无效

续表

申请人名称	商标名称	申请日期	商标状态
上海图书馆上海科学技术情报研究所	上海之窗 WINDOW OF SHANGHAI	2011-09-26	商标已注册
上海图书馆上海科学技术情报研究所	图睿软件	2011-11-25	商标已注册
上海图书馆上海科学技术情报研究所	投资在上海	2012-03-27	商标无效
上海图书馆上海科学技术情报研究所	竞争情报	2014-03-26	商标注册申请注册公告排版完成
上海图书馆上海科学技术情报研究所	图形	2014-04-08	商标注册申请完成
上海图书馆上海科学技术情报研究所	上图	2014-04-08	商标注册申请完成
上海图书馆上海科学技术情报研究所	图上首发	2014-06-18	商标注册申请注册公告排版完成
上海图书馆上海科学技术情报研究所	上图爱悦读 STEREAD	2014-11-04	商标注册申请已受理

表 3-3　深圳大学城图书馆商标注册情况

申请人名称	商标名称	申请日期	商标状态
深圳大学城图书馆(深圳市科技图书馆)	图形	2008-11-17	商标已注册
深圳大学城图书馆(深圳市科技图书馆)	SSTL	2008-11-17	商标已注册
深圳大学城图书馆(深圳市科技图书馆)	UTLS	2008-11-17	商标已注册

续表

申请人名称	商标名称	申请日期	商标状态
深圳大学城图书馆(深圳市科技图书馆)	SHENZHEN SCIENCE TECHNOLOGY LIBRARY	2008-11-17	商标无效
深圳大学城图书馆(深圳市科技图书馆)	UNIVERSITY TOWN LIBRARY OF SHENZHEN	2008-11-17	商标已注册
深圳大学城图书馆(深圳市科技图书馆)	深圳市科技图书馆	2008-11-17	商标无效
深圳大学城图书馆(深圳市科技图书馆)	深圳大学城图书馆	2008-11-17	商标已注册

从商标局网站查询的结果发现,公共图书馆的品牌意识不断在加强,部分公共图书馆注册了多个商标,不仅注册了本馆的馆标——包括图形的和文字的,还为图书馆的产品、活动提出了商标注册申请,而且有一些基层图书馆如佛山市南海区图书馆也提出了相关商标注册申请。上海图书馆是较早进行商标注册的图书馆,而且还在一直开展这方面的工作。相比较而言,高校图书馆等其他类型的图书馆在商标注册方面显得不够重视。如以北京大学图书馆、清华大学图书馆、武汉大学图书馆、中山大学图书馆等为申请人名称进行检索后均没有找到相关结果,但以相关院校名称作为申请人名称进行检索可查到商标注册申请记录。由此可见,在商标注册保护方面,高校图书馆大多缺少独立的主体意识,这显然和我国当前的图书馆管理体制有莫大关系。

(三)当前我国图书馆品牌建设存在的问题

我国图书馆品牌建设目前还在初步探索中,表面来看,我国的图书馆品牌建设呈现出一片繁荣的景象,但仔细研究却会发现有些杂乱无章，存在不少问题。

1. 对品牌营销知识了解不够，图书馆的品牌建设能力整体偏低

受传统观念等的限制，有人认为品牌和商业领域密不可分，图书馆无须进行品牌建设。到现在，我国图书馆的品牌意识已有提升，越来越多的图书馆开始关注“品牌建设”，但和企业相比，我国图书馆在品牌战略策划、品牌营销方面的能力还是整体偏低。很多图书馆的从业人员对品牌营销了解有限，对相关知识一知半解，即使有意在图书馆树立品牌，实施过程中却心有余而力不足，或者还是按照老办法、固有套路去做，导致结果不尽如人意。另外，关于图书馆品牌的理论研究与实际工作偏离明显，相关学术论文中对现实案例的总结、分析占比较小，已有理论成果对现实工作的指导意义不大，缺乏一套权威且实用性强的图书馆品牌建设标准。

2. 品牌定位不明确，存在同质化现象

从我国图书馆品牌建设现状可以发现，不同地区、类型的图书馆所推出的品牌却大致相同，如当前最受关注的各种读书节（季/月/周/日）活动，还有各种名目的讲座、展览品牌，几近泛滥。图书馆品牌的重复建设导致资源严重浪费，而且也未能体现品牌独一无二的特性，使得图书馆品牌的价值和效益无法充分得到实现。这种现象与图书馆对品牌缺乏深度认识、图书馆品牌定位不明确有着密切关系。大多数图书馆的品牌建设都是在摸着石头过河，对未来没有明确的蓝图规划，在实际工作中就难免“照搬”已有图书馆品牌的成功经验，看着是满园皆春色，实际上却还是单调得很。

3. 图书馆品牌的宣传推广力度不够，大众对于图书馆了解不够

图书馆一直以来都属于“冷清衙门”，很少去宣传推销自己，缺乏营销和竞争意识。即使在现在，大众对于图书馆的了解依然有限，虽然图书馆推出了很多资源和服务，但用户并不知道，没有多少人去利用，那些资源和服务白白被浪费掉了。还有的人认为，酒香不怕巷子深，只要产品或服务好，就不会缺用户。但是，仔细想想，其实酒的香味就是一种无形的广告，人们是闻到酒香才走进深巷。所以，图书馆

品牌建设中,一方面要注重提升品牌自身的质量,突出特色,另一方面也要加大宣传推广力度,让更多人知道,让图书馆品牌能够最大化实现其社会效益。

五、图书馆品牌建设策略

(一)图书馆品牌定位策略

找准品牌定位,将图书馆优势与目标用户需求连接起来。品牌定位是品牌建设的基础,是品牌与其对应的目标用户群体建立内在联系的重要一步,目的是让目标用户理解并正确认识本品牌有别于其他竞争品牌的特征,在用户心里确立一个独一无二的位置。

品牌定位应根据品牌的作用、方向以及用户心理来进行,品牌定位的核心是 STP,即细分市场(segmenting)、选择目标市场(targeting)和具体定位(positioning)。它们的关系如图 3 –6 所示。

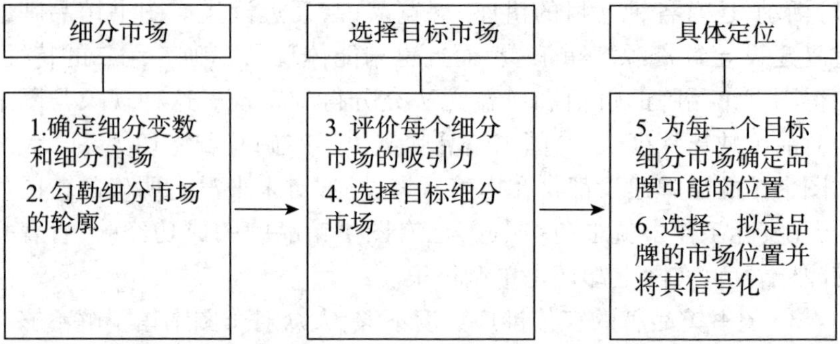

图 3 –6　STP 关系图

从图 3 –6 可知,STP 理论的要点在于选择确定目标用户,主要步骤包括选定产品市场范围、列举潜在用户的需求、分析潜在用户的不同需求、制定相应的营销策略。根据 STP 理论,市场是一个综合体,是多层次、多元化的消费需求集合体,没有企业能够满足所有的需求。

因此,正确的做法是,企业应根据消费者的生活习惯、年龄、性别、社会阶层、行为等因素将市场细分为若干子市场,然后企业结合自身战略目标和产品情况从子市场中选取有一定规模和发展前景的细分市场作为目标市场,将产品定位在目标消费者所偏好的位置上,并通过一系列的营销活动向目标消费者传达品牌的定位信息,让用户注意到品牌,并感知到这正是他们所需要的。具体来说,品牌定位策略可以多种多样:根据产品的某项特性来定位,如南孚电池的"聚能环";根据产品带给用户的某种特殊利益定位,如高露洁突出"没有蛀牙"的功效;根据产品的使用者来定位,如金利来通过"金利来领带,男人的世界"的定位让用户迅速建立起其作为男装品牌的印象。

因此,图书馆品牌定位的重点就是确定自身优势以及细分目标用户群体的主要需求,如可以图书馆的特色资源进行品牌定位,打造特色馆藏、特色数据库或数字资源等品牌;或者以图书馆的服务优势定位品牌,打造如个性化、嵌入式的学科服务方面的品牌;根据图书馆的目标用户群体来确定品牌的定位也是一个行之有效的方式,可据此对图书馆做整体品牌定位以及单个服务项目或产品的品牌定位。

例 1:美国皮尔斯县图书馆体系打造社区的起居室

美国皮尔斯县图书馆体系(Pierce County Library System)位于华盛顿州塔科马港市,体系中包括 20 个图书馆,在其"2030 年总体发展计划"(Pierce County Library 2030: Facilities Master Plan)中[①],皮尔斯县图书馆体系结合服务区域的人口发展情况和图书馆用户调查结果,确定将图书馆打造成"社区的起居室",并规划了一系列具体方案。

根据美国人口普查局和普吉特海湾地区委员会的统计数据,2000 年,在美国,母语为非英语的人口增加了 64%,占总人口的 11.4%;到 2030 年,皮尔斯县图书馆体系服务区域内的人口将达到 717 800 人,

① Pierce County Library System. Pierce County Library 2030: Facilities Master Plan[EB/OL].[2016-01-05]. http://www.piercecountylibrary.org/services/1-12-09/Default.htm.

和2010年相比将增加17万多人;同时,人口发展日益呈现出多元化的趋势,不管在城市、郊区,还是在农村和其他偏远地区。如在皮尔斯县,儿童人口不断增加,新居民不断涌入,来这里找工作的、开公司的人越来越多,老年人群体也颇为活跃。在2008年,皮尔斯县图书馆体系曾开展了一次用户调查,结果显示:每个月,57%的受访者会至少去一次图书馆,16%的人去6—12次,13%的人少于6次,只有8%的人从来没去过图书馆;近20%的受访者表示他们要利用非英语文献,如西班牙语、法语、德语、日语、意大利语、韩语、中文、俄语等;在对图书馆的利用中,人们最常用的是借书,其他依次为借视听资源等、用电脑、上网、查找信息、利用图书馆场所等。

皮尔斯县图书馆体系提出,为公众服务,提高社区居民的生活水平是其工作的重中之重。馆员们一致认为,图书馆应该是"社区的起居室"(community's living room),一个充满活力的、美丽的、舒适的聚会场所。图书馆最首要的因素是人,应成为人与人之间最重要的联系纽带,这比作为图书或其他文献的仓库要重要得多。而皮尔斯县的居民们也持与此类似的看法。在他们看来,图书馆是一个重要的机构,是一个学习的地方。当地民众对图书馆的认同度极高,"这是我们的图书馆"。大家普遍认为,图书馆不只提供图书或信息,还能在很大程度上提升社区的文化生活品质,为社区的发展贡献极大力量,让社区更加宜居。如今,图书馆与用户之间的关系已经发生变化,不再是传统的"只要我们建好了,用户就会过来",现在用户会期待图书馆提供更多的选择,要能够满足他们半数以上的需求。图书馆要尊重用户的不同兴趣和需求,要欢迎所有人,并让每个人都能轻松利用图书馆。人们希望图书馆发挥作用让大家走到一起,促进人与人之间的关系更加和谐友好;希望图书馆服务更加便捷,让人们在日常生活、工作或旅游中也可以方便获得图书馆的服务。

综合各方面的调研结果,"2030年总体发展计划"提出了几个图书馆发展要点:①以用户需求为中心;②积极参与社区发展;③到群众中去;④多方协作;⑤与时俱进;⑥有效运营。为了让图书馆能够更好地发挥“社区的起居室”的作用,皮尔斯县图书馆体系还进行了一系列改革,如扩建馆舍,更新设施设备,引进快速结账(express checkout)、自助登记(self check-in)等自助服务,在人流量较多的街道、商场增设书亭、存书柜,等等。2011 年,Milton-Edgewood 分馆搬迁扩建后重新开放,新地址让人们来图书馆更加便捷。另外,针对过去馆内青少年活动区与需要安静的阅读区紧邻导致经常互相干扰的问题,Milton-Edgewood 分馆在进行区域规划时做出了解决方案,把两个区域隔开,这样,人们可以在安静的空间进行学习和工作,而孩子们也能放心地开展各种活动,不用担心吵到其他人。

例 2:南京图书馆展览服务的品牌建设

南京图书馆是我国成立较早的公共图书馆之一,馆史悠久。2007 年全面开放的南京图书馆新馆负一层的展览厅面积达到了 870 平方米,隔断灵活,可举办多种类型的展览。在这一基础上,南京图书馆采用准确而有效的定位策略,开展了一系列颇受欢迎的展览服务,成功打造出自己的图书馆品牌。

当前我国包括各类图书馆在内的众多社会机构和民间组织都有开展展览服务,但取得的成效却参差不齐。南京图书馆的展览服务能够从中脱颖而出成就品牌,和南京图书馆对展览服务定位的重视脱不开关系。南京图书馆将具有时代感和吸引力作为图书馆展览业务的定位和发展方向,坚持反映时代感,强调展览的公益性和社会公信力,以时代感打造符合图书馆品位的展览,从而营造出图书馆不同于其他展览机构的社会形象①。根据这一定位策略,南京图书馆策划了一系列广受欢迎的展览,如“首届图书馆个性家具展览会”,展出了由洪范设计研究所根据图书馆的既定元素和特色,并通过当地文化内涵的深入挖掘所研制生产的个性化家具,不但受到了广大图书馆同仁的关注和肯定,还吸引了众多市民参观,取得了口碑和人气的大丰收。

① 张雁.论图书馆展览业务的定位和品牌建设[DB/OL].[2016-01-07].http://www.chinalibs.net/ArticleInfo.aspx?id=222722.

同时,南京图书馆还和其他图书馆合作推出巡回展览、网上展厅等,最大限度地实现资源共享,丰富和拓展图书馆展览的内容、形式以及受众面。在南京图书馆网站上,通过“网上展厅”任何人都可以随时随地欣赏到“丝路万里千年”“民国时期文献保护计划”“图说民国南京老行当”“中国传统年画大观”“海峡两岸玄览堂珍籍合璧展”“南京图书馆百年记忆”等展览。另外,南京图书馆也十分重视展览服务向多元化、国际化方向发展,如以南京图书馆新馆开放为契机,策划“历史文化名城摄影展览”,展出国内外众多摄影家创作的百余幅作品,全面反映罗马、米兰、佛罗伦萨、名古屋、伯明翰等国外文化名城以及我国 20 多个名城的历史文化、城市风貌和社会生活。此次展览成为南京市近年最高水平的一次摄影展,也让南京图书馆新馆会展中心的首次亮相大获成功,有力推进了南京图书馆展览服务的品牌化发展。

(二)图书馆品牌识别策略

提炼品牌核心价值,在此基础上创建个性鲜明、联想丰富的品牌识别系统,这是品牌建设的一个重要环节。如果将图书馆视作一个品牌,要建立易识别的、良好的整体形象,可以导入 CIS 理念,利用科学的方法将图书馆的办馆理念、行为规范和视觉形象统一结合起来,组成一个有机整体,从而完善图书馆的发展规划,增强图书馆员工的使命感和职业素养,提升图书馆服务质量,最终在公众心中树立图书馆的良好形象。

构成企业形象识别系统(CIS)的 3 个支柱——理念识别(Mind Identity,简称 MI)、行为识别(Behaviour Identity,简称 BI)和视觉识别(Visual Identity,简称 VI),各有侧重又统一互补,共同构成了一个整体。理念识别是对企业的经营理念、价值观、宗旨等意识形态范畴进行规划和界定,相当于“大脑”;行为识别是指在理念的指导下对企业生产运营行为、员工行为的统一规划,体现在建立完善的管理制度、行为规范、公共关系以及开展各种营销活动、公益事业等方面,相当于“四肢”;视觉识别是将企业理念、文化特质、服务内容、企业规范等抽象语意转换为具体符号的概念,从而塑造出独特的企业形象,体现在标识、商标、产品包装、环境布局、员工制服等方面,相当于“脸面”。人们获取信息往往是首先从眼睛得来,因此视觉识别在 CIS 中最具传播力和感染力。如由蓝色条纹组成的“IBM”标识,让美国国际商用计算机公司(International Business Machines)在人们心中成了“蓝色巨人”的形象代表,IBM 这一独特的标识也成为创新、尖端科技的代名词。

企业形象识别系统对企业的重要意义已有众多实证可以证明,但要充分发挥其积极效果,图书馆在导入这一系统时还应注意选择恰当的时机,如在新馆建成开放时、推出新的服务项目时,或在图书馆机制改革时,并需要满足以下条件:高层领导的全面参与;图书馆对自身及其品牌的准确定位;图书馆产品资源和服务质量的提高;明确导入 CIS 的目的;具有相关专业素质的策划团队,如视觉识别需要懂得美术设计,行为识别需要具备图书馆管理理论知识和实践经验,理念识别需要了解图书馆行业的用户需求变动情况和整体发展形势等。

目前,在图书馆导入 CIS 理念方面我国已有一些成功案例,如上海图书馆、无锡市图书馆、上海师范大学图书馆、中国科学院情报中心等。这里以无锡市图书馆的实践为例。

无锡市图书馆前身为无锡县立图书馆,创建于 1912 年,距今已有百余年历史,是我国最早创建的公共图书馆之一,在当地乃至全国的文化历史上均具有十分重要的地位。2000 年 10 月 1 日,无锡市图书馆新馆正式落成开放,新馆坐落在太湖广场南侧,主楼 13 层,裙房 7 层,建筑面积 28 243 平方米,提供各类阅览座位 1600 多个。以新馆建设为契机,无锡市图书馆将 CIS 导入形象建设中,通过在理念识别、行为识别、视觉识别三方面的共同努力,形成一个内涵丰富的有机整体,由内而外强化了图书馆的文化凝聚力①,成功为无锡市图书馆树立起一个良好的现代化公共图书馆品牌形象。

① 华婧. 浅谈 CIS 在公共图书馆形象建设中的应用[J]. 云南图书馆,2011(2).

首先,无锡市图书馆构建了一套较为完整的理念管理系统。无锡市图书馆在新馆开放之际,确立了“以人为本,服务社会”的宗旨理念,将“积淀文明,传播先进文化;引领学习,创新知识服务”作为组织精神,以“现代城市中心图书馆”为发展目标,把“精心服务,效率管理,文化创新,关爱社会”作为核心价值观。同时,面向馆员征集馆歌歌词,邀请专家谱曲,编成馆歌《心中永远的畅想》,将图书馆理念融于歌曲之中,有效传达图书馆的文化内涵。

其次,无锡市图书馆采取多种措施对图书馆管理方式、馆员行为进行规范、提升。这些措施包括改革管理体制,完善制度规范;开展馆员在职培训,支持馆员继续教育,举办“馆员风采”等系列活动;根据读者需求优化馆藏质量和结构,举办讲座、展览、沙龙等丰富多彩的公益性读者活动;树立模范典型,发挥党员员工的带头示范作用;调整馆室布局,加强图书馆安全管理;借助各种新闻媒介广泛宣传图书馆,通过图书馆自己的网站、馆办刊物等促进内外交流。

同时,无锡市图书馆还在视觉识别上统一规划,对馆徽、馆员服饰、标牌、挂牌、网站等进行了规范统一。无锡市图书馆的馆徽以两本叠放的书构成无锡的首字母“W”字形,简洁而直接地传达了无锡市图书馆的形象特质,同时,这一造型又呈现阶梯状,隐喻“书籍是人类进步的阶梯”这一含义。无锡市图书馆的室标、馆员工号牌、胸牌、名片等,一律以蓝色、灰色、白色为标准色,体现了简洁、知性的图书馆特质。

另外,无锡市图书馆还特别编印了《无锡市图书馆馆员手册》《无锡市图书馆组织文化手册》,对图书馆 CIS 的理念、行为、视觉三个基本要素进行融合提炼,并做到馆员人手一册,进一步强化全体馆员对于图书馆和本职工作的认识。无锡市图书馆全面导入 CIS 的实践取得了很大成效,为树立良好的图书馆形象发挥了积极作用,但也存在一些有待完善之处。如无锡市图书馆《馆员职业道德规范》提出“读者第一,服务为本。爱岗敬业,甘为人梯。着装统一,礼貌待人。解答咨询,主动热忱。简捷高效,有条不紊”[①],内容较为简单空洞,未能充分体现出图书馆员的职业特征,如馆员社会职责、职业理念并没有明确反映出来,因此容易变成流于表面的口号式宣传,难以发挥实质作用。

(三)图书馆品牌推广策略

品牌推广(也有人称为品牌传播)对于成功塑造品牌具有重要意义,是品牌树立、维护过程中的重要环节。图书馆在品牌建设过程中应充分利用各种方法宣传推广自己的品牌。

品牌推广的中心目标是吸引和留住目标市场用户,并与其建立起牢固的、排他性的关系。具体来说,就是通过品牌的各种有效传播方式方法,如广告、公关、口碑传播、营销活动等,使用户广泛认同这一品牌,进而提高品牌知名度、美誉度,建立品牌忠诚度。

品牌推广的两头是品牌所有者和品牌的受众,两者由特定的信息、特定的媒介、特定的传播方式、相应的传播效果、相应的传播反馈等信息环节彼此关联和互动。因此,品牌推广要坚持这几点:要能集中传递品牌的有效信息,要能把信息传达给合适的目标受众,要选择多种媒介进行整合式传播。

品牌推广“三元论”强调,品牌推广活动只有找“对”用户和品牌的情感切入点与燃点,与用户进行心灵对话,达成共鸣,才能大大提高品牌推广的效果,降低推广费用[②]。品牌推广“三元论”将一个成功、完整的品牌推广划分为3个阶段。第一,品牌宽度推广阶段。品牌宽度指的是品牌在市场上的影响程度,重点是建立品牌知名度。这个阶段主要是通过广告宣传、活动、事件传播等传统的推广手法向用户强制灌输品牌信息,让广大用户了解、知晓品牌的基本内涵,实现品牌和

---

① 无锡市图书馆.馆员职业道德规范[EB/OL].[2016-01-07].http://www.wxlib.cn/Item/4860.aspx.

② 宋玉峰.以情感为燃点推广品牌[J].中国会展,2005(12).

用户的初级沟通。第二,品牌深度推广阶段。品牌深度指的是品牌在用户心目中的影响程度,这个阶段主要是提升品牌美誉度,提高品牌忠诚度。品牌深度推广阶段要和用户达成深度互动,强调独辟蹊径,大胆创新推广方式。如可以依据品牌文化塑造能打动目标用户的品牌故事,使品牌文化在用户心中更加生动、形象、丰满,进而借助用户口碑让品牌得到更广泛的宣传。第三阶段是品牌维护阶段。品牌达到一定的高度之后,需要坚持进行品牌的维护,品牌维护阶段要与宽度推广和深度推广共同进行,以确保品牌永葆青春活力和市场竞争力。

例:美国纽约公共图书馆的狮子

美国纽约公共图书馆于 1895 年成立,在全世界都有极高的知名度,而纽约公共图书馆的狮子也是闻名遐迩。

纽约公共图书馆的馆徽就是一个简笔画的狮子头像,这是以图书馆门前的两头大理石狮子雕像为原型的。纽约公共图书馆的这两头狮子雕像诞生于 1911 年 5 月 23 日,它们分别有自己的名字并有过一次改名经历。最初,这两头狮子是以纽约公共图书馆两位创始人的名字命名的,分别叫“阿斯特”(Leo Astor)和“雷诺克斯”(Leo Lenox)。人们亲切地把它们称为“阿斯特夫人”和“雷诺克斯勋爵”,虽然这两头狮子都是雄狮。20 世纪 30 年代,美国大萧条期间,为鼓励纽约人自学自强,纽约市长将它们改名为“耐心”(Patience)和“坚韧”(Fortitude)。这两个名字伴随着人们度过那段特殊时期,并一直流传到现在。守卫在图书馆台阶南侧的是名为“耐心”的狮子,而目不转睛坐在北侧的是名为“坚韧”的狮子,它们静默地经受着岁月的洗礼,被一代代人铭记在心。

这两头石狮非常受欢迎,基于它们的超高人气和深厚意蕴,现在已成为纽约公共图书馆的吉祥物,纽约公共图书馆为它们申请注册了商标,设计成图书馆的馆徽。每逢重大活动或节日,它们也会被隆重装扮,戴上鲜花、棒球帽、学位帽,或者是圣诞花环。它们被赞为是“纽约最可爱的公共雕塑”,以这两头石狮为原型的角色还出现在众多动画片、儿童故事、戏剧和电影中，被视为纽约、图书馆的象征，如很多小朋友都很喜爱的绘本《图书馆狮子》(Library Lion)中的那头狮子。此外，2003 年，美国还为纽约公共图书馆的石狮发行过邮票。

图 3－7　纽约公共图书馆馆徽

图 3－8　纽约公共图书馆石狮邮票

在《Top Cats: the Life and Times of the New York Public Library Lions》一书中，作者苏珊 . G. 拉金(Susan G. Larkin)收集了和这两头石狮有关的各种信息，包括它们的故事、图片、周边产品等。相信今后，这方面的作品还会不断出现，纽约公共图书馆的狮子将在全世界发挥更为广泛的影响力。

显然,从图书馆品牌推广的角度来说,纽约公共图书馆已经成为一个非常成功的案例。纽约公共图书馆将狮子作为和用户交流的情感切入点与燃点,广泛地获得了公众的认可与信赖。纽约公共图书馆以"促进终身学习,推动知识发展,强大本地社区"为使命,其核心价值观是"责任、卓越、专业、自由、创新、热情、协作"(accountability, excellence, expertise, freedom, innovation, passion, teamwork),以狮子为中心开展的各种推广营销,都有效传递了纽约公共图书馆的这些服务理念、核心价值观,让纽约公共图书馆的狮子以及纽约公共图书馆成为人们心中印象深刻且非常推崇的图书馆品牌。

(四)图书馆品牌优化策略

以国际标准质量管理体系提升图书馆管理水平,不断强化品牌优势。品牌建设取得一定成效后,还需要不断进行维护和优化。质量是品牌的核心,对品牌的维护和优化关键在于质量。作为当前世界上公认的最权威的质量管理标准,ISO 9000 族国际标准质量管理体系在图书馆中实施,有利于完善图书馆的内部管理,使质量管理制度化、体系化和规范化,全面提升图书馆服务质量,并确保质量的稳定性,可有效提高用户满意度,为图书馆品牌建设带来积极作用。

ISO 9000 不是指一个标准,而是一组标准的统称。ISO 9000 标准是国际标准化组织(International Organization for Standardization,简称ISO)——一个独立的、非政府国际组织——在 1987 年提出的概念,是指由 ISO/TC 176(国际标准化组织质量管理和质量保证技术委员会)制定的所有国际标准。自发布以后,ISO 9000 族标准已在 1994 年、2000 年、2008 年做过多次修订,最近一次修订是在 2015 年,新版本已在 2015 年 9 月发布。最新的 ISO 9000 族标准主要包括:ISO 9001:2015 质量管理体系要求;ISO 9000:2015 质量管理体系基础和术语;ISO 9004:2009 质量管理体系业绩改进指南;ISO 19011:2011 质量管理体系内部及外部审核指南①。其中,ISO 9001:2015 质量管理体系要求是认证机构审核的依据标准,也是想进行认证的企业和组织需要满足的标准,意义十分重要。

ISO 9000 族标准涵盖了质量管理的各个方面,包括组织的管理结构、人员、技术能力、各项规章制度、技术文件和内部监督机制等,为不同类型、不同规模的组织提供了多种指南和相关工具,确保他们的产品和服务能够持续满足用户需求,并不断提升质量。目前,全球已有超过170个国家的100多万机构进行了 ISO 9001 认证。ISO 9000 质量管理体系是以产品质量为出发点和核心,以全员参与为基础,最终让用户满意为归宿的集预防、监督和自我改进为一体的科学管理运营机制,ISO 质量管理标准主要是基于7项质量管理原则(quality management principles,简称 QMPs)而制定,它们是:①以用户为中心;②领导作用;③全员参与;④过程方法;⑤改进;⑥基于事实的决策方法;⑦关系管理②。

ISO 9000 族标准是基础性通用型标准,适用范围并不只限于企业,图书馆等机构也可引进使用。欧洲图书馆界在20世纪90年代就已积极开展 ISO 9000 标准认证。到1996年,英国已有三分之一的专门图书馆开展了 ISO 9000 质量管理体系标准认证;1999年5月,匈牙利国家技术信息中心和图书馆通过了 ISO 9000 认证,成为首个通过 ISO 9000 认证的匈牙利图书馆;荷兰 Delft 大学技术图书馆、爱尔兰都柏林城市大学图书馆、比利时 Sint Aloysius 经济大学图书馆也都纷纷建立了基于 ISO 9000 的质量管理体系③。美国、日本、新加坡、泰国、马来西亚等国的很多图书馆也在开展这方面的工作。我国图书馆界对 ISO 9000 质量管理体系的关注要稍晚些。2000年11月,台北市立

① ISO. ISO 9000—Quality Management[EB/OL].[2016-01-11]. http://www.iso.org/iso/home/standards/management-standards/iso_9000.htm.

② ISO. Quality Management Principles[EB/OL].[2016-01-11]. http://www.iso.org/iso/pub100080.pdf.

③ 罗曼.图书馆 ISO 9000 认证研究[J].图书馆论坛,2004(6).

图书馆成为台湾地区首家通过了 ISO 9002 质量管理体系认证的图书馆;2001 年,上海图书馆在后勤管理方面导入了 ISO 9000 标准;2005 年 6 月,海南大学图书馆成为我国第一家以图书馆为独立机构通过 ISO 9000 质量认证的大学图书馆。目前,我国已有越来越多的图书馆已经通过或正在申请 ISO 9000 族认证,充分证明了 ISO 9000 族标准在优化图书馆管理方面的有效性。

例:海南大学图书馆的质量文化建设探索

海南大学图书馆由海甸总馆、儋州校区和城西校区 2 个分馆及 19 个二级馆组成,馆舍面积共计 46 296.7 平方米,阅览座位 5178 个,现有藏书 471.07 万册,电子期刊约 2.5 万种,在编人员 88 人[①]。2004 年 8 月,海南大学图书馆启动了在国内通行的 ISO 9000 族质量管理体系,并在 2005 年 3 月 6 日正式实施全面质量管理(Total Quality Management,简称 TQM)。2005 年 7 月,海南大学图书馆成功获得 ISO 9000 质量管理体系认证。

海南大学图书馆实施 ISO 9000 族质量管理体系的过程是按照 PDCA 循环模式来进行的,PDCA 循环是质量管理的基本方法,主要包括四个阶段:第一阶段,P(Plan)——策划;第二阶段,D(Do)——实施;第三阶段,C(Check)——检查;第四阶段,A(Action)——改进。这 4 个阶段可循环不停运转。PDCA 模式适用于 ISO 9000 族的整个过程和其中的任何一个环节,海南大学图书馆实施 ISO 9000 质量管理体系的所有环节都采取了 PDCA 模式[②]。

海南大学图书馆采用 ISO 标准的目的是为了持续改进和持续满足用户需求。因此,在实施之前,海南大学图书馆把用户需求的特点和 ISO 9000 认证标准的发展进行了仔细比较,经分析研究后确定,ISO

---

① 海南大学图书馆.海南大学图书馆自评报告(2011—2015)[DB/OL].[2016-01-12]. http://www.chinalibs.net/ArticleInfo.aspx? id=391612.

② 李春,詹长智,安邦建. ISO 9000 质量管理体系在海南大学图书馆有效运行[J].大学图书馆学报,2007(1).

9000 的服务标准适合海南大学图书馆的内部管理和对外服务质量的保证。于是,海南大学图书馆对全馆上下展开了相关培训,让图书馆员工更好地了解 ISO 9000 标准。首先,聘请认证咨询服务中心专家对馆领导、部主任及有关骨干人员进行培训。在此基础上,2005 年 3 月,海南大学图书馆发布了《海南大学图书馆质量手册》《海南大学图书馆程序文件》和《海南大学图书馆工作手册》,作为质量管理体系实施的准则,并成立了质量管理办公室,作为运行质量管理的常设专门机构。随后,馆长作全面质量管理动员大会,再由认证咨询服务中心专家对全体馆员就 ISO 9000 标准具体知识内容及实施运行意义进行了详细的介绍,并陆续开展了服务技能、礼仪形象、图书馆自动化管理等更为具体的一系列培训。所有准备工作就绪后,海南大学图书馆确立了定期质量检查的制度,包括每两个月一次的质量检查,先由各部门自查,然后质量管理办公室抽查,每年一次的内部审核、管理评审和认证中心对图书馆的外部审核,一旦发现问题就不断改进。其中,认证机构的第三方审核机制十分重要。在获得 ISO 认证证书后,认证机构每年会对图书馆进行一次复审,证书有效期为 3 年,3 年期满后还需要进行换证审核。这一评价和约束机制能够更加有效地对图书馆质量管理进行监督,确保图书馆服务质量的持续改进。

海南大学图书馆实施 ISO 9000 质量管理体系后效果十分明显,用户满意率由实施前的 60% 上升到之后的 91.57%,读者意见由最初每月 120 多条减少到每月 10 条左右,馆内员工综合素质得到整体提高,馆员工作责任心、业务水平也发生了积极改变。对此,海南大学图书馆馆长表示,将质量管理体系引进到图书馆的日常管理中,不仅使图书馆的业务流程更加规范,也强化了馆员的服务质量意识,使质量成为图书馆一种文化①。

① 刘锦山,崔凤雷. 詹长智:“企业化运作,公益化服务”——图书馆发展面临第二次重大变革(图)[DB/OL]. [2016 - 01 - 12]. http://www.chinalibs.net/ArticleInfo.aspx? id = 355687.

第三部分　图书馆公共关系

公共关系学是一门独立的学科,在实际工作中公共关系则表现为一种管理功能,外求发展,内促团结,重点是通过各种传播手段维持组织和公众之间的良好关系。图书馆是面向公众提供公共文化服务的机构,公众是图书馆发展的根本源泉,没有公众的支持和参与,也就谈不上图书馆的发展和未来。因此,在图书馆营销中,公共关系受到越来越广泛的重视。

一、公共关系与营销

公共关系,英文为 public relations,指的是组织机构与公众环境之间的沟通与传播关系。在公共关系学中,公共关系是指一种管理功能,它建立并维护一个组织和决定其成败的各类公众之间的互利互惠关系[①]。

(一)公共关系的发展演进

在我国改革开放初期,“公关”一词曾广为流传,喻义隐晦暧昧,常带有贬义,这也给公众对于“公共关系”的认知造成一些负面影响。因此,我们首先需要对“公共关系”的发展演进进行梳理,为其正名。

公共关系的萌芽阶段可以追溯到人类文明出现的最早阶段,如春秋战国的“连横合纵”、古印度国王的间谍,都是在通过传播来影响他

① 斯科特·卡特里普等.公共关系教程[M].明安香译.北京:华夏出版社,2001:7.

人的观点或行动，往往与政治运动、权力斗争相关。古时候人们的公共关系活动或意识属于“自发性”的，并未出现明确的“公共关系”概念。

19 世纪末 20 世纪初，随着资本主义经济的发展，现代意义上的公共关系活动逐渐在欧美西方国家多个领域出现，不但在政治生活中发挥着越来越重要的作用，在商业等领域也取得了引人注目的发展。当时公众获得信息的主要渠道是报纸等大众媒体，一些企业或组织看到了这些大众媒体的巨大影响力，开始重视采用新闻宣传的方式应对舆论批评或进行自我营销。在公共关系发展早期，新闻业务代理是业界的一个典型模式。当时的“新闻代理人”往往通过新闻稿或广告方式，运用夸大的语言博取公众好感，甚至为达目的不惜制造假新闻，类似当下的“炒作”行为，给公共关系行业及其从业者带来不光彩的形象问题。被誉为“现代公关之父”的艾维·李(Ivy Ledbetter Lee)提出了自己的公关理念和道德标准，即坚持说真话、坚持信息公开以及公众利益优先于组织(委托人)利益等观念①，为公共关系职业的良性发展做出了极大贡献。而另一位与之齐名的现代公共关系学先驱爱德华·伯内斯(Edward Bernays)提出，公共关系学的本质是“搞好关系，为了公共利益”。他们提出的这些观点对公共关系的发展演进带来深远影响，推动了“新闻业务代理”式的公共关系向“新闻宣传”式的公共关系发展。时至今日，公共关系已经包含了远比新闻宣传多得多的东西，但新闻宣传依然是公共关系中非常重要的内容。

1897 年，美国铁路协会首次使用了“公共关系”一词作为术语，而公共关系学作为一门独立学科出现，是在 20 世纪 20 年代，美国纽约大学在 1923 年开设了世界上最早的公共关系课。其后，公共关系的影响力日益广泛，相关教育和实践活动越来越多。1937 年，斯坦福大学也开设了公共关系课程；1947 年，波士顿大学创立了美国第一个公

---

① 张笑颖. 伦理困境中的重构——公共关系从业者的专业主义转向[J]. 科技传播，2015(2).

共关系学院;1947 年,美国公共关系学会(Public Relations Society of America,简称 PRSA)成立,随后,加拿大、英国、挪威、意大利、法国等国也都纷纷建立各自的全国性公共关系学会。学科教育的兴起和专业组织的涌现,大大推动了公共关系的职业化、科学化、专业化发展。

而信息化时代的到来,让公共关系的重要性和复杂性更加突显。越来越多的人投身公共关系领域。以公共关系事业最为发达的美国为例,到 2008 年,美国已有 200 多所大学开设了 700 多门公共关系学课程,50 多所大学设有公共关系硕士学位专业并开设相应课程,有 18 所大学可授予公共关系博士学位。作为世界上最大、最重要的公共关系专业组织,美国公共关系学会有 2.2 万多从业人员加入其中。另外,美国公共关系学会的下属组织美国公共关系学生学会(Public Relations Student Society of America,简称 PRSSA)还拥有 1 万多公共关系专业的学生和顾问成员,并在美国、阿根廷、哥伦比亚和秘鲁设有 300 多个分会。同时,国际商业传播者协会(IABC)、国际公共关系协会(IPRA)等国际性公共关系专业组织也得到迅速扩展。由此可见公共关系在当代社会的兴盛程度。

我国公共关系事业的发展是在改革开放之后,和欧美国家相比起步较晚。20 世纪 80 年代是我国公共关系事业发展史上的重要阶段,在这一时期,广州白云山制药厂成为我国首个成立公共关系部的企业,新华社成立了中国内地第一家大型公共关系公司,深圳大学公共关系专业开始招生,中山大学成立了中国第一个公共关系研究会,中国公共关系协会在北京正式成立。此后,公共关系在我国呈现出如火如荼之势,现已日益渗透到政治、经济、文化、社会等各个领域和层面,在国家形象、品牌塑造、声誉管理和市场营销战略中发挥着不可替代的重要作用①。

但公共关系在我国的发展并非一帆风顺,反而一直面临着正当性危机的挑战。很多人将“公关”与走后门、靠关系、寻租媒体权力等行

① 陈先红. 阳光公关:中国公共关系的未来展望[J]. 今传媒,2015(1).

为等同起来,公共关系从业人员往往逃不脱各种“职业尴尬”,其职业道德和专业性屡受质疑。在这样的形势下,不管是在哪个领域从事与公共关系相关的工作,都需要加强相关从业人员的专业能力,图书馆公共关系方面的从业人员亦然。只有对公共关系专业领域有了充分认知,确立正确的公共关系理念和核心价值观,才可有效规范从业人员行为,做到行业自律,提升职业道德素养,向公众展现卓越且可信赖的形象,最终实现图书馆公共关系工作的健康发展和可持续发展。

(二)公共关系要素分析

公共关系的结构是由组织、公众、传播三要素构成的。社会组织是公共关系的主体,是公共关系活动的组织、策划和实施者。社会公众是公共关系的客体,是公共关系活动的目标和对象。联结主体与客体的中介环节是信息传播,即公共关系工作的本质内容是信息传播活动。这 3 个要素构成了公共关系的基本范畴,它们之间互为依存、密不可分,三者的关系如图 4－1。

图 4－1　公共关系三要素关系图

1. 社会组织

社会组织是公共关系的主体,是公共关系活动的组织、策划和实施者。社会组织是人们为实现特定目标而建立起来的共同活动的群体。通常来说,社会组织具有这些基本特征:有自己的若干特定目标;有一定数量的固定成员;有一定的权力结构体系;对成员行为有一定规范;是开放的系统,和外部环境、内部环境存在互动。公共关系是一种组织活动,而不是个人行为。虽然有些公共关系活动是以某个人的名义开展的,如参加竞选中的某个候选人,但实际上这里的“个人”是以法人的面目出现的,而不是指其自然人的身份,指代的还是一个群体。

在公共关系学中,一般将组织分成:营利性组织,如企业;非营利性组织,如政府;第三类组织,如社会福利机构。作为公共关系的主体,社会组织在运行过程中会不断与环境不同层面发生种种关联,如学校在运行过程中会与教师、行政职员、学生、政府主管部门发生关联,学校的发展需要适应环境,同时也会给环境带来改变。而公共关系工作的目的,就是通过沟通和协调组织内外的各种公众关系,为组织营造一个有利于其生存和发展的良好社会环境。

2. 公众

公共关系有时也被叫作公众关系,公众是公共关系的客体,是组织公共关系的唯一工作对象。要做好公共关系工作,就必须好好了解和研究公众的本质和特性。从公共关系角度来说,公众是组织赖以存在和发展的重要社会环境,是与组织相互联系及相互作用的个人、群体或组织的总和。公共关系中的公众具有同质性、相关性、特定性和可变性等多重特征,任何组织在开展公共关系活动时都不可能只接触一种类型的公众,因此对公众进行分类是十分必要的。

常见的公众分类方法有:按公众与组织的关系状况分类,可分为非公众、潜在公众、知晓公众和行为公众;按公众对组织的重要程度来划分,可分为主要公众、次要公众和边缘公众;按公众对组织的态度和倾向来分,可分为顺意公众、逆意公众和独立公众;按公众与组织的所属关系来分,可分为内部公众和外部公众。组织的员工是其内部公众的主体,组织外部公众则包括除内部公众以外的与组织有直接或间接关系的所有个人、群体或组织,如用户、传播媒介、同行、社区、政府等。

3. 传播

从公共关系三要素关系图中,我们可以发现,公共关系中的传播是一种双向传播,是能够互相反馈的传播过程,而非一般传播意义上的仅由组织通过媒体向公众进行的单向传播。其目的是为组织营造良好的社会声誉,进而赢取社会公众对组织的了解、信任、支持和合作。公共关系传播的类型主要包括人际传播、实物传播、大众传播等。

公共关系传播的实现需要借助一定的媒介或渠道,根据媒介自身的特质可分为语言媒体、非语言媒体、印刷媒体、电子媒体等。语言传播方式有演讲和报告、会议和会谈、电话等;非语言传播媒介主要指人的动作语言,如人的眼神、表情、动作和空间距离等;印刷类传播媒介有报纸、杂志、书籍、海报、传单、名片、信函等;电子传播媒介包括广播、电视、电影、互联网、移动网络如手机等。传统意义上的大众媒介是指报纸、杂志、广播和电视,在它们之后出现的互联网等被称为新媒体,互联网也被叫作第四媒体,而手机等移动终端媒体又被人们称为第五媒体。

(三)公共关系与市场营销

公共关系在现代组织的经营和管理中担负着环境监测、决策咨询、沟通协调和问题处理等多项重要而又独特的具体职能。从企业和组织营销的角度来看,公共关系正发挥着越来越重要的作用。现代市场营销离不开公共关系,公共关系是市场营销成败的决定性因素之一。正如英国杰出的公共关系专家佛兰克·杰夫金斯所说,“销售中的每一个因素,都需要公共关系人员来加强和完善”,“公共关系或许可以称为销售社会学”。有效的公共关系可通过维护和谐的社会和政治环境来促进市场营销,同样,成功的市场营销和满意的用户可以帮助建立和维护与其他各类公众的良好的关系。

公共关系主要解决的是组织和公众之间的信任关系,应坚持以公众为对象、以形象为目标、以互惠为原则、以传播为手段、以真诚为信条、以长远为方针的理念。在各类组织的营销活动中,公共关系的作用主要表现在以下方面:

1. 搜集信息,为组织的决策提供科学保证

在当前信息时代,信息素养已成为取得成功的关键因素。组织能否做出正确的决策,和领导层是否掌握全面、有效的信息分不开。而在竞争越激烈的时候,信息的及时性、全面性越重要。公共关系部门或公共关系从业人员担负着搜集信息的任务,通过和社会上的相关团体、政府相关部门以及新闻媒体等保持经常性的沟通联系,搜集与组

织相关的各种环境信息,并加以全面分析整理,从而在领导的决策过程中提供咨询建议,做好参谋。

通常来说,需要搜集的信息可分为宏观信息和微观信息。宏观信息主要指与组织的生存和发展密切相关的政治、经济、文化、科技等方面的重要变化,包括国内外相关国家法令、政府决策、社会舆论、市场形势等。微观信息则指与组织的生存和发展密切相关而又非常具体的各类社会信息,主要包括公众对组织领导机构的评价、公众对组织的产品信誉和服务质量的评价、公众对组织的文化和员工素质的评价、公众对组织的科技实力和发展潜力的评价、公众对组织的经营水平和管理能力的评价等。

2. 建立信誉,树立组织的良好形象

诚信方能长久,建立良好的信誉是组织实现可持续发展的要诀。在当前社会,良好的形象和声誉是组织一笔无形的重要资产,也代表着组织的核心竞争力。在公众心中树立可信赖的良好形象,已成为现代各类组织的一致目标,良好的组织形象,不管对内还是对外均能带来无穷的好处。对内,可以增强组织的凝聚力,提升员工的责任心和职业认同感;对外,可以获得公众更多支持和信任,还有利于吸引、稳定人才,得到政府和管理部门以及社会各界的支持,这在组织需要筹集资金、寻求合作时,作用更加明显。此外,还可以把公共关系活动与组织具体营销目标结合起来,实现"口碑"与"票房"双赢的局面。如在 2008 年四川地震捐款中,时为王老吉凉茶的生产商广东加多宝集团第一时间为灾区捐款人民币 1 亿元,赢得社会公众的高度赞誉,"要捐就捐一个亿,要喝就喝王老吉"的帖子被广大网友在国内各大论坛竞相转载,多地出现王老吉卖断货的情况,使王老吉品牌以及加多宝集团实现了跨越性的发展,并被作为一个非常成功的公关营销范例广为传播。

3. 沟通、协调组织内外,为组织营造最佳发展环境

沟通协调是公共关系的基本职能之一,公共关系工作就是通过对组织内外关系的有效沟通和积极协调,为组织营造一个"内有团结、外

可发展”的良性氛围和优质环境。在组织的日常运营、管理及有关决策的运作过程中，必然需要与周边环境及内外客观因素发生各种关系，期间也不可避免会出现诸多矛盾和问题，这就需要发挥公共关系的沟通协调作用。对内而言，要建立一个充满理解、信任、团结合作氛围的环境，在组织内部实现信息的全方位通畅传递和有效反馈，做好上情下达和下情上传工作，维系良好的人际关系状态，避免或减少内部摩擦和冲突，以此不断提升组织内部的凝聚力和组织决策的执行力。对外的话，需要与外部公众实现双向沟通并建立彼此信任的良好关系，可通过对外联络沟通、接待交流以及开展社会服务等交往活动，为组织广结人缘，创造和谐的发展环境。

4. 防范和处理危机问题，为组织力挽狂澜，减少损失

任何组织的发展过程中都不可避免地会遇到各种危机问题，这类危机问题往往具有突发性和危害性，会危及组织的利益、形象，乃至组织的生存和发展。一旦遭遇这类危机问题，就需要及时开展有效的危机公关，只要处理得当，不但可以为组织减少损失，还可将危机转化为发展的良机，从而获得社会公众的大力支持。如被美国公共关系学会推举为世界性公共关系范例的“35 次紧急电话”：一位美国记者在日本东京的奥达克余百货公司买了一台电唱机，回去试用时却发现该机没有装内件根本无法使用，一怒之下她迅速写好了一篇新闻稿，题目是“笑脸背后的真面目”，准备第二天一早就去和百货公司交涉。然而，就在第二天动身之前，她接到了百货公司打来的道歉电话，随后百货公司的一位副经理带着员工，为她送来了一台合格的新电唱机以及其他礼物，向她真诚致歉并解释事情经过。原来，百货公司售货员在发现错将一个空心货样卖给顾客后，就立即报告公司，但因为只有顾客的名字和她留下的一张“美国快递公司”的名片，百货公司无法直接联系到她，在打了 32 个紧急电话向东京各大宾馆查询无果后，再打电话给“美国快递公司”查询到她美国家人的电话，并接着向她美国家人致电得到东京亲友的电话，最后终于查到这位顾客在东京的联系电话。期间，百货公司合计打了 35 次紧急电话，这让那位美国记者十分

感动,她立即重写了新闻稿"35 次紧急电话"。奥达克余百货公司能在不到 20 小时的时间内,将一起由于自身失误而引发的风波妥善地平息下去,显然是得力于强烈的公关危机意识和及时的公关举措。

通常,导致危机问题的原因有三种:自然灾害,如暴风雨雪、地震等;意外事故,如管道断裂、部分车祸等;人为错误,如操作不当、不作为等。危机问题往往是突发事件,各类组织都应建立完备的危机预防与应对制度,公共关系在危机管理中的作用体现在:事先预防,避免发生;提前准备,减少损失;紧急关头,稳定人心;做好善后,挽回损失。

二、图书馆公共关系

公共关系作为一门实践性很强的学科,在社会各个层面及不同行业发挥着重要的作用,在图书馆领域,公共关系尤为重要。图书馆是一个面向公众的文化服务机构,人是现代图书馆事业发展的第一要素,图书馆公共关系也就理所当然地成为如今图书馆人无法忽视的一块重要内容。

(一)图书馆公共关系的发展

从图书馆的发展历史来看,图书馆公共关系很早就已存在,但在很长一段时间里,社会各界及图书馆界自身对于图书馆公共关系的认知却不明确,涉及公共关系方面的工作也往往只是依惯例而为,并非自觉而为。直至 19 世纪后期,美国图书馆界开始真正关注图书馆公共关系,然后到了 20 世纪中期,图书馆公共关系才有了实质性的发展。

1. 达纳图书馆公共关系奖

在图书馆公共关系的发展史中,美国图书馆学家约翰·科特·达纳(John Cotton Dana)无疑是一个先驱式的重要人物。1889 年,达纳在组建丹佛公共图书馆(Denver Public Library)的过程中率先开展了公共关系活动，他在广告牌上为图书馆做广告，向社会公众宣传图书馆、报道图书馆的服务内容，这一做法带来显著的效果，丹佛公共图书馆的流通量因此猛增，每天到馆读者达 1000 人次左右。达纳主张，图书馆应重视和外界的双向信息交流，以此了解公众的需求，并将图书馆的一切资源和活动向公众公开。此外，在他的著作《现代美国图书馆之经营》中，达纳也用较多的篇幅论述了图书馆广告宣传以及图书馆与社会建立良好关系的技巧和方法①。

基于达纳在图书馆公共关系方面所做出的巨大贡献，1946 年，美国图书馆协会特别设立了"达纳图书馆公共关系奖"。该奖是美国图书馆协会最有声望的奖项之一，由美国图书馆协会和 H. W. Wilson 基金会、EBSCO 公司共同推出，主要用于表彰在图书馆公共关系方面表现杰出的各类图书馆和有关组织，是图书馆公共关系的至高荣誉。该奖每年评选一次，往往在美国图书馆协会年会上为获奖者颁发奖项，获奖项目形式多样，内容也十分丰富，如举办夏季读书节活动，开展长达一年的百周年纪念活动，为新的大学图书馆筹资，或在社区建立创新的伙伴关系，等等。如 2014 年 John Cotton Dana 图书馆公共关系奖得主共 8 个②，分别是：伯明翰公共图书馆的"《来自伯明翰监狱的信》：一场全球庆祝活动"项目，香槟公共图书馆的"秀出对图书馆的爱"募捐活动，凯特萨普区域图书馆的旅行的书运动，北卡罗来纳州 James B. Hunt Jr. 图书馆的"未来图书馆"项目，萨克拉门托公共图书馆的"图书《Poe》项目"，德州农工大学图书馆的"比剑更深：为期 2 天的乔治 · RR · 马丁庆典"活动，德克萨斯大学图书馆的"问我们任何事"项目，韦尔斯县图书馆的"你的常备点"品牌重塑运动。

① 刘红霞. 美国图书馆协会达纳图书馆公共关系奖研究[J]. 图书馆建设，2013(3).

② The winners of the 2014 John Cotton Dana Library Public Relations Award [EB/OL]. [2016 - 02 - 24]. https://johncottondana. nonprofitcms. org/a/Page/winners2014.

2. 美国图书馆公共关系的发展

美国图书馆协会是世界上较早开展并主张重视图书馆公共关系的机构,除了达纳图书馆公共关系奖之外,还成立了独立的公共关系部门。实际上,美国图书馆协会公共关系活动的开展可以追溯至其在费城召开的第一次会议。美国图书馆协会当时即已意识到了自身与国内外图书馆界之间相互依赖、共同发展的关系,开始关注重图书馆公共关系活动,包括和国际图联、其他国家图书馆之间展开联络,进行交流合作。1939 年美国成立了图书馆公共关系委员会,而后在 1949 年和 1950 年,美国的大学和中小学图书馆也相继成立了类似的组织,1959 年美国一些出版商和图书馆员发起了"国家图书馆周"活动,极大地促进了美国图书馆公共关系活动的进展,而美国这方面的成就也引起了其他国家的兴趣和竞相仿效。

从 20 世纪中期开始,图书馆公共关系越来越多地进入人们的视野。1975 年版的《图书馆学情报学百科全书》(*Encyclopedia of Library and Information Science*)第 15 卷中出现了"图书馆公共关系"条目。1980 年由美国图书馆协会出版的《美国图书馆协会世界图书情报服务百科全书》(*ALA World Encyclopedia of Library and Information Services*)中单独列出了图书馆公共关系这一条目,并对图书馆公共关系的含义、发展历史及其在图书馆中的应用等做了详细介绍,当然,其中,美国图书馆的公共关系活动是重点介绍对象。发展到现在,美国大城市中的大部分公共图书馆都设有公共关系部门,通常被叫作公共信息部。而在小城市或郊区的公共图书馆中,虽然因为人数有限没有专门的公共关系工作人员,这些图书馆还是可以利用志愿者的支持和特别事件——如美国"国家图书馆周"来完成公共关系目标。

3. 其他国家的图书馆公共关系活动

在美国之外的世界其他国家和地区,图书馆公共关系也正受到越来越多的关注。2004 年 3 月 31 日,新加坡有着 43 年历史的史丹福国家图书馆关闭,令众多新加坡人感到依依不舍。为了让国人在缅怀旧图书馆的同时激发起对新图书馆的热忱,新加坡国家图书馆管理局主办了一项长达 12 个月的宣传活动，其中包括一系列纪念事件，活动取得成功，而新加坡国家图书馆管理局也因此获得了 2005 年度的亚太公共关系金牌奖①。

在英国，图书馆界正面临着越来越严峻的挑战，经费被削减，馆员被大幅裁撤，很多图书馆被迫关闭。为解决英国图书馆所面临的生存危机，2010 年 10 月，英国图书情报专业人员学会（CILIP）在全国范围发起了一场拯救图书馆运动，采取了多种公关措施：利用法律武器向政府提出抗议，为图书馆争取权益；通过新闻媒体与社会公众进行有效沟通，向公众揭示图书馆当前的生存危机及由此产生的巨大负面影响，为图书馆营造有利的舆论环境；加强和政府机构、社会团体的联系，致函国会议员提醒他们图书馆的重要性，争取更多的支持；发动集会、请愿、游行，举办"拯救图书馆日"活动，扩展拯救图书馆运动的影响；另外，还广泛利用网络等现代信息技术传播和交流信息，设立了"为图书馆发声"（Voices for the Library）网站，展示公共图书馆的服务和作用，为用户提供一个平台分享各自的图书馆故事。这场拯救图书馆运动目前依然任重而道远，但也已取得了一些胜利，如在格洛斯特郡，法官对关闭图书馆的合法性提出质疑，做出暂缓关闭的判决。萨福克县 35 000 多人签名的关于反对关闭图书馆的请愿书得到确认，迫使行政当局重新考虑关闭该县 44 所图书馆中 29 所的计划②。

此外，日本、澳大利亚、加拿大等众多国家也都举办过"国家图书馆周""读书周"之类的活动，以各种方式开展着图书馆公共关系活动。如日本图书馆协会发起的"读书周"活动，以及由其倡导成立的"读书推进运动协会"，以日本各地的县立图书馆为中心开展各种阅读

---

① 新加坡联合早报. 新加坡图书馆管理局善宣传获亚太公共关系金牌奖[DB/OL]. [2016 - 02 - 24]. http://www.chinalibs.net/ArticleInfo.aspx?id=74402.

② 李忠东编译. 英国图书馆的生存困境[N]. 图书馆报，2011 - 12 - 30(A16).

推广活动，促进图书馆和公众之间的密切关系。澳大利亚图书馆与信息协会在每年5月举办的“图书馆与信息周”活动，用不同方式向公众宣传图书馆的服务和价值，由此提升澳大利亚图书馆的形象。而加拿大推出了“全国学校图书馆日”“加拿大图书馆辅助员工日”“加拿大图书馆月”等特别庆祝活动，借此在加拿大各地开展丰富多样的图书馆公共关系活动。

4. 我国图书馆公共关系的发展

当公共关系在20世纪80年代被引进我国，图书馆界也很快注意到了这一新事物，关于图书馆公共关系的理论研究和实践活动不久之后即陆续出现。

1987年，初景利正式撰文研究图书馆公共关系，发表“公共关系是图书馆管理的重要环节”一文，这被认为是我国图书馆界在图书馆公共关系方面理论研究的开始。此后，黄宗忠、范并思等众多专家学者也都就图书馆公共关系展开研究，黄宗忠对图书馆公共关系进行了系统性的研究，提出了图书馆公共关系的定义、特征、作用、发展史、目标与职能以及不同方式[①]。范并思则撰文阐述图书馆公共关系中行业性公关的重要性，介绍了国内外图书馆界历史上的优秀行业公关活动，如1925年前后中国图书馆界促使退还庚子赔款用于图书馆建设的活动[②]。

而在实践活动方面，1986年11月，广东省立中山图书馆成立公共关系部，并开展一系列的公关活动，标志着我国图书馆公关实践活动的开始。随后，我国其他省市，如深圳、北京、上海等地的图书馆中，出现了越来越多的公共关系部门。1989年，文化部确定每年5月的最后一周为全国图书馆服务宣传周，从此，各地公共图书馆每年都积极地开展相关活动，大大推动了图书馆公共关系在我国的发展。

近几年，公共文化服务日益受到重视，全民阅读推广活动在全国

---

① 黄宗忠. 论图书馆管理的公共关系方法[J]. 图书馆，1991(3).

② 范并思. 图书馆公共关系的行业管理[J]. 中国图书馆学报，2006(5).

各地广泛开展,图书馆对公共关系活动也愈加重视,图书馆公共关系活动的水平和影响力也日渐提升。如上海图书馆就因“上图群众性朗诵艺术工程”和“少年儿童传统经典诗文诵读班”活动,先后两次获得上海市优秀公关案例银奖。深圳图书馆在1986年成立读者联谊会,随后连续数十年组织广大读者举办各种活动,如“红荔赛诗会”“《把爱献给祖国》大型读书活动”“深圳读书月游园会”等,成为联结图书馆与读者之间的桥梁,很好地促进了社会公众对图书馆的了解和认识。宁波大学园区图书馆自2003年开馆起就设立了公共部,负责公共关系、公共服务、公共宣传。宁波大学园区图书馆由于身兼多重身份,既是高教园区图书馆,又是鄞州区公共图书馆,在公共关系活动方面也展现出了独特的风格①。首先,图书馆积极与当地政府部门、社会团体保持密切联系与合作,争取支持。如宁波大学园区图书馆与鄞州区共青团区委、区妇联合作,建立了青少年活动中心和妇女儿童活动中心,两个中心与图书馆长期合作,举办了各式各样活动。其次,宁波大学园区图书馆还主动与媒体建立联系,邀请记者深入了解图书馆,通过媒体向公众传播图书馆的服务和作用,并与媒体合作开展公益活动,塑造良好的图书馆形象。此外,宁波大学园区图书馆还进一步走出图书馆,走进社区、学校、企事业单位、外国领事馆展开合作,建立图书流通点,并邀请各界杰出代表举办各类讲座,为社会公众打造交流互动的平台,推动图书馆与公众更紧密地连接起来。

(二)图书馆公共关系的特点

我国著名图书馆学家黄宗忠曾对图书馆公共关系做出以下定义:图书馆公共关系是图书馆通过有目的有计划的行动,了解公众对图书馆的态度、看法和要求,促进与公众相互之间的理解与合作,对内不断增强团结,对外不断扩大图书馆影响,树立图书馆良好形象,争取社会

---

① 马一萍.城市图书馆公共关系的实践与思考——以宁波大学园区图书馆为例[J].浙江高校图书情报工作,2007(1).

的支持和协助,从而为图书馆生存和发展创造有利条件的一种活动[①]。这一定义较为全面地阐述了图书馆公共关系的内涵和特点。

1. 图书馆公共关系的构成要素

根据前面我们对于公共关系要素的分析,图书馆公共关系的构成要素包括图书馆、公众、传播三方面。

其中,图书馆是主体,是图书馆公共关系活动的组织、策划和实施者。按行为主体划分,图书馆公共关系活动可分为:图书馆行业的公共关系;单一图书馆的公共关系;图书馆员的公共关系。

公众是客体,是图书馆公共关系活动的目标和对象。公众分对内和对外两种,对内公共关系的对象是图书馆的全体职员;对外公共关系的对象主要是图书馆的外部公众,如读者、新闻媒体、政府主管部门、出版界等。

传播是手段、方法,是联结图书馆与公众的中介环节。在图书馆公共关系活动中,可采取各式各样的传播方式,不必拘于一格,更为重要的是传播的作用效果。从图书馆公共关系的效果来看,通常从浅到深依次表现为以下 4 个层次:第一层次是信息层次,第二层次是感情层次,第三层次为态度层次,第四层次是行动层次。第一层次表现为基于信息的双向传播,即图书馆向公众及时、准确地传播有关图书馆的信息,而公众把对图书馆的信息反馈回图书馆。第二层次是图书馆和公众通过公关传播活动联络彼此之间的感情。第三层次是图书馆通过公关活动改变公众对图书馆的看法和认识,转化公众对图书馆的态度,使公众对图书馆表现出积极的态度,如了解、同情、重视等。第四层次是指图书馆的公关活动能带动公众的某些行为,如让更多用户利用图书馆的资源,促使政府主管部门做出有利于图书馆发展的决策。当达到了第四层次的效果时,图书馆公关活动也就取得了较高的成就,是最佳实践方法。

公共关系三要素结构告诉我们,公共关系活动实际上就是围绕信

---

① 黄宗忠. 论图书馆管理的公共关系方法[J]. 图书馆,1991(3).

息传播而开展的，因此，要想图书馆公共关系活动取得最佳实践效果，就要在制作高质量信息的基础上选用最合适的传播渠道或传播媒介。通常我们会根据公共关系活动的具体目标来选择，如果目标是缓解图书馆内部的紧张关系，就应选择座谈会、内部刊物或直面交谈的方式。而如果目标是提高图书馆的社会知名度，就应选用电视、广播、报纸和互联网这类大众传播媒介。

从实际工作角度来看，现代图书馆和媒体的关系是图书馆公共关系活动中的一个重点，却也是我国图书馆公关活动中一个明显的短板，这就容易导致图书馆在面临危机事件或负面问题时陷入被动。如被人们经常提到的国家图书馆巴金赠书流失事件，巴金赠书流失这一问题早在20世纪80年代即已出现，但国家图书馆对此事件并未予以重视，导致问题日益严重，直到2002年《北京青年报》发文将此事曝光，随后《南方周末》等相继报道这一事件，受到越来越多人关注和评论。目前，我国文化事业正面临着前所未有的发展良机，大众媒体也对图书馆事业越来越关注，图书馆和媒体的关系将对图书馆事业发展产生越来越大的影响。在这个发展形势下，图书馆应特别重视并积极开展和媒体之间的公共关系活动，坦诚沟通，合作共赢。

2. 馆长是图书馆公共关系的关键性角色

公共关系学中有一句非常重要的话——“公共关系开始于最高管理层”。这句话强调的是在作为公共关系主体的组织中，组织的管理层的诚信和对社会负责任的行动决定了公共关系的信誉。就图书馆公共关系来说，馆长扮演着一个非常重要的角色，对图书馆公共关系起着决定性作用。

要实现图书馆公共关系的长期成功，最为首要的就是赢得和保持图书馆馆长的支持。馆长决定着图书馆公共关系的长期目标、制度方案，指导整个图书馆开展公共关系活动。其次，馆长也需要承担公共关系的义务，亲自参与图书馆公共关系活动，如与上级领导部门和社会团体建立并保持良好的关系，让他们了解图书馆的重要性，从而为图书馆发展创造更好的舆论环境，争取更多支持。另外，馆长还需要与馆内员工以及其他图书馆同行进行双向传播,以加强图书馆内部团结,提升图书馆的业界影响力。

如被认为是我国图书馆公共关系活动中典型成功案例的“2011年杭州图书馆微博事件”。在这一事件中,杭州图书馆馆长褚树青的表现引人瞩目。一位网友在新浪微博上发了一条信息:杭州图书馆不拒绝乞丐拾荒者入内读书,引来了其他读者的投诉,馆长褚树青回答说:“我无权拒绝他们入内读书,但您有权利选择离开。”杭州图书馆馆长褚树青的这一句感人肺腑的话,赢得了广泛关注与赞扬,仅仅两天时间,这句话就在微博上被转发了1.6万次,杭州图书馆也因此成为100多家媒体关注的焦点,网民们把杭州图书馆称为“史上最温暖图书馆”。而在微博事件爆发后,褚树青馆长也是十分重视,使得杭州图书馆能够及时进行回应并快速处理,褚树青本人也接受了新华社等媒体的采访,向公众普及宣传“公共图书馆零门槛开放”的服务理念和“平等、包容”的图书馆精神。

三、图书馆公共关系的目的和职能

图书馆公共关系是一种管理方法,也是一种传播活动,在现代图书馆事业发展中起着重要作用,是图书馆运营和管理不可或缺的重要手段。

(一)图书馆公共关系的目的

公共关系的目的简单来说就是外求发展、内促团结。通常,在大部分非营利机构中,公共关系的目的在于[①]:使组织的使命获得认可;建立起与组织的服务对象之间的沟通渠道;创造和保持筹集资金的有

① 斯科特·卡特里普等.公共关系教程[M].明安香译.北京:华夏出版社,2001:420.

利气候;对于公共政策的发展和维护给予支持,只要这样的公共政策是有利于组织的使命的;告知和动员组织的关键成员(如雇员、志愿者和受托人),以使他们专心致力于支持组织的使命、目标和任务并且为之有效地工作。

由此来说,图书馆公共关系的目的是使图书馆和政府、媒体等建立良好关系,争取包括馆员在内的公众的理解与支持,为图书馆的发展创造良好的社会环境,使图书馆更好地实现其社会价值。根据当前我国图书馆的发展情况,图书馆公共关系要达成的目的应包括以下几方面的内容:

(1)打造新的现代图书馆形象。很显然,在今天,依然有很多人对图书馆缺乏了解,或者只有非常浅显的了解,图书馆公共关系的一个重要任务就是做好宣传工作,把图书馆的有关情况传递给公众,让公众更加了解图书馆的资源、服务项目、使命和职能等,在社会上树立起新的现代图书馆形象,让公众更加热爱图书馆、重视图书馆。如很多国家都发起了“图书馆周”“图书馆月”等活动,向公众宣传图书馆工作的方方面面。

(2)提升图书馆的社会效益。图书馆是免费开放的公益文化服务机构,追求的是社会效益而非经济效益。要提升图书馆社会效益,就要让更多的人更好地利用图书馆,其中关键在于图书馆要为用户提供他们所需的资源和服务,但在我国,图书馆目前的服务并未能充分满足广大人民群众的文化需求。图书馆公共关系是一种双向传播,不仅要让公众更好地了解图书馆,图书馆也要进一步了解公众,包括公众对于图书馆的看法,公众对图书馆的需求等,收集相关信息,增进和公众的交流沟通,为图书馆决策提供参考和建议,从而增强图书馆的管理和服务质量,提高图书馆用户满意率,提升图书馆的社会效益。

(3)获取社会各方面的支持。这里的支持包括舆论支持和财力、物力、人力方面的支持。通过图书馆公共关系活动与政府部门、社会团体等社会各界建立广泛联系,提升公众对图书馆的信任,创造出有利于图书馆发展的舆论环境,吸引更多社会机构和个人参与图书馆事业的发展,如为图书馆捐书、捐款、捐物,与图书馆合作开展服务项目,担任图书馆志愿者等。

(二)图书馆公共关系的职能

在任何类型的组织中,公共关系都具有监测作用、凝聚作用、调节作用和应变作用。而图书馆公共关系的职能可概括为:监测环境、收集信息;提供咨询、参与决策;传递信息、沟通协调;参与社会、争取资助;应对和处理危机问题等。

1. 监测环境,收集信息

任何组织都是存在于一定的环境中,包括内部环境和外部环境。图书馆公共关系监测环境、收集信息的职能,指的是密切关注可影响图书馆目标实现的公众和其他有关社会因素的动态变化,如社会政治、经济和文化等因素,并收集这些信息,为评估图书馆工作提供必要、翔实、充分的数据和资料。这是图书馆公共关系活动首先需要解决和完成的重要任务。

在内部环境方面,需要关注和收集的信息包括:图书馆员工的工作状况及其情绪、心理状态;馆内各部门的工作状况以及存在的问题;图书馆内部的人际关系和舆论情况,如馆员对于图书馆与馆长的评价;图书馆领导层和一般员工之间的关系等。

外部环境方面,需要关注和收集的信息包括:国内外和图书馆有关的政策、法规、重大事件;上级主管部门对图书馆工作的评价;和图书馆相关的社会舆论,包括社会公众对于图书馆工作的评议,媒体对于图书馆的报道;公众对于图书馆的要求、意见和建议;其他图书馆的工作发展情况,如采用了什么新技术、推出了什么新服务等。

必须要注意的是,以上信息并不只是单纯地收集即可,在当前信息爆炸的环境下,要对收集来的大量信息进行进一步筛选整理,去伪存真。在处理相关信息的过程中,要注重信息的针对性、完整性、真实性、时效性。从这方面来说,公共关系人员就应是信息专家,而这对图书馆员来说,也应是基本的专业技能。

2. 提供咨询,参与决策

图书馆公共关系的另一职能是根据对图书馆环境监测的情况,为图书馆决策提供科学依据,就图书馆现存的问题及其发展趋势等向图书馆决策者提供咨询、建议,并从社会公众及其可影响图书馆发展的整体环境角度对图书馆的决策进行评估,预测该决策可带来的社会影响。也就是说,这一职能实际上贯穿了图书馆决策的调研、策划、实施和评估的全过程。

图书馆公共关系决策咨询职能方面的具体内容包括:提供决策目标信息;提供决策优化方案;协助实施决策方案;评估决策方案。图书馆公共关系人员在审视决策的优劣及其改进工作时,要更多地考虑社会公众的利益和要求,而不只是站在图书馆或其领导的立场来看,这才能确保图书馆决策的科学性、准确性。

3. 传递信息,沟通协调

在图书馆的实际工作中,不免会出现一些矛盾和问题,包括图书馆内部的、图书馆和周边环境的,这时候,图书馆公共关系的这一职能就应积极发挥作用,传递信息,沟通协调各方关系,为图书馆营造一个"内有团结、外可发展"的良性氛围和优质环境。

图书馆内部的沟通协调主要表现在:在图书馆内部建立一个全方位的、通畅有效的信息传递和信息反馈网络,积极组织和促成图书馆领导和普通员工之间、图书馆不同部门之间的关系,方式可以是一对多的座谈、一对一的聊天、邮件通信、电话、各种网络聊天工具等。最终要达成的结果是,为图书馆营造一个和谐团结的工作氛围,以此提升图书馆内部的凝聚力和对图书馆决策的执行力。

而图书馆外部的沟通协调主要表现在:向社会公众传递他们需要的或者想让他们知道的各种图书馆信息,和社会公众积极开展信息交流,了解公众对图书馆工作的反应。所以,这里信息的传递是一种双向传递,沟通也是一种双向沟通,要以此建立图书馆和公众之间信任的友好关系。当出现矛盾或利益冲突时,要协调好图书馆和外部公众之间的关系,消除各种误解,增进相互之间的理解,使彼此的关系更加融洽，为图书馆决策目标的实现以及图书馆事业的持续发展创造一个良好的社会环境。

4. 参与社会，争取资助

图书馆对于社会发展具有重要作用，肩负着提高公众文化和信息素养的社会责任，而图书馆的发展也需要社会各方面的支持，图书馆本来就是一个公共服务机构，向社会开放，参与社会事务是图书馆基本职能，也是发挥图书馆作用的必要途径。而对于图书馆公共关系来说，参与社会还有一个十分重要的目标，即争取支持和资助。

美国的图书馆在这方面就做得很好。争取资助是美国图书馆十分重要的一项工作。美国几乎每个图书馆都有自己的“图书馆之友”，这是一个独立的、非营利的民间组织，由热心公益、热爱图书馆的社会人士组成，这个组织的一个主要任务就是为图书馆筹集资金。他们募款的方式多种多样，如出售旧书旧杂志、出租影碟、开设咖啡馆礼品店、举办拍卖会等。此外，每年美国图书馆协会及各州的图书馆协会都会联络组织各图书馆举办图书馆立法日活动，向联邦政府以及各州政府的官员进行游说，用各种数据和事例向政府议员表明图书馆对社区和民众生活的重要性，以此争取政府官员对图书馆的大力支持，确保图书馆的拨款和经费。

在我国，图书馆经费主要依靠政府财政拨款。图书馆通过公共关系去积极影响公众和政府官员对图书馆的看法和态度，能帮助图书馆获得更合理的经费。我国依然有很多图书馆面临着经费匮乏、人力不足的问题，图书馆公共关系人员尤其是图书馆馆长需要发挥作用，通过公共关系活动争取上级主管部门领导的重视和支持，同时也要与各社会团体、社会人士建立并保持良好的关系，争取社会力量对图书馆事业的支持。如福建省晋江市是著名侨乡，有200多万海外侨胞，晋江市图书馆的旧馆舍“陈延奎图书楼”就是由菲律宾华侨陈延奎、蔡琼霞伉俪全资捐建的，建筑面积4000平方米，1994年开馆，直至2007年晋江市图书馆迁至新馆，一直发挥着重要作用。当然，图书馆所要争取的支持不仅仅是财力方面，也包括人力、物力等各个方面。图书馆可以与学校、民间文化组织、教育机构、企事业单位合作，整合双方资源优势开展相关活动，如讲座、展览、读书征文大赛等。图书馆还可以向社会公开招募志愿者，不但可以解决人力不足的问题，还可以让更多公众通过这一渠道来了解图书馆、爱上图书馆。

5. 应对和处理危机问题

俗话说，不怕一万，就怕万一。不管是个人还是组织，都不免会遇到危机问题，图书馆也不例外。图书馆的危机问题，就是指可危及图书馆利益、形象、生存或发展等的突发性或灾难性事故或事件。国内有调查显示，图书馆面临的危机有①：图书馆人才危机；图书馆数据灾难；图书馆资金危机；图书馆生存与发展危机；图书馆技术危机；图书馆管理危机，如管理体制、相关法规、经费来源等；图书馆灾难，如火灾、水灾、地震、海啸、台风、虫灾、霉变等；图书馆紧急突发事件，包括突发公共卫生事件、公共场所安全等。

实际上，我国图书馆界近年来曾发生多起图书馆危机事件，如"信阳师院图书馆事件""苏图事件"、中山图书馆"北斋拆迁事件"等，极大地考验了我国图书馆的危机公关能力，对图书馆危机意识的培养、图书馆危机预警机制的建立、图书馆危机沟通、图书馆危机组织协同以及图书馆危机恢复管理等诸多方面都提供了值得借鉴的经验教训②。

凡事预则立，不预则废。预防是最好的危机公关方式。因此，图书馆全馆上下应时刻保有忧患意识和问题意识，要在日常工作中注意发现各种隐患和问题，并随时改进，同时图书馆应建立完善的防范措施和应对预案。而一旦危机发生，图书馆应坚持诚信原则，在第一时间及时做出反应控制事态的发展，与当事人及有关人员及时沟通，如可通过报纸、电视、网络等大众媒体向公众表明态度，坦陈事实真相，

---

① 田忠政. 公共关系学理论在图书馆的应用[DB/OL]. [2016-03-03]. http://www.chinalibs.net/ArticleInfo.aspx? id=132168.

② 李丹. 国内图书馆危机管理典型案例述评[J]. 图书馆,2007(5).

消解各种流言和谣言给图书馆带来的不良后果。在查明真相后,也要对事件及时做出公正、客观、符合人道主义的处理,并向社会公开处理结果,引导舆论转向正面发展,改变公众态度,赢回社会公众对图书馆的信任,将危机变成一个重新塑造图书馆良好形象的契机。

四、图书馆公关活动

为实现图书馆公共关系的目的和职能,图书馆公共关系人员需要开展各种各样的活动,并且随着公共关系工作的发展,活动形式还在不断发展创新。这些活动可按照不同标准分为多个类型,根据活动目的不同其采用的方式也各具特色,没有固定模式,灵活多变,需要根据具体情况进行具体选择,但都应在开展之前做好调查规划,不打无准备之仗。

(一)图书馆公关活动的类型

图书馆公共关系活动按照以下不同标准可划分为不同类型。

1. 按照行为主体来划分

按照行为主体不同,图书馆公关活动可分为图书馆行业的公关活动、单一图书馆的公关活动、图书馆员的公关活动。

图书馆行业的公关活动是指由图书馆协会等行业管理者或某些事实上的行业领袖主导的针对社会、政府、媒体的公共关系行为。图书馆行业的公关活动是站在整个图书馆行业的立场而开展的,主要任务包括:作为图书馆行业的代表对外宣传图书馆的作用,解释图书馆的行业立场;争取政府、社会团体、媒体及广大社会公众对图书馆事业的支持;预防可影响整个图书馆行业的危机问题的出现,提供相关应对预案,并在危机发生后及时进行处理。如我国图书馆界团体和人士在促进公共图书馆立法方面的行为,美国图书馆协会关于“谷歌数字图书馆版权纠纷案”、美国联邦通信委员会通过“网络中立原则”等热点事件的声明,表达了图书馆行业的立场和态度。

单一图书馆的公关活动是指由某个图书馆作为主体开展的公共关系活动,包括图书馆的各种宣传推广活动,如各种读书会、展览、讲座、资源推荐,以及通过大众媒体或馆刊、网站、微博、微信等自有媒体与公众开展的交流互动行为。近十多年来,我国很多图书馆都在以新馆建设或开馆为契机开展公共关系活动,取得了显著的效果。

图书馆员的公关活动则是馆员为宣传图书馆、推广图书馆的服务以及改善馆员自身形象等而开展的公关行为。如由长沙理工大学图书馆陈洪滨副研究馆员、山东理工大学图书馆王梅副研究馆员和陕西科技大学图书馆惠涓澈副研究馆员等人共同发起的"图书馆员阅读推广彩云之旅"活动,在郑州、北京、无锡、长沙、济南等地开展了一系列阅读推广工作交流活动①,受到业界广泛好评,并得到多家媒体的关注和报道,显然是非常成功的图书馆员公关活动。

2. 按照活动的性质来划分

而根据活动的性质不同,图书馆公共关系活动又可分为宣传性公共关系活动、交际性公共关系活动、服务性公共关系活动、社会性公共关系活动、征询性公共关系活动。

宣传性公共关系活动是指以各种传播媒介(如电视、报纸、宣传栏、小册子、报告会、展览等)为工具宣传介绍图书馆相关情况的公关活动,包括对内宣传和对外宣传两种。对内可以使上情下达、下情上传,团结图书馆员工队伍,对外可以让公众充分了解图书馆,支持图书馆,创造有利于图书馆发展的舆论环境。

交际性公共关系活动是指在人际交往中开展图书馆公共关系的行为。这种公关活动是通过人与人的交往和接触而开展的,具有直接灵活、易于沟通感情的特点,包括团体交际和个人交往。如图书馆参

① 王梅,陈洪滨,惠涓澈. 高校馆员馆外做阅读推广工作的努力与实践——以"2014 图书馆员阅读推广彩云之旅"活动为例[DB/OL]. [2016 - 03 - 04]. http://www.chinalibs.net/ArticleInfo.aspx? id = 387809.

观考察、接待来访者、电话通讯、邮件往来即是典型的交际性公关活动。

服务性公共关系活动是指图书馆通过提供各种优质服务来满足社会公众需求,从而获取公众的好评来建立图书馆的良好社会形象。服务是现代图书馆的核心,图书馆要赢得社会公众的好评和信任,实实在在做好具体的服务工作更有说服力和感染力。服务性公共关系活动主要是通过服务这一特殊媒介来连接和密切图书馆和公众之间的关系,优质的服务不仅需要图书馆的长期坚持和公关部门的不懈工作,更需要图书馆全体员工的共同参与和努力,关键是从公众的实际需要出发提升用户体验,提高用户满意度。

社会性公共关系活动是为扩大图书馆的社会影响、提高图书馆社会声誉而开展或参与的各种社会性、公益性、赞助性活动。社会性公共关系活动通常具有公益性特征,能够体现出家庭关系、共同文化以及传统习俗等社会关系,这类活动可大可小,可简可繁,关键是要能吸引公众的注意力和兴趣,让更多人知道或参与进来,最大化地实现图书馆的社会效益,如“图书馆周”活动。

征询性公共关系活动常通过采集信息、问卷调查、民意测试等手段了解社会公众对图书馆的看法,从而为图书馆决策提供参考,使图书馆的发展能更好地与公众利益保持一致。如图书馆设立的意见簿、意见箱、投诉电话,以及开展的读者满意度调查活动等。

3. 按照图书馆不同发展时期来划分

根据图书馆所处的不同时期和状态,可将图书馆公共关系活动分为:建设性图书馆公共关系活动;维系性图书馆公共关系活动;防御性图书馆公共关系活动;矫正性图书馆公共关系活动;进攻性图书馆公共关系活动。

建设性图书馆公共关系活动适宜于图书馆初创时期,或是在图书馆的新制度、新服务首次推出时开展,其主要功能是提高图书馆知名度,让图书馆或新制度、新服务迅速被馆内外公众了解、认知和理解,从而在社会公众心目中积累并创建良好的社会形象。这可通过各种宣传手段或交际活动实现,如很多图书馆在开馆初期会举办开馆典礼、上门办理读者卡、散发各种宣传资料,或是直接在电视、报纸上登广告。

维系性图书馆公共关系活动是图书馆进入稳定发展期后用以巩固和公众之间良好的关系。这一时期的图书馆公关活动的重点是保持和巩固在公众心中已建立的图书馆良好印象,让公众不要淡忘图书馆,并通过各种优质优惠服务吸引公众继续利用图书馆的资源和服务,继续支持图书馆。维系性图书馆公共关系活动应注重连续性,如可通过各种传播媒介和传播活动进行低姿态的图书馆宣传。

防御性图书馆公共关系活动是在图书馆与公众关系出现不协调迹象或与公众的关系可能发生不和谐因素时采用的,主要任务是在危机正式爆发之前解决掉它。这是图书馆为防止自身的公共关系失衡或失误而采取的一种主动而又积极的预防性公共关系活动,其特点是预防和疏导同步进行。当公共关系人员通过调查和预测发现图书馆发展中存在的问题或隐患时,要及时向图书馆管理层或相关部门提出建议和改进方案,并协助他们及时做好改进工作,将一切危险扼杀在摇篮中。

而矫正性图书馆公共关系活动则是在图书馆公共关系出现严重失调问题、图书馆遭遇危机事件或负面问题时适用的。这类活动非常注重时效性,要及时发现问题,及时控制事态,及时采取措施纠正错误、解除误会,尽量减轻问题造成的损失,做好善后工作,重新树立或恢复图书馆的良好形象。

逆水行舟,不进则退。这用来形容进攻性图书馆公共关系活动非常合适。进攻性图书馆公共关系活动是在图书馆与环境出现冲突时宜采用的。它最大的特点就是“主动”,要求图书馆积极主动地调整自身,以进攻的姿态开展各种公关活动,以此创造出新的有利于图书馆发展的局面。如我国当前公共图书馆服务体系有一个很突出的问题就是如何实现全社会普遍均等覆盖,为此,图书馆采用了多种改善方式:实施总分馆模式,设立更多分馆;推出流动图书馆服务;装配 24 小时自助图书馆;与学校、企业、机关单位等社会机构合作,图书馆提供图书资源,合作机构提供场地和人力,设立图书流通点、图书室;建立区域图书馆联盟,推行“一卡通”服务,方便读者就近借还书等。

(二)图书馆公关活动的步骤

图书馆开展公关活动必须是有目的、有计划、有组织地进行,整个过程可分为调查研究、制定计划、组织实施、评估后果四大步骤。

1. 调查研究

调查研究是图书馆公关活动的第一步,其主要任务是确定图书馆所面临的主要问题和公众对图书馆的认知、态度和倾向,进而为接下来的工作提供相应依据。调查研究的主要内容包括:图书馆内部的自我期望形象调查;图书馆外部的实际形象调查;两者之间差距的比较和分析。

图书馆内部的自我期望形象指的是图书馆自身想要建立的社会形象。这部分的调查主要包括三大块:第一,领导层对图书馆形象的期望,可通过图书馆的发展方向、战略规划、办馆理念、核心业务等来确定;第二,图书馆员工对图书馆形象的期望,具体来说包括员工对图书馆的认知、评价、要求、期待以及各种意见,这些可通过对图书馆各部门、各层级的员工进行深入实际的调查来全面了解;第三,图书馆内部的实际状况和客观条件,包括图书馆的管理效率、工作条件、馆员队伍结构以及馆藏状况、设施设备、技术水平等,根据这些来对前面两项所获得的“期望形象”进行分析检验,确立一个客观的图书馆自我期望形象,不脱离实际,也非遥不可及,让图书馆全体人员能真心认同,并为之共同努力。

图书馆外部的实际形象调查即调查了解图书馆在社会公众心目中的知晓程度、态度以及实际行为情况。简单来说,就是公众对图书馆了解多少,对图书馆有什么看法,如何评价,对图书馆的利用情况如多久去一次图书馆,去图书馆主要做什么,不使用图书馆的原因,等等。

然后,将图书馆内部的期望形象和图书馆外部的实际形象进行比较,找出它们之间的差距,其中,差距越大的方面就是图书馆所面临的主要问题,就此也可确定图书馆公关活动的主要目标。比如,调查发现,公众对图书馆的知晓程度远不及图书馆内部的期待值,那图书馆就应将公关活动的重点目标和主要任务确定为提升图书馆的知名度。如果发现公众对图书馆已有一定的了解,但对图书馆服务、环境等方面的评价却不太好的话,就说明图书馆应将公关活动的重心放在提升图书馆美誉度上。

2. 制定计划

根据调查研究的结果,图书馆接着应制定相应的公关活动计划,明确活动目标,设立活动主题,确定具体活动项目,并拟定行动方案的全过程。需要注意的是,事有轻重缓急,应抓住主要矛盾先解决。尤其是在一个综合性、长期性的图书馆公关活动计划中,要将重点事项列出,以便在后续实施阶段优先达成主要目标。

而在一个相对完整的图书馆公关活动计划中,公关人员应列出活动的背景、目标、主题、措施和预算。在活动行动方案中,还应具体到以下方面:活动的负责人、实施者及各自的主要工作内容;活动实施的程序及相关时间表;活动的目标对象及其诉求分析;活动需用到的传播媒介、电子设备等。

公关活动计划中的预算非常重要,要精确规划好活动中所需人员、时间和经费,这不仅是保证公关活动的正常开展,也能确保对公关活动进行良好的监督管理,避免铺张浪费。人员预算方面,要对活动所需人力进行预算。如果图书馆设有公关部门,要在现有人力基础上先预留好日常工作所需人力以及应对突发事件所需人力,然后看剩下的人力是否达到活动所需,如果不够,或者图书馆没有专门的公关人员,就应计划从其他部门调配人员或聘请外部人员,从而估算出聘用人员的薪酬支出。时间预算方面,主要是要为活动制定一个时间进程或时间安排表,以便相关人员按时准备、及时到位。经费预算方面,除了日常工作支出的行政办公费和资料费外,在具体的活动中,通常还包括宣传费、场地租借费、器材费、招待费、交通费、劳务费等。

3. 组织实施

谋定而后动。组织实施阶段是整个公关活动中最关键且最复杂的环节,是将此前已制定好的公共关系计划付诸执行并具体落实的实践过程。活动开展的过程,要由专人负责各项具体活动的实施,实行目标管理。这一阶段最重要的一点,就是切记从实际出发,因为计划不如变化快,一旦出现计划中没有预估到的意外或问题,负责人员应充分发挥积极性和创造性,不断调整计划和措施,灵活而坚定地朝着活动目标前进。

如以图书馆庆典和会议活动为例,这类活动属于规模较大的图书馆公关活动,因而更加考验图书馆公关人员的实际执行力。活动的组织过程中,邀请嘉宾或参会对象是一个重要环节,出席活动人员的代表性和数量往往决定着该活动的社会影响度。如果是公共图书馆的开馆典礼,通常需要邀请政府部门负责人、社区负责人、知名人士、社团代表、同行业代表、合作伙伴代表、媒体记者、员工代表等,一定要全方位考虑到,并提前发出正式邀请函,确定出席活动的人数、单位、职位、联系方式等。开馆典礼的程序一般包括典礼开始、宣读重要来宾名单、来宾代表致贺词、图书馆馆长作为宾主代表致答词、宾主共同剪彩或揭牌宣告正式开馆。活动举办过程中,一些小细节也很重要,如接待来宾时,公关人员应安排好接待人员和服务人员,有需要的话应在典礼前进行简单的礼仪培训,按时到达指定位置,引导来宾签到,赠程序表等宣传资料和礼品,重要来宾应安排专门的摄影人员跟拍摄像。

4. 评估后果

评估是公共关系活动的最后一步,也是十分重要的一步。评估主要是根据特定的内容和标准,对活动的效果、作用、影响进行评估,看是否达到预定目标,及时总结经验,发现问题,做出改正,以后才有进步。另外要注意,评估工作是针对整个公共关系活动开展的,包括活动的调查、计划阶段和实施阶段都应进行评估。

调查、计划属于活动准备阶段,对其评估的重点在于:调查获得的资料是否充分和准确;调查后的信息处理是否科学和缜密;计划的传播渠道以及信息表达形式是否合适和有效,如选择的新闻媒体是否是目标公众喜爱或易获取的,活动的新闻稿的写作和排版是否能引起公众的注意和兴趣等。

对活动的实施阶段评估内容主要包括:活动的信息是否得到充分传播,如新闻稿的采用数量有多少,被哪些媒体发布了;收到信息的目标公众情况,如接到活动信息的公众有多少,他们的年龄、职业、教育程度等基本情况是怎样的,他们是通过什么渠道接收信息的;注意到信息的目标公众有多少,有多少目标公众通过这些信息对图书馆有了新的认知和理解,和实施公关活动之前相比这部分目标公众的数量增加了多少;实施公关活动后,公众对图书馆的态度、倾向是否有了正面改变,是哪些信息让他们改变的;实施公关活动后,图书馆到馆人数、用户数量是否有增加,增加了多少;实施公关活动后,预期要解决的图书馆问题是否得到解决,对图书馆的发展带来了哪些影响等。

只有通过以上评估,图书馆公关人员才能准确了解和掌握所开展的公关活动是否达到了预期目标,才能总结经验,不断改进,提高图书馆公共关系工作的水平。而且,通过评估,图书馆的领导层和其他岗位的工作人员才能真正感受到公关活动的作用和效果,看到公关活动对图书馆发展的重要性,从而使图书馆的领导进一步理解和支持图书馆的公关活动,让馆内员工对图书馆产生归属感和荣誉感。将公共关系成果,尤其是关于图书馆的正面新闻报道等资料汇总起来传达给图书馆全体员工,能有效地鼓舞士气,增强图书馆的凝聚力和向心力,也能激发员工的工作热情和兴趣,使图书馆的运营朝着良性健康方向不断发展。

五、图书馆的公关营销实践

公关营销的实践性特别强，光有口号或理念，并不能取得真正效果。图书馆要想拥有良好的图书馆公共关系，就必须行动起来。图书馆发展史上有很多公关营销方面的经验和教训，包括图书馆行业性的公关行为、单个图书馆的公关实践，或者是某一起图书馆公关事件，以史为鉴，取长补短，也可以帮助我们更好地开展公关营销活动。

（一）“卡特里娜飓风”后的美国图书馆公关

2005 年 8 月 29 日，“卡特里娜飓风”以每小时 233 公里的风速登陆路易斯安那州新奥尔良市东部地区，横扫墨西哥湾沿岸各州，导致洪灾泛滥，受灾地区的图书馆也遭到不同程度的破坏。灾情发生后，美国包括图书馆界在内的社会各界展开了多方面的救援。其中，图书馆界的表现十分引人注目，开展了一系列卓有成效的自救和社会救助活动，展现了图书馆在维护和推动社会发展和进步方面的重要性。美国图书馆在“卡特里娜飓风”后的做法也因此成为世界图书馆史上危机公关方面的一个优秀范例。

1. 卡特里娜飓风给美国图书馆带来的危害

卡特里娜飓风是美国的一场巨大灾难，被认为是美国历史上损失最大的同时也是最为惨重的一次自然灾害[①]，有人甚至认为其危害程度仅次于美国大萧条，有 1800 多人在这场灾难中丧生，超过 100 万人流离失所，造成的经济损失达到 2000 亿美元，给美国人带来了难以忘记的伤痛。

以图书馆界为例，这场飓风带来了多重危害：飓风途经地的图书

① 刘剑英编译.“卡特里娜”十年后的美国图书馆（图）[DB/OL].[2016－03－15]. http://www.chinalibs.net/ArticleInfo.aspx? id＝384853.

馆全都一片狼藉，馆舍、设施遭到严重破坏，密西西比州比洛克西的杰斐逊·戴维斯总统图书馆在飓风过后整个第一层楼唯一还站立着的只剩下总统雕塑，亚拉巴马州拜尤拉巴特里的一个公共图书馆被完全毁坏，很多模具材料已经受损到无法修复的程度；馆藏受损丢失的情况也很严重，其中很大一部分是被飓风吹散的，还有被洪水浸泡毁坏的，而未丢失的馆藏由于通风系统、电力系统被破坏也面临着发霉的危险，这也成了几乎所有幸存图书馆所面临的最大问题[①]；飓风引发洪水，很多图书馆在卡特里娜飓风过后又受到水灾的持续破坏，密西西比州汉考克县公共图书馆总部内的积水深达 3 英尺（近 1 米），而路易斯安那州新奥尔良作为此次风暴中心地带，当地的图书馆受损更为严重，如杜兰大学霍华德·希尔顿纪念图书馆周围在飓风过后已是一片汪洋，整个图书馆底层被淹没，总计约有 70 万藏书、档案袋、唱片和大约 150 万缩微胶片浸泡在水中长达 3 个星期，其总损失超过了 3000 万美元[②]。此外，很多图书馆在灾后还遇到了经费和人力问题，公共图书馆和大学图书馆都存在资金方面的问题，因为公共图书馆主要经费来自地方税收，但作为纳税主力的企业也在灾难中蒙受了巨大的经济损失，而受灾的大学也缩减了图书馆的经费预算，同时，一些大学实行的调整院系、削减招生规模并裁减雇员等措施也影响到了图书馆人员队伍的稳定。

2. 图书馆的灾后自救活动

卡特里娜飓风发生后，美国图书馆界以十分高效的行动力迅速做出反应，受灾馆的馆长们纷纷发表讲话，鼓励馆员尽快投入图书馆的重建行动中。新奥尔良市公共图书馆在灾后及时建立了临时网页，并组织馆员返回图书馆开始清理工作。莫比尔湾公共图书馆因为准备

---

① 刘锦秀编译. 卡特里那飓风之后的美国图书馆(图)[DB/OL]. [2016-03-15]. http://www.chinalibs.net/ArticleInfo.aspx? id=72353.

② 戴莲治，陈彬强. 美国图书馆界应对卡特里娜飓风灾害的启示[J]. 新余学院学报，2015(4).

好了飓风应对预案，馆藏损失并不严重，并且在飓风过后的第一天，馆员们就回到了图书馆，继续坚持工作。

美国图书馆协会也展现出了身为行业领导者的作用，率先在其网站上开辟了卡特里娜飓风援助专栏，发布受灾图书馆信息，对图书馆的救灾工作进行跟踪报道，组织全美图书馆捐款捐书捐物，组织图书馆社团的志愿者前往灾区替换受灾馆员工作，为灾区馆员提供心理疏导、免费住房、交通费用等。美国图书馆协会还决定，位于飓风影响区的美国图书馆协会会员可延期 6 个月向其缴纳各种费用，这项决定涉及路易斯安那州、密西西比州和亚拉巴马州的 850 多名个人、组织和社团会员。同时，美国图书馆协会还发起了“Adopt a Library”图书馆互助计划，号召美国其他地区的图书馆通过对接“领养”的形式为受灾图书馆提供直接援助，有 300 多家图书馆参与了这项计划。此外，美国图书馆协会还建立了卡特里娜飓风图书馆援助基金，为墨西哥湾沿岸地区图书馆重建的长期计划募集资金。最后，美国图书馆协会总共募集到了 50 万美金，这笔资金已通过美国图书馆协会在当地的部门分配给了灾区有需求的各类型图书馆①。

新奥尔良的受灾情况极为严峻，而美国图书馆协会依然按照原定计划在新奥尔良召开了 2006 年年会。事实上，美国图书馆协会在灾后不久就表示，会尽量在新奥尔良举行 2006 年年会，因为，那是“我们现在能够为新奥尔良所做的唯一的、最重要的事”，“在新奥尔良举行年会会给这个城市乃至整个国家传递一个强有力的积极的信息，年会将为新奥尔良的居民提供他们最需要的 1 亿美元的收入”②。此外，在 2006 年的美国图书馆协会年会上，“图书馆建立社区”（Libraries Build

① American Library Association. Libraries and Hurricane Katrina [EB/OL]. [2016 - 03 - 15]. http://www.ala.org/offices/cro/cropages/katrina/katrina.

② 刘锦秀编译. 美国图书馆协会 2006 年年会仍然在新奥尔良举行（图）[DB/OL]. [2016 - 03 - 15]. http://www.chinalibs.net/ArticleInfo.aspx?id=72355.

Communities)项目正式启动,来自全美各地的900多位图书馆馆员和图书馆工作人员参与了此项目,以志愿者的身份帮助卡特里娜飓风中受灾图书馆进行重建工作。该项目后来被美国图书馆协会发展为一个会员活动组,隶属于美国图书馆协会的部门关系办公室(Chapter Relations Office),作为一项常态活动,其内容也演变为图书馆向无家可归者提供相关帮助①。

3. 图书馆向社会公众提供灾后救助服务

除了图书馆业内的各种自救举措外,美国图书馆界在卡特里娜飓风发生后还积极向社会公众提供各种灾后救助服务,帮助社会公众尽量安稳地渡过这一难关。

在灾区的很多地方,图书馆成为开展社会救助的主要甚至是唯一的场所②。图书馆为公众提供了互联网服务,人们可以在这里登记相关信息,如申请联邦应急管理局救灾援助,寻找失联的家人和朋友,寻找工作,或者写邮件告诉其他人自己的状况,或者在网上了解灾情。路易斯安那州的拉斐特公共图书馆为灾民设立一个信息中心,每天接待数百人,提供上网、电子邮件、电话和传真等服务。路易斯安那州立大学也向公众开放了本校的图书馆,并为避难所附近的灾民提供了流动图书车服务,以慰藉心灵,减轻他们的焦虑感和沮丧情绪。休斯顿公共图书馆为前来避难的灾民建立了一个临时分馆,提供免费图书、可上网的电脑,并为孩子们准备了玩具和游戏。

美国图书馆界在这场抗灾活动中做出了巨大贡献,有调查显示,40%的受访者表示在灾后使用过图书馆的资源,认为图书馆在他们的抗灾经历中具有重要作用。美国图书馆在卡特里娜飓风发生后的表

① American Library Association. Libraries Build Communities [EB/OL]. [2016-03-15]. http://www.ala.org/offices/cro/projectsandactivities/librariesbuildcommunities.

② George M. Eberhart. Katrina's Terrible Toll[EB/OL]. [2016-03-15]. http://americanlibrariesmagazine.org/2005/10/01/katrinas-terrible-toll/.

现也赢得了社会各界的好评，当时的美国第一夫人劳拉·布什就高度评价了图书馆的贡献，称赞图书馆在新奥尔良遭受重灾期间，在一无所有的情况下，依然坚持为灾民服务，与社区团结协作，在恢复重建中发挥了积极的作用①。

（二）美国波士顿公共图书馆的公关营销

美国波士顿公共图书馆是现代公共图书馆史上无法忽略的一个重要标记。1848 年，根据马萨诸塞州通过的一项法案，决定建立波士顿公共图书馆，1852 年，波士顿公共图书馆开始投建并于 1854 年 3 月 20 日正式向公众开放。它不但是美国第一个大型免费市立公共图书馆，第一个向公众免费提供图书借阅的图书馆，还是第一个建立分馆的图书馆，第一个专为儿童开设阅读室的图书馆。在不断的开拓进取中，波士顿公共图书馆一直坚持着创立之初的理念：图书馆要成为社区生活的有机部分，去引导、教育、娱乐和激励每个人来充分利用图书馆资源，让图书馆成为全体公民教育的一个重要部分，通过阅读提升人们的心智，丰富人们的生活②。如今，波士顿公共图书馆已发展成为一个庞大的图书馆系统，拥有一所总馆、24 所分馆、一个地图中心、一所商业图书馆以及一个虚拟图书馆，年接待用户人次达到 370 万。在公共关系营销方面，波士顿公共图书馆也一直有着杰出的表现，在业界和社会上均有着强大而广泛的影响力。

1. 美国图书馆协会公共关系“最佳表现”奖

在美国图书馆协会 2013 年年会上，波士顿公共图书馆获得了“最佳表现”奖（Best of Show），用以表彰波士顿公共图书馆在公共关系方

---

① 戴莲治，陈彬强. 美国图书馆界应对卡特里娜飓风灾害的启示[J]. 新余学院学报，2015(4).

② 杨力伟. 公共图书馆与社区生活——波士顿公共图书馆的理念、运作和功能[DB/OL]. [2016－03－16]. http://www.chinalibs.net/ArticleInfo.aspx?id=69413.

面的成就，包括卓越的图书馆发展战略规划——《BPL Compass：Strategic Plan》；组织开展了系列特别项目、活动和展览；每月为公众免费提供活动一览表及图书馆通讯等。

在《BPL Compass：Strategic Plan》中，波士顿公共图书馆首先强调了以用户为中心的核心理念，随后从促进社区关系、特色馆藏建设、知识中心定位、儿童和青少年服务、资源存取与技术创新、可持续发展、激发和培养阅读乐趣等方面分别制定了相关计划，为人们展现了波士顿公共图书馆的一个宏伟发展蓝图。

规划中提出了要打造友好、舒适、干净、安全的图书馆场所。为此，波士顿公共图书馆对其总馆的约翰逊大楼进行了整体改造，用透明玻璃取代过去的有色窗户，人们从室外就可以看到大厅中专为查看新书的读者准备的休息室和零售店。同时，将原来垂直环绕约翰逊大楼的112块花岗岩板移除了95块，这使得约翰逊大楼看起来更加宽广，为来往众人带来一种更加轻快而友好的体验。大楼内部还新设置了一块专门的青少年区域，包括休息室、游戏室、数字实验室以及用于录制音乐和制作漫画书的技术指导室。《纽约时报》2014年3月7日特别刊文详细报道了波士顿公共图书馆的这一整改工程①，让很多人了解到波士顿公共图书馆在重塑图书馆形象方面的努力和成果。

2. 充满“乐趣”的公关营销活动

波士顿公共图书馆很重视给人们传递“乐趣”，不仅在图书馆打造出有活力的、欢快热情的氛围，开展的活动也要充分体现趣味性，要用各种能勾起人们兴趣的图书、音乐、电影或者艺术品把用户吸引到图书馆来。馆员们致力于把图书馆打造成波士顿市的文化娱乐中心，在他们看来，图书馆可以是旅游景点，可以是展览馆，也可以是一座有吸引力的建筑，或者是表演场所，不管怎样，只要能吸引更多的人来就

① 赵启玥编译；刘剑英校审.《纽约时报》专文报道波士顿公共图书馆整修工程[DB/OL].[2016-03-16].http://www.chinalibs.net/ArticleInfo.aspx?id=349362.

可以。

2014 年 5 月，波士顿附近的乐高乐园探索中心开园，这一事件受到了很多人的关注。在这之前，乐高举办了一个活动，让公众评选出最喜欢的当地地标建筑，参与评选的建筑必须用乐高积木搭建出模型，获胜的建筑模型将被移到该乐高乐园的“迷你天地”中永久展出。波士顿公共图书馆参加了这一活动，在总馆的大厅展出了一个以波士顿公共图书馆为模型的乐高积木，该模型用了 6350 块积木，总共花费 47 个小时才搭建而成。展出期间，该模型引来大量读者驻足观赏。最终，波士顿公共图书馆在这场活动中脱颖而出，其积木模型成为当地乐高乐园中的一个特色建筑，继续向人们展现波士顿公共图书馆的风采。

除了参加乐高的地标建筑模型评选活动外，波士顿公共图书馆还和乐高乐园共同举办了一场主题为“Brick Factor”的乐高积木创意赛。在这场利用周末两天时间开展的比赛中，来自美国各地的数百位乐高迷们聚集到波士顿公共图书馆，有小孩子也有成人，他们利用乐高积木搭建出各种作品，经过三轮比赛最终决出了十名获胜者。这场大规模的活动受到了广泛欢迎，不论老少都对此表现出浓厚的兴趣，活动期间，作为比赛场所的波士顿公共图书馆展厅挤满了观众，现场不时发出阵阵热烈的欢呼声，而在第二天，人们甚至在赛前半小时就纷纷聚集到图书馆中。显然，这一系列“乐高积木”主题活动也成为波士顿公共图书馆公关营销中的成功实践。

3. 来自波士顿公共图书馆基金会等的支持

波士顿公共图书馆所确立的是一种非常典型的公共图书馆运营模式，即公共图书馆是国家和地方政府的责任，必须专门立法维持公共图书馆，并由国家和地方政府财政拨款。财政拨款是公共图书馆经费的主要来源，但这并不能全部满足公共图书馆的需要。为了更好地支持图书馆发展，波士顿公共图书馆也在通过公共关系向社会广泛募集捐款和人力、物力等方面的支持。在这方面，有几个组织一直在为波士顿公共图书馆提供着重要支持，它们是[①]：波士顿公共图书馆基金会（Boston Public Library Foundation）、波士顿公共图书馆联盟（Associates of the Boston Public Library）、市内波士顿公共图书馆之友（City-Wide Friends of the Boston Public Library）。

波士顿公共图书馆基金会成立于 1992 年，董事会成员主要来自波士顿商界和社区。长期以来，该基金会为波士顿公共图书馆筹集了大批资金，为波士顿公共图书馆的发展提供了重要助力。如 2015 年初，该基金会获得了来自高地街基金会（Highland Street Foundation）的 48.8 万美元的补助金[②]，主要用于波士顿公共图书馆总馆新青少年中心区科技项目的创建和扩大，包括引进一些新项目和新技术，如 3D 打印、影音剪辑、计算机编程和视频游戏等。

波士顿公共图书馆联盟成立于 1972 年，是一个独立的非营利组织，主要致力于扩展波士顿公共图书馆在社区文化生活中的作用和地位，提高公众的相关意识，如对于波士顿公共图书馆海量免费教育资源的了解。该联盟发起并承办了许多活动，如文学之灯活动、常驻作家资助项目、馆长之夜活动等。

市内波士顿公共图书馆之友成立于 1987 年，主要任务是促进公众对于波士顿公共图书馆系统及其资源的认知，提升图书馆作为文化和教育资源的价值，为各分馆的公共图书馆之友小组的活动提供支持，并加强相互之间的联系和交流。该组织主要通过定期发布图书馆之友通讯、举办捐书义卖活动等方式为波士顿公共图书馆提供支持。

（三）河南信阳师院图书馆事件的公关得失

随着人民群众对文化生活品质的要求不断提升，图书馆的发展水

---

① Boston Public Library. Affiliates of the Library[EB/OL]. [2016-03-17]. http://www.bpl.org/general/affiliates.htm.

② 赵启玥编译；刘剑英校审．美国《图书馆杂志》专文《美国波士顿公共图书馆获得 48 万美元用于青少年科技项目的新建和扩大》[DB/OL]．[2016-03-17]．http://www.chinalibs.net/ArticleInfo.aspx? id=370888.

平离充分满足广大用户的相应需求还有较大差距，在这种现状下，用户和其他社会公众容易对图书馆产生片面的、负面的印象。这是当前图书馆发展中一个不得不面对的问题，也正因此，图书馆公共关系才更加重要。以图书馆座位管理为例，一个看似不起眼的“座位”，不仅考验了图书馆的管理能力，也在拷问着图书馆人对理念的坚持。目前，我国很多高校图书馆已经采用了图书馆座位管理系统，学生可通过互联网或者微信进行图书馆座位预约、签到、签离，为广大学生提供了方便的同时也减少了一些乱象的出现。在高校图书馆中，学生占座位一直是一个十分普遍的现象，但往往也成为高校图书馆的一个难题，一旦处理不好很容易引发学生对图书馆产生负面情绪，进而导致图书馆公关危机的出现。在这方面，河南信阳师范学院图书馆“卖座”事件就是一个极为典型的案例，从中我们也可以发现图书馆在公共关系方面的一些可借鉴的经验和应警惕的不足。

1. 事件回顾

2004 年 12 月 11 日，河南《大河报》刊发了“大学图书馆向学生‘卖’座位”一文，报道了河南信阳师范学院图书馆向学生收取阅览室座位费用的问题。据文章报道，2004 年 12 月 10 日，该报记者根据信阳师范学院学生提供的线索，前往该校图书馆进行调查采访。记者在报道中描述了学生们对图书馆收费一事的诸多抱怨和无奈。学生反映，每学期要到图书馆阅览室读书的学生需交座位使用费 30—60 元不等，用以“买断”座位。记者针对这一问题也采访了图书馆馆长，馆长表示图书馆应该免费，同时也解释说收取管理费是因为当前图书馆座位远远不能满足需求，导致经常有学生因争抢座位发生纠纷，为此图书馆采取了收取管理费的办法，以求既解决问题又补充图书馆的经费。信阳师范学院图书馆收费一事在《大河报》报道之后，迅速引起了其他媒体的关注，新华网、新浪网、网易等大众媒体纷纷对其进行了转载。

媒体的广泛传播引发了社会舆论对于图书馆的争议，而图书馆人更是在第一时间就此事展开了激烈的讨论。范并思教授在报道发布当日便在他的博客上发表了自己对信阳师范学院图书馆事件的看法和态度，直接指出："假如这条新闻是真的，作为一名对大学生生存状况有较真切了解的大学教师，我对信阳师院图书馆的行为表示愤怒！而作为一名信仰现代图书馆理念的图书馆人，我感到的绝对是耻辱！"①包括在信阳师院工作的陈业奎老师在内的众多人士也参与到这一场讨论中，这进一步扩大了此事的影响。图情网络论坛如《大学图书馆学报》读者沙龙对此次事件进行了更为激烈和多层面的讨论和思考，范并思教授等学界人士也就此次事件进行了长期的跟踪研究和分析。

2004 年 12 月 13 日，事件报道发布两天后，教育部高等学校图书情报工作指导委员会秘书处和中国图书馆学会高校图书馆分会秘书处也获知了此事，并立即通知河南省高校图工委对此事进行调查了解。河南省高校图工委在接到通知后立即着手对信师事件予以调查，指导该馆对此事做了妥善处理，并将有关调查情况及时上报给教育部高校图工委秘书处。

2004 年 12 月 15 日，教育部高等学校图书情报工作指导委员会秘书处和中国图书馆学会高等学校图书馆分会秘书处公布了"关于信阳师范学院图书馆向学生出卖座位一事的调查和反馈"②，转发了河南省高校图工委秘书处汇报的内容和信阳师范学院图书馆对此事的处理意见。其中，信阳师范学院图书馆态度明确地表示，要及时把所收全部管理费如数退还学生，并坚决杜绝此类事情的再次发生，同时积极采取措施避免争抢座位带来的不安定因素；另一方面，要积极与有关新闻媒体联系，对此事进行说明，以消除不良影响。

① 老槐的博客. 愤怒与耻辱[EB/OL]. [2016 - 03 - 18]. http://oldhuai.bokee.com/367495.html.

② 教育部高等学校图书情报工作指导委员会. 关于信阳师范学院图书馆向学生出卖座位一事的调查和反馈[DB/OL]. [2016 - 03 - 18]. http://www.chinalibs.net/ArticleInfo.aspx? id = 54153.

此外，信阳师范学院图书馆还对《大河报》相关报道中的不真实部分进行了纠正，积极维护了图书馆的形象。教育部高校图工委和中国图书馆学会高校图书馆分会肯定了信阳师范学院图书馆积极改正错误的做法，并就信阳师范学院图书馆今后的发展给予一定的指导，敦促信阳师范学院今后加大对图书馆的投入。同时要求国内所有的高校图书馆都须严格遵循《中华人民共和国高等教育法》和《普通高等学校图书馆规程》（修订）等相关法律和法规来运作，并积极遵守《中国图书馆员职业道德准则》，树立职业道德规范，切实保护广大读者的权益。

2. 得失分析

河南信阳师范学院图书馆"卖座"事件之所以被列为图书馆危机公关的一个典型案例，是因为从这一事件中，可以集中看到在图书馆公共关系中不同利益相关方的表现，包括图书馆、内部馆员、馆外同行、图书馆行业协会、媒体以及非图书馆行业的社会民众，在其中，互联网媒体、博客等的强大传播能力也得到了显著体现。而从此事件中，我们也可以发现图书馆在实际的公共关系工作方面的一些得与失。

首先，从事件的起因来看。信阳师范学院图书馆向学生收座位管理费，有一个根源性原因是图书馆客观条件方面的欠缺。高校图书馆常常被认为是学校的灵魂，但在实际情况中，很多高校图书馆在学校的地位却有些尴尬，并没有得到应有的重视，经费、人员、物力方面常面临不足的问题，图书馆的发展因此受限，馆舍没有及时得到扩建，实际座位数量远远不及学生所需，给图书馆管理造成隐患。解决这一问题的方法，从公共关系工作来说，一方面需要图书馆加强对学校领导等上级管理者的公关活动，让学校领导充分意识到图书馆的重要作用，积极为图书馆的发展提供各种支持；另一方面，图书馆也需要重视对社会公众的宣传，促进公众对图书馆作用和价值的认知，并告知公众图书馆当前面临的困境，主动寻求社会力量对图书馆发展的支持。而信阳师范学院图书馆事件的爆发，表明该图书馆此前在这方面的工作显然做得不够。

事件的另一个原因是图书馆管理工作上的不当举措,即向学生收取座位管理费,引发了学生的不满。这其中就暴露了图书馆和用户之间的公共关系问题。图书馆是公益性服务机构,应向用户免费开放,图书馆服务应以用户为中心,以用户满意度来评估图书馆工作的优劣。学生是高校图书馆的用户主体,图书馆相关工作的开展应考虑到学生的利益。而向学生收取座位管理费显然损害了学生的权益。也就是说,在处理图书馆和用户之间的公共关系时,信阳师范学院图书馆采取了不合适、不正确的做法,导致图书馆和用户之间的公共关系走向紧张、对立的局面。

在接受《大河报》记者的采访时,图书馆馆长坦承这一收费并不合理,他同时也尽力解释了图书馆做出这一举措的原因,让公众对图书馆的苦衷有一定了解。图书馆馆长这一表现应当予以肯定,这可以视为是一次补救性的公共关系行为,虽然没有成功遏制危机的发生,但也在一定程度上让公众可以更为理性、全面地思考图书馆的发展现状,降低危机给图书馆带来的危害程度。

图书馆公共关系的一个重要职能是应对和处理危机问题,体现在日常工作中就是要注意发现和改善各种隐患和问题。但如上所述,信阳师范学院图书馆并未充分做到这一点,最终遭遇公关危机也就在意料之中。不过值得赞赏的是,在危机发生后,信阳师范学院图书馆面对问题及时做出回应,公开处理意见,以诚恳的态度承认并妥善改进了相关问题,还积极与媒体联系,纠正报道中的不实内容,解除不必要的误会,减少危机给图书馆带来的不良影响,引导舆论转向正面发展,在一定程度上重塑了图书馆良好形象。

在危机问题发生后,国内图书馆行业协会等的反应也十分值得赞赏。牵一发而动全身,信阳师范学院图书馆事件带来的影响并不只会限于该图书馆,这也是对整个图书馆行业公关的一次考验,如处理不当有可能造成社会公众对整个图书馆界产生不良观感。而教育部高校图工委和中国图书馆学会高校图书馆分会做出的及时、公正的反应,河南省高校图工委的迅速反馈,充分发挥了行业协会的协调引导作用,范并思等业内专家学者对于图书馆精神的坚持和弘扬,共同向公众展现了一次优秀的行业性危机公关行为,在社会上为中国图书馆界树立了良好的整体形象,也给我国图书馆事业的发展带来了重要影响。

第四部分　图书馆营销案例研究

一、新加坡国家图书馆的 S. U. R. E. 项目

2014 年，新加坡国家图书馆管理局（NLB）的《S. U. R. E. 项目——向新加坡人传递信息素养意识》（Promoting Information Literacy Awareness to Singaporeans）获得第十二届国际图联国际营销奖第三名。该项目斥资 140 万新币，活动在全国范围内展开，旨在提高新加坡人尤其是使用社交媒体的年轻人的信息素养技能，教育公众如何分析和识别有用信息，从而促进数字信息使用时的网络道德和民间交流的健康发展。项目通过在学校设立 S. U. R. E. 俱乐部、与儿童系列畅销书合作、开展形式多样的活动、在 24 座公共图书馆和其他公共场所张贴海报、设置标识以及购买报刊广告、数字媒体、户外广告等宣传手段达到了图书馆营销的良好效果。

（一）分析用户需求

谈到用户需求，图书馆往往更多考虑的是为读者能提供什么样的信息、能提供多少信息。而 NBL 在分析了互联网时代的信息环境后却认为，图书馆应该教会用户如何分析、辨别和利用有用和有效信息，从而免受有害信息误导。互联网的发展，使得网民的数量不断增加，改变了人们的工作、学习和生活方式，人们不仅是信息的使用者，同时又是信息的发布者，信息的数量呈几何级速度增长的同时，也变得越来越复杂。NBL 在 2013 年的一项调查显示，91% 的图书馆用户倾向

于将网站和社交媒体作为最常用的信息渠道①。由于不能有效辨别信息的真伪，人们的工作和生活往往会遇到诸多麻烦，甚至很多人陷入了网络诈骗的圈套。在数字时代，面对复杂的海量信息，人们越来越需要掌握一种辨别和分析信息的技能，即信息素养技能。鉴于此，NBL 决定于 2013 年在全国范围内开展名为 S. U. R. E. 的活动，促进人们对信息搜索和识别能力的重视，使新加坡成为继美国之后第一个在全国范围内提升公众信息素养能力的国家。

为了使新加坡普通人都能了解什么是信息素养，NBL 决定用大众最容易理解的方式来解释信息素养的含义，设计了 4 个简单的步骤来告诉公众如何处理他们遇到或搜索到的信息，这 4 个步骤分别为：溯源（source）、理解（understand）、深究（research）和判断（evaluate），简称 S. U. R. E. ，这 4 个步骤的含义分别如下②：

溯源（source）：查看信息来源，它是否值得信赖？（Look as its origins. Is it trustworthy?）

理解（understand）：理解所阅读的信息内容，进一步搜索使其更清晰（Know what you're reading. Search for clarity.）

深究（research）：更深入地研究，与其他信息源进行比较（Dig deeper. Go beyond the initial source.）

判断（evaluate）：寻找平衡点，公正判断使用信息的最佳方式（Find the balance. Exercise fair judgement）。

（二）确定目标市场

由于是第一次开展全国范围内的信息素养活动，NBL 将 S. U. R.

---

① Gene Tan et al. S. U. R. E. Campaign：Promoting Information Literacy Awareness to Singaporeans[DB/OL]. [2016-03-23]. http://www.chinalibs.net/ArticleInfo.aspx? id=356090.

② Nation Library Board. About the S. U. R. E. campaign[DB/OL]. [2016-03-23]. http://www.nlb.gov.sg/sure/sure-campaign/.

E. 活动范围确定为青少年(初中一年级起至13 岁)和有工作的成年人(20 岁至50 岁),其中,学生、家长、教育工作者为主要目标受众。NBL认为,当今自主探究式学习在学校变得越来越重要,学生们会通过书籍、互联网搜索引擎和社交媒体来获得信息。S. U. R. E. 在学校的目标是提供一整套的信息素养课程来提升学生的信息素养能力。而对于那些有工作的成年人,即各类组织的专业人员、经理、主管和技术人员,S. U. R. E. 为他们解决信息需求,帮助他们制定搜索策略,实施有效的搜索并获得可靠信息。如有可能的话,S. U. R. E. 还可以帮助组织进行信息评估和收集,并推荐最佳信息获取步骤。在实际操作中,S. U. R. E. 分别为在校学生和成年人设计了不同的活动。

(三)营销活动目标

NBL 预计在2016 财年之前,S. U. R. E. 将完成与用户500 万人次的互动,包括在线、离线和在现实生活中的互动。这些互动将通过用户在S. U. R. E. 门户网站下载资源、用户对S. U. R. E. 社交媒体网站的点赞和分享、参加S. U. R. E. 线下活动等实现,其中也包括参加S. U. R. E. 培训和活动的在校学生人数。

(四)服务的有形展示和信息传达

为了向用户传达S. U. R. E. 项目的服务特点和优点,NBL 在活动的有形展示方面做足了功课,在环境和信息沟通方面都进行了充分而有效的展示。

1. 标识设计

NBL 选择“云”作为S. U. R. E. 项目的标志(如图5－1)。在日常生活中,人们将不断接触到各类信息,如新闻报道、口口相传、网上“专家”、群发邮件、朋友分享等,“信息从四面八方不断向我们涌来,最后信息如云一般将我们

图5－1　S. U. R. E. 项目的标志

笼罩”。如果想要利用这些信息，唯一的方式就是拨云见日，看穿真相。标志中白色的云代表信息阴霾，中间蓝色的圆形代表能帮助人们冲破信息阴霾的 S. U. R. E.，蓝色则代表清晰和干净。图 5－2 生动形象地解释了 S. U. R. E. 4 步法。

图 5－2　S. U. R. E. 4 步法①

2. 活动赠品设计

S. U. R. E. 活动赠品包括笔、T 恤、手电筒、手提袋、便签等，这些赠品的设计图案也充分体现了 S. U. R. E. 的理念。图 5－3 为 S. U. R. E. 的赠品设计。

① Nation Library Board. S. U. R. E. brochure[EB/OL]. [2016－03－23]. http://www. nlb. gov. sg/sure/wp-content/uploads/2014/10/NLB-035-13-SURE-brochure_CH-3. pdf.

图 5 – 3　S. U. R. E. 赠品设计

3. 海报设计

S. U. R. E. 海报内容主要是提醒用户注意那些不良或虚假信息，海报主题口号朗朗上口，简单而引人注目，如图 5 – 4。

图 5 – 4　S. U. R. E. 海报

4. 网页设计

网页设计突出 S. U. R. E. 项目的云状标识，页面力求简单明了。如图 5 – 5 为 S. U. R. E. 主页，图 5 – 6 为 S. U. R. E. 在 Facebook 的页面。

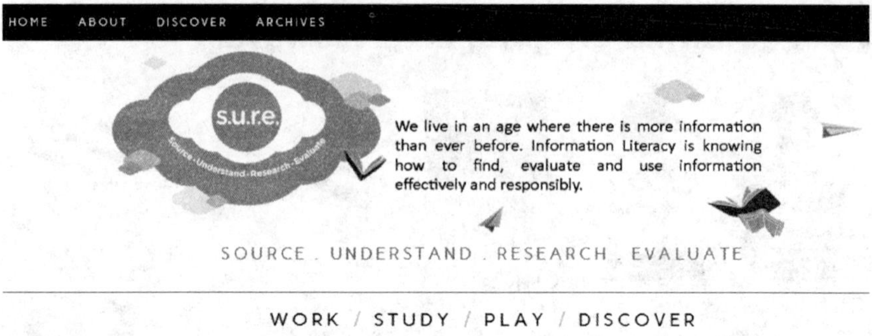

图 5－5　S. U. R. E. 主页

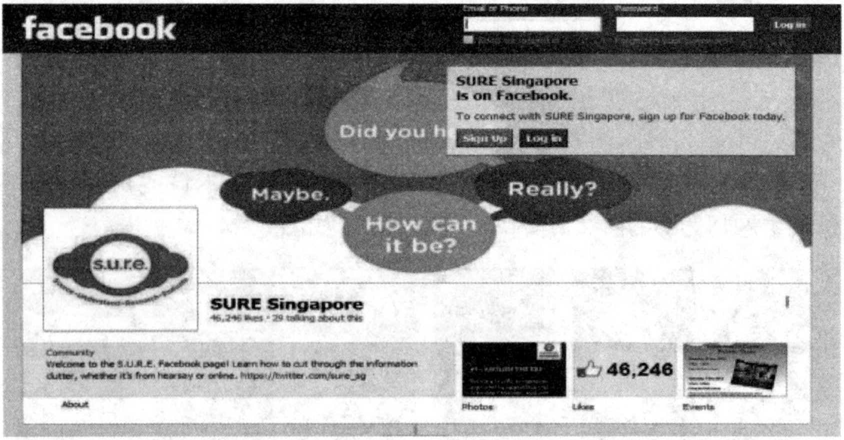

图 5－6　S. U. R. E. 在 Facebook 的页面

(五)活动组织

S. U. R. E. 项目的活动主要分两大类,一类是针对在校初中生,另一类是针对有工作的成年人。活动注重用户参与,内容形式多样,目的是使用户能够通过参与活动了解和掌握信息素养技能。

1. 针对在校初中生的活动

这些活动包括:举行信息图形或图表设计大赛,由学生根据选定的信息素养主题进行设计,并评选出一、二、三等奖予以奖励。

在各地区图书馆举行问答大赛,要求参赛代表队在一小时之内回答 30 个问题并至少找出两个不同类型的信息源来证明答案的正确性,如可信的网站、NBL 电子资源或印刷资源。不同的信息源得分也将不相同。大赛从所有参赛代表队中平均每个地区评选出 3 个获胜代表队参加决赛。对最终获得前三名的代表队给予奖金、奖杯和实物奖励(如 MP3)。2013 年开展的此项活动有来自 4 个地区的 63 个代表队参加。

向学生征集有关使用 S. U. R. E. 4 步法经验的照片、故事、漫画等,并评选出优秀作品给予现金、图书券的奖励,获奖的照片或故事也可以在 S. U. R. E. 网站上进行展示。

2013 年 5 月发起成立 S. U. R. E. 俱乐部,吸纳学生加入,并设计了专门针对俱乐部会员的活动。如俱乐部会员只要完成 S. U. R. E. 规定的 4 项任务就可兑换著名的漫画书;NBL 还为俱乐部会员举办信息素养技能培训,并设计了激励措施鼓励会员积极参加。如 2013 年,在 S. U. R. E. 举办的以信息素养为主题的图书展示比赛中获奖的俱乐部成员还在 IFLA 大会上展示了他们的图书。

这些活动的举办,吸引了大量学生的参加。截至 2014 年 3 月,共有来自 29 所中学的 352 名学生参与了 S. U. R. E. 俱乐部计划。此外,S. U. R. E. 还鼓励家长和老师成为影响在校学生掌握信息素养技能的两大重要群体,截至 2014 年 3 月,约 3000 多名教师和家长参加了 S. U. R. E. 培训或接触和了解了 S. U. R. E. 俱乐部计划。

2. 针对成年人的活动

目前 S. U. R. E. 项目开展的成年人活动主要是一小时的午餐研讨会系列(Lunch & Learn @ The Library workshop),通过交流、对话以及网络和图书馆资源,为在职人员介绍 NBL 提供的有助于职业发展的馆藏资源和服务。每次研讨会都有不同的主题,如公司治理与企业社会责任、电子商务、业务创新、可持续的商业实践等。

(六)宣传推广

为了使更多的人参与到S. U. R. E. 项目中来,NBL非常注重宣传和推广工作,主要通过以下两种途径进行:

1. 在图书馆及公共场所进行展示

在馆内摆放S. U. R. E. 展架,阅览桌、书架上放置和张贴S. U. R. E. 标识,图书中放置带有S. U. R. E. 标识的书签,门窗、电梯、柱子上贴满了S. U. R. E. 标识图案,电脑上设置S. U. R. E. 标识屏保等。为了让更多没到过图书馆的人了解S. U. R. E. ,NBL在许多公共场所也进行了展示,如巴士站的海报、熟食中心的桌面贴花、报刊亭放置的标识牌等。

2. 通过各类媒体进行宣传

与报刊的合作。NBL与《海峡时报》(*Straits Times*)、新加坡《今日报》(*TODAYonline*)、联合早报、马来西亚《每日新闻》(*Berita Harian*)、《我报》(*My Paper*)等报刊合作,刊登S. U. R. E. 的新闻报道或评论文章。

与多家电台合作进行广播报道。

利用社会化媒体进行宣传。如与旅游博客TravelerFolio合作进行营销,在脸谱网和推特上建立主页。由于社会化媒体更受年轻人和成年人喜欢,到2014年4月,S. U. R. E. 的脸谱网页面已经获得了46 000次的读者点赞。

S. U. R. E. 项目的成功,与NBL对市场需求的分析、主要目标受众的锁定、营销活动的精心策划以及运用传统媒体和社会化媒体进行的广泛宣传与推广是分不开的。尤其是其对于数字时代人们需具备分析和辨别信息真伪的信息素养技能的用户需求分析结果,为该项目的成功运作打下了基础。

二、清华大学图书馆的社会化媒体营销

社会化媒体营销是利用社会化网络、在线社区、博客、百科、视频分享网站等互联网交互平台进行的营销活动，具有真实性、参与性和社会性的特点。在这种营销活动中，用户不再是被动地接受信息，而是可以参与其中，发表自己的观点，并可以拥有自己的粉丝，营销者更容易实现与用户的互动和交流；同时，社区网站、微博等的实名制又增加了信息的可信度，是一种相对投入少而回报率高的新型营销模式。目前在我国常见的社会化媒体营销平台有人人网、微博、微信以及优酷网等视频网站。清华大学图书馆在利用社会化媒体营销实践中取得了很好的营销效果。

（一）微博营销

2010 年 12 月，清华大学图书馆新浪微博账号建立，截至 2016 年 4 月 22 日，共发送微博 6548 篇，拥有粉丝数量为 48 744①，在新浪微博实名认证的高校图书馆中排名第一。同时，在“微博风云”的大学部处类排行榜中关注率排名第 6，行业影响力排名第 8，是进入前 10 名的唯一一所高校图书馆②。

1. 具有亲和力的形象塑造

清华大学图书馆微博头像采用的是民国十一年校友捐赠的青铜喷泉照片，具有深厚的历史文化色彩，能引起新老清华人的共鸣；而微博简介则采用活泼简洁的语言风格：“泡图书馆才是正经事儿！——有事儿你打图书馆总咨询台电话……”更适合年轻人的口味；昵称则直接使用“清华大学图书馆”，并加 V 认证，给人以真实可靠的感觉。

① 数据来自清华大学图书馆新浪微博，时间为 2016 年 4 月 25 日。

② 数据来自微博风云，时间为 2016 年 4 月 25 日。

在发布博文的行文方面，根据不同的内容，采用严肃、活泼、平和、深情、幽默风趣甚至撒娇、卖萌等不同风格，给人感觉微博是一个有感情、有思想、有回应、有自己特点与个性的年轻学子，更像是读者的朋友，而不仅仅是发布信息的窗口。

2. 发布内容丰富、更新及时

清华大学图书馆微博的发布内容主要有活动公告和通知、资源和服务推介、图书馆新闻事件和馆员介绍等。

活动公告和通知主要发布图书馆举办的讲座、培训、展览、馆长接待日的时间、地点、主要活动内容的预告以及假期的开闭馆通知等。

资源和服务推介：如试用资源和新购资源介绍、专题书架、借阅排行榜、查询和打印借阅历史服务等的介绍。

图书馆新闻事件和馆员介绍：主要发布馆内新闻和重大事件，如百年馆庆、嘉宾来访等，以及馆员特长介绍，如馆际互借服务达人孙维莲老师介绍等。

从发布的内容来看，清华大学图书馆微博主要以馆内活动如培训、讲座、展览居多，大多数博文配有清晰的图片，使人一目了然，印象深刻。博文更新及时，几乎每天都有新的内容和活动发布，更容易吸引读者的持续关注。

3. 注重与读者的互动

微博为读者咨询提供了便捷的通道，读者在使用图书馆时遇到任何问题都可以直接@官微，官微都会在第一时间认真答复。据统计，仅2012年7月16日一天官微就被@了1190次，足见读者对官微的喜爱和与官微互动的频繁（如图）。在回答读者问题时，官微的语言风格或诙谐幽默，或严肃认真，不是简单的一问一答，而是通过不同的语言风格吸引其他读者加入讨论。如有读者问“密集书库是干嘛用的”，官微幽默地回答：“去第五书库看。我们的幼儿园分为樱桃班/苹果班/菠萝班和西瓜班，目前樱桃班已有一名同学就读，是否会有新同学加入取决于问的问题的程度……”吸引了其他读者对这一问题的关注。

官微与读者的互动，不仅仅是回答读者问题，还包括和读者就图书馆相关话题进行讨论和交流。例如有读者@官微:“借阅图书发现一个精巧的书签,意外之喜”,官微回复:“恭喜……”再如官微在102年校庆日发博文:“贴几张今日照片,老馆开放日的留言。其实最值得关注的是最底下黑咕隆咚那张车屁股哦!会为我们带来很多方便哦!你们猜将是什么方便?”引来读者的猜测和转发。官微发现王菲《致青春》MV中有老馆镜头时,转发微博后主动发问:“2分44秒的镜头是肿么回事啊……哈哈哈”,引来一众读者的讨论和猜测。此外,官微还经常转发一些读者拍摄的图书馆照片以及有关图书馆的评论等。

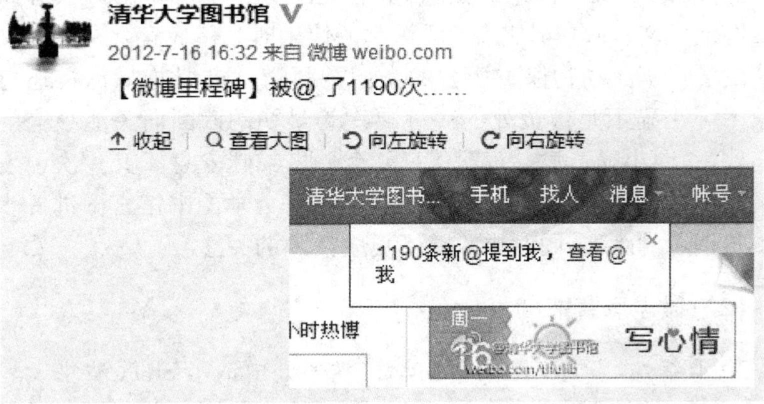

图5－7　2012年7月16日官微被@次数

4. 典型的微博事件营销

如果说成功的形象塑造和丰富的博文内容发布对吸引更多读者关注起到的是慢热的功效,那么成功的事件营销则可使关注度迅速升温。

2010年,一只流浪猫被清华大学图书馆管理员收养,从此,早上七点半左右去图书馆的同学经常看到它在附近的草坪上溜达,动作神似巡察,于是被亲昵地称为“猫馆长”,深受学生们的喜爱。不仅如此,“猫馆长”还享受着在图书馆的任何位置睡觉的“特权”,同学们自习累了,总喜欢逗一逗“猫馆长”,在官微上,也经常有同学发布偶遇“猫馆长”的照片。2013 年 7 月 5 日,“猫馆长”意外身亡,被怀疑为虐死。清华大学图书馆官微第一时间发布了微博“猫,死了。哀”。紧接着发布第二条微博“猫,是被人烫死的。猫、人,各少了一个;混蛋,多了一个”。此微博两天内被转发了 4500 余次,而#猫馆长#也成为新浪微博的热门话题,热门微博榜实时排名第六位,全部讨论达到 136 369 条,24 小时讨论达 6426 条,原创微博 14 189 条①。人民网、新华网、光明网、中国青年网、搜狐、腾讯、网易、中国日报网等网站和媒体争相对此事件进行了转载和报道。人们对虐猫的行径进行谴责和表达愤怒之外,更多的是对“猫馆长”的怀念,学生们自发举行了悼念活动,并纷纷在微博上发文,怀念与“猫馆长”一起的快乐时光。而官微在此时又很快转发了清华小动物保护协会的微博并写道:“非常抱歉深夜还打扰大家……小猫不是被烫死的……再次为最初的武断向关注小猫的朋友们致歉,向小猫道歉。夜深了,思绪渐平,猫咪安息。”又一次引发大量网友的讨论和转发。通过此次事件,清华大学图书馆官微进一步拉近了与读者的距离,同时也收获了更多读者的关注。

(二)微电影营销

2011 年,清华大学图书馆向学校教务处申请了 SRT(清华大学大学生研究训练计划)项目“基于用户环境的图书馆教学视频设计与实现”,目的是尝试邀请学生参与创作基于用户环境的图书馆宣传视频与游戏。该项目获学校批准并成功立项。而作为该项目的成果“爱上图书馆视频及排架游戏”在 2012 年 3 月获得第 10 届国际图联(IFLA)国际营销奖一等奖。此奖项是由评委会从来自澳大利亚、加拿大、智利、中国、印度、韩国、立陶宛、俄国、西班牙、美国和津巴布韦等 20 多个国家提交的 39 份申请项目中评选得出,是该奖项设立十年以来国内图书馆首次获此殊荣。

---

① 张若雅. 高校图书馆微博营销策略研究——以清华大学图书馆为例[J]. 图书馆学研究,2013(24).

1. 微电影的内容策划

清华大学图书馆的微电影《爱上图书馆》以校园爱情故事为主线，以图书馆作为故事发生的主要场景，在男女主角的相识、相知、相恋过程中巧妙地加入图书馆服务的相关内容，情节跌宕起伏，画面清新唯美又不失诙谐幽默，贴近大学生的真实生活，因而更容易让大学生产生共鸣。全剧共分5集，采用连续剧的形式，每集时间均控制在5分钟以内，便于读者能够利用碎片时间进行完整观看。在剧情设计上，每一集都用“你知道吗”结尾，给人留下悬念，使人不自觉地想知道男女主人公的后续故事，希望看到他们爱情的结局，因而能持续关注每一集的播放。在这5集中，巧妙地贯穿了超期还书提醒、禁止占座、用短信发送索书号、禁止私藏图书等读者在使用图书馆时经常遇到的图书馆规章制度和服务，寓教于乐，不仅容易被读者接受，而且更容易与读者产生亲和力。

此外，项目组成员包括演员、视频录制、后期制作等人员均通过在校园公开招募，由学生来完成。招募人员的过程也在一定程度上起到了宣传和推广作用。

2. 微电影的发布与传播

《爱上图书馆》制作完成之后，项目组首先制作了一个简短的预告片，在优酷上先行发布，以营造气氛。正式发布采用在每周的周一与周四进行，发布周期为3周，传播渠道主要是通过微博、人人网对优酷网的视频链接进行转发和分享，同时配合校内张贴海报、发放书签、在校内媒体如清华大学电视台和餐厅的滚动播放、图书馆相关课程中给学生介绍等方式进行广泛传播①。读者不仅可以通过电脑在网上进行观看，还可以使用 iPhone、iPad、智能手机等便携终端直接打开图书馆网页上的链接进行观看。《爱上图书馆》自优酷网站发布的20天内就创造了16万次的点击率，7万多次的转发和引用率②。随着短片的播

① 白玉静. 打开图书馆新媒体营销之门[N]. 图书馆报，2012-02-10(12-13).

② 秦劼. 图书馆微电影营销初探——从清华大学图书馆微电影荣获“图书馆国际营销奖”谈起[J]. 图书馆研究，2014(5).

出,优酷网上陆续出现了《爱上图书馆》(解说版),由网友“天使大哥”以配音解说的方式,对剧中出现的穿帮镜头、故事情节等进行调侃,也吸引了大量网友的观看、评论和转发,对原剧的传播起到了推波助澜的作用。

2014 年,清华大学图书馆又发布了《爱上图书馆》第二季,共上、下两集,在优酷上也获得了 12 000 多次的点击率。

(三)适时推出微信平台

根据《第 33 次中国互联网络发展状况统计报告》,2013 年,我国微博用户规模和使用率均出现大幅下降①,而微信这一新兴的社交媒体正成为人们沟通交流的新平台。

经过 2011 年和 2012 年的大幅增长,清华大学图书馆微博用户数也趋于稳定。2014 年 6 月 6 日,清华大学图书馆正式启用微信公众平台,通过“清华图书馆”微信公共账号,定期制作微报,发布新闻消息和图书馆资源动态,并开发约束性互动模块,通过文字、图片、语音与用户全方位沟通和互动,以扩大信息交流和服务宣传。

目前,“清华图书馆”微报的固定栏目包括“水木华章”“清图快讯”“新书放送”“图影书声”“清华藏珍”“特藏组曲”“我的大学,我的图书馆”,每期发布关于学校或图书馆事务的热点报道、精选新入馆藏图书推荐、新增电子资源与新技术新服务介绍、图书馆藏珍品和特色馆藏介绍、读者心声和图书馆故事等内容。在发布形式方面,微报目录以“栏目—标题—缩略图”的形式呈现,格式整齐划一,主题一目了然,每条消息独立成文,简明扼要,非常适合手机阅读②。

① 中国互联网络信息中心. 第 33 次中国互联网络发展状况统计报告[EB/OL]. [2016 - 03 - 23]. http://www.cnnic.net.cn/hlwfzyj/hlwxzbg/hlwtjbg/201403/P020140305346585959798.pdf.

② 于沛. 高校图书馆微博微信运营策略比较研究——以清华大学图书馆为例[DB/OL]. [2016 - 03 - 23]. http://www.chinalibs.net/ArticleInfo.aspx?id=358212.

约束性互动模块可以通过发送约束条件查询指令或者点击功能菜单,获得图书馆的常用信息,包括咨询电话、开馆时间、借阅规则、新书、讲座、培训、电子资源动态及新闻类信息;也可以完成一些复杂的查询,包括查询馆藏图书和个人借阅情况、最新期刊文章及热门学术文献等[①]。此外,清华大学图书馆利用微信公众平台提供的开放接口,将微信与图书馆座位预约系统、自动化系统及支持移动设备检索的数据库对接,能够回应一些复杂的查询,实现期刊文献检索与在线阅读等一些更深入的自助服务。

清华大学图书馆在2012年曾推出虚拟咨询机器人“小图”,在图书馆主页和“人人网”为读者提供全天候实时咨询服务。“小图”不仅可以对清华和图书馆相关问题给出专业性权威性的解答,帮助读者在清华馆藏中搜索图书、在百度百科中搜索相关信息,而且还具有自学习功能,用户能够对小图进行教学,且小图能够即学即用,因此,小图具有强大“逗闷子”功能,即进行日常自然语言对话且对话内容往往让人忍俊不禁。小图一经推出,就引起了很大的关注,在最初的2个月中,日平均访问人数超过3000人,月访问量人数超过50 000人,同步带动了当月清华大学图书馆网站的访问量有10%到15%的提高。小图一时成为很多论坛的讨论焦点,引来国内外多家媒体的报道[②]。清华图书馆则微信延续了这一功能,将“小图”嵌入到微信服务中。

2016年毕业季到来之际,图书馆组织了主题为“图书馆,不毕业”的毕业季系列活动,并制作了毕业季专题微站(如图5-8),在图书馆微信公众号中发布。微站汇集“离校手续”“毕业生赠书”“征毕业作品”“毕业生荐书”“毕业留言墙”“毕业季书架”“读过的青春”“校友

---

① 清华大学图书馆. 清华图书馆微信公众平台正式启用[EB/OL].[2016-03-23]. http://lib.tsinghua.edu.cn/dra/news/annoucement/5074.

② 姚飞等. 基于社会网络理念打造泛在图书馆服务——以清华大学图书馆为例[DB/OL].[2016-03-23]. http://www.chinalibs.net/ArticleInfo.aspx? id=362462.

图 5 – 8　毕业季专题微站

专栏”“图书馆十二景留影点”和“毕业季电影展播”共十大栏目,不仅贴合了即将毕业的学子们的心声,也极大地吸引了在校学生的眼球,树立了图书馆温暖、博大又不失青春特点的美好形象。

现在,越来越多的人通过社会化媒体和家庭成员、朋友以及其他社交团体进行互动交流,从而获得乐趣、社会性回报和经济性回报。登录社会化媒体几乎已经成为许多人尤其是年轻人的一种生活习惯。社会化媒体的发展不可限量,图书馆如何利用社会化媒体开展读者营销是一个需要持续研究和探讨的重要课题。清华大学图书馆在这方面的实践为图书馆进行社会化媒体营销提供了启示和参考。

三、厦门大学图书馆新媒体营销案例

厦门大学图书馆是国内较早进行新媒体服务的图书馆,早在 2011 年就自主开发了图书馆的移动客户端。随着移动技术的不断发展,厦门大学图书馆又集中力量进行了微信平台的拓展和利用。与此同时,在服务的推广和营销方面,厦门大学图书馆也非常重视新媒体的应用,是国内最早开通微博的图书馆之一。2016 年,依托图书馆微博、微信为毕业生设计的“圕·时光”(Tuan Time)项目获得了国际图联国际图书馆营销奖第二名。

厦门大学图书馆的微博账号为“厦大图书馆”,于2009年11月17日发布了第一条微博。2010年11月,厦门大学图书馆与@新浪厦门合作,邀请香港著名导演彭浩翔在厦门大学图书馆举办讲座《爱的地下教育》,通过官方微博,要求“厦大本校同学,需关注@厦大图书馆和@新浪厦门并发微博,即可获得赠票”。这一活动使官微的粉丝数大增,提高了官微的知名度。2011年9月,微博网友、读者、厦门大学新闻传播学院一位博士生在图书馆求婚成功,相关微博引发热议,又一次提高了官微的知名度。从2013年开始,厦门大学图书馆依托微博平台,策划了一系列服务推广活动,不仅引发了持久的微博讨论话题,还吸引了众多媒体报道,获得了广泛的关注和好评。目前粉丝数已接近2.7万人①。

(一)微博管理

厦门大学图书馆微博的管理和维护与大多数图书馆由专人或某个部门专职或兼职管理不同,而是有专门的团队负责,该团队成员人数保持在10人以上,分别来自读者服务、信息咨询、信息技术、采访、特藏以及分馆等不同部门,他们了解馆内所有相关业务,可随时解答粉丝提出的各类问题。平时每周由1人轮值管理微博,如遇到大型活动或重要舆情,则团队一起讨论决定应对策略。公告信息、新书通报、资源介绍等专栏则由相关馆员提供内容,统一发布。

(二)活动策划

厦门大学图书馆微博除发布活动公告、通知、资源推荐、解答粉丝问题等常规服务外,图书馆“圕”系列服务活动的策划和发布是其最大的亮点,也是吸引粉丝关注图书馆、与官微互动的重要手段。“圕”由中国图书馆学家杜定友创制,仅用一个字即可代表图书馆。这个特别

---

①　截至2016年6月30日。

的汉字，概括了图书馆的特征，即书和藏书的馆舍——洋溢书香的地方，是大学青年成长的空间，也是令人精神充盈的灵魂栖所。“圕”系列服务活动中既有关注即将步入大学校园的新同学的，也有针对马上就要离开校园的毕业生的，活动的策划准确地找到了图书馆与大学生读者间的情感切入点，既像是读者的朋友，又像是读者的师长，在读者中树立了图书馆亲切、时尚、知识渊博的良好形象，同时也体现了图书馆对读者的人文关怀。

1. 针对毕业生的活动策划：圕·时光①

从2013年起，厦门大学图书馆就开始为每一位毕业生准备了一件礼物：通过读者数据挖掘，收集整理了学生的图书馆使用记录，如阅读记录、进馆次数、最喜欢的座位等数据，配上文字、手绘画面和音乐，制作成一个清新文艺的个人电子账户。每位离校的同学都能永久登录“圕·时光”，在上面看到自己的“圕故事”。毕业生们被图书馆员的创意和付出所感动，纷纷在微博、微信等社交媒体进行分享，获得了广泛关注和好评。

正值毕业季，“圕·时光”的设计以“图书馆，曾经的美好，永远的回忆”为主线，以告别和祝福为情感诉求，不对读者的阅读好恶进行评价，亦不褒贬读者的阅读经历，只着力于呈现读者的阅读历史。通过读者数据挖掘与分析，“圕·时光”设计了6个章节，即缘起、初恋、故事、书单、告别、留言。“缘起”告诉读者，这是一份大学期间的阅读清单；“初恋”唤起读者的记忆，展现其第一次到馆的时间，借的第一本书；“故事”用大段描述串联了读者大学期间的到馆次数、借阅量、借阅类型和论文题目；“告别”用清新的诗句表达对读者的祝福；“留言”则将读者导引至新浪微博话题分享。“圕·时光”在毕业季的适时推出，取得了很好的营销效果，毕业生们纷纷将自己的“圕·时光”页面分享到新浪微博，讲述了他们的“圕故事”，表达了对图书馆的喜爱与怀念，

① 龚晓婷等.读者数据的挖掘与创意呈现——以“圕·时光”为例[J].大学图书馆学报，2013(6).

对母校的感激和留恋,以及对大学时光的反思和对未来的期许。当地媒体也对这一活动进行了报道。

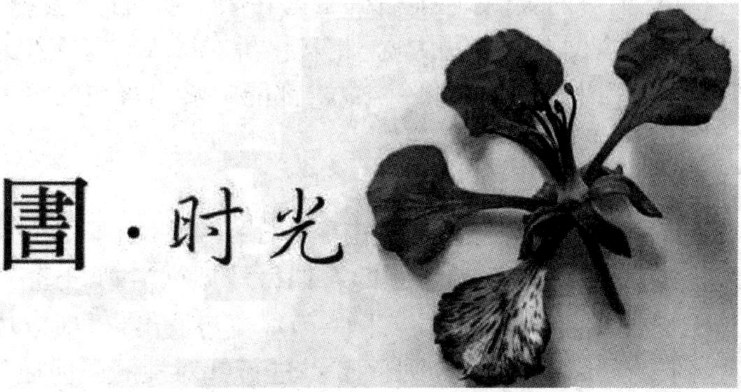

图 5－9 2013“圕·时光”

图 5－10 “圕·时光”话题主页①

从 2013 年到 2016 年,“圕·时光”每年的设计风格都会有所不同,活动内容也不断创新。2016 年毕业季来临之际,厦门大学图书馆

---

① 厦门大学图书馆. 2014 毕业季“圕·时光”电子书[EB/OL]. [2016－06－30]. http://library. xmu. edu. cn/portal/detail. asp? sid =4868.

根据学生一卡通数据统计的结果，在“圕·时光”中别出心裁地又新增了学生们在食堂的消费记录，毕业生登录后，不仅能看到自己最爱去的餐厅、超市、消费的金额，还能看到自己在大学期间打了多少份免费米饭，引发了一众网友的吐槽大赛，相互比拼在厦大吃了多少米，读了多少书，而“圕·时光”的一句“每一粒，都能咀嚼出母校的爱”又引发了众多毕业生的共鸣。

2. 针对新生的活动策划：圕·遇见[①]

2014 年暑假期间(7 月 1 日至 9 月 2 日)，@厦大图书馆官微运营小组策划运营了以“迎新”为主题的暑期微博系列活动。运营小组根据厦门大学本科招生工作 7 月初开始，7 月中旬发出录取通知书，8 月下旬新生到校开始军训这几个时间节点进行针对性的微博迎新推广，在新生到校前就展示图书馆的概况，增进与新同学的情感交流。

借鉴清华大学等国内图书馆通过微电影进行营销的成功案例，运营小组整合馆内力量，与读者协会合作，以“小圕欢迎你”为主线，拍摄剪辑了多部如《图书馆概况》《翔安校区图书馆》《爱馆如家》等多部视频。其中《图书馆概况》的解说采用了第一人称“小圕”的语气，介绍总馆的资源与服务，亲切随和，极具感染力：“大家好，我是小圕。欢迎大家来到美丽的厦门大学，来到小圕的家——图书馆。小圕和美丽的小夏同岁，在这里生活已经有 93 年了……现在小圕又结识了大家……小圕还有一大批好朋友，他们或老或小，或严肃或活泼，或多才多艺或热爱运动，但都在勤恳、热情、真诚地帮助小圕发展壮大……图书馆可以给你如天堂般祥和与富足的精神生活，更重要的是，图书馆是我的家，也是你的家，离你很近、很近……”这些视频通过在微博、微信的推广，不到两个月时间，《图书馆概况》点击量超过了 7000 次，《翔安校区图书馆》点击量超过了 1.5 万次。

除此之外，运营小组还策划了“遇见未来的自己”活动，第一时间

① 黄国凡等. 高校图书馆暑期微博运营的实践与启示——以厦门大学图书馆为例[J]. 上海高校图书情报工作研究，2015，97(1).

与新生产生情感互动,有效提升了微博的关注度和活跃度。图书馆与学校招生部门合作,在录取通知书中随寄了一张送给新生的明信片,正面是手绘人物,一男一女两位新生,带着行李刚来到厦大校园,伫立在图书馆门前,并配诗:“在最美好的时间遇见你/遇见门前长长石阶淡淡书香味道/一个故事一行诗句/泛黄的纸页文字的珠玑/遇见一本书告诉你/在这里遇见了青春的印记。”明信片地址栏印制了图书馆微博和微信的二维码,新生可以在明信片上写下对未来的寄语和祝愿,寄至图书馆,图书馆收到后将珍藏在特制的“时光胶囊”中封存。当这批新生即将毕业,“时光胶囊”即启封展览,与“圕·时光”网站一起,作为毕业礼物送给他们。与此同时,在新生收到录取通知书的时间点,官微推出了新博文,提醒新同学向图书馆寄出明信片,并附上活动海报。开学后,官微将同学们寄回的数十张明信片展示后感动了很多粉丝。为在两个月的暑假期间提升微博的活跃度,运营小组策划了这一时期具体的推送计划和内容,保证了暑假期间微博不间断地推出新的博文,不仅提前与新生进行了互动,还获得了更多粉丝的关注。

3. 针对在校生的活动策划:圕·成长①

“圕·成长”以在校学生为受众对象,在学年初发布,目的在于通过读者数据进行总结和梳理,让学生看到过去一年自己的到馆次数、借阅册次、自习时间以及其他服务的使用情况。通过这些数据让学生更加了解自己,了解全校用户的整体情况,更好地引导学生认识到图书馆对个人的影响和作用,并通过相关数据分析,推荐图书馆的特色服务,让学生在未来更好地使用图书馆,从而帮助他们更好地成长。

技术人员在统计用户个人数据时,将最能反映用户与图书馆亲密程度的借阅量、入馆次数、自习时间这三项数据生成榜单,前五名用户分别赋予“书神”“馆主”“学霸”称号,既是对获此名号的用户的褒奖,也能激发其他用户设立更高的目标。除了个人排名,还以学院为单位

---

① 龚晓婷等.用户数据统计挖掘与展示———以厦门大学图书馆“圕·成长”项目为例[J].中国教育信息化,2016(2).

进行了数据统计，计算出各学院同学在借阅量、入馆次数、自习时间三项指标的平均值，由此生成学院 PK 榜，通过此榜单，可以看出全校哪个学院的学生最爱阅读，哪个学院的学生最爱来图书馆，哪个学院的学生自习时间最长。

"圕·成长"上线后，图书馆通过多渠道跨平台进行宣传推广，充分利用图书馆的官方网站以及微博、微信平台进行营销。在官微开启了"圕·成长""院系 PK"相关话题，用户可将自己的数据展示页面与大家分享，也可对院系 PK 榜单进行评论。在不到十天的时间里，通过微信平台推送了 6 条图文消息，阅读量总计达到了 10 912 次，而用户在微信朋友圈的分享，亦吸引了大量相关用户的登录。此外，为鼓励用户登录与分享，图书馆还设计了奖励幸运用户的活动，逢整百的登录用户将获得一份珍贵的图书馆纪念礼品。通过以上营销手段，有效地增加了系统使用率。新华网和《厦门晚报》就此活动专门采访了项目组成员及榜单达人，并对此活动进行了深度报道。

厦门大学图书馆依托微博、微信等社会化媒体，通过独特、细致的活动方案设计，引发了读者的情感共鸣，促使越来越多的读者关注和认同图书馆服务，并由读者的情感共鸣转化为对图书馆品牌服务的传播和分享，最终取得了良好的推广效果，其经验值得其他图书馆借鉴。

四、英国威尔士公共图书馆营销战略规划

威尔士公共图书馆由 330 座图书馆构成，拥有 520 万册藏书和 40 多万件音像资源。近几年，威尔士公共图书馆的使用率逐年上升，2011 年的到馆人次达 1485 万人次，借阅次数达到 73.7 万人次，比上一年度分别增加了 6.5% 和 8.3%。首次有 3 座图书馆位列英国图书出借前 20 名公共图书馆之列。取得的这些成绩首先得益于威尔士政府对文化事业的重视。早在 2004 年 4 月，威尔士就成立了威尔士博物馆和图书馆部（Museums Archives and Libraries Wales，简称 CyMAL）

作为政府的一个新的决策部门，目的是促进威尔士博物馆、档案馆和图书馆的发展，满足21世纪威尔士人的文化需求。其次是威尔士非常重视图书馆营销，并将其上升到战略的高度，每隔5年都会制定阶段性的营销战略规划。威尔士政府最新发布的图书馆营销战略规划是《威尔士图书馆营销战略规划2012—2016》①(Welsh Libraries National Marketing Strategy 2012—16，以下简称《2012—16规划》)。

威尔士公共图书馆认为，无论图书馆是作为地方政府文化服务的一部分，还是教育部门的一部分，都面临着挑战：公共图书馆必须能够证明政府在图书馆的持续投入是非常有必要的，图书馆提供的服务已经使大多数人受益，为了使原有的和新的用户继续享受这些服务，图书馆必须开展各种营销和促销活动。为应对挑战，制定和更新营销战略规划是非常有必要的。《2012—16规划》的目的是总结和更新上一个5年规划，目标包括公共图书馆和高校图书馆，探索图书馆和文化服务的发展趋势，寻求图书馆跨领域合作的可能，尤其是图书馆与博物馆以及档案馆的合作。

（一）7Ps营销理念

《2012—16规划》在传统的4Ps营销理论基础上提出图书馆营销的7Ps理论，即人(people)、产品/产品开发(product/product development)、价格(price)、渠道(place or distribution)、过程(process)、服务有效性(physical evidence)、促销(promotion)。

人(people)：训练有素的、见多识广和积极热情的馆员。此外，还应包括图书馆的利益相关者、图书馆服务的支持者和志愿者。

产品/产品开发(product/product development)：图书、报纸、杂志、CD、DVD、视频、电子书等，以及培训、研讨会、展览以及其他活动。这些产品的开发和建设将影响服务效果并带来新的用户。

---

① Creative Cultures. Welsh libraries national marketing strategy 2012－16[DB/OL].[2016－07－04]. http://www.chinalibs.net/ArticleInfo.aspx? id＝401927.

价格(price):无论是收费服务还是免费服务,都要为用户提供最有价值的服务,即便是收费非常少的服务亦是如此。

渠道(place or distribution):图书馆的位置、建筑、设备、网站、开放时间,如何设置和建设能对读者产生吸引力,使读者方便接受图书馆服务。

过程(process):用户接受服务的过程和步骤,如到馆借书、网上续借、为视障人士设计的网站等能否做到尽量简化,方便用户。

服务有效性(physical evidence):服务质量的评估,并向用户展示评估结果,让新用户获知图书馆优良的服务。

促销(promotion):营销计划中最重要的部分,综合考虑目标受众、预算和营销目标,通过网站、社交媒体、广告、口碑、印刷品、海报、展览等工具进行服务促销。

(二)未来营销主题的确定和 SWOT 分析

为制定《2012—16 规划》,威尔士公共图书馆对过去 5 年的营销工作与成果进行回顾和总结,包括对全国各类营销活动的评估,案例报告、用户报告、馆员态度调查等。其中,通过在线调查的方式,对公共图书馆的营销人员以及高校图书馆馆员进行了问卷式调查,调查主要集中于以下几个问题:

①未来威尔士图书馆的推广主题或信息应该是什么(如阅读、社区福利、服务范围等)?

②你认为哪些人或群体应该是这些主题或信息的关键目标群体(如以年龄、兴趣、用户或非用户区分等)?

③未来,什么样的宣传活动或支持工作(包括培训)能最好地协助您的图书馆的服务?

④对于营销工作如何才能促进公共图书馆、高校图书馆、博物馆、档案馆之间的合作,你有什么建议?

⑤威尔士所有图书馆的营销工作如何能支持社交网络和移动技术的使用?

⑥营销工作如何支持更多的人融入数字生活？

此外，对公共图书馆的营销人员以及 CyMAL 图书馆发展办公室的营销人员进行了部分访谈以补充此次调查，以便获知营销人员对新的战略规划中营销主题和信息的看法。结果显示，营销人员认为在新的战略规划中，以下主题应被持续关注：促进图书馆提供更广泛的免费服务；重视儿童和青少年阅读资源建设；为社区组织提供空间和资源支持；图书馆必须跟上社会发展并提供新的服务；提供威尔士语言文化和历史资源；反对“数字排斥（digital exclusion）”，提供访问在线资源的设施。

结合调查结果，威尔士公共图书馆通过 SWOT 分析法对营销中的关键问题进行了识别，如表 5－1。

表 5－1　威尔士公共图书馆营销 SWOT 分析结果

优势	弱势
1. 拥有专业的市场营销队伍 2. 包括全国和威尔士当地的营销活动与营销系统的全员营销模式 3. CyMAL 营销办公室领导下的宣传和培训工作 4. 由许多用户和大多数馆员参与的营销活动造成的积极影响 5. 威尔士持续上升的图书馆使用率	1. 非用户和赞助者的有限开发对营销的影响 2. 一些地方政府限制或不使用社交网络，如缺乏使用社交网络和移动技术的能力 3. 高校图书馆参与度不高 4. 一些较低层次馆员的知识水平和参与程度导致营销队伍所承担的责任不同
机会	**威胁**
1. CyMAL 领导下通过联盟的方式促进社交网络和移动技术的使用 2. 利用全国性活动和 BBC 节目以及档案馆、博物馆等其他服务机构的活动进行营销	1. 预算和服务限制给营销资源和人员带来越来越大的压力 2. 未能举办试验性项目以跟进电子书、电子阅读、“社会阅读”应用程序以及其他技术的发展

续表

3. 使图书馆成为电子图书和在线社交阅读增长的重要部分 4. 与社区的重要事项相关联,包括儿童和青少年服务,为低收入家庭提供的培训和资源存取 5. 促进对威尔士语资源的使用和存取,促进双语服务 6. 图书馆联盟管理体系对目标营销和用户分析提供了潜力	3. 持“谷歌和维基可以查到任何东西而不需要图书馆,包括高校图书馆”观点的人数增长 4. 孤岛思维(Silo Thinking)对图书馆与其他服务机构包括博物馆和档案馆之间进行协作的妨碍

(三)营销目标和主要的营销工作

威尔士公共图书馆的愿景为:“图书馆将激励威尔士人民享受阅读,提高他们的知识和技能,丰富他们的生活质量,并使他们意识到自身的全部潜力。”营销规划的制定,将全面支持这一愿景的实现。

《2012—16 规划》确定的营销目标为:

· 通过全国性的途径和行动创建一种全国性的服务;

· 提高所有图书馆的服务意识,包括对用户和非用户的服务意识;

· 增加地方政府和威尔士政府对图书馆的资金投入;

· 提高图书馆服务在馆员心目中的价值;

· 加大高校图书馆与公共图书馆之间的互利合作。

依据前一时期图书馆的营销工作,本阶段图书馆营销的主要工作将包括:

· 年度图书馆营销活动;

· 公共关系和媒体活动;

· 市场营销和创新培训与支持;

· 读者开发活动;

· 市场创新奖;

· 发展社交媒体推广威尔士图书馆；
· 推广电子书服务；
· “librarywales. org”网站的开发和推广；
· 利用全国性事件/活动进行营销；
· 对图书馆发展和图书馆营销的重点领域进行研究。

（四）市场细分化

在下一个阶段的营销中，哪些群体应该作为图书馆服务的目标群体？根据SWOT分析，威尔士公共图书馆对市场进行了细分，确定了以下目标群体：

（1）内部受众。主要包括三部分。第一部分是在一线工作的馆员和志愿者。有证据表明，用户服务质量和专业咨询是图书馆具有访问价值的关键因素。调查表明，支持馆员工作，通过营销活动中良好的沟通，指导新技术、社交网络的使用以及鼓励和支持其向新用户和更大范围的读者进行营销是馆员和志愿者持续的需要。

内部受众的第二部分目标群体是销售精英，他们在将营销措施和活动传递给馆员和高级管理人员中发挥着重要作用，而事实上他们中有些人就是高级管理人员。过去几年的经验证明，这种作用非常成功，在未来一定时期内，需要重新激活。

内部受众的第三分部目标群体是当地政府、教育和学术机构的高级管理人员或政治家。必须通过营销努力来证明图书馆对社区独一无二的重要作用，才会获得持续的公共资金投入。

（2）外部受众。在图书馆营销始终识别和满足现有用户需求的同时，首要的目标受众应该是那些最近流失的用户，这些用户有可能是因为工作变化或生活环境改变而流失，但也有可能是因为不了解或不知道图书馆新增的设施或服务项目而流失。第二类外部受众是社区的支持者，他们都可以影响他们所在的群体，如在校生，在当地政府机构、志愿者组织和社区组织工作或使用这些机构服务的人员。这些群体的人可能会因为图书馆的宣传活动而加入图书馆，但也有可能被博物馆或档案馆吸引。

(3)服务难以送达的人群。这部分群体在不同地区的情况会有所不同,如农村和城市之间,北方和南方之间,由于年龄、种族、残疾、距离、交通以及只会威尔士本土语言等原因而不能成为图书馆用户。持续的公共投资只有让最多的公众受益于图书馆服务才是合理的,因此,要通过图书馆营销满足这部分群体的需要。此外,对低收入家庭孩子的援助已被列入威尔士政府工作计划,图书馆也将有重要的营销举措来吸引这部分孩子喜欢图书馆。

(五)营销的关键任务

为使未来5年内针对目标群体和潜在用户能够达到最好的营销效果,威尔士公共图书馆制定了在此期间的八项关键任务:

(1)加强用户开发工作。图书馆需要确保那些使用图书馆面临障碍的人们能够享受图书馆服务,这是营销战略最重要的任务之一,并且与其他营销任务密切相关,如增加社交媒体的使用等。图书馆可以通过提供优质服务促使现有用户更多地使用图书馆,鼓励流失用户重新回到图书馆,帮助家庭、青少年、低收入人群、黑人和少数族裔成为图书馆用户。开发用户的关键是与当地的个人或组织合作,开展英语和威尔士语的双语服务。

(2)完善图书馆营销信息数据。良好的营销数据是图书馆营销工作必不可少的。通常图书馆更容易专注于现有用户而忽视非用户群体。因此,好的营销数据应该既包括用户数据,也包括非用户数据,这更有助于图书馆开拓现有用户之外的市场。

(3)授权员工,激励市场营销人员。各级图书馆员是营销成功的关键。支持并与员工沟通是威尔士公共图书馆近几年成功的营销策略之一,在未来的营销工作中依然非常重要。一线员工对于用户的良好体验做出了重要贡献,过去几年对员工的培训和支持,特别是"面对用户"的技能培训和支持收到了良好的效果。营销规划应确保继续与所有馆员沟通,肯定他们在完成营销目标中的重要性,寻找方法鼓励馆员支持营销计划。

(4)最大限度地通过社交媒体进行营销。社交媒体的发展和无处不在的移动技术应用,是近几年和未来通信的发展趋势,它对于图书馆服务的重要性,甚至要远远超过市场营销。对于年轻人,包括高校图书馆的学生用户,他们使用传统媒体的可能性非常小,这是图书馆营销不可忽视的问题,社交媒体为图书馆服务现有用户和开发潜在用户提供了新的机会。社交媒体的互动性对年轻人的吸引力是开发用户尤其是当地用户的有力工具。图书馆营销应促进社交媒体与移动技术的使用,与合作伙伴一道,确保馆员配备和跟进最新的沟通和通信渠道。

(5)与博物馆和档案馆合作。图书馆与其他文化机构的相互协作,有助于开发更大的用户市场。如重要的纪念日、国家重大事件等可作为全国或地方文化机构联合进行宣传和营销的活动焦点。

(6)加强高校图书馆的参与。过去几年的营销实践证明高校图书馆的参与度还远远不够,增加这些图书馆参与营销的机会至关重要,如上所述,促进社交媒体的使用就是一个途径。

(7)使图书馆营销更具战略意义。未来几年图书馆营销将面临越来越大的公共和教育经费的压力,更需要证明其投入有利于社区利益。因此,图书馆营销工作中发展公共关系依然重要,尤其是促进和改善图书馆在媒体和议会的舆论导向。营销不是简单的推广,通过市场营销,图书馆工作和发展的很多方面可以得到改善,能够确保满足用户需求,同时让用户及时了解图书馆新的服务、设施和其他方面的发展。

(8)确保营销工作面向未来。图书馆服务与时俱进的发展将有助于营销战略规划的成功和支持威尔士政府为图书馆制定的目标。在未来的 5 年中,图书馆必须进一步抓住数字和社交媒体带来的机会,继续提高图书馆使用率,包括为那些服务难以送达的人群服务,加强在馆员培训方面的投资。

《2012—16 规划》最后还列表对营销主要任务的范围、参与者、时间表、资源和预期结果进行了总结。

(六)向目标受众传达信息

回顾过去的营销策略和对未来营销的规划表明,馆员和其他目标群体希望看到有关图书馆及其服务价值的一系列清晰的信息,这些信息的交流能够促进对目标群体的营销。这些信息总体包括:

图书馆正在发生改变(包括建筑和服务);

图书馆能够与时俱进(与新技术、在线访问、社交媒体和移动技术的联系),并可以多种方式访问;

图书馆是免费的;

图书馆不仅仅只有书籍(包括广泛的其他项目和信息,以及对新技术的利用);

图书馆对你的社区很重要;

图书馆的存在是为了支持你的生活——在线、就业、娱乐等。

《2012—16 规划》中给出了信息示例(表 5 - 2),但强调这并不是规定的必须传达的信息,只是针对不同的目标细分市场的建议和示例。

表 5 - 2　威尔士图书馆针对目标群体的交流信息示例

目标受众	交流方法/目的	关键信息
内部受众		
馆员和志愿者	为他们提供关键信息来展示图书馆以及他们所从事工作的价值 市场营销和用户服务以及相关的方法对图书馆服务都具有重要的价值	为图书馆工作和志愿服务是令人兴奋、满足和愉快的。尽可能使用个性化的信息——“这对我有什么好处?”使用实例或案例研究等,如“你可以帮助改变人们的生活就像……” 图书馆提供高质量的和以用户为中心的服务,具有高素质的、热情的员工——举一些相关例子

续表

目标受众	交流方法/目的	关键信息
那些在社团或政府负责监督图书馆管理和图书馆服务资金的人或能影响他们的人	要说服他们认识到图书馆的价值,以及图书馆能够为他们、为社区和国家做什么	图书馆在当地和全国的社会、商业、社区生活中发挥着独特而重要的作用; 有助于威尔士政府文化建设和文化遗产保护目标的实现,这表现在:可以最大限度地参与,扩大访问范围,关注低收入家庭和儿童,促进威尔士语言文化的发展 给出相关案例
外部受众		
图书馆现有用户	说服他们成为图书馆服务的倡导者 尽可能使用个性化的信息	"我已经学习和享受很多了。和我一起你也能免费得到: 和你的家人、朋友一起分享发现 学习新的技能,如…… 在线访问关于……的信息 享受安静的空间来学习、阅读、思考……"
可接触的新用户如喜欢阅读或从事研究的已经流失的用户	通过描述图书馆与他们的相关性,鼓励他们访问和参与图书馆活动 制作令人兴奋和信息丰富的在线体验	图书馆拥有令人难以置信的资源——不仅仅是书籍——"想象一下潘多拉盒子,你可能会发现一个丰富的、令人兴奋的、有趣甚至是迷人的资源" 图书馆每天都在变化,到目前为止,这是一个资源充足,可以学习、发现和娱乐的地方 带上你的笔记本电脑或者你可以使用图书馆的电脑

续表

目标受众	交流方法/目的	关键信息
		在线资源的数量是巨大的，并且每天还在不断增长 我们可以帮助您访问图书馆服务和资源，帮助您学习、工作或简单地享受和娱乐
潜在的倡导者如教师、年轻职员、卫生工作者和社区领导者	通过描述一些实例和图书馆对他们的潜在价值，鼓励他们访问和参与图书馆活动。给出具有影响和效果的案例	我们可以为您的用户、学生、病人等提供教育或学习用资源，您可以在教室内外或青年中心等地方使用这些资源 我们有案例研究和教学模块，我们可以与您一起分享并为您提供帮助 或者我们可以在一起创建新的资源
服务难以到达的受众		
少数族裔	直接与当地社区组织合作，探索图书馆提供服务或图书馆为活动提供场地的途径	图书馆与你和你的家庭、你的社区、你的历史都有关系，可以帮助你了解更多关于你的社区和国家的事情 我们支持孩子们的阅读，可以帮助家庭一起学习，包括年轻人和老年人 图书馆是免费和有趣的，你会从这里获得惊喜。你可以和家人、朋友、社区组织一起享受这里的服务 我们有工具、流程和服务人员来帮助你如何访问和享受图书馆服务

续表

目标受众	交流方法/目的	关键信息
残疾人士	通过识别潜在的访问障碍，鼓励他们访问和参与，并告诉他们图书馆现有的设施或提供给他们的额外支持。可以在他们的场地或通过他们的设施提供服务	如果您是残疾人士，我们有工具和流程来帮助您访问和使用图书馆服务。我们将与您合作，帮助您使用图书馆服务，为了我们共同的利益而建立一种工作关系
低收入家庭或有小孩的家庭	与当地服务机构和学校合作，通过展示图书馆服务的好处、设施以及提供的额外支持，鼓励他们访问和参与图书馆	图书馆是免费的 图书馆是有趣的 我们支持孩子们的阅读，并可以帮助家庭一起学习，包括年轻人和老年人 我们可以教授您在线技能、提供求职或培训帮助，帮助您获取也许本来不能在家里得到的支持和服务

(七)结语

制定一份详尽、可行并具有实际指导意义的营销规划或计划是图书馆实施有效市场营销必不可少的环节，威尔士公共图书馆的营销战略规划是建立在上一阶段营销成果、经验和教训基础之上，着眼于图书馆未来发展而制定的详细、全面、用以指导未来一个时期整个地区公共图书馆营销工作，其做法值得我国公共图书馆借鉴。

五、东莞图书馆:全媒体多渠道促进公共文化宣传

东莞图书馆新馆位于东莞新城的中心广场,是东莞的标志性建筑之一,于2005年9月28日落成开放。新馆开放以来,东莞图书馆便以东莞打造"学习型城市"和"图书馆之城"为突破口,系统地推进"全民阅读"工程,形成了东莞读书节、东莞动漫节、市民学堂、儿童礼仪之家等活动和服务品牌,创建了公共图书馆发展的"东莞模式"。2015年,东莞市民从图书馆借阅图书约430万册,东莞图书馆总、分馆流通人次达到889万左右,平均每天约有25 000人走进图书馆,享受图书馆服务已成为东莞市民文化生活中不可或缺的部分。这些成就的取得,与东莞市政府对图书馆建设的持续支持以及东莞图书馆在服务理念更新、硬件设施改善、文献资源建设和图书馆管理创新方面所做的努力是分不开的,但还有一个重要的原因则是东莞图书馆在发展过程注重全媒体多渠道地促进公共文化宣传,提升了东莞图书馆的社会影响力,进而形成了浓厚的城市阅读氛围,才使越来越多的市民了解图书馆,走进图书馆。

(一)与新闻媒体合作,提高图书馆影响力

在与新闻媒体的合作方面,东莞图书馆采取主动提供信息、临时通报、媒体主动报道、约见记者、新闻发布等方式,建立了多种沟通渠道①。合作媒体既有东莞当地媒体、省内媒体,也包括一些全国性的知名媒体。

主动提供信息:通过电话、电子邮件、网络联系等方式定期将展览、讲座、活动的时间、内容、形式等信息通报给媒体。

① 张石欣.公共图书馆与重要利益相关者建立信任合作关系——以东莞图书馆为例[J].科技视界,2013(23).

临时通报:图书馆推出新的服务方式、临时的新闻事件,采取电话联系的方式,与媒体随时保持联系。

约见记者进行新闻发布:图书馆提供素材,约见记者,进行新闻发布,对图书馆的服务和成绩进行深度报道。

媒体主动关注:媒体主动关注和报道图书馆的服务所取得的成绩。

以2016年"4·23"世界读书日为例。2016年4月12日,《东莞日报》就以"换醒你的书东莞图书馆系列活动邀你参与"为题,详细报道了"4·23"世界读书日期间在东莞图书馆即将举办的第四届"幸福悦读　知识共享"换书、晒书、捐书系列活动的相关情况,为世界读书日系列活动的举办进行预热。4月21日启动仪式当天,《东莞日报》所属的《东莞手机报——新闻早读》提前进行了简短的新闻报道,告知市民东莞图书馆在读书日期间策划了"骑行、悦读在路上、换书晒书捐书、公益讲座等5个系列20余项读书活动"①。随后,东莞阳光网以"东莞图书馆推出20余项读书活动"为题、中国文明网以"20余项读书活动让东莞书香满溢"为题进行报道;南方日报网以"世界读书日系列活动启动　东莞逾20项活动营造读书氛围"为题配发图片进行报道,并被新华网转载;《广州日报》则于4月22日以"夜深人静　书香正浓"为题,深度报道了东莞图书馆"365天天天开馆,24小时时时开放"的"永不关闭的图书馆"的服务精神②。此篇报道陆续被网易、凤凰网、国际在线等多家媒体转发。这些媒体的广泛报道,为东莞图书馆"4·23"世界读书日系列活动的举办烘托了气氛,同时提高了东莞图书馆的社会知名度。

① 东莞日报. 20余项读书活动让东莞书香满溢[DB/OL]. [2016-07-07]. http://news.timedg.com/2016-04/21/20417124.shtml? 9j.

② 葛宇飞. 夜深人静书香正浓[DB/OL]. [2016-07-07]. http://gzdaily.dayoo.com/html/2016-04/22/content_3183475.htm.

(二)加强与读者深层次的联系和互动

早在2011年6月,东莞图书馆就开通了微博账号"东莞图书馆",发布图书馆通知、公告、活动信息以及进行资源推荐等。微信公众账号设有微服务大厅,提供图书续借、书目检索、图书转借、图书馆公告等服务,开展随手拍投票活动等。微阅读则提供公开课、微课程、新书推荐、声光色影读经典等栏目,使读者通过微信就能学习和阅读。然而,最有特色的,是东莞图书馆自办的内部刊物《易读》和《连线》,尤其是《易读》,在与读者进行深层次联系和互动中,吸引了众多读者的喜爱,发挥了其在阅读推广方面的重要作用。

《易读》是东莞图书馆于2011年创办的一本雅俗共赏的读书类杂志,目前设有本期关注、书目推荐、阅读前沿、读书案例和读者来稿5个栏目,旨在倡导"全民阅读",沟通图书馆与阅读界、书业界、读者间的交流。2014年,《易读》荣获中国图书馆阅读推广类"十佳内刊内报"称号。《易读》为季刊,电子版于东莞数字图书馆和东莞学习中心网站发布,读者若需要阅读印刷版,则可到东莞图书馆报刊阅读室和业务部取阅。

为了增进读者的了解,吸引读者关注《易读》,从而达到推广阅读的目的,《易读》在创办之初陆续开展了一些与读者互动的活动。如在2011年第1期《易读》的"编读往来"栏目中,刊登"征稿启事",向读者征集有关阅读的稿件,对于刊用文稿,向作者赠送样刊并付稿酬,目的是提高读者参与的积极性。在2012年第1期中,开展了"我的2011书单"活动,征集读者在2011年所阅读的书目信息,通过《易读》展示出来,既能让读者知道不同读者群体所阅读书目的信息,又能为读者进一步推介更多的优秀书籍,拉近了与读者的距离。现在,每期的读者来稿不仅反映了他们阅读时的所感所想,也有很多读者直接表达了对《易读》的喜爱。在外观设计上,《易读》开本为大32开,既可以双手捧读,又可以单手执读,尺寸大小适宜,可以放进包里随时进行阅读。《易读》的印刷设计和纸张都经过精心挑选，精美耐看[①]；在内容编排上，每一期的主题都不相同，如 2014 年第 1 期到第 4 期的主题分别为："慢生活""老游戏""动漫时代"和"街道"，这些不同主题的《易读》组合起来，形成一套色彩缤纷的书册，极具收藏价值。经过努力，《易读》吸引了众多读者的喜爱，在宣传和推广阅读方面发挥了重要作用。

为推动东莞地区读书活动的深入开展，东莞图书馆利用本馆知识信息集散地、地区图书馆（室）中枢的优势，整合资源，于 2014 年 2 月推出以读书活动为主要内容的宣传出版物《连线》。《连线》栏目分为总分馆活动、图书馆资源推荐、书山寻径、图书馆的人和事。总分馆活动主要向读者公告公益讲座、流动车、展览、图书漂流、少儿故事会、手工等多种多样的读者活动。图书馆资源推荐主要宣传图书、数字资源、公共电子阅览室影视等内容。书山寻径是名家读书方法、检索技巧等内容。图书馆的人和事是馆员、读者的个人故事以及图书馆建设信息等内容。《连线》为月刊，读者可直接在东莞数字图书馆或东莞学习中心在线阅读，也可以在图书馆取阅印刷版。2015 年，《连线》印刷版共计向读者发放 1.8 万册次[②]。

（三）创建品牌活动，加强公共信息传播

新馆开馆以来，东莞图书馆积极探索建立以用户为中心的现代图书馆服务模式，提出"休闲、交互、求知"需求的服务理念，创新活动品牌，逐步构建形成了东莞读书节、东莞动漫节等大型读书活动，以及市民学堂、礼仪之家、儿童故事大王比赛等系列在东莞市乃至全省及全国知名的特色品牌活动，截至 2015 年，累计参与人次逾 3500 万人次，受惠人群遍布东莞全市及周边地市。以下仅以东莞读书节、东莞动漫

---

① 李岚屏. 图书馆内刊的宣传推广途径及其社会效益研究[J]. 科技情报开发与经济，2013，23(14).

② 东莞图书馆. 东莞图书馆"十三五"战略规划.

节和市民学堂为例，分析东莞图书馆如何通过倡导与举办大型活动宣传推广图书馆服务。

（1）东莞读书节。东莞读书节是由东莞市委、市政府倡导举办，以推进阅读和谐文化建设、学习型城市建设、“图书馆之城”建设和打造知识传播品牌为目标，主要依托东莞市总分馆体系开展的全市性大型综合性群众读书文化活动。每年由东莞市委、市政府下发读书节工作方案的通知文件到市直各单位和各镇街，要求按照方案落实，并成立全市读书节协调小组办公室，设于东莞图书馆，由东莞图书馆具体负责全市读书节活动的策划、统筹和协调。每年的读书节都包括 20 余项读书活动，分别由东莞图书馆、东莞市文联、市妇联、团市委、教育局、总工会等单位负责，其中东莞图书馆负责 4—5 项重点活动；镇（街）读书节活动则由宣传办、文广中心及其下属镇（街）图书馆负责组织、筹划和落实。从 2005 年开始，到 2015 年，东莞读书节已连续举办了 11 届，成为东莞市参与面广、参与人数多、受惠面大的群众文化活动品牌之一，作为活动主要阵地的东莞图书馆，也通过这一活动极大地提高了图书馆的社会形象和知名度。东莞读书节活动的成功，主要得益于以下几方面的原因：

首先是政府的主导和支持。东莞读书节由政府倡导，每年成立由市委书记、市长为顾问，市委和市政府分管领导、市有关方面负责人为成员的“东莞读书节工作协调小组”，下发政府文件，提供专项资金，确保读书节活动的顺利和全面开展。

其次是精心策划的丰富活动。以 2015 年第 11 届读书节为例，活动策划细分受众群体，细化活动安排，分类开展了主题多样的阅读活动。活动项目包括三大类：知识分享互动类、阅读求知竞赛类和学习品牌引领类，共 30 个活动项目。其中，知识分享互动类占 12 个，包括南国书香节暨东莞书展系列活动、数字阅读进校园、进村（社区）、进家庭、进企业系列活动、完善阅读环境、推进 24 小时全民阅读系列活动等；阅读求知竞赛类 9 个，包括“梦·阅读”全市中小学生现场作文比赛、“我讲书中的故事”儿童故事大王比赛、“图书馆伴我成长”系列活动等;学习品牌引领类包括市领导“月读2本书”、道德讲堂、市民学堂、文化周末大讲坛等。

第三是重视读书节的宣传和推广,积极借助媒体来营造节日氛围,扩大读书节活动的声势和影响力,提高市民的参与度。历届读书节,东莞图书馆积极加强与报纸、电视、电台、网络等媒体的合作。以2006年第2届读书节为例,各级新闻媒体累计刊发及播出相关新闻1800余条,其中深度报道就达500余条①。

(2)东莞动漫节。举办东莞动漫节是东莞图书馆借大型活动宣传和推广图书馆服务的又一重要举措。21世纪初,随着我国动漫产业的升温,东莞市政府也借助产业转型的机遇开始大力扶持动漫产业的发展。东莞图书馆敏锐地捕捉到动漫发展的热潮和漫画阅读的需求,经过近一年的紧张筹备,于2004年7月开设了中国大陆第一家以动漫图书、期刊和数字资源为主题的漫画图书馆。依托漫画图书馆的资源,2006年“五一”黄金周期间,东莞图书馆举办了首届“东莞动漫节”,这也是东莞首次举办的大型动漫展。随着活动的持续举办,到2009年第5届东莞动漫节的举办,东莞图书馆已经通过动漫节活动带动东莞本土的动漫文化从无到有,从小到大,推动了本土文化的多元化发展,提升了漫画图书馆和东莞图书馆的社会影响力。据东莞图书馆统计,第5届东莞动漫节期间,仅国庆黄金周的8天时间内,东莞图书馆就迎来读者和游客共计88 914人次②。2012年,东莞动漫节改版为“东莞动漫之夏”,于每年的暑假举行。2013年,基于东莞动漫节和漫画图书馆的社会影响,东莞图书馆正式成为中国国际影视动漫版权保护与贸易博览会分会场,积极开展动漫产业文化推广活动。

东莞漫画图书馆目前的发展定位为动漫文献信息中心、动漫创意

① 黄文镝. 公共图书馆阅读推广活动管窥——从东莞读书节谈起[J]. 图书馆学刊,2011(8).

② 刘燕. 第五届东莞动漫节迎客近九万[EB/OL]. [2016-07-07]. http://blog.sina.com.cn/u/1646283514.

活动场所、动漫产业服务基地和动漫发展研究平台。从东莞动漫节到东莞动漫之夏，东莞图书馆依托漫画图书馆阵地，开展了各种动漫活动，引导和传播了健康时尚的动漫文化，每年都吸引了数以万计的漫迷尽享欢乐，为东莞动漫产业的发展注入了活力，也彰显了东莞图书馆在城市文化、经济建设中的重要作用。

(3)市民大学堂。2005 年 9 月底，东莞图书馆新馆与东莞首届读书节启动仪式同时在新馆举行。作为新馆开馆的特色活动，市民学堂利用月底及“十一”黄金周假期连续推出 5 场高水平的讲座，在读者中产生了轰动效应，引发众多媒体报道。此后，市民学堂每个周末常态化开展，零门槛向市民开放，根据市民多样化的学习需求，细分读者类型：针对高端读者学习群体，邀请省内外专家围绕热点问题举办公益讲座；针对休闲型读者群体，邀请某一行业专门人士围绕汽车旅游、生活保健等主题举办公益生活课堂；针对外来务工人员急需的粤语、就业、维权等方面的学习需求，邀请志愿老师举办技能学堂；针对不能来到现场的读者，将所有解决版权的讲座视频放置于东莞学习中心平台上，供读者学习。讲座内容覆盖了时事、政治、经济、军事、文化教育、艺术、历史、科学、婚姻家庭、心理等诸多领域，满足了市民多元化的学习需求。

在宣传推广方面，除讲座前的预告外，还通过本地报纸、主流网站、馆内宣传栏等多种方式进行宣传；为扩大讲座知识的传播范围，每年都精心挑选部分优秀讲座，通过录音整理，编辑成书，提供给市民学习。截至 2015 年，市民学堂累计举办各类公益讲座、培训、沙龙活动 1500 余场，直接受众近 300 万人次，不仅成为东莞读书节的重点品牌活动，也成为“东莞市十大学习品牌”之一。

如上所述，东莞图书馆在宣传和推广图书馆服务、塑造图书馆形象方面，宏观上依托政府的力量，与各类媒体广泛合作，通过承办大型文化活动极大地提升了图书馆的社会影响力；在具体的服务当中则通过微博、微信，自办读者喜闻乐见的刊物和活动，加深了与读者的深层次联系和互动，使图书馆服务日渐深入人心。

六、英国利兹图书馆的营销实践：故事驱动的内容营销

利兹是英国英格兰西约克郡城市，是位于英国经济最发达地区中心的一个商业重镇。利兹图书馆与信息服务系统是英国规模最大的图书馆系统，拥有35个图书馆和一个大型中央图书馆。为保证服务的供给，整个系统雇用了约700多名雇员。利兹周边居住着大约75万居民，市中心居民约10万人。和英国许多图书馆一样，利兹图书馆面临着需要不断提升服务满足市民需求以及财政紧缩的处境，为应对挑战，实施了"电子供应链服务"(Electronic Supply Chain service)的战略，超过一半的图书实现了"即可上架"，直接交付各分馆流通，同时也把馆员从繁重的日常工作中解脱出来，去从事更多、更重要的以用户为中心的工作[①]。

为提高公众对图书馆的利用率，了解图书馆提供的多样化服务，2015年，利兹公共图书馆投入约1.4万美元，联合举行了"#Whats YourStory：How can your local library help turn your life around?（说出你的故事：图书馆如何帮助你改变生活）"的活动。

（一）#WhatsYourStory 活动中的真实故事

"#WhatsYourStory"活动以利兹居民利用图书馆服务后工作和生活发生变化的真实案例为基础，目的是改变人们对公共图书馆的看法，提高他们对图书馆数字和物理馆藏的使用率以及免费参与图书馆活动的积极性。利兹图书馆的服务和各类活动已经帮助过很多人，在

① Leeds Library and Information Service. Leeds Libraries drive down cost of procurement[EB/OL]. [2016-07-07]. http://www.bic.org.uk/e4librariesfiles/pdfs/capita%20leeds%20case%20study%20nov%2011.pdf.

成千上万使用过图书馆服务的人当中,有两个人站出来讲述了他们自己的故事:

#说出你的故事:遇见韦恩(Wayne)①

图 5-11 韦恩在图书馆

韦恩一直对他的家族史感兴趣,但是他不会使用计算机因而无法访问在线档案,之前也并没有意识到就在利兹,离他家很近的图书馆就可以学到这项技能。一天,韦恩从贝尔岛抄近路通过当地自己家族的公墓走回住处,注意到一位与他有着共同姓氏的女士墓碑,为获得更多信息,他向附近的莫利(Morley)图书馆咨询,并开始学习计算机基础知识。由此,韦恩发现在利兹中央图书馆有关于利兹地方史和家族史的资料,很快,他就成了那里的常客。韦恩追查的第一步就是要找到墓碑上的这位夫人,在查询他家族的两代人后,韦恩发现原来这位夫人是他伟大的祖母。一步一步,韦恩对他家族史的研究逐步深入,并取得了突破性进展。他发现,他和当地的战争英雄亚瑟·路

① Leedslibraries. #whatsyourstory-Meet Wayne[EB/OL].[2016-07-07]. https://leedsreads.net/2015/06/30/whatsyourstory-meet-wayne/.

易·斯亚伦有关联，亚瑟是二战中唯一由于勇敢而赢得维多利十字胸章的利兹人。进一步的深入调查后，韦恩发现，亚瑟在战争中被击中了下巴、胸部和手臂，尽管有致命伤，他还是坚持使飞机安全回到英格兰，但到达后9小时就死了。

目前，韦恩已将他的家族树构建到1803年——他伟大的祖父戴维和祖母莱维特·安娜，在过去的一个月，韦恩根据现有的资料推测，莱维特家族后来可能迁移到了塞比尔，他们的后代也生活在那里。

#说出你的故事：遇见Ma（Ma Maposa）[①]

Ma Maposa 的童年是很艰难的，他总是梦想着要做更大的事情。一次，在度过了非常糟糕的一天之后，Ma 走进了市中心，希望在那里找到自己急需的东西。他发现自己路过了利兹中央图书馆，当时来自Studio 12 的杰米正在散发传单，受Studio12 的免费音乐工作室的吸引，Ma 开始访问 Studio12。最终他有了自己的地方，可以做他喜欢的事情。

图5－12 年轻帅气的 Ma Maposa

Ma 变得越来越强大，很快他就参加了由大英图书馆发起的国家级项目“Writing Britain”，并通过 Studio12 为 Writing Britain 制作了短片，这部短片后来在 BBC3 播出。

在利兹图书馆和 Studio12 的支持下，Ma 创建了自己的 YouTube 频道 BigOnRoadTV，旨在促进当地有发展潜力的音乐明星的成长。由于对音乐的热爱，Ma 还创办了名为 BigOnRoad 的唱片公司。Ma 后来和利兹大学合作，开展了名为“未被发现的：利兹（Undiscovered: Leeds）”，目的是鼓励那些有音乐天赋和才能的年轻人能够走进音乐，

① Leedslibraries. #whatsyourstory – Meet Ma[EB/OL].[2016 – 07 – 07]. https://leedsreads. net/2015/06/29/whatsyourstory-meet-ma/.

活动中的获胜者将会和 BigOnRoad 合作发行唱片。

现在,Ma 已经创建了自己的商业帝国,为扩大他的企业规模,他还开发了一个虚拟名片共享应用程序,目前已在出售。此外,他还在筹备一部关于自己的电影。Ma 的经历告诉人们,如果你得到了正确的支持、在图书馆里找到了也许你永远都不会知道的你所需要的东西,你可能就会实现你自己从未想过能实现的目标。

(二)#WhatsYourStory 活动的宣传推广

韦恩和 Ma 的真实故事被作为这一活动第一阶段的案例于 2015 年 6 月推出,利兹图书馆制作了灯杆旗、户外广告牌、印刷传单,并在报纸和电视、广播进行了报道,同时在网站、博客、Titter、Facebook 等也进行了宣传。包括《约克郡晚报》在内共有 20 家媒体对此进行了报道,而这些媒体潜在的受众就多达二百多万人,成功地吸引了新用户和潜在用户对利兹图书馆的关注。

除了吸引新用户,利兹图书馆希望通过社交媒体促进用户的参与和互动。在活动开始后的四周内,Twitter 上关于此次活动的互动交流就达 213 次,Facebook 则达到了 152 次。最受欢迎的是 Ma 的广告照片,它被树立在利兹和布拉福德之间的通勤路线上,在 Twitter 上,到 2016 年 1 月,有关这张照片的交流互动达到了 65 次。该活动在社交媒体上受到了利兹当地居民、企业、各类组织以及利兹政府部门及其工作人员的大力支持。"#WhatsYourStory"活动的影响远远超出了利兹范围,来自澳大利亚、加拿大和美国的网友也反响强烈,社交媒体的应用使整个活动产生了更多的追随者,提高了利兹图书馆的社会形象。韦恩和 Ma 的故事被贴在博客"Leeds Reads"上,成为 2015 年最热门的帖子,被网友分享次数达 120 多次①。

① Angela Hursh. #whatsyourstory at Leeds Library(2015)[EB/OL].[2016-07-07]. http://adlib. info/leeds-library-2015/.

图 5－13　印有 Ma 照片的广告牌

图 5－14　印有韦恩和 Ma 照片的广告牌

（三）第二阶段的故事

第一阶段营销的成功，增加了利兹图书馆的信心，2016 年 3 月，第二阶段的真人案例如期推出。与第一阶段的故事相比，这一阶段重点关注老年人的生活和事业。

#说出你的故事：遇见 Jean Murgatroyd①

Jean Murgatroyd 奶奶来自 Armley，她想扩大自己的社交圈，于是加入了当地图书馆的一个“编织与聊天组”（knit-and-natter），她每周都要在图书馆学习如何编织，和她的朋友一起度过轻松而愉快的下午，她们一起编织、聊天、喝茶、吃点心。Jean 承认编织是她一周中最快乐的时光，图书馆是她和朋友相聚最好的地方，在那里，她总是受欢迎的。

图 5－15　Jean 和她的朋友在图书馆

#说出你的故事：遇见 Bill Hyland②

72 岁的 Bill Hyland 来自奥克伍德，早在 1976 年就发明了塑料管去毛刺工具，但没有时间或资源投入生产。直到他退休后的某一天，Bill 去观看了中央图书馆的一个展览。展览的工作人员为他提供了专业的建议和支持，包括帮他与利兹商业和知识产权中心取得了联系。

① Leedslibraries. #whatsyourstory – Meet Jean[EB/OL]. [2016－07－07]. https://leedsreads.net/2016/03/21/whatsyourstory-meet-jean/.

② Leedslibraries. #whatsyourstory – Meet Bill[EB/OL]. [2016－07－07]. https://leedsreads.net/2016/03/15/whatsyourstory-meet-bill/.

在接下来的几年时间里，Bill 利用图书馆服务来研究发明的背景以及如何把计划付诸行动。图书馆的工作人员给了他宝贵的意见，同时帮助他把他的发明应用于生活。七年后，Bill 的发明在市场上畅销。

Bill 说，没有利兹图书馆，他不知道从哪里开始。图书馆帮助他重新开始，教会他使用计算机、互联网，帮助他梦想成真。Bill 建议："任何人有了想法，说出来吧，图书馆会帮助你！"

图 5－16　Bill Hyland 在图书馆

利兹图书馆通过现实生活中的真人真事，分享他们受益于图书馆服务的经历，让公众近距离地感受图书馆给人们生活和工作带来的影响，在公众心目中留下了较为深刻的印象。选取的 4 个案例中，Ma 的励志故事加上其帅气的外表，博得了年轻人的喜爱；韦恩会给那些有特殊兴趣和爱好的读者以启发，图书馆会更好地满足他们的需求；而 Jean 和 Bill 的故事则告诉老年人，图书馆是一个让老年生活丰富多彩，帮助你实现年轻时未曾实现的理想的好去处。加上各种媒体，尤其是在社交媒体上的广而告之，利兹图书馆的营销给人以亲切、贴近生活的印象，比起填鸭式的说教，更容易被读者接受和认可。

七、澳大利亚国家图书馆的社交媒体营销政策

近几年,澳大利亚国家图书馆(简称NLA)一直通过社交媒体来促进、开发和交付图书馆服务和馆藏,其在推特和脸谱网的账户已成为图书馆的品牌,用以支持日常的用户沟通和营销活动,这些活动包括播放新闻,促销活动、服务和馆藏征集,监控、用户反馈和调查等。此外,NLA还通过其他社交媒体账户如YouTube、Flickr、Instagram、SlideShare作为图书馆教育和内容共享渠道,如作者访谈、播放幻灯片、图书馆使用帮助截屏等。以NLA的免费搜索引擎Trove为例,社交媒体已成为Trove传播和营销策略的核心组成部分,Trove的推特账户提供的带有历史报纸或其他内容主题链接的用户,是新服务传播以及Trove用户与图书馆其他用户沟通的理想渠道。

目前,NLA用于公共(外部)活动的社交媒体有:Twitter(负责公共微博服务)、Facebook(公共社交网站)、Blog(在线期刊评论/共享)、Forum(在线讨论区)、Flickr(照片共享服务)、Flickr Commons(已过版权保护期的照片分享服务)、YouTube(视频共享服务)、Screencasting/Podcasting(音视频共享和订阅服务)、Google +(社交网站与视频教程组)、Wikis(多用户共建网站)、Slideshare + Prezi(演示共享服务)。用于内部活动的社交媒体有:Yammer(针对图书馆内部的微博服务)、Skype(多人语音、视频和聊天)。

除了成立通信和营销部门来管理图书馆的品牌活动,NLA鼓励图书馆的每一个工作人员创建商机或自己专业的社交媒体通道来宣传和推广图书馆服务。但NLA也意识到,虽然所有的馆员都可以通过社交媒体或个人网站与用户沟通,但馆员需要有良好的判断能力,判断什么样的内容能够或在什么样的情况下出现在网上。因此,NLA制

定了《社交媒体政策》[1]，目的是为图书馆员如何在社交媒体上进行自我管理提供清晰、明确的行动准则，并告知他们在使用社交媒体时的责任，鼓励馆员在社交媒体上发声的同时保护图书馆的利益。

（一）社交媒体的范围

《社交媒体政策》规定的允许与用户互动的社交媒体范围包括但不限于：

社交网站，如 Facebook、MySpace、Bebo、Friendster；

视频和照片共享网站，如 Flickr、YouTube、Blip、Instagram；

微博和活动流的网站，如 Twitter、Yammer；

博客和博客平台，如 Wordpress、Blogger、Tumblr；

论坛和讨论组，如 Trove Forum、Yahoo！ Groups、Google Groups；

在线百科，如维基百科；

以及其他网站，允计个人用户或机构使用简单的发布工具，如维基等。

（二）合规要求

《社交媒体政策》中使用的控制和指导语言是按照国际互联网工程组织（Internet Engineering Task Force，简称 IETF）说明中使用的"要求""必须""应该""建议"和"可能"来表示不同程度的合规要求。控制的定义如下：

要求（required）：这种控制是必须的。

必须（must）：这种控制是强制性的，但在一定的范围内，遵循适当的程序可以有变化。

应该（should）：这种控制是强烈建议，但是不同控制有效性的原因可能在特定情况下存在，在选择不同的进程之前必须考虑全面

① National Library Of Australia. Social Media Policy[EB/OL].[2016-07-20]. http://www.nla.gov.au/policy-and-planning/social-media.

影响。

建议(recommended):这种控制是可选的,鼓励馆员考虑在独特的情况和风险的基础上,根据建议的关键字实施。

可能(may):这种控制是可选的,没有相关的合规性要求。

(三)控制——官方使用(controls—official use)

《社交媒体政策》规定,官方使用是指在图书馆品牌的社交媒体账户上传达信息或馆员在个人社交媒体账户上代表图书馆发表评论。如通过 Trove 的国家图书馆账号发帖,或者在论坛上对不正确地描述国家图书馆活动给出正确的回答等。在国家图书馆通信和营销部门的社交媒体登记册中可以找到完整的图书馆品牌的社交媒体账户。

通过社交媒体进行官方交流的馆员必须遵循以下规定:

· 必须经相关部门负责人批准才能正式使用社交媒体。

· 必须阅读、理解并遵守图书馆的工作人员使用互联网和电子邮件的政策和准则。

·《图书馆工作人员使用互联网和电子邮件的政策和指导方针》同样也适用于社交媒体:不能在互联网上通过 Web 浏览器或其他软件工具访问不恰当的信息,但下列情况除外,即图书馆员需要访问与工作有关的、可能被视为不当的信息。在这种情况下,员工必须在通知其主管之后立即访问此信息。

· 不得对图书馆其他部门或分支机构的活动发表意见和评论,除了提供公开记录的事实资料或雇员被授权这样做。

· 必须避免任何给图书馆声誉带来不良影响的言论。

· 不经授权,不得以图书馆名誉参与任何活动或计划。

· 除非被授权或已经公开,不得透露官方信息。

· 应了解涉及诽谤、诬陷、隐私和知识产权保护方面的法规。

· 必须保证所有活动都与 APS(澳大利亚公共服务雇员)准则和图书馆政策相一致,包括:保持尊重和礼貌的行为;恰当地处理信息,知道哪些信息应该保密;为公民提供公平、公正和有效的服务;灵活地处理公民的多样性需求;采取合理的措施避免欺诈;合理使用联邦资源;坚持 APS 价值观和保持 APS 完整而良好的声誉,履职时保持公正、专业、与政治无关;必须做到非政治性、公正和专业,并避免可能被理解为倡导政府政策或批评政党或团体政策的任何陈述;必须保证委托给图书馆的个人信息不流入公共领域;馆员应该注意任何他们想使用或利用的内容的版权或知识共享公告,引证或标示出已知的内容来源;必须参考图书馆媒体联络人的危机处理信息。

(四)控制——专业使用(controls—professional use)

《社交媒体政策》规定,专业使用是指特定领域的专业人员发表的个人评论,他们不代表图书馆或政府。例如,一个在国家图书馆工作的馆员可能想对未来图书馆电子书的使用发表意见,但这与政府政策无关。

具有专业能力的员工参与社交媒体是需要遵循以下规定:

·作为图书馆的代表,馆员在使用正式的工作人员账户时必须申明他们的目的和立场。这取决于与正在讨论的主题的相关程度,员工不妨提供一个分层次的身份识别,如“我是约翰,网络发布组的主管”,“我是约翰,网络发布组的一名成员”或“我是约翰,澳大利亚国家图书馆的一名员工”。

·员工必须提供一份申明,明确自己的意见并不代表图书馆,如“此网站(或帖子、内容等)仅供讨论,不代表澳大利亚国家图书馆的官方意见。在本网站上发表的任何意见,仅代表网站作者个人”。

·必须确保所有活动都与 APS 准则和图书馆政策一致。

·不得对图书馆其他部门或分支机构的活动发表意见或评论,除了提供公开记录的事实资料或雇员被授权这样做。

·除非被授权或已经公开,不得透露官方信息。

·必须保证委托给图书馆的个人信息不流入公共领域。

(五)控制——私人使用(controls—private use)

《社交媒体政策》规定,私人使用是指员工用个人身份发表评论而非使用正式员工身份。员工必须阅读,理解和遵守《图书馆互联网和电子邮件使用政策和准则》。

员工参与民间社交媒体活动时必须坚持APS的价值观和行业准则,即使信息是匿名或使用别名或化名发布的。他们应该牢记,即使他们在线时并没有把自己作为APS雇员或自己机构的雇员,但是他们很可能被认为是以此身份在公共论坛上发表言论。

员工应该不依赖于网站的安全设置而保护隐私,当信息被发布在一个相对安全的网站时仍然有可能被复制和发布到其他任何地方。此外,在一个网站上发布的评论也可以被用于许多具有其他条款的社交网站上。

(六)使用不当(inappropriate use)

《社交媒体政策》规定,社交媒体的使用不当包括但不限于以下情形:

·开展私人业务。

·使用歧视、诽谤、辱骂或其他不良语言内容。

·访问、下载或传输任何色情内容,暴力影像包括血液或血块图形图像(无医疗用途)。

·访问、下载或传输武器、爆炸物和其他暴力或恐怖主义工具的使用和建造信息。

·访问、下载或传输被认为是非法的或违反澳大利亚联邦法律的任何材料。

·访问、下载或传播仇恨言论和公然的种族主义,颂扬一个特定的种族、民族固有的优越感或自卑感、性取向、种族辱骂或宗教偏见。

·损害任何人的隐私。

·为个人的政治目的而使用社交媒体服务。

·为工业活动而使用社交媒体服务(除了由工会或专业协会人员为信息咨询的目的发布的信息)。

·试图访问未经授权的其他组织的计算机资源。

·破坏图书馆信息或服务的完整性。

(七)违反政策的行为(breach of policy)

·根据《图书馆管理不当行为政策》,参加社交媒体在线交流的馆员不把图书馆的利益当作最大利益将受到纪律处分。

·图书馆将删除或要求员工删除任何违反 APS 价值观和行为准则或者违反《社交媒体政策》规定的信息,例如图书馆员侵犯版权或发布不当言论。

(八)风险(risks)

《社交媒体政策》列出了馆员在使用社交媒体时可能出现的潜在风险,用以提醒馆员,这些风险包括:

·可能违背 APS 价值观和行为准则。

·可能抄袭或违反版权法/知识共享协议。

·用于浏览社交媒体的时间过长。

·对社交媒体的不恰当使用。

·使图书馆的品牌和声誉受损。

·用个人的政治观点代表图书馆的政治观点。

·别人在馆内或馆外代表了图书馆的观点。

·可能做出与图书馆无关的承诺或声明。

·可能泄露图书馆员或用户的个人信息或官方的机密和商业秘密。

(九)记录保存(record keeping)

一般来说,使用社交媒体产生的记录通过其他手段如创建一个文档受制于同业或法律的约束。馆员必须能够判断材料与图书馆业务的相关性,并在必要时进行捕获。

例如,如果推特或博客是图书馆向公众发布新政策的唯一方式,员工应该寻求记录管理机构的指导,并参考澳大利亚国家档案馆的指导方针保存社交媒体账号记录。

(十)结语

社交媒体改变了人们的沟通方式和思维方式,越来越多的人开始使用社交媒体发布、分享和获取信息,花在社交媒体上的时间也越来越多。通过社交媒体进行营销已成为图书馆重要的营销策略。但社交媒体的应用也是一把双刃剑,不恰当地应用或在使用中出现任何问题都会直接影响图书馆声誉。澳大利亚国家图书馆的社交媒体政策很好地规范了员工在使用社交媒体时的行为和言论,在一定程度上规避了通过社交媒体营销的潜在风险,值得我们借鉴。

八、上海图书馆:向世界级城市图书馆迈进

上海图书馆成立于1952年。1995年10月,上海图书馆与成立于1958年的上海科学技术情报研究所合并,成为综合性研究型公共图书馆和行业情报中心,同时也是全国文化信息资源共享工程上海市分中心、上海市中心图书馆总馆、上海市古籍保护中心和上海市软科学研究基地"前沿技术发展研究中心"。一直以来,上海图书馆在我国图书馆界具有重要影响力,在很多方面都起着一个领头的作用。在21世纪初,上海图书馆确定了一个新的发展目标——世界级城市图书馆,为此,上海图书馆做出了更多努力,也取得了显著成果。据报道,上海图书馆现已开设11个新浪微博账号以及8个微信公众号,从读者服务、读者活动、创新空间、产业图书馆、上图讲座、上图展览、上图培训、历史文献、文化名人手稿、图书出版、图情服务、图书推荐、国际交流等多个方面、不同角度,满足不同读者多样化的需求,而且,"上海图书

馆”微信公众服务号还荣获“2014 上海十大微信公众号”网友票选和专家评选双奖①。上海图书馆不仅善用新媒体,在其他营销方式上也有突出表现,其成功经验十分值得在图书馆领域推广。

(一)事件营销:上海世博会

2010 年 5 月 1 日至 10 月 31 日,第 41 届世界博览会在上海市举行,这是中国首次举办世界博览会,受到了全世界的广泛关注。上海图书馆紧紧抓住了这一机遇,将世博会作为本馆建立三个面向(即面向公众、面向研究群体、面向决策部门)知识服务体系的重要实践,围绕世博会开展了全方位的一系列服务和活动,为图书馆界提供了一个优秀的“事件营销”范例。

2002 年上海开始申办世博会时,上海图书馆馆长吴建中就敏锐地意识到,这将是上海走向世界的一次空前机遇和挑战,而对于上海图书馆来说,这也是实现其世界级城市图书馆发展目标的重要一步。在馆长吴建中的重视和领导下,上海图书馆从一开始就高度参与到世博会项目中,馆内特别组织了一个世博会信息小组,大量搜集有关世博会的各类资料信息,为上海最终成功申办世博会提供了重要帮助。2003 年 1 月,在世博会申办成功之后的第二个月,“上海世博会信息中心”就在上海图书馆揭牌成立,主要任务是搜集、保存、研究有关世博会的各类信息资料,为 2010 年上海世博会成功举办提供信息资源支持。2004 年 3 月 6 日,上海图书馆的世博信息阅览室正式向读者开放,为社会公众了解世博会又增添了一个渠道。

上海世博会的召开吸引了全球媒体聚焦,根据上海图书馆文献提供中心发布的《2010 年上海世博会媒体监测报告》显示,世博会期间,境内外媒体对上海关注度同比增加 132.76%,评价值同比提升 7.38%。借此良机,上海图书馆也得益良多。据统计,仅 2010 年上半

① 上海图书馆. 上海图书馆打造“智慧图书馆”[DB/OL].[2016 - 07 - 07]. http://www.chinalibs.net/ArticleInfo.aspx? id = 402232.

年,有关上海图书馆的相关新闻就达到了824篇[①]。如2010年4月19日《中国2010年上海世博会官方图册》首发仪式和世博热线962010多语种服务运营仪式在上海图书馆举行被全球媒体广泛报道。自2002年以来,在上海世博会召开前后,上海图书馆一直积极参与到世博会的宣传推广中,包括举办各种主题论坛研讨会,邀请国内外专家学者开设系列讲座,推出上图读者证世博个性卡,编制多语种“上海图书馆简介”宣传折页启动多语种服务,举办巡回展览、国际海报大赛等。馆长吴建中作为上海世博会顾问,多次参与、主持世博会的国际和国内论坛,到各地去宣讲世博会,并相继出版了《世博会主题演绎》《进步　创新　交流——世博文化解读》《上海世博会看点》《世博启示录》等多部关于世博会的图书。为迎接上海世博会,上海图书馆下属上海科学技术文献出版社还组织专家、学者编写了《世博读本》,较为全面、系统地介绍了世博历史、世博文化和上海世博相关知识。上海图书馆还在世博中心和世博村内安置了两个提供自助式图书、光盘借阅和数字资源阅读便利服务的“自助微型图书馆”——世博自助漂流亭,为世博会的参展者、工作人员和广大观众提供24小时自助图书借阅服务。这些举措不但很好促进了社会公众对世博会的了解,也大大增加了上海图书馆的曝光率,让上海图书馆成功走进各国人民的视野之中。

上海图书馆细致而精准的世博会信息服务工作得到了各方面的充分肯定。如今,上海图书馆还在一直继续世博会的相关服务。上海图书馆也是目前世界上世博文献收藏最多的机构之一,此外还出版了十多本和世博会有关的研究性著作,其打造的《上海:融入世博的精彩历史》专题多媒体数字化资源库还在为人们展示过往岁月里,中国与世博、上海与世博之间千丝万缕的联系。上海图书馆在世博会中的深度参与,也将上海乃至中国的图书馆行业整体带入了世界性交流盛会的视野,在全球社会范围内树立了上海图书馆的良好形象。

---

① 张正,罗春荣.图书馆媒体营销策略研究——以上海图书馆为例[J].图书情报工作,2012(3).

(二)品牌营销

上海图书馆属于品牌意识较为浓厚的图书馆,在国内图书馆中是最早申请注册商标的公共图书馆,并且每年举办形式多样的全民阅读活动,吸引数百万市民踊跃参加,上图讲座、上图展览、无障碍图书馆服务、网上联合知识导航站、“e卡通”电子资源远程服务、“上海年华”数字资源库等特色服务深受国内外公众欢迎。这里介绍上海图书馆最有影响力的几个服务品牌,包括上图讲座、上海之窗、上图展览。

1. 上图讲座

上图讲座的定位是“城市教室、市民课堂”,旨在以知识增强人们的力量,以智慧展现城市的魅力。上图讲座以公益性讲座为主,目前有免费和会员制两种举办方式,提供到馆提前领票、短信或网络预订等多种参与方式。上海图书馆为上图讲座申请注册了专门的商标,并建立了“上图讲座”网站,每月都会通过上图讲座网、上海图书馆总咨询台、上海图书馆大厅宣传发布讲座预告。发展至今,上图讲座已成为上海图书馆最具影响力的服务品牌之一,历年来获誉无数,为广大听众提供了获取知识与信息的渠道,也是领导、专家、学者与普通大众广泛交流的重要平台。

上图讲座的历史可追溯至改革开放时,1978年,上图讲座开办了“大型宏观信息”系列讲座,以追踪热点、廓清是非、释疑解难为宗旨,邀请国内外著名专家学者、政府官员、社会知名人士担任演讲嘉宾,为广大干部群众提供了获得信息和交流心得的平台。这一系列讲座也是上图讲座开创以来历史最久、听众最多、影响最大的系列讲座,为上图讲座的发展奠定了坚实的基石。目前,“大型宏观信息”系列讲座是上图讲座两个会员制系列讲座之一,另一个是“都市文化”系列讲座。“大型宏观信息”系列讲座每月举办两次,主要服务于各企事业单位主管领导、党政宣传工青妇干部、教师以及其他社会各界人士。

进入21世纪后,上图讲座得到蓬勃发展,形成六大版块18个系列,涌现了众多备受欢迎的讲座品牌,不但有“都市文化”“名家解读名著”“2010年上海世博会”“上海发展讲坛”“世界与上海”“信息化知识”“知识与健康”等系列讲座，还有“法律知识”“市民与法”“院士讲坛”“国际科学家讲坛”“青年讲坛”“学生讲坛”“新世纪论坛”等一大批新兴品牌讲座。讲座工作现已成为上海图书馆的核心业务，每年都会推出各类讲座百余讲。2014 年，上海图书馆特别举办了“纪念上图讲座 35 周年”展，展现了上图讲座的发展历程和非凡成就。

上图讲座并不局限于阵地服务，还联手兄弟图书馆组建讲座资源共享网络，服务范围从上海地区拓展到长三角地区，并不断向全国其他地区辐射。此外，上图讲座还充分利用现代信息技术和各类传媒优势，通过互联网、广播、电视、图书、光盘、报刊等向广大民众传播讲座精彩内容，并打造了适于现代人们工作生活方式的“微讲座”，让人们能够随时随地、随心所欲地听讲座。

图 5－17　上图讲座的六大版块 18 个系列图示

2. 上海之窗

上海是一个国际化程度非常高的城市,开放而多元,这一城市特征也反映在上海图书馆的服务上。如上海图书馆网站除中文版外,还有英语版、日语版、俄语版、繁体中文版,并面向残障人群和老年人设立了无障碍数字图书馆,很好地帮助不同群体更方便地获取信息。而“上海之窗”作为“中国图书对外推广计划”(CBI)的组成部分之一,已成为上海图书馆乃至上海市对外交往的一个重要窗口和外宣品牌,该项目的开设旨在弥补境外图书馆中文藏书不足,使海外读者有更多的机会阅读来自中国的最新出版物。“上海之窗”项目自2002年开始实施,主要通过向境外图书馆及藏书机构捐赠由国内出版的图书,全方位地向境外读者介绍中国历史和文化,宣传弘扬中国悠久文明与文化以及改革开放以来的新进展,为将上海图书馆打造成一个世界级城市图书馆做出了重要贡献。因在宣传中国文

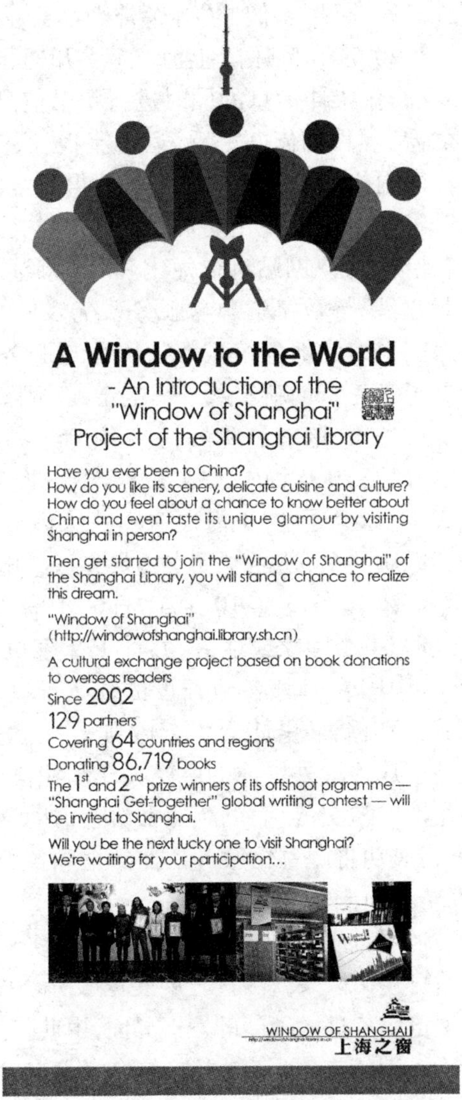

图5－18　“上海之窗”宣传海报

化、服务境外读者方面的重要作用与贡献,“上海之窗”获得上海市优秀外宣项目“银鸽奖”等荣誉。

2007年5月,“上海之窗”开通了官方双语网站,在宣传项目本身、合作伙伴信息的同时进行图书信息管理,该网站详细介绍了“上海之窗”项目的创办宗旨、运作流程、服务对象、合作伙伴、成功案例等,让国内外读者和境外合作伙伴得以全面了解“上海之窗”项目,有效提升了该项目在海外华人以及海外同类图书馆之间的知名度。2011年,“上海之窗”网站进行优化升级,新增了“电子资源”“上图展览”和“馆际互借”等数字资源与服务系统入口,进一步向全球合作伙伴推广上海图书馆的部分馆藏数字资源与服务。2013年开始,“上海之窗”开展了又一个创新实践——电子赠书服务,通过网站首页的“电子资源”即可进入,该平台现可提供10 059种电子书、227种工具书、30种报纸,以及7000种中国数字化期刊,拥有IP认证和授权账号两种登录方式。由此,通过“上海之窗”,广大海外读者不仅能阅读来自中国的各类纸质图书,还能享受中国最先进的电子阅读体验。

截至2015年10月31日,“上海之窗”的合作伙伴已遍布全球六大洲64个国家或地区,共计129家机构,包括公共图书馆、大学图书馆、中国在海外各地开设的孔子学院以及各类专业藏书与研究机构等,送出图书累计达86 719册。“上海之窗”项目开展的赠书活动得到了众多境外媒体的广泛关注和积极报道,有力促进了我国的对外文化推广与交流,而上海图书馆也借助该项目所构建的世界性图书馆网络,成功将图书馆服务延伸到全球各地。

3. 上图展览

展览服务是目前我国图书馆服务中十分重要的一块内容,上海图书馆自建馆以来就一直开展展览服务。1996年,上海图书馆迁入新馆后,展览服务进入了新的发展局面,由此打造出了“上图展览”这一品牌。

近年来,上海图书馆结合社会热点策划了一系列精品展览,如美丽中国摄影艺术展西部篇(甘肃、青海、宁夏、陕西、西藏摄影展),“读书乐”全国摄影比赛、中国四大名园摄影展,“我看上海世博会”摄影大赛等，在社会上引起巨大反响。如上图策划举办的“画魂——潘玉良人体绘画精品展”，在短短两星期展览时间里，观众达到了 20 000 人次。在此过程中，上海图书馆收藏了一部分优秀艺术品作为馆藏，到 2008 年年末，上海图书馆已收藏了 2000 余幅艺术佳作，这些优质馆藏资源为“上图展览”巡展之路顺利开展铺垫了坚实的基石。

2004 年，上海图书馆开始探索展览资源服务的创新模式，即“展览策划—作品收藏—全国巡展”，以展促藏、以藏推展，主要是利用馆藏的展览资源，服务于全国，开展“上图展览”全国巡展活动。首次巡展为“金山农民画”展，该展览主要反映了上海本地乡土文化风情，首次赴福建展出即取得巨大成功，人们争相前往观看。随后，“上图展览”的巡展覆盖面越来越广。2006 年 10 月，上海图书馆联合文化部全国文化信息资源建设管理中心和国家图书馆，共同举办了“首届全国公共图书馆展览资源共建共享交流研讨会”，来自全国各地 80 多家图书馆的 150 多名代表在会上对图书馆展览领域的合作、交流等事宜展开探讨，全国 23 家省级图书馆在会上签署了“全国公共图书馆展览资源共建共享倡议书”，有力地推动了展览资源共享工作的制度化、常态化、持久化。随后，从 2007 年起，上海图书馆启动了大规模的巡展活动，当年巡展项目为 7 个，共举办了 73 场展览，到 2008 年，巡展项目数量已达 14 个，场次增至 102 场①。

数年间，“上图展览”巡展活动由上海起步，从“长三角”走到“珠三角”，并逐渐遍及全国各地，东赴台北，南到海口，西达乌鲁木齐，北至哈尔滨，接着还走出国门，来到了南非、越南和荷兰，服务了百万以上的观众，取得了空前良好的社会效益。“上图展览”巡展活动受到业内外广泛关注，全国数百家媒体对此进行了报道，极大地提升了“上图展览”在社会上的知名度。同时，上海图书馆也多次开展调研活动，向全国各兄弟图书馆征集意见和建议，为“上图展览”的发展进行科学规

---

① 杨泰伟. 从“上图展览”全国巡展看资源共享在图书馆的实践［J］. 图书馆论坛，2009(4).

划,使之不断提升。

经过十多年的发展,“上图展览”现已成为一个实力雄厚的文化品牌。现在,“上图展览”不仅有自己的豆瓣小站、微博,还建立了自己的网站,推出了网上展厅和3D展厅,并开通了微信公众号,为人们提供了便利而多样化的观展体验。

(三)打造产业图书馆

2015年6月11日,《国务院关于大力推进大众创业万众创新若干政策措施的意见》正式发布,随后,“大众创业,万众创新”成为一大热词,创业创新之风席卷全国。图书馆界也在支持与服务大众创业创新方面展开了积极探索。上海图书馆在“十三五”规划的编制工作中提出,将在“十三五”时期全力实施“智慧”“包容”“互联”的转型战略,基本建成世界级城市图书馆体系,加快向大数据时代的全媒体复合型知识中心转型,着力营造“连接一切,无处不在”的公共文化空间,完善服务“大众创业,万众创新”的知识共享空间,打造“支撑创新,支持决策”的新型科技智库①。

在此之前,上海图书馆早已开始了相关探索。上海图书馆副馆长陈超曾指出,成熟市场经济国家和地区中的公共图书馆重要功能之一就是服务本地的广大中小微和初创企业②。2009年初,上海图书馆就已推出了面向中小企业的“创之源”品牌服务,旨在支持创新、点亮创意、助推创业;2011年,上海图书馆被上海市经信委认定为上海市中小企业公共服务示范平台。2013年5月,上海图书馆“创·新空间”对外开放,率先在国内图书馆界开展“创客空间”实践。该空间不仅提供

---

① 上海图书馆.上海图书馆(上海科学技术情报研究所)理事会召开第三次工作会议(图)[DB/OL].[2016-07-07].http://www.chinalibs.net/ArticleInfo.aspx?id=388886.

② 陈超.打造众创空间是图书馆的新使命[DB/OL].[2016-07-07].http://www.chinalibs.net/ArticleInfo.aspx?id=402235.

从文献到数据信息的阅读与检索服务，还提供3D打印、多媒体展示等服务，而且与国内著名的创客机构“新车间”等合作开展各种展示、培训等活动。

2014年，上海图书馆开设了“产业图书馆”，主要为行业协会、企业单位提供科技创新信息服务。产业图书馆集聚了大型企业、高校、科研院所和图书馆的情报机构资源，不仅为科技工作者提供最前沿的技术信息，还将整合出整条产业链上的全球专家库，是上海科技创新的重量级信息基地。产业图书馆是上海图书馆创新转型的一个重要举措，是“创·新空间”的升级拓展，旨在打造成“大众创业万众创新的创意孵化基地”。和传统图书馆相比，产业图书馆更侧重于提供工具，鼓励知识与思想的交流，激励创意与创新。基于此，产业图书馆推出了多种新服务功能。

上海图书馆在《竞争情报》期刊上发布了多期“产业图书馆”的宣传广告，指出，产业图书馆的服务主要包括情报服务、交流空间、展示平台这几个方面。目前，产业图书馆在着力建设强大的信息库和专家库，一方面，在收集专利、标准、科技报告、产业报告、政府报告、会议论文等特种文献的基础上，特别加强产业领域非正式出版物的收集、整理、加工和服务；另一方面，积极建设全球专家库资源，所搜罗整合的人才数据库中，不仅有国内的专家和院士，还有国际知名的、涉及产业链各个阶段的专家，从而为企业和相关研究者提供更加精准的、一条龙的人才信息服务。在这基础上，产业图书馆还将定期发布战略新兴产业预见报告，并对每年全球最新技术进行实物展示。此外，产业图书馆将走出传统图书馆模式，为专业技术人员和企业者提供培训和沙龙活动、主题报告、新成果新产品发布等服务，同时将结合热点产业的发展定期聘请行业专家为技术人员、研究人员提供专业咨询①。

① 陈丽霞. 图书馆智库资源与产业转型升级相对接上海开设“产业图书馆”(图)[DB/OL].[2016-07-07]. http://www.chinalibs.net/ArticleInfo.aspx? id=402228.

九、美国图书馆协会:转型期的图书馆营销运动

美国图书馆协会成立于1876年10月6日,是世界上最早成立且规模最大的图书馆协会之一,成立于1876年10月6日,其成员包括各类图书馆,如公共图书馆、高校图书馆、学校图书馆、政府图书馆以及专业图书馆,现已拥有55 000多位成员,是美国图书馆与信息服务领域的重要领导者,一直以来在引领推动图书馆营销方面发挥着关键作用。近年来,随着图书馆事业进入转型发展期,图书馆开始重新定位自身角色,并着力重塑图书馆的社会形象。在这方面,美国图书馆协会发起了多个图书馆营销运动,向外界展现图书馆的重要作用,强有力地提升了社会公众对图书馆价值的认识,促进了社会力量对图书馆事业的参与,很好地推动了美国图书馆事业的转型发展,并为世界其他国家和地区的图书馆营销、图书馆转型发展带来了积极影响。

(一)"Ilovelibraries"运动

"Ilovelibraries"(我爱图书馆)运动是美国图书馆协会发起的一项活动,旨在通过向公众宣传当前图书馆所发生的事情,让人们更加清楚图书馆和图书馆员的价值所在,引导人们参与其中支持图书馆,为图书馆事业发展助一臂之力。

美国图书馆协会为这一运动建立了专门的网站,网址为http://www.ilovelibraries.org,网站主要包括五大版块,分别是:

What Libraries Do:图书馆正在做什么,介绍了图书馆在服务及完善社区、平等提供信息存取、培养和提升必要的信息技能、维护用户相关权益、推动创新和合作等方面的作用和实践。

Get Involved:如何参与图书馆事业,介绍了当前图书馆发展所面临的一些关键问题,鼓励人们为图书馆发声,向其他人宣传图书馆,并提供了一些指南,教导人们一步步成长为图书馆的倡导者、图书馆之

友以及图书馆信托人，也包括了如何支持和参与学校图书馆事业。

Real Stories："我"和图书馆的真实故事，其中包括对100多位作家的采访，讲述了这些作家和图书馆之间的不解之缘，另外面向图书馆用户设立了"我爱我的图书馆员奖"（I Love My Librarian Award），鼓励人们都来评选最受用户欢迎的图书馆员，讲述图书馆给自己带来的影响。"我爱我的图书馆员奖"是由美国图书馆协会与纽约卡耐基公司、纽约公共图书馆、《纽约时报》共同设立的奖项，该奖从2008年起每年评选一次。提名的图书馆员必须是在职的美国图书馆员，并已获得经美国图书馆协会认可的图书馆学的硕士学位。2015年的"我爱我的图书馆员奖"遴选委员会成员包括美国图书馆协会前主席Courtney L. Young、美国学校图书馆员协会前主席Terri L. Grief、纽约公共图书馆首席馆员Marylee Kennedy、美国公共图书馆协会主席Vailey B. Oehlke和美国大学与研究图书馆协会前主席Karen A. Williams。2015年该奖评选过程中，共有1300多个图书馆用户提交了他们和图书馆员之间的详细故事，最后有10位图书馆员获得此奖，他们得到了5000美元的现金奖励，纽约卡耐基公司在纽约为他们举办了颁奖典礼。

For Book Lovers：对于爱书之人，这里为不同年龄段的读者群分别提供了推荐书单，指导人们加入或建立图书俱乐部，并介绍了与作者面对面交流的电视节目"Well Read"和美国图书馆协会的"青年媒体奖"（Youth Media Awards）。

YMA

ALA YOUTH MEDIA AWARDS

图5－19　美国图书馆协会"青年媒体奖"标识

For Parents：对于已为人父母者，这个网站也专门展示了图书馆在促进亲子阅读、帮助孩子学习方面的作用，并介绍了一些适合孩子阅读的图书、针对孩子开展的图书馆活动，以及面向儿童群体服务的特殊图书馆，如玩具图书馆。据美国玩具图书馆协会统计，美国各地现有大约400家玩具图书馆，其中四分之一可提供自动适配玩具服务①。

人们可在这个网站分享自己和图书馆之间的真实故事，或者了解图书馆给别人带来的改变。例如，来自美国德克萨斯州休斯顿的桑德拉（Sandra）分享了自己的故事②。桑德拉是一位30岁的墨西哥裔美国人，生于美国，家境一般，小时候父母总是忙于工作，图书馆成为她最常去的地方。高中时期，桑德拉常常会受到歧视或被欺负，当她感到沮丧、愤怒或悲伤时，图书馆总是能带给她正能量，馆员亲切的笑容、图书馆独特的气味让她至今难忘。桑德拉表示，图书馆是一个能带给她安全感的地方，馆员会告诉她墨西哥文化的美妙之处，让她明白外面有一个更大的世界，帮助她接受了真正的自己，而不是硬要改变自己去融入一种文化。桑德拉现在是家族里的第一个大学生，已获得了英语和哲学学位，并正在北德克萨斯大学就读图书馆学硕士。她说，是图书馆改变了自己的人生，为此，她改变了自己的职业规划，打算做一位图书馆员，希望发挥自己的力量为社区和其他有需要的少数族裔民众提供服务。

（二）"图书馆冠军"计划

美国图书馆协会的"图书馆冠军"（Library Champion）计划的主要目的是为美国图书馆的转型发展募集资金。我们在前文已提到，美国图书馆协会近年来十分重视推进图书馆转型发展，并在2015年年会

① Megan Cottrell. Toy Libraries：A Place to Play［EB/OL］.［2016－07－18］. http：//www. ilovelibraries. org/article/toy-libraries-place-play.

② Sandra. Sandra from Houston，Texas［EB/OL］.［2016－07－18］. http：//www. ilovelibraries. org/sandra-houston-texas.

上正式提出了“图书馆转型”(libraries transform)的公众意识运动,鼓励全美各地的图书馆积极宣传图书馆的价值。为更好地推动“图书馆转型”运动的持续进行,美国图书馆协会特别发起了这一“图书馆冠军”(Library Champion)计划,呼吁社会各界人士、企业和基金会向图书馆投资,成为“图书馆冠军”的一员,提升公众对于图书馆价值的认识,为美国图书馆事业的发展增添活力。

图 5－20　“图书馆冠军”计划标识

美国图书馆协会把“图书馆冠军”定位为图书馆最重要的支持者。美国图书馆协会每年都会在全美范围内评定一批“图书馆冠军”名单。作为“图书馆冠军”的企业和基金会,还可以与美国图书馆协会达成更深度的合作,获得一系列的好处,包括获颁特别的荣誉称号;独家受邀参加美国图书馆协会的一些全国性活动,如在美国图书馆协会年会中享受 VIP 贵宾接待资格;在展览会展位方面享受优先选择权;以优惠价格在美国图书馆协会官方刊物《美国图书馆》(*American Libraries*)杂志上刊登广告;以优惠价格购买美国图书馆协会旗下出版的图书和宣传品,等等。

按照美国图书馆协会的“图书馆冠军”计划,美国国内外的所有企业和基金会都可参与这一计划,不管是个人还是企业或基金会,只要投资达 5000 美元及以上就可称为“图书馆冠军”。根据年度投资金额不同,“图书馆冠军”依次分为 4 个等级:投资金额在 25 000 美元及以上的为最高等级的“图书馆冠军”,称为图书馆冠军的“中坚支柱”(Sustainer);投资达 10 000 美元的称为图书馆冠军的“投资者”(Investor);投资达 7500 美元的称为图书馆冠军的“赞助者”(Patron);投资达 5000 美元的称为图书馆冠军“成员”(Member)。在这一计划实施的第一年,还特别为投资达 2500 美元的企业和基金会设了一个称号,即图书馆冠军的“伙伴”(Associate)。

2016 年 6 月号的《美国图书馆》杂志发布了 2015—2016 年度的“图书馆冠军”名单,并向他们致以诚挚的谢意。名单包括近 30 家企业和基金会,其中,有两家机构被称为图书馆冠军“中坚支柱”,分别是 Dollar General 素养基金会和 OverDrive 公司,被称为图书馆冠军“赞助者”的也有两家,分别是 Bound to Stay Bound Books 公司和 SirsiDynix 公司。Baker & Taylor、EBSCO、Elsevier、OCLC、SAGE、Springer Nature 等公司则是图书馆冠军的“成员”。

“图书馆冠军”们的投资将主要用于美国图书馆协会为美国各地各类图书馆提供免费材料和资源,以及为协会所开展的一些全国性活动提供资助,如美国国家图书馆周(National Library Week)活动和图书馆卡注册月(Library Card Sign-Up Month)活动。这些活动和举措有一个共同的目的,即提高公众对于图书馆重要性的认知,让人们认识到,图书馆是一个伟大的机构,为不同年龄、不同收入、不同阶层、不同种族和不同身体能力的人们提供服务。

十、美国史宾塞公共图书馆:一只名叫杜威的猫的影响力

美国史宾塞公共图书馆(Spencer Public Library)是美国爱荷华州西北部一个平凡小镇的图书馆,服务人口在 10 000 人左右,这本是一座普普通通的小型图书馆,就连当地人中都有对其不了解的人,然而,这座图书馆后来却因为一只名叫杜威的猫闻名全世界。这座图书馆收养了一只被遗弃的小猫,并给它取名杜威,这只小猫在美国史宾塞公共图书馆生活了 19 年之久。期间,杜威猫的故事流传越来越广,受到了越来越多人的关注,尤其是在美国史宾塞公共图书馆馆长薇奇·

麦仑(Vicki Myron)与人合作撰写出版了散文体小说《杜威:一只触动世界的小镇图书馆猫》(*Dewey:The Small-Town Library Cat Who Touched the World*)后,更是让世界各地的人们都认识了杜威猫,同时知道了美国史宾塞公共图书馆,了解到伟大图书馆的意义。

(一)史宾塞公共图书馆和杜威猫

美国史宾塞公共图书馆设立于 1883 年,是由史宾塞女子俱乐部的几位女士发起组建的。但最开始,美国史宾塞公共图书馆只是一个流动图书馆,没有固定馆舍,也缺乏稳定的经费。该图书馆的第一批藏书来自一个基督教女子戒酒联盟的捐赠。1892 年,小镇通过一项决议,征收税款用于维持图书馆运作,日常运营事务仍由女士图书馆协会负责。1902 年,卡耐基向当地捐赠了 10 000 美元,用于新建一座图书馆馆舍。1903 年,卡耐基图书馆选址确定;1905 年 1 月 1 日,美国史宾塞公共图书馆第一任馆长正式上任;1905 年 3 月,建成的卡耐基图书馆开始投入运营,拥有约 3500 册馆藏,但当年流通量却达到了 12 526册次;1948 年,馆内增设了儿童部;1971 年 9 月,由原卡耐基图书馆楼改建的史宾塞公共图书馆重新开放,并举办了隆重的开馆典礼,该馆舍一直沿用至今。

1988 年 1 月某一天寒冷的早上,时任史宾塞公共图书馆馆长的薇奇·麦仑像往常一样早早来到图书馆,在清理还书箱里的书籍时,她发现了一只被抛弃的小猫。这只小猫才 8 周大,在冰窖般的还书箱中待了整夜,受到了较为严重的冻伤。薇奇·麦仑和同事为这只小猫处理了冻伤,并决定收养它。经过图书馆董事会和市议会的许可,史宾塞公共图书馆正式收养了它,并集思广益为它起了一个独特的名字,叫作“杜威多读书”(Dewey Readmore Books),意在纪念当时图书馆界普遍采用的十进制图书分类法的发明者、美国图书馆学家杜威,并鼓励大家多读书。

薇奇·麦仑在《杜威:一只触动世界的小镇图书馆猫》一书中详细地描述了小猫杜威和图书馆的不解之缘。史宾塞公共图书馆的馆员们都很喜爱这只小猫,但外界最初对于杜威猫的态度却并不一致,大多数人表示了欢迎和喜爱的态度,尤其是孩子们,而部分家长则担心这会给孩子们的健康带来威胁,如过敏症。为此,馆长薇奇·麦仑特别向医生进行咨询,并亲自和每一位关心此事的人通了电话,告知他们医生的专业评估结果。据医生评估,史宾塞公共图书馆呈现着一个开放的大空间格局,里面主要由一排排书架隔开,员工休息区、馆长办公室的隔墙距离天花板都有较大距离,整个图书馆是相互连通开放的,而非全封闭式,这不仅方便杜威随时进入安全的员工休息区,还可以防止猫的毛发聚集,因而图书馆读者不用担心会引发过敏的问题。此外,最初一段时间,当有人到图书馆来看这只小猫时,馆员都会很小心地将杜威抱在怀里,以免发生意外。

在史宾塞公共图书馆的努力下,人们逐渐接纳了图书馆中的这只小猫,而杜威在馆员们的教导下,也日益表现出自己友善灵性的一面,并让史宾塞公共图书馆变得越来越温馨、亲切、美好。当图书馆开门时,杜威会站在门口向进馆的读者或馆员喵喵地打招呼;而在闭馆前10分钟,它会陪着馆员熄灯、将书上架。人们还发现,杜威对人的情绪有着独特的敏感度,它总能知道谁最需要它的安慰,并给人以关怀,它会静静地聆听流浪汉诉说自己的孤独;它还会偎在孩子们的腿上,让他们乖乖地听图书馆员讲故事。人们对杜威的喜爱日渐增加,杜威的故事也随之传播出去,不仅出现在当地和美国其他地区的报纸、杂志、图书、电视台节目上,荷兰、挪威、澳大利亚等很多国家的笔友也定期给杜威写信,它还被作为主角出现在一档专门记录图书馆猫的视频中,甚至吸引了英国和日本的媒体前来采访。杜威给人们带来的不仅仅是爱和欢乐,还有信心、活力。毫无疑问,杜威已成为史宾塞公共图书馆的"闪亮之星",是最受欢迎的亲善大使,杜威的存在吸引了很多人来到图书馆,还有人不远千里来到这个小镇图书馆,就是为了看看杜威,它使史宾塞公共图书馆的人流量几乎增加了一倍。

杜威对于史宾塞公共图书馆有着极其特殊的意义,在图书馆中,杜威甚至有自己的工作职位,它被任命为图书馆员工的主管,小镇人民也为镇上有杜威而骄傲,爱荷华州的每个馆员都认识它,全球各地都有它的粉丝。2006 年 11 月 29 日,杜威因为胃肿瘤并发症去世时,全世界有 270 多家媒体刊登了它的讣闻,而史宾塞公共图书馆也在自己的官网上为杜威开辟了专栏用以纪念①,并表示,杜威将是该图书馆永远的一员,就算图书馆会养别的猫,杜威却不会被取代,它是唯一,没有杜威的话,史宾塞公共图书馆就不一样了。

(二)小猫杜威对于图书馆的意义

史宾塞是一个人口只有 1 万多人的小镇,史宾塞公共图书馆原本也是一个毫不起眼的小镇图书馆。虽然经历了一段长久的发展过程,到目前,史宾塞公共图书馆包括馆长在内一共也只有十多位员工。现在看来,史宾塞公共图书馆的知名度可以说是以一只猫为分界线的,大约可以划分为没有杜威猫之前的史宾塞公共图书馆和收养了杜威猫之后的史宾塞公共图书馆。杜威给史宾塞公共图书馆带来的影响力十分巨大且极为深远,并将这一影响力辐射到世界各地。

在杜威的故事广为人知之前,在图书馆养猫就已是一个通行的做法,很多图书馆都养过猫,主要为了防鼠。薇奇·麦仑在《杜威:一只触动世界的小镇图书馆猫》一书中曾指出,美国有十几家图书馆养了猫,但,像杜威这样影响力巨大的猫却十分少见。这显然与杜威的自身特性以及史宾塞公共图书馆的相关举措有着紧密的关系。

杜威的出现给史宾塞公共图书馆带来了新的活力,像黏合剂般让馆员们变得像一家人一样,在杜威生活着的十九年中,图书馆所有人一直都在全心爱护它,把它视为同伴、家人,积极维护并展现其带来的美好之处,尤其是杜威的实际收养者——史宾塞公共图书馆馆长的薇奇·麦仑。薇奇是一位富有爱心、热忱工作、意志坚定的人,在上一任馆长调离后,她向图书馆董事会毛遂自荐成为新一任馆长;她做出收

① Spencer Public Library. Dewey the Library Cat[EB/OL].[2016-07-18]. http://www.spencerlibrary.com/dewey.shtml.

养杜威的决定时，正在考虑如何让图书馆变得更加亲切、有吸引力；当外界对图书馆收养杜威表示疑虑时，她积极做出反应，如与图书馆董事会成员见面说服他们同意收养杜威，向专业人士咨询养猫是否会带来健康隐患，向担忧的人们逐一打电话沟通，并承诺图书馆的经费一分钱也不会用在养育杜威身上；在担任爱荷华州小图书馆协会会长期间，她以杜威为例不断激励、鼓舞大家，使这个原本有着严重自卑情结、自暴自弃、安于现状的协会，在两年后变成全州最活跃、最受尊敬的一个协会。

2008 年 9 月，薇奇 · 麦仑与人合著的《杜威：一只触动世界的小镇图书馆猫》出版后，很快就登上了《纽约时报》畅销书榜单，并一度居于榜单之首，甚至一直到 2009 年 3 月 15 日公布的《纽约时报》畅销书非小说类前十榜单上，该书依然榜上有名[①]。该书后来被翻译成多种语言在全球多个国家出版，并被改编成电影《杜威》(Dewey)。很多人都是因为这本书认识了杜威。

在书中，薇奇 · 麦仑不仅仅描述了杜威在史宾塞公共图书馆的生活，还传达了她对于图书馆的看法和相关理念，因此，这也是一部图书馆人为图书馆行业发声的书。薇奇 · 麦仑在说到自己为什么写这本书的时候曾表示，希望借此向人们展现图书馆的奇妙之处。她说，图书馆不是书库，而是人们会面生活的地方，一个好的图书馆应该更像一个家，而不是一个机构，它应该有舒适的座椅、桌子、电脑以及友好的人们，或者一只友善的猫[②]。薇奇 · 麦仑在书中指出，杜威具有超凡的人格魅力，它热情、诚实、可爱、乐观、谦逊，更重要的是，它是每一个人的朋友，它让每个人都觉得特殊。它就像那些人，看上去普普通通，但你一旦了解，就会觉得他们出类拔萃。他们从不懈怠工作，从不抱

---

① 王薇.《纽约时报》畅销书排行榜静水微澜[DB/OL].[2016 - 07 - 18]. http://www.chinalibs.net/ArticleInfo.aspx?id = 402841.

② Vicki Myron. Why Was Dewey Written? [EB/OL].[2016 - 07 - 18]. http://www.deweyreadmorebooks.com/writingdewey.php.

怨,从不提出分外的要求。他们是那些优秀的图书馆员、汽车销售商、女招待员,根据惯例提供优质服务,而且超出自己的职责,因为他们对工作有一份激情。他们知道自己在生活中要做什么,他们做得非常出色①。可以看出,杜威作为一只图书馆猫,也象征着广大平凡而伟大的图书馆员,它的身上所体现出的图书馆精神,足以触动整个世界。

目前,史宾塞公共图书馆的网站上的杜威专栏中,不仅有杜威的生平介绍、杜威的明信片和照片、杜威的职责描述、杜威的行为守则,还提供了和杜威有关的图书和有声书信息。除《杜威:一只触动世界的小镇图书馆猫》一书外,以杜威为主角或与其有关的图书和其他类型的作品还有很多,如拼图、照片、明信片、服饰、雕塑、视频等,这些作品的信息可以在一个"杜威多读书"的同名网站查看到,人们还可在线购买相关产品。该网站联系人为薇奇·麦仑,网址为 http://www.deweyreadmorebooks.com。通过这些,全球各地的人们能够更多地了解杜威,同时这也在告诉喜爱杜威的人们,我们关于它的记忆和怀念一直都在。

(三)关于图书馆猫和图书馆营销

2009 年 1 月,上海译文出版社翻译出版了《小猫杜威》,即《杜威:一只触动世界的小镇图书馆猫》的中文版,让更多国人认识了这只图书馆猫。随后,在我国,人们对于图书馆猫的关注也在不断增加。

2013 年 7 月 5 日,清华大学图书馆的"猫馆长"不幸去世,死因不明。当天,清华大学图书馆官方微博发布哀悼信息"猫,死了。哀"②。清华众学子也纷纷发文或前去老馆门前的"猫馆长"墓地悼念,并在网上发起了"我们与小猫"的悼念活动,很快,"猫馆长"成为新浪微博的

① 人民网读书频道.《小猫杜威》[EB/OL].[2016-07-18].http://book.people.com.cn/GB/69399/107423/146889/8836461.html.

② 黄颖.清华学子悼念猫馆长:天堂也有图书馆[N].新京报,2013-07-06(A16).

热门话题，吸引了14万余次的讨论[①]。由此，这一事件也引起了众多媒体的关注，《新京报》《中国青年报》《光明日报》陆续发文报道此事，各网络媒体纷纷转载，引发了广大社会公众对此进行深思。

关于图书馆猫的报道并不限于此。如东北林业大学也有一只爱泡图书馆的"博士猫"，它在图书馆里拥有一个专属的座位[②]；长春理工大学的一只流浪猫因经常光临图书馆被大家戏称为"读书猫"[③]；浙江图书馆也有一只同样叫"杜威"的虎斑猫，在馆员和读者们中非常受欢迎[④]。在国外，图书馆猫的相关新闻也有许多：美国德克萨斯州怀特塞尔特门一座公共图书馆的"猫馆长"在突然被市议会勒令迁出图书馆后，当地近千市民联署要求撤回该决定，挽留这只小猫；美国新墨西哥州法明顿一只名为"埃德"的猫，在为一家图书馆捕鼠十八年后光荣退休，该图书馆特别为"埃德"举办了退休晚会；俄罗斯新罗西斯克市立图书馆聘请了一只叫库加的流浪猫为图书馆助理职员，职责包括在馆内散步、会见民众、参见馆内活动等，图书馆在给库加植入芯片以及注射防疫针后，为它颁发了正式聘书，还每个月提供30袋猫粮作为薪酬。

事实证明，图书馆猫并不鲜见，而是一个较为常见的现象。由此带给我们一个值得思考的问题：如何围绕图书馆猫展开图书馆营销？诚然，图书馆收养猫的初衷往往并不是为了图书馆营销，更多的只是对于一个生命的爱护。但小猫杜威的例子足以给我们带来更多启发，图书馆可以将小猫打造成图书馆的亲善大使、吉祥物，建立起图书馆温馨、亲切、友爱的形象，拉近和读者、用户、公众的距离，发挥图书馆

① 蒋肖斌. 图书馆之猫：安静陪伴的力量[N]. 中国青年报，2013-07-09(09).

② 吕丹. 东北林业大学"博士猫"爱泡书馆同学都认识[DB/OL]. [2016-07-19]. http://www.chinalibs.net/ArticleInfo.aspx? id=402903.

③ 陈海宁. 长春理工大学有只"读书猫"[N]. 东亚经贸新闻，2012-11-07(05).

④ 马黎. 它叫杜威，是只浙图猫[N]. 钱江晚报，2014-09-23(B15).

猫的优势,吸引更多人来到图书馆、关注图书馆,以及参与图书馆事业的发展。

史宾塞公共图书馆的杜威出名后,很多图书馆的馆员向薇奇·麦仑咨询,是否他们的图书馆也需要养一只猫?对这类问题,薇奇·麦仑总是回答说,不是什么猫都能养的,一只图书馆猫必须喜欢人,有百分之百的爱心,安静,耐心,有尊严,有智慧,最重要的是热情友好,另外,如果那只猫漂亮,而且有令人难忘的身世,也会有所帮助①。从这里可以看出,薇奇·麦仑已有一定的营销意识,一只性格好、漂亮、身世令人难忘的图书馆猫,可为图书馆营销带来积极影响。

但必须注意的是,在图书馆营销中,应坚定立场,以社会效益为优先目标,而不是追逐经济效益。仍然以杜威为例,曾经,有宠物食品公司找到薇奇·麦仑,希望把杜威的形象放在该公司的广告印刷品上,杜威可凭此终生享受免费猫粮。薇奇·麦仑对此表示有所动心,于是让该公司寄了些猫粮样品过来,并打算和图书馆董事会商讨此事。但由于杜威拒绝食用那些免费的样品,薇奇·麦仑决定尊重它的选择,最终拒绝了这家公司,此后还是照旧由自己负担杜威的伙食费用。借助图书馆猫开展图书馆营销,是一种非常特别的做法,可以预见,在其实际操作中会出现各种各样的问题,需要考虑的因素会更多,尤其是一些反对的声音,以及一些利益的诱惑,这两方面的问题是最难以应对的。但是,创新之路从来不是坦途,古人云:筚路蓝褛,以启山林。杜威的故事不但在图书馆营销的具体做法上带给了我们新的启发,这个故事也告诉人们,不管任何时候,坚定本心,坚持图书馆精神,这一点很重要。

---

① 人民网读书频道.《小猫杜威》[EB/OL].[2016－07－20].http://book.people.com.cn/GB/69399/107423/146889/8836023.html.

参考书目及网站

网　站

American Llibraries Magazine(https://americanlibrariesmagazine.org/magazine/)

e线图情(http://www.chinalibs.net)

大英图书馆(http://www.bl.uk/)

国际图联管理与营销组(http://www.ifla.org/management-and-marketing)

国家图书馆(http://www.nlc.gov.cn/)

美国国会图书馆(http://www.loc.gov/)

美国图书馆学会(http://www.ala.org/)

美国图书馆杂志(http://lj.libraryjournal.com/)

美国研究图书馆学会(http://www.arl.org/)

中国图书馆学报(http://www.jlis.cn/)

中国图书馆学会(http://www.lsc.org.cn)

参考书目

1. (美)Alex L. Goldfayn. 社会化媒体时代的口碑营销[M]. 林小夕,赵金慧译. 北京:企业管理出版社,2013.
2. (美)Sandra Zoratti,(美)Lee Gallagher. 精准营销:社会化媒体时代企业传播实战指南[M]. 屈云波,李珍译. 北京:企业管理出版社,2013.
3. (英)Sonja Jefferson,(英)Sharon Tanton. 内容营销:有价值的内容才是社会化媒体时代网络营销成功的关键[M]. 祖静,屈云波译. 北京:企业管理出版社,2014.
4. (英)大卫·佩克顿(David Pickton),(英)阿曼达·布劳德里克(Amanda Broderick). 整合营销传播[M]. 王晓辉,霍春辉等译. 北京:经济管理出版社,2011.
5. (美)菲利普·科特勒(Philip Kotler),(美)艾伦. R. 安德里亚森(Alan R. Andreasen). 非营利组织战略营销[M]. 孟延春等译. 北京:中国人民大学出版社,2003.

6. (美)菲利普·科特勒(Philip Kotler),(美)加里·阿姆斯特朗(Gary Armstrong). 市场营销原理[M]. 郭国庆译. 北京:清华大学出版社,2013.

7. (美)菲利普·科特勒(Philip Kotler)等. 市场营销导论[M]. 俞利军译. 北京:华夏出版社,2001.

8. (美)肯尼思. E. 克洛(Kenneth E. Clow),(美)唐纳德·巴克(Donald Baack). 广告、促销与整合营销传播[M]. 北京:清华大学出版社,2012.

9. (美)约翰·赫林科. 社交媒体营销——信息有效传播的方法和案例[M]. 姜斌译. 北京:电子工业出版社,2013.

10. Barton A. Weitz, Robin Wensley. *Handbook of Marketing*[M]. London: SAGE Publications Ltd, 2002.

11. Brian Mathews. *Marketing today's academic library*[M]. Chicago: American Library Association, 2009.

12. Carol Smallwood, Vera Gubnitskaia, Kerol Harrod. *Marketing Your Library: Tips and Tools That Work*[M]. Jefferson: McFarland & Co Inc, 2012.

13. Christie Koontz, Lorri Mon. *Marketing and Social Media: A Guide for Libraries, Archives, and Museums*[M]. Lanham: Rowman & Littlefield Publishers, 2014.

14. Debra Lucas-Alfieri. *Marketing the 21st Century Library: The Time Is Now*[M]. Oxford: Chandos Publishing (Oxford) Ltd, 2015.

15. Dinesh Gupta, Réjean Savard. *Marketing Libraries in a Web 2.0 World*[M]. Berlin; New York: De Gruyter Saur, 2011.

16. Dinesh K. Gupta. *A New Paradigm of Library and Information Services Marketing*[M]. Oxford: Chandos Publishing (Oxford) Ltd, 2015.

17. Dinesh K. Gupta, Christie Koontz, Angels Massisimo. *Marketing Library and Information Services -II: A Global Outlook*[M]. Berlin; Boston: De Gruyter Saur, 2013.

18. Dinesh K. Gupta, et al. *Marketing in Library and Information Services*[M]. München: K. G. Saur, 2006.

19. Elisabeth Doucett. *Creating Your Library Brand*[M]. Chicago: American Library Association, 2008.

20. Gupta Dinesh K., Koontz Christie, Massisimo Angels et al. *Marketing Library and Information Services: International Perspectives*[M]. Berlin: K. G. Saur, 2006.

21. James L. Mullins. *Library Management and Marketing in a Multicultural World*[M]. München: K. G. Saur, 2007.

22. Jeannette Woodward. *Creating the Customer-driven Academic Library*[M]. Chicago: American Library Association,2009.

23. Koontz Christie,Gubbin Barbara et al. *IFLA Public Library Service Guidelines*[M]. Berlin:Walter de Gruyter,2010.

24. Marie R. Kennedy,Cheryl LaGuardia. *Marketing Your Library's Electronic Resources*[M]. London:Facet Publishing,2013.

25. Nancy Rossiter. *Marketing the Best Deal in Town*[M]. Oxford:Chandos,2008.

26. Patricia H. Fisher, Marseille M. Pride. *Blueprint for Your Library Marketing Plan*[M]. Chicago:American Library Association,2006.

27. Robert J. Lackie, M. Sandra Wood. *Creative Library Marketing and Publicity: Best Practices*[M]. Lanham:Rowman & Littlefield Publishers,2015.

28. Samantha C. Helmick. *Mobile Social Marketing in Libraries*[M]. Lanham:Rowman & Littlefield Publishers,2015.

29. S. K. Chaudhary. *Library Marketing*[M]. New Delhi: A. P. H. Publishing Corporation,2011.

30. Trine Kolderup Flaten. *Management, Marketing and Promotion of Library Services Based on Statistics, Analyses and Evaluation*[M]. München,Saur,2006.

31. Valerie Gordon, Patricia Higginbottom. *Marketing for Special and Academic Libraries: A Planning and Best Practices Sourcebook*[M]. Lanham:Rowman & Littlefield Publishers,2016.

32. 巴比·凯德(Bobby J. Calder). 超媒体时代成功赢得人心的行销策略[M]. 台北:商周出版社,2011.

33. 程大立. 全媒体环境下图书馆阅读推广工作研究[M]. 合肥:安徽教育出版社,2013.

34. 贺霞,冯建福. 全民阅读和图书馆服务[M]. 北京:人民邮电出版社,2010.

35. 鞠明君. 微信:社会化媒体营销的革命[M]. 北京:清华大学出版社,2013.

36. 李超平. 公共图书馆宣传推广与阅读促进[M]. 北京:北京师范大学出版社,2013.

37. 李光斗. 事件营销[M]. 北京:清华大学出版社,2012.

38. 林丽萍. 知识·分享——图书馆公益讲座的品牌创建与培育[M]. 厦门:厦门大学出版社,2011.

39. 刘懿. 图书馆公共关系理论与实务[M]. 北京:兵器工业出版社,2009.

40. 牛海鹏. 公共关系[M]. 北京:中国人民大学出版社,2011.
41. 任向晖,朱芳文. 社会媒体营销[M]. 北京:电子工业出版社,2012.
42. 台中图书馆. 书香文化新乐园——用心打造地方新品牌[M]. 台中:台中图书馆,2009.
43. 吴翠红. 阅读创意互动——绘本阅读推广的多元化策略[M]. 广州:广州出版社,2013.
44. 吴冠之. 非营利组织营销[M]. 北京:中国人民大学出版社,2008.
45. 肖凭. 新媒体营销[M]. 北京:北京大学出版社,2014.
46. 肖雪. 促进老年人阅读的公共图书馆创新研究[M]. 天津:天津大学出版社,2010.
47. 小威廉. D. 佩罗(William D. Perreault, Jr.),约瑟夫. P. 坎农(Joseph P. Cannon),E. 杰罗姆. 麦卡锡(E. Jerome McCarthy). 基础营销学[M]. 孙瑾译. 北京:中国人民大学出版社,2012.
48. 叶开. 社会化媒体运营[M]. 杭州:浙江人民出版社,2013.
49. 赵红. 图书馆公共关系概论[M]. 海口:海南出版社,2003.
50. 赵俊玲,郭腊梅,杨绍志. 阅读推广——理念 · 方法 · 案例[M]. 北京:国家图书馆出版社,2013.
51. 周金龙主编;中国图书馆学会专业图书馆分会编. 图书馆品牌建设[M]. 北京:北京图书馆出版社(今国家图书馆出版社),2004.